5E

HISTORIA DEL CINE ESPAÑOL

HISTORIA DEL CINE ESPAÑOL

José María Caparrós Lera

Prólogo de Rafael Utrera
Apéndice 'La censura del cine en España' de Rafael de España

PUBLICADO POR T&B EDITORES
Barquillo 15 A. 28004 Madrid. España
Tfno: 91 523 27 04. www.cinemitos.com/tbeditores

DISEÑO DE LA PORTADA: **CARLOS LAGUNA**
ILUSTRACIONES: **Filmoteca española, Archivo T&B Editores**

PRIMERA EDICIÓN: **SEPTIEMBRE DE 2007**

© José María Caparrós Lera, 2007
© Rafael Utrera, 2007
© Rafael de España, 2007
© T&B Editores, 2007

Todos los derechos reservados. Queda rigurosamente prohibida, sin autorización escrita de los titulares del copyright, bajo las sanciones establecidas en las leyes, la reproducción total o parcial de esta obra por cualquier medio o procedimiento, comprendidos la reprografía y el tratamiento informático.

ISBN: 978-84-96576-46-9
Depósito legal: M-38121-2007
Impresión: Eurocolor S.A.
Impreso en España - Printed in Spain

ÍNDICE

Prólogo. *Por Rafael Utrera*, **9**
Prefacio, **17**

Primera parte
ÉPOCA MUDA (1896-1930)

1. Los inicios, **23**
2. Una producción artesanal, **27**
3. Inquietudes socioculturales, **31**
Filmografía, **35**
Cronología, **55**

Segunda parte
PERÍODO SONORO (1931-1960)

4. Nacimiento de una industria, **67**
5. El conflicto bélico en las pantallas, **77**
6. Primera posguerra y autarquía, **87**
7. Berlanga-Bardem. Las Conversaciones de Salamanca, **95**
Filmografía, **101**
Cronología, **131**

Tercera parte
ETAPA MODERNA (1961-1975)

8. García Escudero y el Nuevo Cine español, **149**
9. La Escuela de Barcelona. El cine marginal, **155**
10. El binomio Elías Querejeta-Carlos Saura, **161**
11. La crisis del sistema, **167**
Filmografía, **173**
Cronología, **189**

Cuarta parte
TIEMPO CONTEMPORÁNEO (1976-2006)

12. El cine de la Transición, **199**
13. Películas de la Democracia, **203**
14. Presente y futuro de nuestro cine, **209**
15. El fenómeno Almodóvar, **227**
16. José Luis Garci, un director popular, **241**
17. Joven Cine español, **253**
Filmografía, **267**
Cronología, **323**

APÉNDICES

I. La censura en el cine español (1912-1977). *Por Rafael de España*, **353**
II. Conclusiones de las Conversaciones de Salamanca (1955), **363**
III. Cuadros estadísticos, **371**

Notas, **387**
Bibliografía, **399**

PRÓLOGO PARTICULAR PARA UNA HISTORIA DEL CINE PERSONAL

En el ya lejano 1981, han transcurrido, pues, veinticinco años, saludábamos desde las páginas de un diario sevillano a un compañero de la crítica cinematográfica, José Mª Caparrós Lera, porque acababa de obtener el grado de Doctor en la Universidad de Barcelona. En efecto, las aulas de la Facultad de Geografía e Historia habían acogido la lectura de una Tesis Doctoral titulada *Corrientes estético ideológicas del cine argumental español realizado durante la II República (1931-1939)* que, dirigida por el historiador Miguel Porter-Moix, le valió a su autor la calificación de sobresaliente cum laude. A los jóvenes estudiantes que manejen este volumen, *Historia del Cine Español*, el hecho mencionado les puede resultar cotidiano pero en la etapa citada, los estudios universitarios estaban, en general, reñidos con las materias cinematográficas e incluir nombres como Filmología, Estética, Historia, etc., no dejaba de considerarse un atropello artístico que los planes de estudios vigentes y quienes los hacían no estaban dispuestos a consentir. Con el paso del tiempo, estos pioneros de la investigación fílmica en el ámbito universitario, como Caparrós Lera y otros de su generación, han (hemos) podido celebrar que Ciencias de la Información, primero, Historia y Filología, después, en sus respectivas áreas, incluyeran las artes y ciencias cinematográficas en su organigrama educativo y formador; la Literatura, el Arte, la Lingüística, la Sociología, no pueden prescindir hoy, ni en sus teorizaciones ni en sus pragmatismos, del Cine en sus mil variadas manifestaciones. La preeminencia de los estudios culturales o interculturales ha dado carta de naturaleza a lo que se conforma actualmente como realidad irreversible. Quede dicho lo anterior para concluir que aquel periodista cinematográfico, habitual firmante en el semanario *Mundo*, fue uno de los primeros universitarios que se aplicaron a poner sus conocimientos al servicio de una materia y a disponer de unas herramientas de trabajo, la investigación, para dar a la luz los avatares de una cinematografía resuelta en una historia llena de luces y sombras.

Cuando, algún tiempo después, la publicación *Arte y política en el Cine de la República* llegó a sus lectores, podía evidenciarse que las etapas más ignoradas de nuestra cinematografía dejaban de serlo gracias a publicaciones semejantes a ésta firmadas por Manuel Rotellar y Román Gubern. El título citado y *El cine republicano español* demostraban hasta dónde habían llegado las investigaciones de José Mª Caparrós Lera en este marco temporal que abarca desde 1931 a 1939. En ambos volúmenes quedaba reflejada la copiosa hemerografía consultada, las conversaciones con testigos de la época y con responsables de productoras, además de dar a la luz valiosos documentos hasta entonces ignorados o menospreciados. Con tales mimbres, pedagógicamente estructurados, los lectores nos adentrábamos en una panorámica general donde se definían las crisis cinematográficas de dicha etapa, la creación de la industria, la vida del mundo del cine en sus variados aspectos, desde las actividades de los cine-clubs a la de los partidos políticos, además de mostrar el autor ejemplificaciones precisas donde títulos como *La aldea maldita*, *La malcasada*, *Prim*, entre otras, apuntaban a ideologías de distinto signo, desde la liberal a la conservadora, monárquica incluida. Más allá de esta síntesis de valores señalados, la investigación del periodo dejaba múltiples caminos apuntados para que, desde otras perspectivas, fueran, antes o después, ampliados por estudiosos e interesados donde los futuros equipos de investigación dirigidos por este profesor-doctor tendrían, en un futuro inmediato, mucho que decir.

Si nos hemos detenido en estos títulos de nuestro colega es porque, de alguna manera, conforman el núcleo de su carrera profesional, entendiendo que ésta tiene tres aspectos diferentes y al tiempo complementarios: la actividad periodístico-cinematográfica, la específicamente investigadora y la didáctica-pedagógica. La prioridad de cada una sobre las demás ha marcado las diferentes etapas que, como en toda profesión tan dilatada, pueden observarse en la carrera del Dr. Caparrós. Y siempre mostrando una inequívoca vocación donde el cine y su mundo no es sólo lo único por enseñar.

En la ingente bibliografía que desde entonces a hoy ha publicado José Mª (váyase a la solapa de este volumen para comprobar al menos un tanto por ciento de su vasta producción) creo que predomina el intencionado deseo de trabajar y publicar en el ámbito de la divulgación científica sin excluir a la vez las formas expresivas propias del periodismo; en tal sentido, nuestro autor se comporta como un cronista del momento histórico más reciente, como un testigo de los hechos vividos, y de los que, cada año, da fe notarial de los mismos, incluso, advirtiendo en el final de cada volumen por dónde va a ir y de qué va a tratar la publicación siguiente (esta *Historia del Cine Español* no es una excepción en tal sentido, como se puede apreciar en su último capítulo). Para un historiador profesional no hay día sin trabajo, sin escritura cinematográfica, como, con mejores palabras, venía a decir un clásico contemporáneo: "ni un día sin línea". Acaso por ello, sus títulos se organizan y conforman con términos como "fin de milenio", "nuestros días", "durante el gobierno", "a través de...", "de los setenta", "de los noventa" y otros parámetros espacio-temporales semejantes. Así pues, la estructura de los mismos tiende a la sencilla organización de artículos periodísticos ensamblados adecuadamente tanto en función de temáticas homogéneas como de valoraciones, en el más amplio sentido del término, que abarcan de lo social a lo político, de lo humano a lo religioso. Y todo ello manifestado con un sentido misional cuando así lo requiere el enfoque de la específica cuestión.

La labor investigadora de Caparrós no podía quedarse en el ámbito de lo personal, de una parte porque las tendencias científicas de la universidad se han orientado, como debía ser, hacia una búsqueda de materiales donde la tarea del individuo se daba de bruces con materias que por su amplitud requerían la imprescindible colaboración de otros. Por ello mismo, una tarea investigadora donde el cine es el objeto de estudio, pero que tiene marcos próximos como la Historia (en general) y el Arte (en particular), estaba necesitada de unas plurales focalizaciones que, cerrado el material estudiado, concentrasen el proceso bajo una mirada capaz de sintetizarla y de unificarla. La creación del grupo investigador *Film-Historia* supuso desde sus comienzos un ámbito de trabajo donde las nuevas generaciones de las áreas artísticas e históricas, coordinadas y dirigidas por el Dr. Caparrós, marcaron ámbitos de trabajo que derivaron en dos modalidades diferentes: la lectura de importantes tesis doctorales adscribibles a las temáticas señaladas y el funcionamiento en equipo capaz de dar a la luz de forma periódica una revista, tan científica como universitaria, donde el ensayo, el documento, el comentario, la crítica, junto a otros apartados propios de una publicación, se han hecho públicos durante una etapa en forma impresa y en otra, a tenor de los tiempos que corren, en su modalidad electrónica. Las firmas de historiadores consagrados junto a la de jóvenes valores era la mejor combinación para dar continuidad a una escuela que tiene nombre propio en el ámbito universitario.

Mostradas ya las facetas periodístico-cinematográficas así como las investigadoras de nuestro autor, queda por precisar la "didáctico-pedagógica". De la abrumadora bibliografía firmada por José Mª Caparrós Lera, señalados ya los libros de rigurosa investigación arriba mencionados, quedan por referir aquellos cuya orientación se apoyan en los estrictos valores de la didáctica unidos generalmente a la intencionada faceta divulgadora. En tal sentido, el claro precedente de la publicación que hoy prologamos creo encontrarla en el volumen del autor titulado *Introducción a la Historia del Arte Cinematográfico* (1990). Los profesores que investigamos, acaso mejor que los investigadores que circunstancialmente enseñan, sabemos muy bien cuán fácil es escribir un manual de quinientas o seiscientas páginas donde no tenemos límites para ponerle fin. Por la misma razón, tenemos claro las dificultades que entraña sintetizar una materia amplia y prolija en poco más de doscientos folios. A ello debe unirse una peculiaridad del lenguaje utilizado: la claridad expositiva, la síntesis oportuna, la pedagógica organización; o, incluso, detalles no menores como las ilustraciones elegidas y la tipografía usada. Ese manual, casi libro de bolsillo, así organizado en sus aspectos intrínsecos y formales, es un valor preciso en el ámbito de la comunicación más general y de la pedagogía en particular. Esta *Introducción a la Historia...* se convierte en el precedente de este otro, ahora en su segunda edición, llamado *Historia del Cine Español*. ¿En qué ámbito de la historiografía cabe situar este trabajo de Caparrós Lera?

La *Historia del Cine* está hoy estudiada a la luz de diversas metodologías donde ni la propia Historia ni tampoco la Estética son los únicos bastiones; el estructuralismo, la semiología, el freudismo, la estadística, o la simple contextualización de un fenómeno fílmico en el entorno que le ha visto nacer, arrojan luz al conjunto de filmografías, entre otros muchos valores, que constituyen la historia cinematográfica de un país.

Otros aspectos por resolver son respuestas a preguntas como ¿quién puede hacerla?, o, interfiriendo en cuestiones económicas, ¿quién tiene posibilidades para llevarla a término? La organización del trabajo en equipo y la aplicación de una específica metodología señalan a la Universidad como marco idóneo para consumar tal proyecto aunque no por ello tiene que ser la única encausada.

El plural panorama de títulos en torno al objeto de nuestro estudio parece indicar que la Historia del Cine Español implica al menos dos factores diferentes connotados cada uno de ellos de diversas ramificaciones y significaciones: ante todo, un campo historiográfico concreto, sector de una Historia General del Cine, pero también un concepto histórico que englobe el específico devenir de nuestra cinematografía.

Pongamos algunos ejemplos. Publicado por el Ministerio de Cultura se edita en 1984 *Historia del Cine Español.1896–1983*, volumen colectivo coordinado por Augusto Martínez Torres, prologada por José Luis Aranguren y redactada por un plantel de escritores que elaboraron los quince apartados según conocimiento y especialización; sin duda, se esgrimían planteamientos historiográficos diferentes a sus precedentes. Sus características de diseño e ilustración le convertían en un libro "institucional" y en texto de consulta por encima de todo. Una segunda edición, ahora en formato de bolsillo, denominada *Cine español 1896-1988*, representó la contribución española al programa aprobado por la XXII confrontación general de la UNESCO.

De otra parte, la *Historia del Cine Español* (primera edición en 1995) es un libro independiente de la *Historia General del Cine*, editada por Gustavo Domínguez y Jenaro Talens, en cuanto a colección, pero concebida bajo semejante criterio y una parecida metodología. Los autores son Román Gubern, José Enrique Monterde, Julio Pérez Perucha, Esteve Riambau y Casimiro Torreiro, todos ellos colaboradores de la *General*. La estructura de la obra combina los aspectos cinematográficos con los históricos. Cada uno de los apartados quedan delimitados en su cronología, bien haciendo referencia al factor técnico/cinematográfico o al estrictamente histórico/político. Como elementos complementarios, entre otros, cierra el libro un bloque cronológico donde se precisa cada año mencionado con su significación fílmico/histórica correspondiente.

Por más que el título no se acoge a la formulación habitual, Historia, la *Antología Crítica del Cine Español. 1906-1995. Flor en la sombra* (1997), coordinada por Julio Pérez Perucha, no es en el sentido tradicional del término un volumen descriptivo aunque sí lo es al priorizar la obra como objeto de estudio y, en consecuencia, por anteponer la película, el texto, al relato histórico. Alrededor de trescientos filmes son los comentados en un arco cronológico de noventa años.

Desde esta perspectiva, bajo el enfoque de lo interdisciplinar y de lo colectivo, la reescritura de la *Historia del Cine Español* se constituye en aventura científica de primer grado donde la Universidad tanto tiene que decir.

Sin embargo, las propuestas individuales, es decir, la Historia escrita o reescrita por autor único, abunda en generosos ejemplos. Son propuestas personales que bajo perspectivas sintetizadoras tienden a ofrecer una visión global y pedagógica del objeto de estudio. La cuestión radica en la "forma" de enfrentarse a su estudio.

Para Fernando Méndez-Leite Serrano, su *Historia del Cine Español en cien películas* (1975) ofrece un punto de vista personal que interpreta unos filmes y unos datos existentes; "una verdadera historia" no le parece posible que pueda ser escrita ante la imposibilidad de hacerlo desde una perspectiva multifocal. Por su parte, el historiador Emilio Carlos García Fernández publicó en 1985 su *Historia Ilustrada del Cine Español*, volumen complementario a la *Historia Universal del Cine* (1982) de la que había sido director técnico. La estructura de la obra viene condicionada por su primera publicación en fascículos lo que a su vez ofrece la ventaja de utilizar una tan abundante como esmerada iconografía que, en muchos casos, la hizo de consulta imprescindible; las monografías sobre autores y directores combinaban con el estudio de significativas películas de cada época donde la narración iconológica se alternan con la histórico/literaria, en plena justificación al adjetivo ("ilustrada") marcado en su título. Un volumen posterior del mismo autor, con acotación voluntaria de un periodo, se titula *El cine español entre 1896 y 1939* (2002) y se subtitula "Historia, industria, filmografía y documentos"; tras una semblanza histórica dividida en tres bloques cronológicos (hasta 1919 / 1929 / 1939) se organiza un pormenorizado trabajo de investigación en torno a la producción, distribución y exhibición justificando, prioritariamente, el factor "industria".

El título de Jean-Claude Seguin *Historia del Cine Español* (primera edición española en 1995) se orienta hacia una peculiar divulgación de los hitos más significativos de nuestro cine; en sus ocho capítulos se condensa una panorámica donde el carácter cronológico se combina con el necesario cientifismo y la amplia experiencia pedagógica del autor; la brevedad del texto, forzado por el carácter de la publicación no le impide organizar unas denominadas "foto-fija" donde se comentan aspectos tan variados como pueden ser la biografía de un autor, una actriz, una película emblemática, un momento histórico significativo, una banda sonora peculiar, etc.

En este panorama general, se publica en 1999 la primera edición de *Historia crítica del cine español (desde 1987 hasta hoy)*, de José Mª Caparrós Lera. Su estructura combinaba el comentario explicativo a cada periodo histórico (divididos estos en "mudo", "sonoro", "moderno" y "contemporáneo") con una orientativa filmografía del mismo y la correspondiente bibliografía específica adornando cada uno de los capítulos (lo que no excluía una bibliografía general). Se trataba de una elaborada síntesis de los diversos periodos del cine nacional situados en un panorama cuyo rasgo más marcado es el carácter de libro didáctico; en palabras del propio autor, «un sencillo estado de la cuestión concebido a modo de manual». El volumen actualizaba trabajos previos para dirigirlos a un público no especializado pero sobre todo a los estudiantes que se inician en la Historia Contemporánea y en la Comunicación Audiovisual. El autor no ocultaba posicionamiento político ni ideológico a la hora de etiquetar a cineastas o películas.

La segunda y nueva edición de dicho volumen mantiene los presupuestos básicos antes mencionados pero añade determinadas instancias, desde las bibliográficas a las cronológicas, desde apéndices a específicas monografías sobre populares directores; aún más, en un generoso intento de rebajar la plena autoría, se invita a un compañero, el Dr. Rafael de España, eminente colega y miembro cualificado de *Film Historia*, a firmar un apartado sobre la censura que, de esta forma, complementa lo que es aplicable a ciertos capítulos de la obra. Del mismo modo, el prólogo es una novedad en esta edición, aunque acaso sea lo más prescindible del volumen y, sin duda, poco necesario para el lector. Como responsable del mismo, me he permitido llamarle "particular" porque son esas razones de amistad las que me impulsan a escribirlo en cordial respuesta a la invitación recibida; de otra parte, porque dicha amistad está basada en el respeto y en la tolerancia y es ella misma la que permite reflexionar sobre un objeto de estudio, cuando no sobre la vida misma, desde perspectivas diferentes y enfoques opuestos. Como bien decía un ilustre profesor, el Dr. Hueso, prologuista de *El cine de nuestros días* (Caparrós Lera, 1999: 19), los aspectos con los que nos encontramos de acuerdo alternarán con otros donde "podremos discrepar de las valoraciones del autor". Y del mismo modo, el Presidente del Círculo de Escritores Cinematográficos, Jerónimo José Martín, estimaba en su prólogo a *El cine de fin de milenio* (Caparrós Lera, 2001: 15), sirviéndose de una famosa frase del general Escobar, que "si no se puede ser amigos en el desacuerdo, ¿qué sentido tiene la vida?", en relación a su amistad con Companys. Por ello, ese "poder" y ese "deber", el nuestro, el de cada lector, no hará más que enriquecerse con cuanto el autor nos ofrece desde su atalaya autoral.

Del mismo modo, hemos utilizado el adjetivo "personal" junto a los sustantivos Historia y Cine; señalamos con ello el rasgo antes marcado para este libro, autor único y personal visión; para ejemplificar con Ángel Zúñiga, éste denominó a su volumen *Una historia del Cine*; "una", la propia, la subjetiva, elaborada según gustos y posicionamientos, y no "la" (Historia), distanciada, objetable.

Heredera de aquella *Introducción a la Historia...* la nueva versión de esta *Historia del Cine Español* (ahora sin la palabra "crítica" en su título, innecesaria probablemente) servirá, sin duda, a nuestros estudiantes para que rellenen las enormes lagunas culturales con las que acceden a nuestras aulas universitarias. Ojalá este volumen no sea para ellos un punto de llegada sino, por el contrario, un punto de partida, de tal manera que la abundante bibliografía que el profesor Caparrós incluye en los diversos apartados sea seleccionada para, primero, complementar el manual y, segundo, para mantener actitudes dialécticas en torno a un objeto de estudio que puede y debe ser visto desde múltiples puntos de vista e interpretado desde focalizaciones diversas.

Dr. RAFAEL UTRERA MACÍAS
Catedrático
Facultad de Comunicación
Universidad de Sevilla

PREFACIO

En 1999 vio la luz la primera edición del presente manual, con el título de *Historia crítica del cine español*. Ahora se publica esta nueva edición puesta al día en T&B Editores, la editorial especializada más prolífica de nuestro país. Gracias, Juan Tejero y Carmen Bayod por confiar en este antiguo crítico y veterano historiador

Como escribí hace casi una década, después de más de veinte años dedicado a sintetizar y analizar el cine español de diversos períodos (*El cine mudo, Arte y política en el cine de la República, El cine español bajo el régimen de Franco* y *El cine español de la democracia*), me ha parecido interesante abordar una panorámica histórica de carácter general sobre nuestra cinematografía.

Con todo, este libro tiene su origen en dos trabajos anteriores: *The Spanish Cinema: An Historical Approach* (1987), obra que publiqué en inglés con Rafael de España –él redactó un diccionario de películas del franquismo– con motivo del curso que impartimos en sendas universidades norteamericanas y una británica; y el capítulo IV de mi agotado manual *Introducción a la Historia del Arte Cinematográfico* (1990), como el Profesor Rafael Utrera refiere en el Prólogo.

Sin embargo, tras el pasado centenario del séptimo arte en España, recogí y redacté de nuevo mis antiguos textos, al tiempo que revisé los juicios vertidos en esas obras –también a la luz de los últimos libros publicados por otros colegas–, además de añadir actualizados tres apartados de mi reciente *La Pantalla Popular. El cine español durante el Gobierno de la derecha* (2005), para proporcionar esta nueva *Historia del Cine Español (1896-2006)*.

Se trata, por tanto, de un sencillo "estado de la cuestión", concebido –insisto– a modo de manual para los alumnos de Historia Contemporánea, Bellas Artes, Historia de Arte y Comunicación Audiovisual, sobre nuestro primer siglo de cine. Un libro que espero sirva tanto a los estudiantes universitarios como a todos aquellos aficionados o público interesado por el fenómeno fílmico español. Un manual que reivindica el cine español, y que pienso hacía falta en el mercado editorial.

Así pues, el libro está estructurado en los siguientes apartados:

a) Un comentario concreto de cada período: mudo (1896-1930), sonoro (1931-1960), moderno (1961-1975) y contemporáneo (1976-2006), siguiendo la tradicional división de la historia del cine.

b) Una filmografía, que incluye las fichas técnico-artísticas de las películas más representativas de esas cuatro etapas.

c) La bibliografía específica, lo más completa posible y actualizada, que ahora al igual que las notas de cada parte se añade al final.

d) Una cronología esencial –añadida ahora–, que recoge aquellos hechos históricos claves, españoles y extranjeros, a fin de situar mejor cada época tratada y poder contextualizar los filmes y sus autores.

e) Y una bibliografía general, que incluye los textos que abarcan más de un período, seguidos por aquellas obras que estudian el cine de las Autonomías del Estado español y los libros que tratan sobre materias económicas y legislativas.

Por otra parte, me ha parecido también interesante añadir tres Apéndices: un ensayo sobre *La censura en el cine español (1912-1977)*, original de Rafael de España –que sólo se había publicado en alemán–; las conclusiones de las célebres Conversaciones de Salamanca (1955); y 22 cuadros estadísticos, que pueden resultar clarificadores.

Por último, concluyo como lo hice ayer. Espero que, tras leer mi personal *Historia del Cine Español*, el sufrido espectador de películas autóctonas valore más lo que ha sido nuestro arte fílmico a lo largo de algo más de un siglo de existencia. De ahí que hoy contradiga la afirmación que antaño hiciera el maestro y amigo Luis G. Berlanga: «El cine español es uno de los fenómenos más anodinos de nuestro tiempo».

AGRADECIMIENTOS

No quisiera concluir el Prefacio a la nueva edición de este manual sin reconocer las valiosas sugerencias recibidas de diversos colegas:

Al amable prologuista, profesor Rafael Utrera, primer catedrático de Historia del cine español y director del Equipo de Investigación en Historia del Cine Español de la Universidad de Sevilla, que sugirió diversas mejoras, corrigió algunos errores de la anterior bibliografía y me estimuló a tratar sobre la Censura en una próxima publicación.

Al doctor Rafael De España, director adjunto del Centre d'Investigacions Film-Història (Parc Científic de Barcelona), que me ha cedido su documentado artículo sobre este tema.

Asimismo, agradezco las anotaciones críticas que me hiciera en su día el investigador Eduard Huelin, hoy doctor en Historia Contemporánea; y la valiosa ayuda que me proporcionó la doctoranda Maite Cónsul, para redactar el capítulo 17 (Joven Cine español).

Finalmente, agradezco a Miguel Soria (Filmoteca Española) las fotografías originales facilitadas; y también a los alumnos que, en sus reseñas del primer libro, me criticaron por no haber incluido las valiosas conclusiones de las Conversaciones de Salamanca en aquella edición, rogándome además añadiera una cronología en la nueva.

Barcelona, marzo 2007.
jmcaparros@ub.edu
http://caparroscinema.blogspot.com

Primera parte
ÉPOCA MUDA
(1896-1930)

CAPÍTULO 1
Los inicios

Si bien la primera etapa de nuestra Historia es conocida como la del "cine mudo", la verdad es que el Séptimo Arte nunca fue estrictamente mudo: era habitual en esta época silente "sonorizar" las películas mediante diálogos leídos por un locutor o a través de un idóneo acompañamiento musical.

Todavía se están desvelando los orígenes del cine en España. Si hasta hace poco se atribuía al operador de los Lumière Eugène Promio y al aragonés Eduardo Jimeno las primeras proyecciones y filmaciones en nuestro país, las más recientes investigaciones han revelado que aquel *cameraman* francés se llamaba en realidad Alexandre y que Jimeno se escribía con G; además que las conocidas exhibiciones en Madrid no se debieron a aquel pionero galo, sino al húngaro Erwin Rousby, quien se adelantó dos días al empleado de los hermanos Lumière —hoy se duda que fuera el mismo Alexandre Promio— en la primera proyección pública en la Península. Corría el 11 de mayo de 1896.

Asimismo, hasta hace poco el especialista Jean-Claude Seguin afirmaba que la primera película enteramente española no era la célebre *Salida de Misa de 12 del Pilar de Zaragoza*, proyectada el 12 de octubre de 1896 y filmada el día anterior, sino un documental titulado *Llegada de un tren de Teruel a Segorbe*, que fue presentado en Valencia, el 11 de septiembre de ese año 1896[1]. Mientras tanto el cinéfilo vasco Jon Letamendi ha descubierto un craso error, que sería arrastrado por los historiadores: la famosa *Salida de Misa de 12...* se filmó y proyectó como mínimo dos años después[2] (pues la casa Lumière vendió sus aparatos a partir de mayo de 1897), pasando la "primacía" a otros dos operadores extranjeros: Charles Kalb, con su *Llegada de un tren de Teruel...*, estrenada el 23 de octubre de 1896, en Valencia, y no el 11 del mes anterior;[3] y Joseph Sellier, con su *Entierro del general Sánchez Bregua*, rodada el 20 de junio de 1897, en Coruña, pero presentada meses después. Por otra parte, el fotógrafo vitoriano Antonio Salinas rodó antes del 12 de junio del mismo año 97 unas escenas de la plaza Virgen Blanca de Vitoria, que nunca llegaron a proyectarse.[4]

A estos pioneros les seguiría el coetáneo catalán Fructuós Gelabert (véase sus reveladoras *Memorias*)[5], que está considerado por muchos historiadores como el verdadero fundador de la industria cinematográfica en nuestro país. Gelabert parangonó los primeros documentales de los hermanos Lumière con los títulos *Salida de la Iglesia parroquial de Santa María de Sants* y *Salida de los trabajadores de la fábrica "La España Industrial"* (al parecer, ambos de 1897), este último más ensamblado con la tradición industrial catalana. No obstante, Fructuós Gelabert pasaría mejor a la historia de aquel año al realizar el 10 de agosto la ópera prima argumental del cine español y catalán: *Riña en un café*, que se estrenaría en Barcelona el 24 del mismo mes, día de San Bartolomé, con motivo de la apertura de la fiesta mayor de Sants. Sin embargo, las más recientes investigaciones lo datan dos años más tarde: 1899. De ahí que, en realidad, esas sean las fechas del nacimiento de nuestro cine autóctono, ya que los otros dos operadores citados eran franceses[6].

Seguidamente, Gelabert realiza otra cinta importante, *Dorotea*, y el reportaje titulado *Visita de Doña María Cristina y Don Alfonso XIII a Barcelona*, que sería el primer film vendido al extranjero. Hasta que en 1905 dirige *Los guapos de la Vaquería del Parque*, rodado en el parque de la Ciudadela de Barcelona.

Con todo, en 1902 ya había aparecido otro de los grandes pioneros de nuestro cine: el internacional Segundo de Chomón, que realizó en Cataluña *Montserrat* y *Choque de trenes*, junto a los filmes *Pulgarcito* y *Gulliver en el país de los gigantes* (ambos de 1903), entre otros, antes de emigrar a Francia e Italia y transformarse en uno de los *cameramen* más famosos del arte cinematográfico mundial. Como técnico, el aragonés Chomón fue por aquellos años el inventor de numerosos "trucos", paralelos a los del maestro Georges Méliès, que resultarían claves para el progreso del lenguaje fílmico posterior (a Chomón, asimismo, se le atribuye la primera utilización del carro o *travelling*). Además, en su temprana etapa creadora en España, cultivó un cine fantástico que contrastaba con el realismo popular de su colega Gelabert. Por tanto, el cine español tenía en sus albores dos escuelas creadoras: la realista, encabezada por Fructuós Gelabert, y la fantástica, originada por Segundo de Chomón[7]. En esto ya superábamos a otros países vecinos.

Aun así, en 1905, Valencia salta a la liza cinematográfica de manos de un droguero de la plaza del Mercado, Antonio Cuesta, quien antes de especializarse en reportajes taurinos realiza una cinta testimonial titulada *El Tribunal de las Aguas*, donde mostró las actividades y funciones de esa histórica tradición jurídico-secular vigente en la actualidad. Asimismo, debido al éxito de su producción, editó en colaboración una serie de películas enraizadas en la idiosincrasia de la Comunidad Valenciana. *El pastoret de Torrent* (1908), *El llop de la serra* y *El tonto de la huerta* (ambas de 1912), codirigidas por el también pionero Joan María Codina, serían algunos de los títulos de la casa Films Cuesta en pro de un realismo emparentado con la novelística valenciana –Blasco Ibáñez, por ejemplo– y con temas típicamente rurales.

En esta época surgen también los primeros cines, salas de espectáculos cinematográficos que heredaron la tradición iniciada por los fotógrafos "Napoleón" y toda una generación de comerciantes; como los hermanos Belio, el Diorama de la plaza Buensuceso, o el Cinematógrafo Lumière del Paralelo y otros cines itinerantes. Locales populares que tendrían entre sus precursores al pionero Baltasar Abadal, quien introdujo el cine en muchos pueblos y ciudades de las comarcas catalanas y fue representante de las casas Pathé y Star Films, de París. Desaparecen, por tanto, las primitivas "barracas de feria" en donde nació el Cinematógrafo y éstas son sustituidas por salas especializadas, que no obstante estaban "ayudadas" por el *music-hall*, entonces en boga.

De ahí que una especialista del primitivo cine catalán, Palmira González, escribiera:

«Durante los primeros años diez [del siglo XX], el cinematógrafo se difundió por toda la Ciudad Condal. Se difundió por las Ramblas arriba y por el Paralelo; sobrepasó la Gran Vía, se ramificó por el Ensanche, subió hasta Gracia y Sarriá y, por el puerto, llegó a la Barceloneta y Pueblo Nuevo. Las salas de cine comenzaron en este período a superar el número de teatros y estaban más repartidas por toda la geografía urbana. En 1905, el arraigo del cinematógrafo en la vida ciudadana resultaba un hecho indiscutible.»[8]

Por esas mismas fechas, Albert Marro funda –con Lluís Macaya– la firma barcelonesa Hispano Films que, desde 1906, emprende una serie de producciones de carácter literario e histórico, junto a cortometrajes cómicos y reportajes de actualidad. El propio Marro dirigió con el también pionero Ricard de Baños *Justicia de Felipe II* (1910), co-realizando con éste otros filmes memorables: la primera versión fílmica de *Don Juan Tenorio* (1908), que constaba de siete cuadros distribuidos en 330 metros, *Don Juan de Serrallonga* (1910) y *Don Pedro el Cruel* (1912). La tarea de Albert Marro la resume el asimismo especialista Miquel Porter-Moix:

«Sus realizaciones se distinguen siempre por el deseo de hacer un cine eminentemente popular; para ello, recurría a modelos poco cultistas, alejados del filme de arte, prefiriendo los dramas de costumbres a la italiana, los filmes de carácter folklórico y, especialmente, los seriales de aventuras.»[9]

Con todo, en esta época el infatigable Fructuós Gelabert seguía en la brecha, pues con su propia productora y la empresa Films Barcelona mostraba la idosincrasia catalana. Así, su valiosa actividad se concretó en dos famosas piezas de Àngel Guimerà: *Terra Baixa* (1907) y *María Rosa* (1908, codir. Joan M. Codina), filmes que presentaron elementos populares muy significativos. Pese a ello, un solo testimonio político se llevaría directamente a la pantalla durante esos años del nacimiento del cine en España: Josep Gaspar, otro pionero catalán, recogió con su cámara-tomavistas los hechos sangrientos de la Semana Trágica. Su reportaje, *Los Sucesos de Barcelona* (1909), produjo en su día una gran conmoción popular. Aun así, en ese mismo año su colega Ricard de Baños rodó un reportaje acerca de los conflictos españoles en el Norte de África: *Guerra de Marruecos*, en tres episodios. Otros tres noticiarios sobre el tema también fueron realizados en 1909: *Campaña del Riff*, *Guerra de Melilla* y *Vida en el campamento*, producidos por dos pioneros aragoneses, Ignacio Coyne y Antonio de P. Tramullas, con la ayuda del Ministerio de Guerra.

Con lo que Barcelona, en vísperas de la Primera Guerra Mundial, se había erigido en la capital del cine español, consolidándose Cataluña como el centro industrial más importante de la todavía naciente cinematografía del país. Además, Barcelona era una de las ciudades del mundo con más salas, al nivel de Berlín y sólo detrás de Nueva York y París.

CAPÍTULO 2
Una producción artesanal

Esta larga década y media, que va desde los años diez a 1925, se inicia cuando el maestro Segundo de Chomón realiza, por encargo de la firma Pathé, una serie de zarzuelas y folletines de carácter hispano –estilo nacional que fructificaría más tarde– de entre los que cabe destacar *El pobre Valbuena* (1910), según el libreto de Carlos Arniches (de quien, asimismo llevó a la pantalla *Los guapos* y *El puñao de rosas*). Filmes localistas y teatrales que, junto a diversas películas histórico-populares, apenas lograrían reflejar la realidad social del país.

Por tanto, la Gran Guerra no alteró la producción cinematográfica de España. De ahí que en esa época bélica –en la cual el país fue neutral– apareciera otra firma catalana sólida, la Barcinógrafo, encabezada por el dramaturgo Adrià Gual. Corría el 1914 y su capital inicial era de 250.000 pesetas, sorprendente para aquellos años. La casa estaba apoyada por miembros de la "Lliga Regionalista", y de su numerosa producción destacan tres películas: *La Gitanilla*, de Cervantes; *El alcalde de Zalamea*, según la obra de Calderón; y *Misteri de dolor*, (todas de 1914), adaptación de una pieza teatral del propio Gual. Le sucedería en la dirección de esta productora Magí Murià, autor de *El Nocturno de Chopin* (1915, codir. Gelabert), *La reina joven*, *Alma torturada* (ambas de 1916) y del famoso serial *Vindicator* (1918).[10]

Así, y hasta el término de la segunda década del siglo, se produjeron centenares de filmes españoles, casi sin orden ni concierto: películas dramáticas al estilo italiano –desde el género histórico al de costumbres, con las populares "divas"–, cintas influidas por la escuela francesa –concretamente por la "Film d'Art"– y seriales de episodios. En este sentido, cabe consignar la ambiciosa coproducción del realizador galo Bourgeois, *Vida de Cristobal Colón y su descubrimiento de América* (1916-17), obra de cinco episodios y con un costo aproximado de un millón de pesetas, en la cual colaboraron artistas y técnicos españoles: desde Ramon de Baños y Josep María Maristany, en la fotografía, hasta Salvador Alarma en los decorados, pasando por el asesoramiento de Adrià Gual, entre otros. La película presentaba una mezcla de hechos históricos y legendarios, según un criterio popular, y contenía los capítulos "La inspiración de una Reina", "Hacia lo desconocido", "La obra brilla, inmortal", "El apogeo de la gloria" y "La triste recompensa".[11]

Pero la cinta más popular de este período bélico europeo sería otra producción realizada en Cataluña, precisamente por la Hispano Films: *Barcelona y sus misterios* (1916), dirigida por Albert Marro y fotografiada por Jordi Robert (con quien Marro había dado a luz anteriormente la llamada *Serie de Oro del Arte Trágico*, 1914-1915). Este film, en ocho jornadas, les proporcionó un gran triunfo. Pero, en realidad, era un trasunto hispano de *El Conde de Montecristo* o de *Los misterios de París*, según el folletín de Antonio Altadill. Realizaron una segunda parte, *El testamento de Diego Rocafort* (en seis episodios), con menos fortuna. De aquel film escribió el historiador José Antonio Cabero: «El éxito, para aquel tiempo, fue extraordinario, tanto que algunos periódicos pedían que se calificara la cinta de "interés nacional"».[12]

Aun así, en plena Primera Guerra Mundial surgió en Barcelona una nueva productora importante, la Studio Films, impulsada por Domènec Ceret y de cuya dirección se ocuparía después el referido cineasta catalán instalado en Valencia Joan María Codina, quien en octubre de 1918 estrenaría dos películas célebres: *Codicia* (de 14 episodios) y *Mefisto* (en 12 jornadas). El citado historiador Miquel Porter afirmará al respecto:

> «Representaban los aciertos comerciales más importantes y las obras más conseguidas del género en el cine catalán. Dosificados los elementos de presentación, las inverosimilitudes cedían ante la buenísima interpretación y el ritmo estudiado. El público reaccionó en favor de la Studio, y durante mucho tiempo le otorgó el mismo crédito que tenían las firmas extranjeras.»[13]

Después, el innovador Codina dirigió otros seriales –los largometrajes *El protegido de Satán* (1918) y *La dama duende* (1919)–, que confirmaron no sólo la buena marcha de esta productora, sino la calidad artística en torno a la expresión cinematográfica que estaba ya lejos del teatro filmado.

Es obvio, por tanto, que en esta etapa popular se empezaba a consolidar en torno al fenómeno cinematográfico un primer desarrollo industrial y comercial estable, aunque sin bases económicas serias. Fue una época en la que algunos intelectuales españoles comenzaron a interesarse por el cine, al frente de los cuales destacaba Jacinto Benavente. Nuestro Premio Nobel, molesto por su fallida adaptación fílmica de *Los intereses creados* (1918), fundó una productora propia en 1919, Madrid-Cines, para integrarse más tarde en firmas como Sociedad Cinematográfica Española y CEA, de Madrid.

Sin embargo, los pocos intelectuales que se habían puesto al frente de nuestro cine respondían más bien a concepciones conservadoras, y estaban ausentes de un mínimo contenido crítico o testimonial sobre la inestable sociedad del momento. Hasta que, en 1922, se volvió al cine folclórico con la creación de la casa Film Española; asimismo apoyado por la aparición de tres cineastas célebres que merecen un comentario aparte, si bien continuaron en las etapas posteriores.

José Buchs, el realizador de la mencionada adaptación de Benavente, en 1918, fue uno de los pioneros del cine español durante el período "mudo". Trabajador infatigable, llevó a la pantalla piezas teatrales y zarzuelas que lograron atraer al público de la época: *La verbena de la Paloma* (1921), *La reina mora* (1922), *Doloretes* (1923), *Mancha que limpia* (1924), *El abuelo* (1925), etc., hasta el advenimiento del "sonoro", del que también sería pionero.

Florián Rey, famoso actor, que en esa época silente interpretaría el papel de "Don Julián" en *La verbena de la Paloma*, de Buchs, saltó a la realización cinematográfica en 1924 con *La Revoltosa*, a la que siguieron *Gigantes y cabezudos* y *El lazarillo de Tormes* (ambas de 1925), *Agustina de Aragón*, *La hermana San Sulpicio*, *Football, amor y toros*, etc. Durante los años de la República y primera posguerra, Florián Rey se consolidó como uno de los máximos representantes del cine folclórico-costumbrista español.

Benito Perojo, otro célebre actor, creador del personaje "Peladilla" inspirado en el Charlot de la década anterior, también se lanzó a la dirección en los años veinte, tras aprender el oficio en París. Son títulos conocidos de esa época *Boy* (1925) –su primer éxito comercial–, *Malvaloca*, *El negro que tenía el alma blanca* (del que hizo un *remake* en 1934) y un largo etcétera. Perojo, otro nombre clave de los años treinta, fue quien importó las técnicas industriales del extranjero, se manejó espléndidamente con el cine "sonoro" e inició la coproducción en España.[14]

Asimismo, en la década de los veinte nuevos documentales "comprometidos" verían la luz en relación con la política nacional. En 1920, el Ministerio de Guerra produce *España en Riff*, mientras los operadores de la Gaumont barcelonesa ruedan *Los sucesos en la zona de Melilla*, que eran mostrados por todo el país a una «infinidad de curiosos –escribía el historiador Fernando Méndez-Leite–, alarmados por el mal cariz que iban tomando las cosas en Marruecos».[15]

Por otra parte, Ricard de Baños, antes de iniciarse el nuevo período, con su empresa Royal Films realizó dos filmes conectados con la tradición romántica del país: *Los arlequines de seda y oro* (más popular como *La gitana blanca*, 1919), protagonizado por Raquel Meller y que, según algunos críticos, sería el inicio de la "españolada" en la cinematografía nacional; y un *remake* de *Don Juan Tenorio* (1922, con la colaboración de su hermano Ramón en el guión y la cámara), film interpretado por Fortunio Bonanova, actor que desde 1938 trabajaría en Hollywood, actuando en pequeños papeles de muchos filmes norteamericanos.

Por último, en 1921, Joan Pallejà realizó para la Good Silver Film Co. (cuyo propietario era Llorenç Bau Bonaplata) una película que quiso pasar por americana –*Lilian*– a fin de obtener la aceptación de los exhibidores y el público de la época (Good Silver sería la traducción inglesa del segundo apellido del referido productor).

Y así llegamos al golpe de Estado del general Primo de Rivera, quien desplazaría la industria a Madrid y Valencia, debido a su política centralista. Palmira González describe así esos años de crisis del cine en Cataluña:

«Solamente hemos de seguir la trayectoria de los cineastas barceloneses para observar que la industria del cine en Barcelona vive una etapa de dispersión y falta de recursos. El barcelonés Joan Andreu estaba establecido en Valencia, donde desarrolló casi toda su obra cinematográfica; Josep Gaspar y Josep María Maristany trabajan en esta época como operadores de empresas valencianas y madrileñas; Ricard de Baños también trabajaba en Madrid entre 1925-26, igual que Joan Vilà Vilamala; incluso Fructuós Gelabert estuvo rodando en Madrid, el año 1925 (antes había trabajado con Rafael Salvador y José Buchs, entre 1918-1920). De la misma manera, productores madrileños desplazaban a Cataluña sus equipos de filmación y los actores de cine normalmente trabajaban por igual con casas catalanas y madrileñas. Barcelona había dejado de ser la sede principal –y prácticamente única– de la cinematografía del Estado por lo que se refiere a la producción. En los años 20 –concluye la referida historiadora– sólo quedaban sombras del pasado.»[16]

Tanto es así que películas de raigambre popular catalana, como la obra de Josep Amich Bert ("Amichatis") *Baixant de la font del gat* (1928) o *L'auca del senyor Esteve* (1929), según la pieza de Santiago Rusiñol, fallaron artísticamente y fueron un fracaso de crítica y público.

CAPÍTULO 3
Inquietudes socioculturales

Ya en plena Dictadura de Primo de Rivera, al lado de los mencionados cineastas, cabe constatar los intentos realistas y sociales de otros realizadores hispanos coetáneos: Fernando Delgado, uno de los directores más prolíficos del "mudo" español, dejó en su obra un claro deseo de lograr un cine enraizado con las costumbres y los tipos populares de su tiempo. Su pieza más importante fue *Las de Méndez* (1927), que se estrenó en París, y en la que retrató una familia de la burguesía madrileña, que se muere de hambre mientras trata de disimular su dramática situación frente a los demás. Y Armand Guerra, conocido anarquista –lo encontraremos militando durante la II República y el período bélico–, que realizó un valioso film sobre el bandolerismo español: *Luis Candelas, o el bandido de Madrid* (1926), el cual «pudo ser –diría el especialista Ricardo Muñoz Suay– el arranque de un cine a lo *western* español, donde los relatos de aventuras picarescas y las persecuciones a caballo de los bandidos generosos del siglo XIX ofrecían un buen material, que fue desaprovechado desde los comienzos debido a la chabacanería y por la falta de imaginación creadora».[17]

No obstante, esta segunda mitad de los "felices 20" también tuvo su película clave: *La malcasada* (1926), una pieza que entroncó como ninguna con cierta realidad sociopolítica del país, y la cual es un reflejo crítico de aquel momento histórico español. Realizada por el periodista Francisco Gómez Hidalgo, apoyado por gente de la política de centro española y amigos suyos, provocó un enorme escándalo con motivo de su estreno en Madrid, pues tuvo que intervenir la fuerza pública para poner orden a los impacientes grupos que asaltaban materialmente las taquillas del cine Royalty de la capital, el día 10 de enero de 1927. La insólita obra de Hidalgo, basada en su propio libreto escénico e inspirado en un caso verídico –la boda de una dama española con un torero mexicano por "intereses"–, sería un intento de representar un estado de opinión en torno al divorcio, precisamente en unas fechas en que había un proyecto de ley sobre el tapete para presentar en el Parlamento.

Film, por tanto, más interesante como testimonio de una época conflictiva que como verdadera obra artística. En esta sorprendente cinta intervenían también diversos políticos, abogados, artistas, periodistas, escritores, militares..., que eran intercalados con habilidad en su novelada y convencional trama argumental. Así, en *La malcasada* cabe reconocer a Valle-Inclán, Eugenio d'Ors, Concha Espina, Azorín, Pedro Muñoz Seca, Wenceslao Fernández Florez, Alberto Insúa, Romero de Torres, Jacinto Guerrero, Miguel Fleta, Julio Camba, Santiago Rusiñol, Juan de la Cierva, el conde de Romanones, Alejandro Lerroux, Marcelino Domingo, Luis Araquistáin, los generales Sanjurjo, Millán-Astray y Francisco Franco Bahamonde –entonces muy joven–, el propio dictador Primo de Rivera, los aviadores Ramón Franco y Ruiz de Alda y los toreros Juan Belmonte, "El Gallo" y Sánchez Mejías, entre otros. En fin, todo un muestrario de la vida española.

Aun así, en 1928 surgen nuevas inquietudes socioculturales: nace el primer cine-club español, en Madrid, donde se proyectan filmes vanguardistas franceses y soviéticos –tras unas sesiones en la célebre Residencia de Estudiantes– de manos Luis Buñuel y Ernesto Giménez Caballero[18], con su revista *La Gaceta Literaria* (1927-1932); mientras en Barcelona el crítico Josep Palau organiza las sesiones cinematográficas de la revista *Mirador* (1929-1936). Tales cine-clubs fueron asimismo instrumentos políticos o tribuna ideológica de la Generación del 27 y del vanguardismo catalán. Inquietudes intelectuales que dieron lugar a un notable grupo de críticos cinematográficos de diversas tendencias: desde hombres de la extrema izquierda, como Juan Piqueras y César M. Arconada, hasta firmas menos radicales como las de Antonio Barbero, Miguel Pérez Ferrero ("Donald"), Manuel Villegas López, Luis Gómez Mesa y Sebastià Gasch. Movimiento crítico que influiría en la década siguiente.

En 1929 surgió otro notable intento de cine social: la cinta de Francisco Camacho *Zalacaín, el aventurero*, basado en la novela homónima de Pío Baroja –quien intervino en la película–, y la cual traducía las inquietudes políticas de los hombres del siglo XIX, de algún modo presentes en esta época española. Se trata de las desventuras de un carlista, que muere como un héroe sin tomar partido por nadie. La obra original, que pertenecía a la "trilogía vasca" de don Pío, fue producida con grandes medios y rodada en escenarios naturales del País Vasco. Sonorizada en 1930, fue distribuida mundialmente por la Metro-Goldwyn-Mayer.

Al mismo tiempo, los filmes soviéticos exhibidos marcarían la producción española de esos años. El ejemplo más evidente lo tenemos en el referido Florián

Rey, quien dio a luz su primera versión de *La aldea maldita* (1930), el cual testimonió cierta realidad campesina hispana y que, pese a su sencillez argumental, también fue un intento serio de cine social desconocido en la España de la Restauración. Valioso film crítico-costumbrista que trata de un problema todavía vigente en el país: la emigración masiva de un pueblo castellano que huía de la sequía, trasladándose a la capital con el fin de subsistir. Estética y poesía, dramatismo y humanidad, sencillez y equilibrio son virtudes de la reconocida obra de Florián Rey, acaso la primera que mostró allende las fronteras la existencia de un cine español digno. Sonorizada en París y estrenada con el título de *Le village maudit*, se exhibió con enorme éxito en la capital francesa y estuvo en las carteleras del país vecino nada menos que un año largo, mucho más tiempo que en España. La crítica fue unánime en elogios. En 1942, el mismo director realizó la segunda versión: *remake* menos logrado que, con todo, fue galardonado en la Mostra Internacional de Venecia.

Por otro lado, tras el debatido libro-denuncia de Alfredo Serrano *Las películas españolas* (1925), el Gobierno se decidió "proteger" o fomentar el cine hispano. A tal fin, promulgó un Real Orden del Ministerio de Economía Nacional –fechada el 26 de febrero de 1929–, y animó la edición de producciones "dirigidas", como la desaparecida película titulada *La España de hoy* (1929), atribuida por algunos a José María Blay y que realmente fue realizada por Francesc Gargallo y fotografiada por el *cameraman* catalán Jaume Piquer. Este film propagandístico pretendía dar a conocer al público el "inmenso progreso" que se había operado en el país durante el transcurso de la Dictadura. Pero el régimen de Primo de Rivera ya estaba a punto de caer.

Finalmente, en 1930, aparte del éxito de *La aldea maldita*, con estos y otros ensayos para proteger al cine español –también ante la lluvia de filmes extranjeros que "colonizaban" nuestro mercado a través de la producción de películas "habladas en castellano", venidas de Hollywood–, se realizan cintas que narran vidas de liberales, casi todas dirigidas por el referido José Buchs. Son famosas sus versiones de *El Empecinado*, *Isabel de Solís* y *Prim*, las dos últimas sonorizadas en París y con un fondo de propaganda favorable a la Monarquía. La vida del célebre general se llevó a la pantalla a modo de espectáculo biográfico de limitadas cualidades artísticas, pero con el costo de producción más ambicioso de nuestro cine; por ejemplo, aparte de su sonorización con discos en París, la reconstrucción histórica de la célebre batalla de Los Castillejos movilizó a más de 2.000 hombres y 600 caballos. *Prim* (1930) fue, prácticamente, una empresa gubernamental que no pudo salvar la inminente caída de Alfonso XIII.

Asimismo, en ese último año aparecieron las primeras producciones en catalán –"sonorizadas" en este idioma español–, realizadas en 1930 por el mencionado Baltasar Abadal –*El senyor Ramon*– y Salvador de Alberich –El *Nandu va a Barcelona*, la cual sólo pudo estrenarse en versión muda y se mantuvo 15 días en cartel, en el cine Bohemio de Barcelona–. Mientras Benito Perojo rodaba en París *La bodega*, basada en la obra de Vicente Blasco Ibáñez; Florián Rey terminaba para la Paramount *Su noche de bodas*, con su "diva" Imperio Argentina como protagonista; y el también pionero Francisco Elías filmaba en Madrid la primera película "sonora" enteramente nacional: *El misterio de la Puerta del Sol* (1929), estrenada en Burgos al terminar la década. Después, en 1932, Elías montaría en Barcelona los primeros estudios sonoros del país: Orphea Films. Pero con ello ya entraríamos en la siguiente época de nuestra historia.

Ahora bien, una cosa era obvia: el fenómeno del cine "parlante" había acabado en estos postreros años de inquietudes artístico-ideológicas con la incipiente industria cinematográfica española. Sin embargo, hubo los suficientes valores aislados como para no caer en simplificaciones; como la que llevó a escribir al historiador José María García Escudero: «Nuestro cine es un pueblo: la andaluzada, la baturrada, la madrileñada, la zarzuelada».[19] Porque el cine español –y eso es mucho– acababa de nacer como tal.

FILMOGRAFÍA

Clave de abreviaturas.- P.: producción. Pr.: productor. D.: director. A.: argumento. Adapt.: adaptación. G.: guión. F.: fotografía. M.: música. Dec.: decorados. Mont.: montaje. Int.: intérpretes. m.: metros. min.: minutos.

1896
Llegada de un tren a Teruel de Segorbe. P. D. y F.: Charles Kalb.

1897
Salida de los trabajadores de la fábrica "La España Industrial". P.: Fructuós Gelabert. D. y F.: Fructuós Gelabert. 20 m.
Salida del público de la Iglesia parroquial de Santa María de Sants. P.: Fructuós Gelabert. D. y F.: Fructuós Gelabert. 20 m.

1898
Dorotea. P.: Fructuós Gelabert. D. y G.: Fructuós Gelabert. A.: basado en una pieza de "Frégoli". Int.: Compañía de mimos de los Hermanos Onofri, del Teatro Condal de Barcelona. 60 m.
Salida de la Misa de 12 del Pilar de Zaragoza. P.: Eduardo Gimeno. D. y F: Eduardo Gimeno. 1 min.
Visita de Doña María Cristina y Don Alfonso XIII a Barcelona. P.: Fructuós Gelabert. D.: Fructuós Gelabert. F. y Mont.: Fructuós Gelabert. 40 m.

1899
Riña en un café. P.: Fructuós Gelabert. D. y G.: Fructuós Gelabert. F.: Santiago Biosca. Int.: Joan Mañé, Antoni Fino, Josep Amigó, Antoni Masià, Fructuós Gelabert. 20 m.

1902
Choque de trenes. P.: Macaya y Marro. D. y F.: Segundo de Chomón. Maquetas y trucajes: Segundo de Chomón. 60 m.
Montserrat. P.: Segundo de Chomón. D. y F.: Segundo de Chomón. 120 m.

1903
Gulliver en el país de los gigantes. P.: Segundo de Chomón. D. y F.: Segundo de Chomón. A.: basado en la obra de Jonathan Swift. Trucajes: Segundo de Chomón. 150 m.
Pulgarcito. P.: Segundo de Chomón. D. y F.: Segundo de Chomón. A.: basado en el cuento de Charles Perrault. Trucajes: Segundo de Chomón. 180 m.

1905
Los guapos de la Vaquería del Parque. P.: Empresa Diorama. D.: Fructuós Gelabert. G. y F.: Fruc-

tuós Gelabert. Dec.: Vicens Raspall. Int.: Carme Vital, Joan Morales, Joan Alarma, Antoni Riba, Josep Vico, Josep Pineda, Joan Solsona, Josep Parera. 250 m.
L'hereu de Can Pruna / Los guapos del Parque. P.: Macaya y Marro. D.: Segundo de Chomón. G. y F.: Segundo de Chomón. 100 m.

1906
El cec del poble / El ciego de la aldea. P.: Films Cuesta. D.: Ángel García Cardona. A.: Joan María Codina. G.: Antonio Cuesta. F.: Ángel García Cardona. 300 m.

1907
Terra Baixa. P.: Films Barcelona. D.: Fructuós Gelabert. A.: basado en la obra de Àngel Guimerà. Adaptación y F.: Fructuós Gelabert. Dec.: Joan Morales. 400 m.

1908
Amor que mata. P.: Films Barcelona. D.: Fructuós Gelabert. A.: Josep Vives. G.: Joan María Codina. F.: Fructuós Gelabert. Int.: Josep Vives, Carrasco, Sirvent, M. Mestres, María Miró, L. Mas, Ortín, Martí, Sra. Guerra, Srta. Matas. 290 m.
La Dolores. P.: Films Barcelona. D.: Fructuós Gelabert y Enric Gimènez. A.: basado en la obra teatral de Josep Feliu i Codina. Adapt.: Enric Gimènez. G. y F.: Fructuós Gelabert. Dec.: Joan Morales. Int.: Enric Gimènez, Sra. Marsal, Vicente Sirvent, Gallart, Joaquim Carrasco, Ferran Bozzo, Balart, Josep Vives. 380 m.
Don Juan Tenorio. P.: Hispano Films. D.: Albert Marro y Ricard de Baños. A.: según el drama de José Zorrilla. G.: Albert Marro. F.: Ricard de Baños. Int.: Cecilio Rodríguez de la Vega. 330 m.
María Rosa. P.: Films Barcelona. D.: Fructuós Gelabert y Joan María Codina. A.: basado en la obra de Àngel Guimerà. Adapt. y F.: Fructuós Gelabert. G.: Joan María Codina. Dec.: Joan Morales. Int.: Josep Claramunt, Llorenç Adrià, Alexandre Nolla, María Vega, L. Muntal, Sra. Vicent. 380 m.
El pastoret de Torrent / El pastorcillo de Torrente. P.: Films Cuenta. D.: Joan María Codina.
Els primers calçotets d'en Toni / Los calzoncillos de Toni. P.: Films Barcelona. D.: Fructuós Gelabert. A.: inspirado en un cuento popular. G. y F.: Fructuós Gelabert. Dec.: Joan Morales. Int.: Toni Sirvent, María Clemente, Josep Vives, Joan Martí, Josep Pubill, Albert Bosch, Lluís Alemany, Guilemany, Daroqui. 250 m.

1909
Guzmán el Bueno. P.: Films Barcelona. D.: Fructuós Gelabert y Enric Gimènez. A.: Antonio Gil de Zárate. F.: Fructuós Gelabert. Dec.: Joan Morales. Int.: Enric Gimènez, Margarita Xirgu, Enric Guitart, Ferran Bozo, O. Ortín, Ballart, Sra. Guerra. 300 m.
Locura de amor. P.: Hispano Films. D.: Albert Marro y Ricard de Baños. A.: basado en la obra de Tamayo y Baus. G.: Albert Marro. F.: Ricard de Baños. Dec.: Josep Calderé. Int.: Cecilio Rodríguez de la Vega, Elvira Fremont, Josep Argelagués, Joaquim Carrasco, Emília de la Mata, Josep Durany, hermanas Pinet. 350 m.
Los Sucesos de Barcelona / La Setmana Tràgica de Barcelona. P.: Gaumont (Barcelona). D.: Josep Gaspar. F.: Josep Gaspar.

1910
Don Joan de Serrallonga. P.: Hispano Films. D.: Albert Marro y Ricard de Baños. A.: basado en la obra de Víctor Balaguer. G.: Albert Marro y Ricard de Baños. F.: Ramon de Baños. Int.: Cecilio Rodríguez de la Vega y María Dolores Puchol. 1.200 m.
Los guapos. P.: Chomón y Fuster. D.: Segundo de Chomón. A.: basado en la zarzuela de Carlos Arniches y José Jackson Veyan. F.: Chomón. 100 m.

Justicia de Felipe II. P.: Hispano Films. D.: Albert Marro y Ricard de Baños. G.: Albert Marro. F.: Ricard de Baños. 450 m.
La lucha por la divisa. P.: Films Cuesta. D. y G.: Joan María Codina. F.: A. Cuesta. 700 m.
El pobre Valbuena. P.: Chomón y Fuster. D.: Segundo de Chomón. A.: basado en la zarzuela de Carlos Arniches y Enrique García Álvarez. F.: Segundo de Chomón. 150 m.
El puñao de rosas. P.: Chomón y Fuster. D.: Segundo de Chomón. A.: basado en la zarzuela de Carlos Arniches y Ramón Asensio. F.: Segundo de Chomón. 200 m.

1911
Don Álvaro o La fuerza del sino. P.: Iris Films. Pr.: Andreu Cabot Puig. D.: Andreu Cabot y Narcís Cuyàs. A.: según al drama homónimo del Duque de Rivas. G. y F.: Narcís Cuyàs. Int.: Jaume Borràs, Joaquim Carrasco.

1912
Don Pedro el Cruel. P.: Hispano Films. D. y G.: Albert Marro y Ricard de Baños. F.: Ricard de Baños. Dec.: Josep Calderé. Int.: Cecilio Rodríguez de la Vega, Domènec Ceret, Concepción Lorente, Josep Durany. 750 m.
El llop de la serra / El lobo de la sierra. P.: Films Cuesta. D.: Joan María Codina.
Mala raza. P. y D.: Fructuós Gelabert. A.: inspirado en la obra de José Echegaray, *De mala raza*. G. y F.: Fructuós Gelabert. Int.: Señoras Mestre, Blana, Macias, Ortiz y Parreño; Señores Cabruja, Emili Perelló, Domènec Ceret, Pubill, Camps, Puch, Josep Vives. 800 m.
El tonto de la huerta. P.: Films Cuesta. D.: Joan María Codina y Antonio Cuesta. A.: basado en la narración de Vicente Blasco Ibáñez, *Demonio*.

1913
Carmen. P.: Film de Arte Español. D.: Giovanni Doria. A.: basado en el libreto de Meilhac y Halévy, para la ópera de Bizet. F.: Giovanni Doria y Josep María Maristany. Int.: Margueritte Sylva, André Habay, Joan Rovira. 2.200 m.
Lucha por la herencia. P.: Alhambra Films (Barcelona)/Cox & Cox (Nueva York). D. y A.: Fructuós Gelabert y Otto Mulhauser. F. : Fructuós Gelabert. Dec.: Ros y Güell. Int.: María Vega, Joana Pola, Gerardo Peña, Joan Argelagués, Vicente Sapeda. 1.100 m.

1914
El alcalde de Zalamea. P.: Barcinógrafo. D.: Adrià Gual y Enric Gimènez. A.: basado en la obra de Calderón de la Barca. G.: Adrià Gual. F.: Joan Solà Mestres y Alfred Fontanals. Dec.: Joan Morales. Int.: Enric Gimènez, Joaquim Carrasco, Roses, Daví, Sirvent, Galcena. 1.200 m.
Ana Cadova. P.: Alhambra Films/Cox & Cox. D.: Fructuós Gelabert y Otto Mulhauser. A. y G.: Julio López de Castilla. F.: Fructuós Gelabert. Dec.: Ros y Güell. Int.: Pilar Adriano, Gerardo Peña, Modest Santolària, Joan Rovira, Joquim Carrasco, Alicia Gerart, Josep Durany. 2.200 m.
Los cabellos blancos. P.: Barcinógrafo. D.: Adrià Gual. A.: según un relato de León Tolstoi. G.: Adrià Gual. F.: Joan Solà Mestres. Int.: Enric Gimènez, M. Mas, Boadella, G. Peña, E. Beltran. 700 m.
El calvario de un héroe. P.: Barcinógrafo: D. y G.: Adrià Gual. F.: Joan Solà Mestres y Alfred Fontanals. Int.: Enric Gimènez, J. Munt, A. Galceran, E. Baró, Carles Capdevila, Joaquim Carrasco, E. Calvo, J. Durany, J. Mas, D. Puchol, F. Vidosa, D. Rachal, A. Peña, J. Chaveli, N. Vargas, I. Cardalda, C. Mulet. 1.800 m.
El cuervo del campamento. P.: Segre Films. D.: Fructuós Gelabert y Josep de Togores. A.: inspirado en el melodrama de Valentín Gómez y Félix González Llana, *El soldado de San Marcial*. Adapt.: Fructuós Gelabert y Josep de Togores. F.: Fructuós Gelabert. Dec.: Ros y Güell. Mont.: Fructuós Gelabert. Int.: Modest Santolària, Gerardo Peña, Lola Ojal, Alonso Nieto, Maruja López, Joan Plaza, N. Díaz Alonso, Domènec Ceret, Joan Ribes, Lluís Vila, Enric Guitart (padre). 1.900 m.

La danza fatal. P.: Argos Films. D.: Josep de Togores y Ramon de Baños. G.: Josep de Togores.: F. y Mont.: Ramon de Baños. Int.: Pastora Imperio, Lola Arquimbau, Consuelo Soriano, Emma Mariotti, Edouard Giraudier, Alfonso Tormo, José Vico, Demènec Ceret, Josep Argelagués, A. Pasos, la pareja Mari-Marina, *troupe* Balaguer y el hércules Martini, del Circo Ecuestre. 1.200 m.

Un drama de amor. P.: Barcinógrafo. D.: Adrià Gual. A. y G.: Adrià Gual. F.: Joan Solá Mestres. Dec.: Joan Morales. Int.: V. Velàzquez, Emília Baró, Enric Gimènez, A. Peña, Carles Capdevila, C. Joseph, J. Munt, J. Duran, M. Mas, L. Lòpez, Joaquim Carrasco. 1.100 m.

Fridolin. P.: Barcinógrafo. D.: Adrià Gual. A.: adaptacón de la legenda de Schiller. G.: Adrià Gual. F.: Joan Solà Mestres y Alfred Fontanals. Dec.: Adrià Gual y Joan Morales. Int.: Gerard Peña, E. Vega, Carles Capdevila, Enric Gimènez, Emília Baró. 691 m.

La Gitanilla. P.: Barcinógrafo. D.: Adrià Gual. A.: basado en la novela homónima de Cervantes. G.: Adrià Gual y Rafael Marquina. F.: Joan Solà Mestres y Alfred Fontanals. Dec.: Joan Morales. Int.: E. Beltran, G. Peña, J. Devesa, Joaquim Carrasco, I. Cardalda, Enric Gimènez, A. Galcerán. 1.000 m.

Linito por el toreo / Linito quiere ser torero. P.: Barcinógrafo. D.: Adrià Gual. F.: Joan Solà Mestres. Dec.: Joan Morales. Int.: A. Galceràn, Emília Baró, Domènec Ceret, Joaquim Carrasco, G. Peña, Carles Capdevila, J. Munt Rosés, L. Munt. 300 m.

La malquerida. P.: Hispano Films. D.: Ricard de Baños. Co-director: Francisco Fuentes. A.: basado en la obra de Jacinto Benavente. F.: Ricard de Baños. Int.: Antonia Arévalo, Fernando Fuentes, Carmen Muñoz, Francisco Fuentes, Lola Paris y señores Alcaide, Agudin, Altarriba, Moreno, Olozaga, Arévalo, Ginestà, Cazorla. 1.600 m.

Misteri de dolor / Misterio de dolor. P.: Barcinógrafo. D.: Adrià Gual. A. y G.: Adrià Gual. F.: Joan Solà Mestres y Alfred Fontanals. Dec.: Joan Morales. Int.: Aurora Baró, Carles Capdevila, Emília Baró, Joaquim Carrasco, Enric Gimènez. 1.000 m.

Sacrificio / Entre ruinas. P.: Hispano Films. D.: Albert Marro y Ricard de Baños. A.: según el drama de Campmany i Giralt. G.: Albert Marro y Ricard de Baños. F.: Ricard de Baños. Int.: Enric Borràs, Elvira Fremont, G. Llauró, señores Tormo, Monteagudo, Zanon, Tressols. Tres partes. 1.500 m.

Tauromanías / Los oficios de Rafael Arcos. P.: Eclair (Barcelona). D.: Francisco Elías. G.: Rafael Arcos. Int.: Rafael Arcos, Joaquim Carrasco.

1915

Barcelona y sus misterios / Los Misterios de Barcelona. P.: Hispano Films. D.: Albert Marro (sin acreditar: Joan María Codina). A.: basado en *Los misterios de Barcelona*, de Antoni Altadill. G.: Albert Marro. F. Jordi Robert. Int.: Francesc Aguiló, Joaquim Carrasco, Joan Argelagués, Josep Balaguer, Pierre Smith, Clara Wilson, Emília de la Mata, Angeleta Blanco, Isolina Fretti, María Reigada, Alèxia Ventura, Joan y Josep Durany. Ocho episodios. 8.000 m.

El Nocturno de Chopin. P.: Barcinógrafo. D.: Magí Murià y Fructuós Gelabert. A.: Julio López de Castilla. F.: Fructuós Gelabert. Dec.: Ros y Güell. Int.: Margarita Xirgu, Ricardo Puga, Cèlia Ortiz, Josefina Santolària, José Rivero, Alejandro Nolla, Miguel Ortín, Mesa, López y artistas de la Compañía del Teatro Novedades, de Barcelona. Tres partes. 1.700 m.

Un solo corazón / Los muertos viven. P.: Segre Films. D.: Josep de Togores. A.: Eduardo Marquina. G.: Josep de Togores y Eduardo Marquina. F.: Giovanni Doria y Josep María Maristany. Dec.: Josep de Togores y Guerrero Mendoza. Int. María Guerrero, Fernando Díaz de Mendoza, Lola Paris, Domènec Ceret, Sra. Arquimbau, Sr. Castañeda, Guillermo Mancha. Cuatro partes.

1916

Alma torturada. P.: Barcinógrafo. D. y G.: Magí Murià. F.: Salvador Castellò. Int.: Margarita Xirgu, Ricardo Puga, José Rivero, Celia Ortiz. Tres partes. 1.500 m.

El beso y la muerte. P.: Barcinógrafo. D.: Magí Murià. F.: Salvador Castelló. Int.: Margarita Xirgu, Ricardo Puga. Cuatro partes. 1.500 m.

El idiota / El idiota de Sevilla. P.: Royal Films. D.: Ricard de Baños. A.: basado en la obra de Dostoyewsky. G.: Ricard de Baños. F.: Ramon de Baños. Int.: Tressols, Capsir, Joan Argelagués, Carmencita Cruz de la Fuente. 1.200 m.

Juan José. P.: Royal Films. D.: Ricard de Baños. A.: basado en la obra escénica de Joaquín Dicenta. G.: Ricard de Baños. F.: Ramon de Baños. Int.: Ramon Quadreny, Julia Delgado, José Latorre, Francesc Aguiló, Encarnación Argenté, Dolores Rodríguez, Luis R. Agudín.

La loca del Monasterio de Montserrat. P.: Studio Films. D.: Domènec Ceret, Alfred Fontanals y Joan Solà Mestres. A.: S. Ardèvol. G.: Domènec Ceret. F.: Alfred Fontanals y Joan Solà Mestres. Int.: Lola París, Elena Jordi, Consol Hidalgo, D. Ceret. Tres episodios. 1.200 m.

La Reina Joven. P.: Barcinógrafo. D.: Magí Murià. A.: según la obra homónina de Àngel Guimerà. G.: Magí Murià. F.: Salvador Castelló. Int.: Margarita Xirgu y Ricardo Puga. Cuatro partes. 1.500 m.

Sangre y arena. P.: Prometeo Films. P.: Vicente Blasco Ibáñez. D.: Vicente Blasco Ibáñez y Max André. A. y G.: Vicente Blasco Ibáñez, basado en su propia obra. F.: Salvador Castelló. Int.: M. Luis Alcaide, Mark Andrews, Matilde Doménech, José Portes. 59 min.

El testamento de Diego Rocafort. P.: Hispano Films. D.: Albert Marro. A.: inspirado en el serial de Altadill. G.: Albert Marro. F.: Jordi Robert. Int.: Francesc Aguiló, Joaquim Carrasco, Joan Argelagués, Josep Balaguer, Pierre Smith, Clara Wilson, Emília de la Mata, Angeleta Blanco, Osolina Fretti, María Reigada, Alèxia Ventura, Joan y Josep Durany. Segunda parte de *Barcelona y sus misterios*. Seis episodios. 6.000 m.

1917

El doctor Rojo. P.: Boreal Films. D.: Fructuós Gelabert y Ramon Caralt. A.: Ramon Caralt y "Mac Ranlor". F. y Mont.: Fructuós Gelabert. Int.: Ramon Caralt, Margarida Carrasco, Raimundo de Gaspar, Mercedes Blanco, Emili Caralt, Beatriz Thomas, Enric Castelló, Carlos Dulac, Ramón Camarero, Manuel Rodríguez Hornos, A. Domínguez, Luis Carreras y los niños Antonio Vico y Lluïsa Mercè. Tres episodios: *El doctor Rojo*, *La herencia* y *El invisible*. 2.600 m.

Fuerza y nobleza. P.: Royal Films. D.: Ricard de Baños. G.: Ricard y Ramon de Baños. F.: Ramon de Baños y Josep Pons. Dec.: Brunet Pons. Int.: Jack Johnson, Lucille Johnson, Francisco Aguiló, Miguel de Llano, Francisco Delgado, Ticiano Lombia, Asensio Rodríguez, Nicolás D. Perchicot. Cuatro episodios: *El testamento de un príncipe*, *Entre fieras*, *El film revelador* y *Jack Johnson, el Justiciero*. 8.000 m.

La herencia del diablo. P.: Studio Films. D.: Domènec Ceret, Alfred Fontanals y Joan Solà Mestres. A.: S. Ardèvol. G.: Domènec Ceret. F.: Alfred Fontanals y Joan Solà Mestres. Int.: Lola Paris, Elena Jordi y la Compañía de la Studio. Segunda parte de *La loca del Monasterio de Montserrat*, en ocho episodios de 800 m.

El sino manda. P.: Boreal Films. D.: Fructuós Gelabert. A. y F.: Fructuós Gelabert. Dec.: Pàmias Coll. Coreografía y ballet: Pauleta Pàmies. Int.: Pilar Adriano, Joan Rovira, Modest Santolària, Antonio Quintanilla, Josep Armengol, Joan Ribera, Matilde Alonso, Carmen Villasán. 2.400 m.

Vida de Cristóbal Colón y su descubrimiento de América. P.: Films Cinématographiques Ch. J. Drossner (Francia) y Argos Films (España). D.: Gérard Bourgeois. G.: Joan Palau Vera. F.: Edouard Renault, Ramon de Baños y Josep María Maristany. M.: José Padilla (especial para la proyección). Dec.: Salvador Alarma. Maquetas: Ramon Borrell. Asesor: Adrià Gual. Int.: Georges Wague, Leontine Massart, Mme. Lauriane, Mr. Garat, Mr. Donelly, Marcel Verdier, Francesc Tressols, Bader, Enric López y más de 5.000 "extras". Cinco episodios. 2.000 m.

1918

El golfo / El último beso. P.: Dessy Films. D.: Josep de Togores. A.: basado en la obra de Ernesto Vilches, *El último beso*. G.: Fernando Dessy, Ernesto Vilches y Josep de Togores. F.: Giovanni Doria. Dec.: Josep de Togores. Int.: Ernesto Vilches, Irene López de Heredia, Ana Navacerrada, José Olózaga, Manuel Arbó, Irene Alba, José Calle, Mariano Ozores, Antoñito Suárez, Agustín Povedano, Artemio de Guzmán, Luis Reig, Isidoro Casaus, Benito Perojo. 75 min.

El protegido de Satán. P.: Studio Films. D.: Joan María Codina y Joan Solà Mestres. F.: Joan Solá Mestres y Alfred Fontamals. Int.: Lola Paris, Blanca Valoris, Álvarez de Burgos, Adela Calderón, Carme Rodríguez, Anita Stephenson, Ramon Quadreny, Baltasar Banquells, Julián de la Cantera, Josep Ardèvol, Miguel Ballesteros. Catorce episodios. 10.000 m.

Vindicator. P.: Barcinógrafo. D. y G.: Magí Murià. F.: Giovanni Doria y J. Sabater Girbau. Int.: Margarita Miró, Milagros Marín, Pau Prou de Vendrell, Julián de la Cantera, Francisco Tressols, Lucia Pomar, Lucille Porres, José Rogés, Bermúdez. Diez episodios, de dos partes cada uno.

1919

Los arlequines de seda y oro / La gitana blanca. P.: Royal Films. D.: Ricard de Baños. A.: Armando Crespo. Adapt.: Josep Amic Bert "Amichatis". F.: Ramon de Baños y Josep Pons. Dec.: Brunet Pons. Int.: Raquel Meller, Asensio Rodríguez, Assumpsió Casals, Luisa Oliván, Juana Sanz, Francesc Aguiló, Lucien Aristy, José Marti, Juan Torelló, Carlos Beraza, Tina Meller, C. Alonso, Joaquín Torrents, Leandro Cinca, Ramon Quadreny, Mercedes Bayona, Visitación López, A. Calderón, Avelino Galcerán, C. Acuaviva. Tres jornadas: *El nido deshecho*, *La semilla del fenómeno* y *La voz de la sangre*. 5.000 m.

La dama duende. P.: Studio Films. D.: Joan María Codina. A. y G.: S. Ardèvol. F.: Joan Solà Mestres. Int.: Blanca Valoris, Silvia Mariategui, Anita Stephenson, Susanna Roumestan, Carme Rodríguez, Josep Balaguer, Julián de la Cantera, Leandro Cinca, Josep Ardèvol, Baltasar Banquells, Ramon Quadreny. Seis episodios.

El otro. P.: Studio Films. D.: Joan María Codina y Eduard Zamacois. A. y G.: Eduard Zamacois, basado en su propia novela. F.: Joan Solà Mestres y Alfred Fontanals. Int.: Eduard Zamacois, Blanca Valoris, Ramon Quadreny, Josep Balaguer, Leandro Cinca, Anita Stephenson, Silvia Mariategui, Antònia Baró, Julián de la Cantera.

1920

El león. P.: Studio Films. D.: Joan María Codina y Aurelio Sidney. A. y G.: Aurelio Sidney. F.: Joan Solà Mestres y Alfred Fontanals. Int.: Aurelio Sidney, Rosario Calzado, Anita Stephenson, Josep Balaguer, Julián de la Cantera, Josep Ardèvol, Ramon Quadreny, Leopolda Alegret, Candideta Solà.

¡Mátame! P.: Studio Films. D.: Joan María Codina y Aurelio Sidney. A. y G.: Aurelio Sidney. F.: Joan Solà Mestres y Alfred Fontanals. Int.: Aurelio Sidney, Rosario Calzado, Josep Ardèvol, Leopolda Alegret, Ramon Quadreny, Josep Balaguer, Cándida Solà, Anita Stephenson, Julián de la Cantera, Julio López de Castilla. 59 min.

1921

Lilian. P.: Good Silver Film Co.. Pr.: Lorenzo Bau Bonaplata. D.: John Pallars (Joan Pallejà). F.: Josep Gaspar. Int.: Inocencia Alcubierre, Joe Rogers (Josep Rogés), Paulette Landais, José Cirera, Josep Durany, James Davesa, Pedro Basauri "Pedrucho". Tres partes.

La verbena de la Paloma. P.: Atlántida. Pr.: Ernesto González y Oscar Hornemann. D.: José Buchs. A.: basado en la zarzuela de Ricardo de la Vega y Tomás Bretón. G.: José Buchs. F.: Joan Solà Mestres. M.: Tomás Bretón. Dec.: Emilio Pozuelo. Int.: Elisa Ruiz Romero, Florián Rey, Julia Lozano, José Montenegro, María Anaya, Felisa Lázaro, Ricardo Quílez, Leopoldo Suárez, Alfredo Corcuera, Antonio Berdagué, Consuelo Reyes, María Comendador, Francisco Cejuela. 1.700 m.

1922

Don Juan Tenorio. P.: Royal Films. D.: Ricard de Baños. A.: según el drama de José Zorrilla. G.: Ricard y Ramon de Baños. F.: Ramon de Baños. Dec.: Brunet Pons. Int.: Fortunio Bonanova, Inocencia Alcubierre, Jaume Planas, Ramon Quadreny, Ramon Bañeres, Julio López de Castilla, Conxita Huerta, Copérnico Oliver, Antonia Baró, Ricard Fusté, Pau Prou de Vendrell, Teresa Arquer, Pepita

Berenguer, Josep Martí, Conxita Ramos, Goffredo Matteldi, Francesc Aguiló, Julio Nolla, Luisa Prats, Antonio Sanon. 4.000 m.

El negro que tenía el alma blanca. P.: Goya Film. P.: Juan Figuera Vargas. D.: Benito Perojo. A.: basado en la novela homónima de Alberto Insúa. G.: Benito Perojo. F.: Georges Asselin. Efectos especiales: Segundo de Chomón. Dec.: Pierre Schildknecht. Int.: Raymond de Sarka, Conchita Piquer, Valentín Parera, José Agüeras, Joaquim Carrasco, Andrews Engelmann, Marguerite de Morlaye, Ivonne Pontrianne. 63 min.

La reina mora. P.: Atlántida. Pr.: Oscar Hornemann. D.: José Buchs. A. y G.: Serafín y Joaquín Álvarez Quintero, según su propia zarzuela. Adapt.: José Buchs. F.: Josep María Maristany. M.: José Serrano. Dec.: Emilio Pozuelo. Int.: Carmen de Córdoba, Consuelo Reyes, José Aguilera, María Comendador, Antonio Gil Varela "Varillas", José Montenegro, Javier de Rivera, Gloria Aymerich, Emilio Santiago, Francisco Cejuela. 1.730 m.

1923

Alma de Dios. P.: Atlántica. D.: Manuel Noriega. A.: basado en la zarzuela de Carlos Arniches y Enrique García Álvarez. G.: Manuel Noriega. F.: Enrique Blanco. M.: José Serrano. Dec.: Emilio Pozuelo. Int.: Elisa Ruiz Romero, Irene Alba, Juan Bonafé, Javier de Rivera, Juan Nadal, Manuel Rusell, María Fuster de Rusell, Lía Emo de Echaide, Santiago García, Antonio Ruiz, Carmen Cremades, María Retana, Sita Iroz, Antonio Zeballos, Arturo Robles, Ramón Meca, Emilio Ruiz Santiago, Lina Moreno. 2.000 m.

Doloretes. P.: Atlántida. D.: José Buchs. A.: según la zarzuela homónima de Carlos Arniches y Amadeo Vives. G.: José Buchs. F.: Josep María Maristany. Dec.: Emilio Pozuelo. Int.: Elisa Ruiz Romero, Manuel San Germán, María Comendador, José Montenegro, Amalia Cruzado, Alfonso Aguilar, Javier de Rivera, Celso Lucio, Rodolfo Recober, Julio Castro "Castrito". 2.100 m.

El pobre Valbuena. P.: Film Española. D.: José Buchs. A.: basado en la zarzuela de Carlos Arniches y Enrique García Álvarez. G.: José Buchs. F.: Josep María Maristany. Dec.: Emilio Pozuelo. Int.: Antonio Gil Varela "Varillas", José Montenegro, María Anaya, Ana de Leyva, Carmen Andrés, Celso Lucio, María Comendador, Manuel San Germán, A. Aguilar. 1.500 m.

1924

La Casa de la Troya. Troya Films. Pr.: Antonio Moriyón. D. y G.: Alejandro Pérez Lugín y Manuel Noriega. A.: basado en la novela de Alejandro Pérez Lugín. F.: Josep Gaspar. Int.: Carmen Viance, Florián Rey, Luis Peña, Juan de Orduña, Clotilde Romero, Pedro Elviro "Pitouto", Ceferino Barrajón, Domingo del Moral, Vicente Suárez Arango, Francisco García Ortega, Dolores Valero, Juan de Dios Muñiz, Julio Rodríguez, Juan Maestre. 3.500 m.

Mancha que limpia. P.: Films Española. D.: José Buchs. A.: basado en la obra escénica de José Echegaray. G.: José Buchs. F.: Josep María Maristany. Dec.: Emilio Pozuelo. Int.: Aurora Redondo, Carmen Viance, José Crespo, Mariano Asquerino, Ana de Leyva, Modesto Ribas, José Montenegro, Ana María Ferri, María Comendador.

Más allá de la muerte. P.: Films Benavente. D.: Benito Perojo. A.: según la novela homónima de Jacinto Benavente. G.: Benito Perojo y Laura Brunet. F.: Albert Duverger. Dec.: Pierre Schildknecht. Int.: Andrée Brabant, Gaston Modot, Georges Lannes, Frank Dane, Suzanne Talba, Renée van Delly, Paul Vermoyal, Joaquim Carrasco, Eduardo Heredia, Mercedes Rueda. 55 min.

La Revoltosa. P.: Goya Film. Pr.: Juan Figuera Vargas. D.: Florián Rey. A.: basado en la zarzuela de José López Silva y Carlos Fernández Shaw, con música del maestro Ruperto Chapí. G.: Florián Rey. F.: Luis R. Alonso. Dec.: Agustín Espí. Int.: Josefina Tapias, Juan de Orduña, José Moncayo, Ceferino Barrajón, Antonio Mata, Alfredo Hurtado "Pitusín". 1.408 m.

1925

El abuelo. P.: Film Linares. Pr.: Abelardo Linares. D.: José Buchs. A.: basado en la novela de Benito

Pérez Galdos. G.: José Buchs. F.: Armando Pou. Dec.: José María Torres. Int.: Modesto Ribas, Doris Wilson, Celia Escudero, Arturo la Riva, María Comendador, Ana de Leyva, Alejandro Navarro, Juan Francés, Cecilio Rodríguez de la Vega, Francisco Martí, Emilio Santiago, Enrique Ponte, Francisco Pierrá, Josefina Ochoa. 1.666 m.

Boy. P.: Goya Film. Pr.: Juan Figuera Vargas. D. y G.: Benito Perojo. A.: basado en la novela homónima de Luis Coloma. F.: Albert Duverger. Dec.: Pierre Schildknecht y Georges Jacouty. Int.: Juan de Orduña, Manuel San Germán, Suzy Vernon, Maurice Schutz, Joaquim Carrasco, Renée van Delly, Pierrete Houyez, Georges Deneubourg, Gilbert Dacheuc, Miguel Sánchez, Roland de Bâëre, Joe Alex. 100 min.

El lazarillo de Tormes. P.: Atlántida. D.: Florián Rey. A. y G: Florián Rey, inspirándose en la novela anónima. del mismo título. F.: Alberto Arroyo. Dec.: Antonio Molinete. Int.: Alfredo Hurtado "Pitusín", Manuel Montenegro, Carmen Viance, José Nieto, Enrique Ruiz, José María Jimeno, Manuel Alares, Guillermo Muñoz, Antoñito Cabero, María Anaya, Antonio Mata, Arturo Sánchez Palma.

Gigantes y cabezudos. P.: Atlántida. D.: Florián Rey. A.: basado en la zarzuela homónima de Miguel Echegaray y Manuel Fernández Caballero. G.: Florián Rey. F.: Alberto Arroyo. Dec.: Antonio Molinete. Int.: Carmen Viance, José Nieto, Marina Torres, Guillermo Muñoz, Francisco Martí, José María Jimeno, Antonio Mata, Luis Vela del Castillo, Agripina Ortegam Manuel Alares, Miguel Fleta, Braulio Lausín "Gitanillo de Ricla". 2.116 m.

Nit d'albaes / Noche de alboradas. Ebro Films-PACE. Pr.: Carlos Stela. D.: Maximiliano Thous. A.: según el poema sinfónico de Salvador Giner, basado en la zarzuela de José Guzmán Guallar. G.: Maximiliano Thous. F.: Willy Brismann y Alberto Arroyo. M.: Salvador Giner. Dec.: J. Pastor. Int.: Ana Giner Soler, Leopoldo Pitarch, Antonio Gil Varela "Varillas", José Latorre, Carmen Corro, María Priego, Francisco Villasante, Arturo Terol, Francisco Priego, Manuel Gil, Francisco Llopis.

1926

El bandido de la sierra. P.: Producciones Ardavín. D.: Eusebio Fernández Ardavín. A.: basado en el drama homónimo de Luis Fernández Ardavín. G.: Luis y Eusebio Fernández Ardavín. F.: José María Bertrán y Ángel del Río. Int.: Santiago Artigas, Josefina Díaz de Artigas, Mercedes Prendes, Juan Artigas, Manuel Dicenta, Modesto Ribas, María Luz Callejo. Dos jornadas. 4.500 m.

El conde de Maravillas. P.: Ediciones Forns-Buchs. D.: José Buchs. A.: inspirado en *El Cavaller d'Harmental*, de Alejandro Dumas. G: José Forns y José Buchs. F.: Agustín Macasoli y Eduardo G. Maroto. Dec.: José María Torres. Int.: Pedro Larrañaga, José Montenegro, Carmen de Toledo, Consuelo Portela "Chelito", Modesto Ribas, María J. Sánchez, Rafael Calvo, Eugenio Gisbert, Francisco Martí, Víctor Pastor, Gerardo Cifrián, Luisa Jerez, Fernando Díaz de Mendoza, Amelia Muñoz, María Anaya. 1.645 m.

Luis Candelas, o el bandido de Madrid. Pr.: Tomás Álvarez Angulo, Mateo Notario y Leopoldo del Cerro. D.: Armand Guerra. A. y G.: Tomás Álvarez Angulo. F.: Willy Brismann. Int.: Manuel San Germán, Javier de Rivera, Leo de Córdoba, Erna Becker, Marina Torres, Adolfo Bernáldez, Amelia Sánchez, Constante Viñas, Aurea Azcárraga, Carmen Tierra, Arturo Sánchez Palma, Julio Castro, Carlos Henche, Ramón Meca. Tres jornadas. 5.000 m.

La malcasada. P.: Latino Films. Pr.: Bienvenido Esteban y Francisco Gómez Hidalgo. D.: Francico Gómez Hidalgo. A. y G.: Francisco Gómez Hidalgo y José de Lucio, basados en su propia obra escénica. F.: Josep Gaspar. Mont.: Florentino Hernández Girbal. Int.: María Banquer, José Nieto, Inocencia Alcubierre, José Calle, Alfredo Corcuera, Felipe Fernansuar, Julia Lajos, Inés García, Antonio Cabero, Manuel Soriano, Delfín Jerez, Julia Sala, Arturo Sánchez Palma, Luisa Melchor, Rodolfo Recober y numerosas personalidades de la época. 4.373 m.

Malvaloca. P.: Goya Film. Pr.: Juan Figuera Vargas. D.: Benito Perojo. A.: según la obra teatral de Joaquín y Serafín Álvarez Quintero. G.: Benito Perojo y Georges Asselin. Int.: Lydia Gutiérrez, Manuel San Germán, Javier de Rivera, Joaquim Carrasco, Erna Becker, Lina Moreno, Juan Manuel Figuera, Carlos Verger, Amalia Molina, Alfredo Hurtado "Pitusín". 1.614 m.

1927
Baixant de la Font del Gat / La Marieta de l'ull viu. P.: Ediciones J. Alfonso. D.: Josep Amich Bert "Amichatis". A. y G.: Josep Amich Bert y Cecilia A. Mantua. F.: Luis R. Alonso. Int.: Marina Torres, James Devesa, Javier de Rivera, Josep Santpere, Rosita Hernáez, Blanca Muñoz, Alejandro Nolla, Francesc Tressols, José Alfonso, Salom Tremens, Alfonso Arteaga, Enric Guitart, Ricardo Alís, Juanita Salazar, José Rodríguez.

El Dos de Mayo. P.: Ediciones Forns-Buchs. D.: José Buchs. A.: Federico de Oliván, basado en los hechos históricos de 1808. G.: José Buchs. F.: Enrique Blanco. Int.: Amelia Muñoz, Manuel Soriano, Aurora García Alonso, José Montenegro, Fernando Díaz de Mendoza, Antonio Mata, Maximiliano F. Alaña, Amelia Sánchez, Felipe Reyes, María Comendador, Alberto Barrera, José de la Fuente, Rafael San Cristóbal. 7.000 m.

La hermana San Sulpicio. P. Perseo Films. Pr.: Francisco Herrera Oria, Ricardo y Enrique Núñez. D. y G.: Florián Rey. A.: basado en la novela de Armando Palacio Valdés. F.: José María Bertrán. Dec.: José María Torres. Int.: Imperio Argentina, Ricardo Núñez, Erna Becker, Pilar Torres, María Anaya, Carmen Fernández, Modesto Ribas, Guillermo Figueras, Evaristo Vedia, Ramón Meca. 90 min.

Las de Méndez. P.: Reunión de Artistas Film Español. Pr.: Ortega. D.: Fernando Delgado. A. y G.: Fernando Delgado. F.: Enrique Blanco. Dec.: Agustín Espí. Int.: Carmen Viance, Isabel Alemany, Javier de Rivera, Lina Moreno, Fernando Fernández de Córdoba, Juana Espejo, Alfredo Corcuera, Carlos Verger, Tomás Venegas, Manuel Aliacar, José Mata, Víctor Pastor, Francisco Martí, Miguel del Castillo. 3.500 m.

Rosa de Madrid. P.: Producciones Ardavín. D.: Eusebio Fernández Ardavín. A.: basado en la comedia de Luis Fernández Ardavín. G.: Eusebio Fernández Ardavín. F.: Ángel del Río. Dec.: José María Torres. Int.: Conchita Dorado, Pedro Larrañaga, Carmen Toledo, Felipe Fernansuar, Consuelo Badillo, Conchita Montenegro, Fermín Roldán, Ceferino Borrajón, Juana Montenegro, Isabel Alemany. 998 m.

1928
Agustina de Aragón. P.: Victoria. Pr.: Luis Ventura. D.: Florián Rey. A. y G.: Florián Rey. F.: Alberto Arroyo. Dec.: Gonzalo de Picola. Int.: Marina Torres, María Luz Callejo, Manuel San Germán, José María Alonso Pesquera, Fernando Fernández de Córdoba, Santiago Aguilar, Alfredo Hurtado "Pitusín", Jesús Peña, Ramón Meca, Adolfo Bernáldez, Carlos Rufart. 62 min.

Fabricante de suicidios. P.: Producciones Pitouto-Francisco Elías. Pr.: Domingo Moya. D.: Francisco Elías. A. y G.: Francisco Elías. F.: Josep Gaspar. Int.: Pedro Elviro "Pitouto", Blanquita Suárez, Elena Mendoza, Joaquín Giner.

1929
L'auca del senyor Esteve / El señor Esteve. P.: Troya Films. Pr.: Antonio Moriyón. D.: Lucas Argilés. A.: basado de la obra de Santiago Rusiñol. Adapt. y G.: Adrià Gual. F.: Josep Gaspar. M.: Enrique Morera. Dec.: Salvador Alarma. Int.: Enric Borràs, Josefina Tàpias, Gerardo Peña, Teodoro Busquets, José Giner, Enric Guitart, Josep Santpere, José María Lado, Joaquín Montero, Anita Giner Soler, Lina Santamaría, Sarita Rivera, Rosita Hernáez, Rafael de Murcia, Roberto Samsó.

Fútbol, amor y toros. P.: Selecciones Núñez. D.: Florián Rey. A. y G.: Florián Rey. F.: Alberto Arroyo y Carlos Pahissa. Dec.: Paulino Méndez. Sincronización: Ricardo M. de Urgoiti. Int.: Ricardo Núñez, Blanca Rodríguez, Modesto Ribas, Carlos Rufart, "Guerrita", Adolfo Bernáldez.

El misterio de la Puerta del Sol. P.: Feliciano M. Vitores. D.: Francisco Elías. A. y G.: Francisco Elías. F.: Tomás Duch. M.: Manuel Penella. Sonorización: Phonofilm (Lee DeForest). Int.: Juan de Orduña, Teresa Penella, Jack Castello, Antonio Barbero, Anita Moreno, Teresita Silva. 75 min.

El sexto sentido. P.: Sobrevila. D.: Nemesio M. Sobrevila. A. y G.: Nemesio M. Sobrevila. F.: Armando Pou. Dec.: José María Torres. Int.: Enrique Durán, Ricardo Baroja, Gertrudis Pajares, Antonia

Fernández, Faustino Bretaño, María Anaya, Felipe Pérez, Francisco Martí, Eusebio Fernández Ardavín. 1.544 m.

Zalacaín, el aventurero. P.: CIDE. D. y G.: Francisco Camacho. A.: según la novela homónima de Pío Baroja. F.: Edgar G. Ulmer. Dec.: José María Torres. Mont.: Armando Pou. Int.: Pedro Larrañaga, Solanillo, Ricardo Baroja, María Luz Callejo, Armando Pou, Amelia Muñoz, Andrés Carranque de Ríos, Manuel Rosellón, Luis Vallet, José Olaguibel, Gaspar Montes, Alonso Berástegui, Martiarena, Pío Baroja.

1930

La aldea maldita. P.: Florián Rey-Pedro Larrañaga. D.: Florián Rey. A. y G.: Florián Rey. F.: Alberto Arroyo. Dec.: Paulino Méndez. M.: Rafael Martínez. Sincronizador en París: Carlos Pahissa. Sonorización: Estudios Tobis (Epinay-sur-Seine). Int.: Carmen Viance, Pedro Larrañaga, Amelia Muñoz, Pilar Torres, Ramón Meca, José Baviera, Víctor Pastor, Antonio Mata, Modesto Ribas, Ricardo Nuñez, Pedro Pastor. 65 min.

El Empecinado / El guerrillero (Juan Martín, "El Empecinado"). P.: Oliván-Monis. D.: José Buchs. A.: y G.: Federico de Oliván y José Buchs. F.: Luis R. Alonso. Dec.: José María Torres. Int.: Julio Rodríguez, barón de Kardy, Amelia Muñoz, Amparo Perucho, Manuel San Germán, Antonio Aullón, Rafael Crisbal, José María de Labra, con la colaboración del Regimiento de Infantería Lanzarote y los de Caballería del Príncipe y de la Reina.

Prim. P. Oliván-Monis-Forns: D.: José Buchs. A.: Francisco Agramonte. G.: José Buchs. F.: Enrique Blanco. Dec.: José María Torres. Dirección musical y sincronización en París: José Forns. Sonorización: Estudios Henry. Asesor militar: coronel Julio Riudavets. Int.: Rafael María de Labra, Carmen Viance, Manuel San Germán, Felipe Fernansuar, Rafael Crisbal, Matilde Vázquez, Rafael Calvo, Santiago Aguilar, Antonio Mata, Manuel Kuindós, Emilio Mesejo, F. Cejuela. 2.100 m.

CRONOLOGÍA

1895
Movimientos independentistas en Marruecos y Cuba; USA apoya la sublevación cubana.
24 febrero. Comienza la Guerra de la Independencia en Cuba.
Desastre italiano en Abisinia.
Roentgen descubre los rayos X.
28 diciembre. Presentación pública del Cinematógrafo Lumière, en París.

1896
Período de inflación. Se inicia la construcción del Transiberiano.
10 febrero. Weyler, capitán general de Cuba; medidas drásticas contra los independentistas.
La Bohème, de Puccini; *Materia y Memoria*, de Bergson.
Mayo. Primeras exhibiciones cinematográficas en Madrid.
Escamoteo de una dama, de Georges Méliès.

1897
8 agosto. Asesinato de Cánovas del Castillo.
Morel: Constitución autonómica para Cuba.
4 octubre. Gobierno Sagasta: concede la autonomía cubana, pero sin conseguir evitar la intervención U-SA.
Guerra greco-turca, en Creta.
Marconi inventa la radiodifución; Diesel, el motor.
Terra Baixa, de Àngel Guimerà.
12 octubre. Exhibición en Zaragoza del documental de Eduardo Gimeno *Salida de Misa de 12 del Pilar de Zaragoza*.

1898
1 enero. Primer gobierno autónomo en Cuba.
Yo acuso, de Émile Zola.
Carrera naval inglesa y alemana.
15 febrero. Explosión del crucero norteamericano "Maine".
España rechaza la oferta de compra estadounidense de Cuba.
23 abril. USA declara la guerra a España.
3 julio. Destrucción de la escuadra española. España pide la paz.
Crisis de Fachoda. Inglaterra reconquista el Sudán y se apodera de Jartum.
10 diciembre. Paz de París. Fin de la guerra. España pierde Cuba, Puerto Rico y Filipinas.
Nace la Generación literaria del 98.
El matrimonio Curie descubre el radio.

1899
Cuba bajo el gobierno USA.
Tras el desastre colonial, cae Sagasta y sube Silvela; primer intento de "regeneración" conservadora.
Establecimiento de los límites de la Guinea.
Junio. Plan de estabilización de Villaverde.
Millerand: primer socialista en el Gobierno radical francés.
Escisiones entre socialistas y revolucionarios en la II AIT
Conferencia de paz, en La Haya.
Comienza la guerra anglo-bóer.

1900
Población de España: 18 millones. Población mundial: 1.600 millones.
14 enero. Fundación de la Unión Nacional, dirigida por Joaquín Costa, Basilio Paraíso y Santiago Alba.
2 febrero. Ley sobre accidentes de trabajo y otras reformas sociales de Eduardo Dato.
18 abril. Fundación del Ministerio de Instrucción Pública. Tasa de analfabetismo en España: 63 %.
Rebelión de los bóxers en China. Nacionalismo integral de D'Annunzio.
Planck establece la teoría cuántica; Zeppelin inventa el dirigible.

1901
Febrero. Comienza la agitación obrera y campesina. Se declara el estado de guerra en varias provincias.
Mayo. Fundación de la "Lliga Regionalista" en Cataluña.
Paulov descubre los reflejos condicionados.
La voluntad, de Azorín.

1902
17 junio. Inicio del reinado de Alfonso XIII.
Crisis del bipartidismo en España.
Nuevas fuerzas políticas: Maura y Canalejas.
Alianza anglo-japonesa.
Australia otorga el voto a las mujeres.
Creación del "Institut d'Estudis Catalans", presidido por Pompeu Fabra.
Viaje a la Luna, de Georges Méliès.

1903
Antonio Maura se convierte en el baluarte del regeneracionismo.
23 abril. Fundación del Instituto de Reformas Sociales.
Rutheford descubre la radioactividad.
Los hermanos Wright inventan el avión.
Elogi de la paraula, de Joan Maragall.

1904
"Entente cordial" entre Francia e Inglaterra: Acuerdos coloniales en África.
Guerra ruso-japonesa. Derrota de Rusia frente al Japón.
Estados Unidos de América establece su soberanía sobre la zona del canal de Panamá.
Investigaciones de Boveri sobre los cromosomas.
La busca, de Pío Baroja.
Viaje a través de lo imposible, de Méliès.

1905
Primera revolución rusa: *Domingo Negro* en San Petersburgo y sublevación de Odessa.

Koumintang en China.
Conflicto en Marruecos, entre Alemania y Francia.
Junio. Gobierno liberal de Montero Ríos.
Incidente del "Cu-Cut", en Barcelona.
Agosto. Comienzan motines de jornaleros en el sur de España.
Solitud, de Víctor Català.

1906
Conferencia de Algeciras. Dictadura en Portugal.
Liga musulmana en la India.
11 febrero. Organización de "Solidaritat Catalana".
Santiago Ramón y Cajal, premio Nobel de Medicina.
Les demoiselles d'Avignon, de Picasso.
Pilar Prim, de Narcís Oller;
Els fruits sabrosos, de Josep Carner.

1907
25 enero. Gabinete de Antonio Maura.
Maura establece la Ley de Administración local y la Legislación agraria.
Triple "entente". División anglo-rusa de Persia.
20.000 leguas de viaje submarino, de Georges Méliès.

1908
El Gobierno español aprueba un nuevo programa naval.
Crisis en Bosnia.
Revolución de los "jóvenes turcos".
El asesinato del duque de Guisa, de Calmetes-Le Bargy.

1909
Se inicia la guerra española en Marruecos.
Fin del gobierno de intervención estadounidense en Cuba.
12 julio. Inicio del embarque de soldados para Marruecos.
26 julio. Comienza la Semana Trágica de Barcelona.
27 julio. Desastre del Barranco del Lobo, en Marruecos.
20 octubre. La ejecución del pedagogo anarquista Ferrer Guardia obliga a dimitir a Maura, quien declara una "hostilidad implacable" contra los liberales.
Ministerio Moret.

1910
9 febrero. El demócrata liberal Canalejas forma Gobierno.
Se organiza el Seguro de Vejez en España.
Cuento de abril, de Valle-Inclán; *Greguerías,* de Gómez de la Serna.
23 diciembre. Ley del Candado: se restringe la fundación y actividades de las congregaciones religiosas.

1911
17 octubre. Aprobación de las bases de la Mancomunidad de Cataluña.
Noviembre. Creación del sindicato anarquista: la Confederación Nacional del Trabajo (CNT).
Huelga general de ferrocarriles en España.
Crisis de Agadir. Guerra italo-turca. Formación de la "Liga balcánica".
Revolución en China.

Rutheford descubre la estructura del átomo; Madame Curie, premio Nobel de Farmacia.
Fenomenología, de Husserl;
El sentimiento trágico de la vida, de Unamuno.

1912
14-15 abril. Hundimiento del Titanic: mueren más de 1.500 personas.
Octubre. Primera guerra balcánica.
12 noviembre. Asesinato de Canalejas.
República en China de Sun Yat-Sen.
Lenz da a conocer su estudio sobre la genética humana.
Campos de Castilla, de Machado; *La Ben Plantada*, de Eugeni D'Ors.
La conquista del Polo, de Méliès; *Quo Vadis?*, de Enrico Guazzoni.

1913
Mayo. Paz en Londres.
Julio. Segunda guerra balcánica.
Agosto. Paz de Bucarest.
27 octubre. Gabinete Dato. Maura abandona la jefatura del partido conservador.
Tagore, premio Nobel de Liberatura; Einstein establece la teoría general de la relatividad.
Marcel Proust escribe *En busca del tiempo perdido*.
Judit de Betulia, de David Wark Griffith; *El desertor*, de Thomas H. Ince.

1914
6 abril. Creación de la Mancomunidad de Cataluña.
Inauguración del canal del Panamá.
28 junio. Asesinato del archiduque de Austria, Francisco Fernando, en Sarajevo.
Inicio de la Primera Guerra Mundial. España se declara neutral: crecimiento económico y presiones inflacionistas.
Niebla, de Miguel de Unamuno.
Cabiria, de Giovanni Pastrone; *Fantomas*, de Louis Feuillade.

1915
23 mayo. Italia, con los aliados de la Gran Guerra.
Junkers inventa el aeroplano metálico.
El conde de Romanones, presidente del Gobierno español.
El nacimiento de una nación, de Griffith; *Assunta Spina*, de Nino Martoglio
El amor brujo, de Falla.

1916
Se forman las Juntas Militares de Defensa.
Irlanda: sublevación de Pascua.
18 julio. Huelga general en España.
Batallas de Verdún y del Somme.
Intolerancia, de Griffith; *Judex*, de Louis Feuillade.

1917
Alemania da paso a Lenin a Rusia.
Febrero. Revolución rusa: Soviet de Petrogrado.
Fin del zarismo: abdica Nicolás II.
1 junio. Manifiesto de las Juntas Militares de Defensa, en España, que promueven la destitución del

Gobierno liberal de García Prieto, marqués de Alhucemas.
11 junio. Nuevo Gobierno conservador: gabinete de Eduardo Dato.
16 julio. Las Diputaciones vascas piden la autonomía.
19 julio. Asamblea de Parlamentarios en Barcelona, para pedir Cortes Constituyentes.
10 agosto. Se inicia una oleada de huelgas en toda España, organizadas por la UGT y la CNT.
Octubre. Revolución bolchevique: cae el Gobierno provisional.
26 octubre. Consejo de los Comisarios del Pueblo: Lenin, presidente.
3 noviembre. Nuevo gobierno de García Prieto, que pone fin a la Asamblea de Parlamentarios.
Palestina: Declaración Balfour.
Muere Prat de la Riba.
La decadencia de Occidente, de Spengler.
El emigrante, de Charles Chaplin; *Los proscritos*, de Viktor Sjöström.

1918
Enero. 14 puntos de Wilson.
22 marzo. Gobierno nacional de Antonio Maura: Cambó entra en el Gabinete español.
Octubre. Se extiende la epidemia de gripe en España.
10 octubre. Golpe "espartaquista" en Alemania.
20 octubre. Disolución del Imperio Austro-húngaro.
9 noviembre. Abdicación de Guillermo II: se proclama la República en Weimar.
11 noviembre. Final de la I Guerra Mundial.
Se inicia la Guerra Civil en la URSS.
Armas al hombro y *Vida de perro*, de Chaplin.

1919
Enero. Conferencia de Paz en París: Tratado de Versalles; reparaciones de guerra.
Creación de la Sociedad de Naciones; nuevo mapa político europeo: Estados del Este.
19 enero. Aprobación de un proyecto de Estatuto de Autonomía para Cataluña, por parte de una asamblea conjunta de diputados provinciales y parlamentarios.
21 febrero. Huelga de la CNT en "La Canadiense", que desencadena una huelga general de solidaridad.
Abril. Maura sustituye a Romanones en la presidencia del Gobierno español.
Junio. El industrial Sánchez Toca reemplaza a Antonio Maura.
Noviembre. Cierre patronal en Cataluña. Lucha violenta entre patronos y obreros.
El gabinete del Dr. Caligari, de Robert Wiene; *La culpa ajena*, de D. W. Griffith.
Poemes en ondes hertzianes, de Salvat-Papasseit.

1920
III Internacional: Komintern. Inicio de la guerra ruso-polaca.
USA: voto a las mujeres.
Abril. El Comité Nacional de Juventudes Socialistas se transformará en el Partido Comunista Español.
Mayo. Gobierno conservador de Eduardo Dato.
Agosto. Tratado de paz con Turquía.
3 noviembre. Se declara ilegal a la CNT.
Luces de Bohemia, de Valle-Inclán; *Pinya de rosa*, de Joaquim Ruyra.
El Golem, de Paul Wegener; *Las dos tormentas*, de Griffith.

1921
Enero. Asesinato de diversos líderes sindicales, en Barcelona, a manos de pistoleros contratados por la Patronal.
Fundación del Partido Comunista Italiano.

Marzo. Asesinato de Eduardo Dato.
Fundación de los Partidos nazi y fascista.
21 julio. Derrota española en Marruecos: el desastre de Annual, que provoca la caída del Gobierno.
El chico, de Charles Chaplin; *La muerte cansada*, de Fritz Lang.

1922
Tratado de Rapallo, entre Rusia y Alemania.
Inglaterra declara a Egipto reino independiente.
Octubre. Marcha fascista sobre Roma. Mussolini en el poder.
Diciembre. Formación de la URSS.
7 diciembre. Nuevo gobierno liberal en España, formado por García Prieto.
Jacinto Benavente, Premio Nobel de Literatura; De la Cierva inventa el autogiro.
Nosferatu, de F. W. Murnau; *Nanuk, el equimal*, de Robert J. Flaherty
Ulysses, de James Joyce.

1923
Marzo. Asesinato del líder sindicalista Salvador Seguí.
Hitler fracasa en su intento de golpe de Estado en Alemania.
Los franceses en la cuenca del Ruhr.
República turca.
Nueva Constitución en la URSS.
13 septiembre. Golpe de Estado del general Primo de Rivera: comienza la Dictadura.
Directorio Militar en España: restablecimiento del orden público.
Una mujer de París, de Chaplin; *La leyenda de Gösta Berling*, de Maurice Stiller.

1924
Enero. Muerte de Lenin; Stalin en el poder.
Plan Dawes: reparaciones alemanas.
8 marzo. Creación del Consejo de Economía Nacional en España: inicio de un período de prosperidad económica. Estatuto Municipal.
14 abril. Fundación de la "Unión Patriótica", partido único del general Primo de Rivera.
3 julio. Primeras medidas de la política de obras públicas de la Dictadura de Primo de Rivera.
27 agosto. Concesión del monopolio de teléfonos a la compañía CTNE.
Congreso Nacional del Koumintang, en China.
La montaña mágica, de Thomas Mann.
Avaricia, de Eric von Stroheim; *El último*, F. W. Murnau.

1925
Población mundial: 2.000 millones de personas.
Acuerdos de Locarno.
Actuación de la Commonwealth.
21 marzo. Disolución de la Mancomunidad de Cataluña.
Nueva generación de militares: Sanjurjo, Mola, Franco.
8 septiembre. Desembarco de Alhucemas: primer paso hacia la pacificación de Marruecos.
3 diciembre. Formación del Directorio Civil.
Calvo Sotelo, ministro de Hacienda.
Heisenberg-Bohr-Jordan: mecánica cuántica.
Marinero en tierra, de Rafael Alberti.
El acorazado Potemkin, de S. M. Eisenstein; *La quimera del oro*, de Charles Chaplin

1926
Alemania admitida en la Sociedad de Naciones.
Mayo. El líder rifeño Abd-el-Krim se entrega al Ejército francés y finaliza la Guerra de Marruecos.
Amundsen-Nobile: vuelo sobre el Polo Norte.
Noviembre. Fallido complot de Prats de Molló: el coronel Francesc Macià encabeza un levantamiento contra la Dictadura de Primo de Rivera.
27 noviembre. Se forma la Organización Corporativa Nacional.
Metrópolis, de Fritz Lang;
La madre, de Vsevolov Pudovkin.
John Baird ensaya un sistema de televisión.

1927
Gobierno del Koumintang, en China.
Expulsión de Trotsky del PCUS.
Repliegue de las tropas españolas en Marruecos.
13 octubre. Concesión del monopolio de petróleos a la compañía CAMPSA.
11 octubre. Apertura de la Asamblea Nacional Consultiva, para preparar y estudiar el anteproyecto de la Constitución española.
Generación literaria del 27.
Comienzan los Oscar de Hollywood.
Napoleón, de Abel Gance;
Octubre, de Eisenstein.

1928
Se inicia la Dictadura de Salazar, en Portugal.
Fleming descubre la penicilina; Morgan establece la teoría del gen.
I Congreso Español de Cinematografía, organizado por la revista *La Pantalla*.
Creación del "Cine Club Español", por Ernesto Giménez-Caballero, con la colaboración de Buñuel.
La pasión de Juana de Arco, de Carl Thedor Dreyer;
Y el mundo marcha, de King Vidor.

1929
Enero. Fallida rebelión de Sánchez Guerra, en Valencia, contra la Dictadura de Primo de Rivera.
18 febrero. Disolución del Cuerpo de Artillería: se rompe la armonía militar.
Marzo. Manifestaciones contra la Dictadura en Madrid.
Crack de Wall Street. Crisis económica mundial: fragmentación de mercados.
Crisis financiera en España.
Se inicia el Primer Plan Quinquenal, en la URSS.
Exposición Universal en Barcelona.
¡Aleluya!, de Vidor;

1930
28 enero. Dimisión del general Primo de Rivera, que se exilia y morirá en París.
30 enero. Gobierno del general Berenguer: la "Dictablanda".
Comienza la guerra civil en China.
17 agosto. Pacto de San Sebastián entre las distintas fuerzas que quieren instaurar la II República.
12-14 diciembre. Frustrada sublevación republicana en Jaca; los capitanes Fermín Galán y García Hernández serán fusilados.
Luces de la ciudad, de Chaplin;
La tierra, de Alexander Dovjenko.

Segunda parte
PERIODO SONORO
(1931-1960)

CAPÍTULO 4
Nacimiento de una industria

El nacimiento del cine "sonoro" –o film parlante– tuvo lugar en Hollywood, el 6 de octubre de 1927, dos años antes del célebre *crack* de Wall Street. Y ese fenómeno técnico supuso una auténtica revolución para el Séptimo Arte. La razón es obvia: hubo que adaptar a la nueva tecnología los medios expresivos del lenguaje de las imágenes. De ahí que tal aparición tuviera enemigos, y fuera imponiéndose paulatinamente en el mercado fílmico mundial.

Así, en esos primeros años del sonoro, la cinematografía española fue "colonizada" por el cine euronorteamericano "hablado en español", realizado en Hollywood y París (Joinville-le-Pont). Incluso numerosos autores, técnicos y artistas emigraron a la Meca del Cine con el fin de editar películas para el amplio mercado hispanoparlante.[1]

En estas circunstancias coyunturales, en España se proclamó la Segunda República. Sistema político que influiría enormemente en el desarrollo de la industria cinematográfica del país, hasta entonces casi inexistente. El primer hecho fue la celebración del I Congreso Hispanoamericano de Cinematografía, que tuvo lugar en Madrid durante el mes de octubre de 1931, precisamente para subsanar la referida colonización extranjera. Un valioso congreso en cuyas conclusiones se encuentran puntos todavía vigentes y acaso válidos para el desarrollo del cine español. Entre las bases propuestas estaban la protección de los gobiernos de cada país a la industria cinematográfica respectiva, impedir el incremento de la producción "sonora" en español realizada en estudios extranjeros, obligar a la exhibición de un tanto por ciento de películas nacionales cada temporada, unificación del régimen arancelario entre los países hispanoamericanos y la creación de un cine cultural y educativo –cineclubs incluidos–; junto a la necesaria pureza del idioma castellano, a niveles fonético y literario.

Con todo, según algunos historiadores, los profesionales del cine no acogieron con mucho entusiasmo el nuevo sistema político, debido a que la mayoría estaba desilusionada de los apoyos estatales a la industria del cine. De hecho, el Gobierno republicano gravó al cine español con cargas fiscales, y el régimen proteccionista demandado brilló por su ausencia. Pero si la II República manifestó un desinterés por el fenómeno cinematográfico y la Administración de las diversas etapas abandonó a su suerte a la iniciativa privada, ésta consiguió sorprendentemente crear las bases de la primera industria del cine nacional, e incluso vencer en taquilla al cine norteamericano de los años treinta; especialmente durante las temporadas 1934-35 y 1935-36, en plenos "bienio negro" y Frente Popular.

Asimismo, el cambio sociopolítico iniciado en este período histórico español infundió nuevas perspectivas para el logro de un cine genuinamente hispano, al tiempo que dio cierto espíritu de renovación y un nuevo ánimo creativo a nuestra pobre cinematografía, la cual superó con creces el difícil paso del film mudo al sonoro. Algunos teóricos y críticos competentes y numerosas revistas especializadas fueron testigos o protagonistas de esa transformación llevada a cabo por los productores y cineastas de la República.

Por tanto, desde 1932 se montaron en España diversos Estudios de rodaje "sonoros" –Orphea, Ciudad Lineal, Aranjuez...– y una serie de productoras sólidas –CIFESA, CEA, etc.– serían claves para el nacimiento de esa industria cinematográfica propia. También, desde los albores de la Segunda República, surgió una notable escuela documentalista, que significaría un impulso en el campo del cortometraje hasta entonces desconocido en el país. En esa época republicana se funda el Consejo de Cinematografía, a fin de proteger a nuestra industria que, en 1935, ofrece un estatus sin precedentes: para una población de 24 millones de habitantes, había más de 3.000 salas de proyección, 11 estudios de rodaje, 18 laboratorios y más de 20 productoras en ejercicio, aparte de las firmas espontáneas. Sin embargo, se dieron otras realidades que cabe constatar.

Tanto los autores de la Generación del 98 –a excepción de Valle-Inclán y el último Azorín–[2] como otros intelectuales posteriores apenas comprendieron el fenómeno fílmico. Sólo algunos escritores de la Generación del 27 fueron los primeros en España que entendieron el cine como un hecho intelectual y artístico original. No obstante, con la llegada de la República los autores de esta última generación se inhibieron en torno a la realización fílmica, no tanto por razones políticas como estructurales: el desprestigio que suponía trabajar para la industria cinematográfica, o su baja retribución.

Por otra parte, con la implantación del "sonoro" se mantuvo la concepción literaria y escénica que se tenía del cine en el período anterior. De ahí que se produjera una nueva invasión de escritores y dramaturgos que pusieron en imágenes sus piezas teatrales o novelas famosas, asegurando de antemano el éxito de los productores. La escasa originalidad de los temas y el espíritu conservador que se manifestaría en muchos filmes no se debió tanto a intereses de ideas como al oportunismo y aprovechamiento comercial que los productores republicanos hicieron de ciertos autores. Aun así, es evidente que el carácter de los temas literarios y escénicos conectó con los espectadores españoles de aquella época. El costumbrismo, la sátira y drama social, el folclore, la intriga, el racismo, la comicidad y el romanticismo..., dentro de un clima de sentido común, hicieron vibrar al público de los años 30. Pues las películas seguían los esquemas del cine de géneros sin perder el tono genuinamente hispano.

Al mismo tiempo, pese a que los largometrajes españoles no reflejaron explícitamente las conmociones sociopolíticas ni las vicisitudes concretas de las diversas etapas republicanas —ningún cine argumental acostumbra a hacerlo (incluido el de la escuela soviética)—, implícitamente los filmes testimoniales del período fueron un retrato más o menos parcial o conseguido de los distintos estratos del país, tanto a nivel individual —tipos e idiosincrasias— como social —regiones y nacionalidades—, en los ambientes rurales y urbanos de la época de la Depresión.

También cabe destacar que los realizadores del período demostraron un buen conocimiento de la sintaxis fílmica y supieron emplear con precisión el lenguaje cinematográfico: una estética correcta —si bien susceptible de mejoras— al servicio de las diversas voluntades de expresión. El dominio de la técnica condujo a tales cineastas a rodar en escenarios naturales, dando un mayor realismo y entidad a sus películas. Los modelos de Hollywood y algunos cineastas coetáneos —René Clair, Chaplin, Eisenstein...— influyeron en los filmes españoles, y las referencias autóctonas se reflejaron satíricamente en determinadas escenas.

Por último, hay que resaltar que algunos cineastas republicanos proporcionaron valiosas innovaciones estéticas, tanto tecnológicas como técnico-lingüísticas. Se utilizó el *travelling* óptico y el empleo expresivo del color, por un lado; y por otro, realizadores como Florián Rey, Benito Perojo y Harry D'Abbadie d'Arrast apuntaron el musical moderno en sus películas de género y costumbristas. Pero todo ello quedará mejor clarificado comentando algunos de los filmes más significativos de este período cinematográfico.

Durante el "bienio reformista" se realizó la primera película directamente política del cine español: *Fermín Galán* (1931), de Fernando Roldán, que era un homenaje al "héroe" de la República, fusilado tras su frustrado golpe de Estado en diciembre de 1930. Cinta biográfica y lírica a la vez, donde destacaban su estilo romántico y documental, y una voluntad de expresión propagandística más próxima a la ideología anarquista —el capitán Galán lo era— que a la propiamente republicana. Su estreno en el país provocó un enorme debate, que coincidió con el primer aniversario del pronunciamiento de Jaca, y el film fue silenciado por parte de la prensa española.

Otro film "comprometido" realizado en ese bienio –regido por los socialistas y republicanos de izquierda– se debió a Francisco Elías, el mencionado pionero del "sonoro" español, quien al ir a Barcelona e instalar los Estudios Orphea, prácticamente los estrenó con su obra *Pax* (1932), cinta menor que tenía un inequívoco significado pacifista, en unos tiempos en que las continuas agitaciones y los trágicos sucesos incrementaban la inestabilidad que había en nuestro país y su recién estrenado régimen. La película fue concebida un año antes, en colaboración con republicanos exilados (entre ellos, Ramón Franco) y relataba el secuestro de un dictador por parte de un comando de pilotos. En su rodaje intervinieron algunos militares –aviadores, en concreto– de Barcelona. Su tono festivo, en cambio, no parece que estuviera relacionado con el clima de desgracia que iba a caer encima del Ejército, un tanto "depurado" por la política modernizadora de Manuel Azaña.

En ese mismo año, en los citados estudios Orphea de Montjuïc, Benito Perojo realizaría *El hombre que se reía del amor* (1932), según la novela de Pedro Mata, a modo de retrato satírico de cierta sociedad española, donde la permisividad erótica –para aquella época– alcanzaba cotas nada habituales en nuestro cine; como también ocurría con su siguiente film, *Susana tiene un secreto* (1933). Es obvio que la liberalidad de la época influiría en la producción de tales cintas, pues ya había entrado en vigor la Ley de Divorcio; ahora bien, sus desenlaces –el mujeriego se suicida y ella se casa y descubre el entuerto– eran "moralizantes".

No obstante, al final del bienio izquierdista, la nueva película de Roldán, *Sobre el cieno* (1933), fue mucho más lejos que las de Perojo. Ofreció al público hispano una crónica del mundo prostibulario español; concretamente, madrileño. Más próximo al folletín que a la denuncia social, caía en el oportunismo y la superficialidad, pero reflejó cierta cotidianeidad miserable, que causó fuerte impacto en los sufrientes espectadores de esos tiempos de incertidumbre.

Por otro lado, durante el mandato de Azaña, Luis Buñuel –emigrado a París y en pleno fervor surrealista– realizaría un documental testimonial sobre Las Hurdes: *Tierra sin pan* (1933), que cayó mal y fue acogida como un insulto a la nación, excepto en los centros de cinéfilos. Este film etnográfico posee un claro carácter surrealista y está entroncado con la postura íntimo-creadora de su autor, quien dio una visión insólita de esa entonces misérrima región extremeña. Producida por el anarquista Ramón Acín, retrata cierto estatus hispano y refleja con creces el abandono que la Administración centralista –a pesar de la famosa visita de Alfonso XIII y el Patronato presidido por el doctor Gregorio Marañón– seguía teniendo de tal zona del país.

Asimismo, dos de las distintas "naciones" españolas que iban a ser reconocidas por el Gobierno de la II República estuvieron presentes por esas fechas. Cataluña, que ya había obtenido su Estatuto de Autonomía, produjo un largometraje "hablado en catalán" que reflejó su idiosincrasia: *El Café de la Marina* (1933), de Domènec Pruna, basado en la pieza teatral de Josep María de Sagarra, sobre el mundo marinero de los pescadores de Port de la Selva (Costa Brava). El otro pueblo –aún con la autonomía en tela de juicio– iba a ser Galicia. Dos películas gallegas, en base a tradiciones de aquella tierra, saltarían a las pantallas de la época: *Odio* (Perojo, 1933), drama rural-costumbrista, original de Wenceslao Fernández Flórez; y *Alalá, o los nietos de los celtas* (Trotz, 1933), sobre el eterno problema de la emigración y el sentido supersticioso de esta etnia.

El costumbrismo andaluz tampoco podía estar ausente del panorama cinematográfico de los primeros años republicanos. Un film de Florián Rey nos daba la cara racial del bandolerismo: *Sierra de Ronda* (1933), tomando pie de la dramática historia del bandido Francisco Flores Arrocha, que tenía rasgos sentimentales y heroicos. Por otra parte, el ambiente cortijero sería bien reflejado por el catalán Ricard de Baños en su película *El Relicario* (también del año 33); aquí estaban perfectamente retratados los tipos y las mentalidades de las gentes del lugar, y se evidenciaba la condición de la mujer andaluza y la vida aventurera del jornalero o gañán de la época, pese al folclorismo barato que se le imputó. Y para cerrar este primer bienio político, cabría constatar, entre los muchos títulos de mera evasión, el film de Adolfo Aznar *Miguelón, o el último contrabandista*, zarzuela de Pérez Yuste con canciones de Miguel Fleta, donde la riqueza del paisaje de los valles de Hecho y Ansó estaban combinados con una historia sentimental enclavada en la segunda guerra carlista.

Durante el "bienio radical-cedista" se dio el apuntado auge del cine español: la consolidación de una industria, que caminaba bastante boyante y atraía al público que sufría los distintos avatares del país; pues al Gobierno de Martínez Barrio le sucedió los radicales de Lerroux, hasta que la entrada de la CEDA de Gil-Robles puso al régimen en una nueva crisis. Veamos los filmes más representativos de esa etapa republicana.

Acaso la película más testimonial del año 1934 sea *Madrid se divorcia*, realizada por Alfonso Benavides y con el subtítulo de "Gente conocida", que retrataría mejor o peor la mutación de costumbres de la burguesía urbana –especialmente, el mundillo de los artistas– en torno al fenómeno divorcista. La cinta, que tuvo problemas judiciales antes del estreno, evidencia el estatus o cierta mentalidad de la época –como ocurrió la década anterior con *La malcasada*–; si bien cabe considerar a esta obra un tanto oportunista, ya que no ofrecía crítica o solución alguna.

Los años duros de este período de Depresión económica y moral quedarían simplemente señalados por el maestro Benito Perojo con su comedia brillante *Crisis mundial* (1934), donde burla burlando ponía en tela de juicio toda una época. Perojo realizó ese mismo año otra sátira social, *Se ha fugado un preso*, precisamente en una etapa política en que las cárceles estaban llenas. Su tono irónico –de la pluma de Jardiel Poncela– y aparentemente revolucionario alcanzaría su nota crítica en una secuencia donde aparecía el ministro de Marina, que se asombraba ante un barco. La voluntad de expresión de los autores era clara: la cartera de ese Ministerio en los últimos gobiernos había recaído en personas cuya profesión nada tenía que ver con el mar ni con los barcos. Este importante film republicano –que denota influencias de Chaplin y Eisenstein– representó con dignidad a España en la Bienal de Venecia de 1934.

El mejor retrato social del bienio derechista recaería en la ópera prima de José Luis Sáenz de Heredia *Patricio miró a una estrella* (1934), film que ofrece una aguda aproximación –quizá sin pretenderlo directamente– a cierta clase obrera y pequeñoburguesa madrileñas. Con críticas al mundillo del cine y a la mentalidad de aquellos años, el personaje central es un arquetipo-símbolo del hombre anónimo de la República española. Tan acertada como esta cinta resultaría el cuadro sociopsicológico que brindó Edgar Neville en base a una famosa pieza de Arniches –el autor más "traducido" del período–, *La señorita de Trevélez* (también del 34), donde se refleja oportunamente determinado mundo provinciano español que, en líneas generales, todavía resulta actual. El clima y los prejuicios que evidencia la película, así como el sentido del honor y la condición de la mujer soltera, corresponden a la mentalidad tradicional castellana y, por tanto, del país. Nuestra idiosincrasia está expuesta y satirizada sin ambages y los tipos, pese a la caricatura, resultan auténticos.

Y un tanto cabría decir de la otra cinta de ese año que retrata el ambiente provinciano: *Agua en el suelo* (1934), drama original de los hermanos Álvarez Quintero que llevó al cine Eusebio Fernández Ardavín. Aquí el mundo pueblerino se combina con la historia de una calumnia, cuya restitución final por vía del sacrificio de un clérigo posee cierta relación con la "cuestión religiosa", tan debatida en el bienio anterior, y que con la entrada de la CEDA en el Gobierno de algún modo se intentó dejar la "cuenta saldada".

Por otra parte, el costumbrismo rural andaluz estuvo representado en este 1934 con tres films, uno verdaderamente importante en la historia del cine español: *La traviesa molinera*, de Harry D'Abbadie d'Arrast,[3] basado en un romance del siglo XIX original de Pedro Antonio de Alarcón: *El sombrero de tres picos*, cuyos tipos y ambientes eran genuinamente hispanos. Rodado en el mismo lugar de la leyenda –Arcos de la Frontera–, esta farsa está enraizada con la mejor tradición del país, incluso con cierta influencia de Goya, y presenta apuntes de musical moderno. Los otros filmes fueron *La hermana San Sulpicio*, de Florián Rey, con Imperio Argentina, donde el tipismo y el folclore se combinan con la crítica social; y *Yo canto para ti*, de Fernando Roldán e interpretado por Conchita Piquer, que no está exento del buen costumbrismo andaluz. Asimismo, cabría incluir dentro de este ambiente costumbrista –si bien ahora aragonés– la famosa zarzuela de Lorente y Serrano *La Dolorosa* (Jean Grémillon, 1934), rodada en el pueblo de Albarracín y con algunos exteriores en El Paular. La trama sentimental está sustentada no sólo por las canciones del libreto y en la interpretación de Rosita Díaz Gimeno, sino por unos tipos turolenses y un clima folclórico enormemente conseguidos, dando un fiel retrato –con originales toques surrealistas– de una idiosincrasia también genuinamente española y del mundo campesino aragonés de aquella época.

En cambio, el año 1935 fue aún más prolífico en películas testimoniales. La inestabilidad sociopolítica del país no parece que hiciera mella en la industria cinematográfica española. Y una serie de filmes populares vio la luz y fue saludada exitosamente por los espectadores hispanos, venciendo en taquilla a la producción extranjera. Una rápida panorámica crítica muestra esa realidad.

La vida cotidiana madrileña aparecería de nuevo en las pantallas comerciales, centrándose en el tipismo y en el drama de las clases bajas. Un gran conocedor del mundo barribajero de Madrid nos "ilustró" sobre la condición humana del período (si bien las obras originales fueron anteriores a la República). Se trata del referido Carlos Arniches, quien otra vez hizo una aguda crítica social a través del sainete *Es mi hombre* (Perojo, 1935) y la zarzuela *Don Quintín el Amargao* (Buñuel-Marquina, 1935). En ambos filmes se retrata el castizo sin ambigüedad: en la cinta de Benito Perojo es un hombre vulgar que, debido a su enorme gracejo y bondad, logra triunfar en la vida; mientras que en la pieza de Luis Buñuel es aún mejor analizado el ciudadano anónimo de la época: ese chulo de barrio, asimismo con un gran corazón, que subsiste en la soledad y la amargura, con reminiscencias del cine de René Clair.

Por otra parte, el mismo Perojo daría una visión más "festiva" del Madrid típico con su versión sonora de *La verbena de la Paloma* (1935), la célebre zarzuela de Ricardo de la Vega y Tomás Bretón, que batiría récords en taquilla. Sin embargo, los tipos y ambientes aquí constatados son auténticos: las chulapas, los obreros, las chicas de taller, la clase media madrileña..., hasta el apunte social de los diversos modos de divertirse y celebrar la verbena los mundos proletario y burgués –secuencia rodada en color, según constató la prensa coetánea (la primera del cine español, y hoy desaparecida)– son fiel reflejo del Madrid de ayer y de siempre.

En torno al clima de liberalidad moral –concretamente, erótica– también el bienio derechista tuvo sus películas. La más popular y debatida fue la basada en la novela de "El Caballero Audaz", *La bien pagada* (Ardavín, 1935), drama pasional y costumbrista de José María Carretero, donde la amoralidad se mezclaba con el folletín. Más "atrevido" (aparte del hoy restaurado *Carne de fieras*, de Armand Guerra, cuyo rodaje se inició en vísperas del estallido de la guerra) estuvo al respecto el catalán Xavier Güell cuando, influido por un documental germano, realizó *El Paraíso recobrado*, o *El edén de los naturistas* (1935), cinta que tuvo serios problemas de censura a demanda del Gobernador Civil de Barcelona. Hedonismo y exaltación naturalista se exhibían en esta propuesta neopagana que pudo estrenarse en la Ciudad Condal en octubre de 1935, justamente cuando Lerroux caía a causa del escándalo de la colaboración de su ahijado Aurelio –consejero de la productora Orphea– en el *straperlo*.

El mundo taurino también sería retratado críticamente durante esta época conflictiva. Dos cintas cabe reseñar: *El Niño de las Monjas* (José Buchs, 1935), donde pone en tela de juicio todo el entramado comercial que se esconde tras la fiesta nacional; y la más célebre *Currito de la Cruz*, que realizó Fernando Delgado el mismo año, en la cual ese crítico taurino que asimismo fue Alejandro Pérez Lugín –firmaba "Don Pío"– reproducía el mundo de la tauromaquia e incidía en el folletín genuinamente andaluz. Y dentro del ambiente folclórico-romántico andaluz destacaron otros dos filmes: *La hija de Juan Simón* (1935), de Nemesio M. Sobrevila y Luis Buñuel, que firmaría Saénz de Heredia como director, donde se constató la influencia de la revolución de Octubre de 1934 en una serie de letreros políticos que aparecen escritos en las paredes de la cárcel; y *Rosario la Cortijera* (Artola, 1935), que testimonió la mentalidad de las gentes de todo el período, sentido del honor y actitudes pasionales incluidos. Mientras que el peculiar mundo de los gitanos sería evocado después en dos populares cintas: *María de la O*, del maestro Francisco Elías y con la "bailaora" Carmen Amaya como protagonista; y la tragedia *El gato montés*, realizada por la barcelonesa Rosario Pi, la primera mujer cineasta española. Pero ambas fueron rodadas cuando ya había caído el Gobierno radical-cedista y Portela Valladares preparaba otro Gabinete de repuesto.

Por último, el mundo rural castellano y aragonés estuvo presente durante el último año del llamado "bienio negro". *El cura de aldea*, de Francisco Camacho, según el libro de Pérez Escrich, narra con acierto un pasado histórico –la acción transcurre en una aldea salmantina del siglo XIX– que era análogo al clima de aquellos años. Junto a una cuidada ambientación, se evidencia una leve crítica a la mentalidad clasista de la época, al caciquismo e incluso a la falta de autoridad –alcalde y policía–, en unas fechas en que habían sido amnistiados muchos presos políticos y en las cuales la corrupción y la inestabilidad gubernamental llevarían a la disolución del Parlamento.

Aun así, mucho más actual sería el drama presentado por Florián Rey, en su famosa *Nobleza baturra* (1935). Aquí es el pueblo aragonés, con sus prejuicios, sentido del honor, espiritualidad, folclore, lenguaje popular y vida cotidiana el que es evocado con fuerza, testimoniando fielmente a una etnia genuina del país. El maestro Florián Rey desarrolla en este film –que triunfó también en Hispanoamérica– el denominado más tarde musical puro o moderno, donde los "números" no rompen la acción dramática sino que forman un todo, posee una continuidad estético-credora. Otra gran aportación, por tanto, del cine de la II República al panorama fílmico mundial

Y durante el Frente Popular –esa "pequeña guerra civil", según lo calificaría Hugh Thomas, que cerró en parte el sistema republicano del país– continuaría el auge de la industria cinematográfica española. Resaltemos algunas de las cintas más "comprometidas".

Una película política, que prácticamente se puede considerar de partido, se estrenó por aquellas fechas: *Nuevos ideales* (1936), de Salvador de Alberich, escrita por el ex diputado Daniel Mangrané, un industrial catalán, militante de "Esquerra Republicana". Fue una auténtica declaración ideológica, donde este autor intenta justificar su postura y anuncia el caos de una posible guerra civil. Le sigue en relevancia el film pacifista de Antonio Momplet *Hombres contra hombres* (también del año 36), asimismo premonitorio del conflicto bélico que nos acechaba. Pero su denuncia antibélica –aprovechó documentales de la Primera Guerra Mundial– no tuvo efecto.

Otra serie de películas que de algún modo reflejaron los días de la preguerra vinieron de reconocidos dramaturgos y escritores de prestigio. Destacan cuatro, a saber: Alejandro Casona, con *Nuestra Natacha* (Perojo, 1936), fue el más explícito. Su crítica acerca de un tipo de mentalidad burguesa y establecimiento educativo hispano sería tachada de filocomunista y prohibida luego por la censura de la zona nacional. Jacinto Benavente, con su comedia *El bailarín y el trabajador* (Marquina, 1936), donde aparecen diálogos adaptados a los tiempos frentepopulistas.

Pelayo y Caballero fue traducido en imágenes por Luis Buñuel, con su comedia sentimental *¿Quién me quiere a mí?* (también del 36, aunque la firmaría Sáenz de Heredia), la cual retrata burla burlando las consecuencias del divorcio en la familia española, tomando como víctima a la niña-prodigio Mari Tere (la Shirley Temple nacional). Esta película, ideológicamente sorprendente al venir de Buñuel –fue el tercer film que asesoró para la productora Filmófono–, sería un tanto minusvalorizada por algunos críticos.

Y, finalmente, Joaquín Dicenta (hijo), quien adaptó para la productora más popular de la época, CIFESA, la comedia de Quintero y Guillén *Morena Clara* (Florián Rey, 1936). En base a una historia de gitanos, muestra también el clima del Frente Popular: una leve crítica a la autoridad o ridiculización de la justicia, denunciando al industrial sin conciencia y el racismo de la sociedad española en torno a los gitanos. Imperio Argentina, su gran intérprete –que ya había triunfado el año anterior con *Nobleza baturra*–, volvió a batir los récords taquilleros en España y allende las fronteras, manteniéndose en cartel pese al estallido de la Guerra Civil. Con lo cual, se cerraba la denominada "edad de oro"[4] del cine español.

CAPÍTULO 5
El conflicto bélico en las pantallas

La contienda fratricida fue el inicio de la decadencia de la industria cinematográfica del país. Esos intentos de organización industrial fueron trastocados tras el alzamiento del 18 de julio de 1936. España se dividió en dos grandes bandos. Y si en un principio la efervescencia de la lucha dejó de prestar atención al cine, pronto los Gobiernos de las dos zonas tomaron conciencia de la enorme importancia del arte de las imágenes fílmicas como medio de comunicación social y de influencia ideológica.

De ahí que la producción no parase durante esos años de contienda; pues, aunque hubo una tremenda disminución en torno a los largometrajes –de mayor costo y dificultad productiva por la guerra–, no fue así en relación con los documentales y noticiarios, los cuales ofrecían mayores posibilidades de propaganda y facilidades creadoras.

Con todo, las productoras tradicionales siguieron funcionando, no sólo en la zona nacional, sino en el extranjero: Alemania e Italia (como veremos al final de este capítulo). Mientras que en la España republicana, se lanzaron a la realización de un cine proletario, producido bajo el auspicio económico de los sindicatos y de los partidos o grupos políticos republicanos –Ejército incluido– y con los programas e ideario de cada cual. Una labor que, por supuesto, sería "contestada" fílmicamente por sus antagonistas. Tales producciones republicanas, tan breves como directas, prolíficas y de fácil efecto en el público, abundaron por las pantallas españolas, a modo de cuñas propagandísticas de diversos colores. Por tanto, se consolidó en este período bélico el movimiento documentalista de la preguerra; cuyas producciones, si bien ahora adolecían en su mayoría de falta de calidad estética –dado el inmediato utilitarismo político–, testimoniaban con creces una situación extrema y límite de nuestra historia.

Pero, ¿cuál era el primer ambiente cinematográfico del conflicto bélico? Obviamente, el cine era muy popular durante la guerra. Escribe el hispanista Roger Mortimore:

«La gente llegaba (a las salas de espectáculos) provistas de bocadillos y se quedaba a ver más de un programa, evitando así los peligros de la calle. El público se negaba muchas veces a dejar el cine para buscar refugio durante los bombardeos, insistiendo en que continuara la película. Los milicianos entraban con sus fusiles negándose a dejarlos en la guardarropía. La banda sonora a veces era inaudible por el ruido de pipas...»[5]

Y siguiendo en la zona republicana, añadiremos que, en septiembre de 1936, el comité rector del Sindicato Único de Espectáculos Públicos dio a conocer una nota advirtiendo:

«Los productores cinematográficos pueden trabajar hoy exactamente en las mismas condiciones que antes de producirse el hecho revolucionario... Lo que sí exige este comité es que para la contrata del personal que haya de trabajar en las películas los productores deben atenerse a las normas fijadas para tal fin.»

Y estas normas decían que el productor sólo tenía derecho a elegir al director, al operador y el primer ayudante de cámara de cada film y a la pareja protagonista; el resto del personal técnico y artístico sería designado por el Sindicato, según las conveniencias de la Bolsa de Trabajo correspondiente.

Fueron pocos los largometrajes argumentales que saltaron a las salas cinematográficas comerciales. 1936 fue un año en blanco —se entiende, desde que estalló la Guerra Civil—, pero 1937 tuvo siete películas de ficción; entre las que cabe destacar dos films testimoniales producidos por el Sindicato de la Industria del Espectáculo, de la CNT-FAI (Barcelona). *Aurora de esperanza* (iniciado en el año 36) rompió el fuego. Y un hombre de cine barcelonés —que no tenía nada de anarquista— fue su autor, Antonio Sau Olite. Con un guión original suyo, nos dio el primer retrato auténtico del mundo proletario catalán —centrado en el obrero anónimo de una gran urbe—, con el problema del paro en el fondo y la vida familiar cotidiana como línea argumental. Es espléndido el testimonio —que parece documental— del mitin y la marcha de hambre que promueve el protagonista (Félix de Pomés), así como la crónica —un tanto ambigua— en torno al estallido de la revolución. También destaca la crítica social al estatus del momento —concretamente, el clima de la preguerra—, los dardos a la burguesía de la época de la Depresión y, sobre todo, el discurso de leve contenido ácrata que posee el film. Cinta que, en su concepción, avanza el estilo "neorrealista" que se impondría diez años después.

Pisándole los talones, los anarcosindicalistas promovieron otra película "política": *Barrios bajos* (Pedro Puche, 1937), pero cuyo contenido político aún resulta menos claro que la de Antonio Sau. También el mundo obrero portuario –aquí el lumpen del barrio chino barcelonés– se evidencia claramente: ese analfabeto protagonista (José Telmo), con un enorme corazón, que lucha por una vida más justa y es capaz de sacrificarse por el amor a sus semejantes, aunque sean de otra condición social. La trágica historia de este obrero portuario va unida asimismo a la denuncia de toda una realidad social injusta –no aparecen referencias políticas explícitas–, centrada en el tráfico y la prostitución. Los apuntes acerca de la condición de la mujer española son también testimoniales. Esta importante cinta "cenetista" –que cuenta con 165 planos en exteriores y asimismo está próxima al Neorrealismo– fue estrenada precisamente pocos días después de los hechos de Mayo de 1937, en Barcelona. En julio, cuando se formó nuevo Gobierno, los anarquistas ya no participarían en el poder.

Sin embargo, en 1938, la central sindical de la CNT –con sede en Madrid– daría a luz un film políticamente más explícito: *Nuestro culpable*, realizado por Fernando Mignoni. A modo de opereta, buena parte del ideario ácrata fue expuesto de forma "festiva", aparentemente intrascendente, pero con una eficacia ideológica fuera de duda: desde la crítica a la autoridad hasta la denuncia de la burguesía capitalista, con la colaboración de los jueces. Es obvio que el entonces ministro de Justicia, el anarquista García Oliver, que había entrado en el Gabinete de Largo Caballero (el film comenzó a rodarse un año antes), influyó en el contenido libertario de la película: visión de la cárcel y del delincuente hispano, junto a su sorprendente final.

Otras cintas "cenetistas" del mismo período –pues la industria cinematográfica estaba colectivizada por el sindicato anarquista, con leve participación de la UGT– fueron la frustrada *¡No quiero... no quiero!* (Francisco Elías, 1938), según la obra de Jacinto Benavente, que evidenció cierto tipo de educación española; la no terminada *Caín* y la antes citada *Carne de fieras*, de Armand Guerra; junto al mediometraje producido por la FAI *Paquete, el fotógrafo público número 1*, dirigido por Ignacio F. Iquino y protagonizado por Paco Martínez Soria, y diversos filmes de evasión.

Asimismo, en el terreno documental sobre nuestra contienda bélica, fue la CNT-FAI uno de los grupos productores más desarrollados. Cabe señalar el "comprometido" *Reportaje del Movimiento Revolucionario*, cinta propagandística realizada por Mateo Santos, junto a los documentales argumentados *¡Nosotros somos así!*, de Valentín R. González, en el que un hijo de familia acaudalada se convierte a la causa de los trabajadores cuando comienza la revolución; *Castilla se liberta*, de Adolfo Aznar, en el cual se muestra la labor desarrollada por los campesinos en las tarea de colectivización agraria; y *Así venceremos*, de Fernando Roldán, donde se refleja el pensamiento ácrata y cierta vida cotidiana en la zona republicana.

Por otra parte, el PCE también se hizo notar. Así, entre los documentales y noticiarios editados por el Partido Comunista a través de su firma Film Popular se incluyen cuatro títulos muy significativos: *Nuestros enemigos*, que era un ataque a las democracias occidentales que se prestaron a la farsa de la No-Intervención; *Y cuando Líster llegó...*, sobre su papel en la batalla de Brunete; *Ejército Popular*, mostrando en qué medida la victoria bolchevique en Rusia se debió a la creación del Ejército Rojo, pero sin ninguna mención a Trotsky; y *Por la unidad hacia la victoria*, de Fernando G. Mantilla, que contiene un sugerente discurso de José Díaz, por aquellos años Secretario General del PCE. Todos ellos realizados en 1937.

Con todo, ¿qué pasaba por esas fechas en la España nacional? El 1 de octubre de 1936, el general Franco es nombrado presidente del Estado –jefatura que sería institucionalizada en abril de 1937–. Y seis meses más tarde, se darían diversas normas en política cinematográfica. Una orden del Gobierno General de Burgos creó, en marzo de 1937, dos gabinetes de censura –en Sevilla y Coruña–, hasta que tales pasaron a depender de la Delegación de Prensa y Propaganda y, subsiguientemente, por otra orden del 18 de noviembre de 1937 se creaba la Junta Superior de Censura Cinematográfica; casi un año después de que el Gobierno de la República implantara la censura de películas en su territorio. Mientras en la zona republicana establecían que «no pasará ninguna película que tenga un marcado sabor reaccionario o una tendencia a desacreditar los postulados de la libertad y humanidad que informan a la CNT... (art. 26)», en la zona nacional se atiende principalmente «a la vigilancia de cintas en torno a la guerra, tan ligadas a las decisiones supremas de las operaciones militares». Luego, por una nueva orden fechada el 2 de noviembre de 1938, el Ministerio del Interior que regía Ramón Serrano Súñer –cuñado de Francisco Franco– concretó así la actividad del organismo censor: «[debido a] la influencia que el cinematógrafo tiene en la difusión del pensamiento y en la educación de las masas... el Estado vigile en todos los órdenes en que haya riesgo de que se desvíe su misión».[6]

Por tanto, el Gobierno de Burgos también se ocupó del medio fílmico y sus posibilidades ideológicas. La España nacional creó, por iniciativa del productor Manuel J. Goyanes (que "descubriría" en la segunda posguerra a la niña-prodigio Marisol), un Departamento Nacional de Cinematografía. En aquella época, Goyanes era el chófer de Raimundo Fernández Cuesta, entonces Secretario General del Movimiento. Esta iniciativa productora fue aprobada por unanimidad en el Consejo de Ministros del 1 de abril de 1938, nombrándose cabezas rectoras a los escritores Manuel Augusto García Viñolas, Martínez Barbeito y Antonio de Obregón, junto al susodicho Goyanes –para los documentales y noticiarios–, hasta que entraría a encargarse de la Jefatura de los equipos técnicos el joven realizador José Luis Sáenz de Heredia, primo de José Antonio Primo de Rivera. Asimismo, el Departamento presentaba cuatro funciones bien clarificadas: l) la producción cinematográfica no puede ser nunca actividad exclusiva del Estado; 2) el Estado debe estimular a la iniciativa privada para el desarrollo y florecimiento de la cinematografía nacional; 3) el Estado ejercerá la vigilancia y orientación del cine a fin de que éste sea digno de los valores espirituales de nuestra patria; y 4) el Estado, en todo caso, se reserva la producción de noticiarios y documentales de propaganda[7]. Por último, cabe consignar que con este Departamento Nacional de Cinematografía nació el informativo Noticiario Español, precedente del famoso NO-DO.[8]

Aun así, mucho menos prolífica fue la producción cinematográfica de la zona nacional, ya que sólo había dos partidos políticos, antes de la fusión de los carlistas con Falange Española, y de ser asumidos por el Movimiento Nacional. Destacaría, pues, la actividad fílmico-propagandística de la referida Falange, con una gama de ediciones que se pueden dividir en dos grupos: las propias de FE y JONS, a través de su Delegación de Prensa y Propaganda, y las venidas de la Alta Comisaría de España en Marruecos, pionera del Alzamiento franquista. Hay que constatar, en el primer apartado, los siguientes títulos importantes: *Arriba España*, *La reconquista de la patria*, *¡Madrid! Cerco y bombardeamiento*, todos de Ricardo Gutiérrez, y los noticiarios *Frente de Vizcaya y 18 de Julio* y *Los conquistadores del Norte, Homenaje a las Brigadas de Navarra*. Y entre los segundos, destacan los realizados por Joaquín Martínez Arboleya *La guerra por la paz* y *Voluntad*, los cuales fueron editados por laboratorios de Berlín y Buenos Aires.

Mientras que el Requeté, a través de diversos miembros de la Comunión Tradicionalista y con el apoyo de material técnico recibido de simpatizantes franceses, realizó dos películas documentales de fondo propagandístico, pero refrendadas con cierta calidad cinematográfica: *Con las Brigadas de Navarra* (1936) y *La toma de Bilbao* (1937), dirigidas por Miguel Pereyra. Y el Estado Mayor Central de Franco editó un par de documentales significativos, montados en Lisboa por Eduardo G. Maroto: *La reconquista de Málaga* (1937) y *Belchite* (1938); junto a otras producciones de las Fuerzas Armadas realizadas por medio de firmas como Film Patria -*Oviedo* (1936), sobre su defensa por el posteriormente marginado general Aranda-, o las entidades privadas que siguieron haciendo cine en esa zona del país.

Por otro lado, en la España nacional también se realizó un documental argumentado –con personajes– sobre la colaboración de los moros en la Guerra Civil:

Romancero marroquí (1938-39), film que constituyó una defensa a ultranza de ese pueblo, con sus costumbres y sistema de valores, mostrando la vida cotidiana en el campo y la ayuda colonial hispana... Aunque para algunas fuentes lo inició el documentalista Carlos Velo –miembro del PCE, que estaba en aquella zona– realmente lo dirigió su guionista y realizador Enrique Domínguez Rodiño, que era consejero-delegado de la productora CEA.

Finalmente, aparte del envío de material bélico y "asesores" a España, la URSS también remitió a la zona republicana numerosos filmes de propaganda soviética. Sin contar con los clásicos de los años veinte, fueron más de 20 las películas que se presentaron durante la Guerra Civil española. La primera película soviética que se vio después del 18 de julio de 1936 en el territorio de la Segunda República fue –aunque parezca una paradoja– una comedia musical, *Rusia Revista 1940* (1934), de Gregori Alexandrov, cuya trama era tan sencilla como significativa: el protagonista, un joven pastor, se convierte en director de una orquesta de jazz; pese a ello, la canción del tema central del film se hizo muy popular entre los miembros de la Alianza de Intelectuales Antifascistas y del 5º Regimiento de Líster.

Sin embargo, tuvo más impacto –aparte del famoso *Bronenosets Potiomkin* (Eisenstein, 1925)– la cinta de Yefin Dzigan *Los marinos del Cronstadt* (1935), estrenada en medio de una intensa campaña publicitaria que organizó el entonces ministro de Instrucción Pública Jesús Hernández; pues cuando Azaña y los miembros del Gobierno fueron recibidos por aquél en el cine Capitol, de la Gran Vía de Madrid, oleadas de gente gritaban fuera ¡Viva Rusia!, mientras durante la proyección a cada éxito comunista se aplaudía, tocándose al final la Internacional. Con todo, el film que incidió más en el ánimo de los combatientes republicanos fue, sin duda, *Chapaiev, el guerrillero rojo* (1934), de Vasiliev, al parecer la cinta preferida de Stalin. Tal se proyectaría en el frente; pues el escritor Elya Erhenburg fue quien, con su equipo de proyección ambulante, llevó la película a las trincheras y sus aspectos políticos y morales llegaron a discutirse entre los comisarios y la tropa. No obstante, no solía proyectarse el último rollo porque se sabía que la muerte de Chapaiev transtornaba a los milicianos. Se conoce, asimismo, que la invocación de Chapaiev en la batalla de Jarama produjo una recuperación temporal en las tropas republicanas. Y entre los documentales de propaganda sobre nuestra Guerra Civil producidos por la URSS, cabe destacar *Ispanija*, de Esther Chub. Fotografiado por Roman Karmen en 1939, este famoso operador había dirigido en colaboración con Boris Makasiev *Madrid en llamas* (1937) y el conocido *Granada, mi Granada, Granada mía*.

Otros cinco países de Europa, aparte de Estados Unidos y México, "intervinieron" en el nuestra contienda bélica a través de su cine, con filmes de mayor calidad estético-creadora que los producidos en ambas zonas del país. Fueron diversos los documentalistas interesados por el drama español, que se alinearon según sus idearios políticos o participación en uno u otro bando. Y, en algunos casos, subvencionados por el Gobierno de la República.

La Alemania hitleriana, aparte de algunos documentales y noticiarios de guerra, colaboró en la coproducción de cinco películas comerciales, como extensión de los parados Estudios de rodaje españoles (los más importantes habían quedado en la zona republicana): tres a cargo de Benito Perojo –*El barbero de Sevilla, Marquilla Terremoto y Suspiros de España* (1938)– y dos de Florián Rey –*Carmen la de Triana y La canción de Aixa* (1939)–. Realizadas bajo la égida de la Hispano-Film Produktion, de Berlín, tales producciones sólo pudieron estrenarse después de la contienda; sus temas populares no reflejaron la tremenda acción bélica, pero sí –al menos en el caso de la mencionada *Carmen*– nuestro particular estatus. Veamos, si no, una breve génesis de este film y sus posibles connotaciones. Fue el Dr. Goebbels quien se interesó por esta realización. Y Florián Rey el encargado de llevar a cabo una versión libre de la famosa novela de Mérimée, de la cual se editarían dos versiones, en castellano y alemán –esta última dirigida por Herbert Maisch–, ambas interpretadas por Imperio Argentina. Así, en *Carmen la de Triana*, aunque podemos encontrar «tout l'Espagne de Mérimée: toreros, contrabandistas, gitanos, fatalismo, juerga, puñaladas, mujeres que luchan por sus hombres, vino y guitarras, supersticiones y cante, entrega arrebatada a la pasión amorosa...», la actitud del protagonista José Navarro (Rafael Rivelles) es muy significativa, si hacemos una segunda lectura –un tanto arriesgada– del film en cuestión. Se trata de la tragedia de un ex brigadier y contrabandista, que había perdido su graduación militar a causa de sus amoríos con Carmen, una mujer libertina –¿la República?–, y el cual volverá al Ejército por fidelidad a su propia nación –¿la España de Franco?–, tras salvar a los suyos de una emboscada de los guerrilleros contrabandistas –¿la España republicana?–. Pero, al final, muere –como su otro pretendiente, el torero Antonio Vargas Heredia (Manuel Luna)– por su pasión por Carmen (Imperio Argentina), quien se desplomará arrepentida junto a la verja del cuartel, comprendiendo que el patriota José era su verdadero amor.

Mientras Italia, el otro país fascista, dio a luz una "comprometida" producción: 14 documentales del Istituto Nazionale Luce, que tenía la exclusiva de las actividades cinematográficas italianas desde 1925 –impulsado por Mussolini–, con títulos tan representativos como *Arriba España. Scene della Guerra Civile in Spagna, Organizzazione falangisti a Palma de Mallorca, Liberazione di Bilbao, Battaglia dell'Ebro, Los Novios de la Muerte, Volontari, Assedio di Barcellona* y *No pasarán*.

Por otra parte, Gran Bretaña también dedicó diversas producciones a nuestra contienda, casi todas editadas y dirigidas por Ivor Montagu. Son famosas sus *The Defence of Madrid*, con fotografía de Norman McLaren, *Behind the Spanish Lines* y *Testimony of Non-Intervention*, entre otras, y *Spanish ABC*, de Torold Dickinson, las cuales se proyectaron en Ginebra durante el ulterior debate en la Sociedad de Naciones sobre la Guerra de España. Al tiempo que Portugal y México –antes de exiliarse a ese país el Gobierno de la República española– realizaban cada uno sendas películas testimoniales, pero de enfoque contrario: *Caminho de Madrid* y *Entierro del general Sanjurjo* (dirigidas por Aníbal Contreras y José Nunes das Neves, respectivamente, en 1936); y *Llegada de los niños españoles a Veracruz* (1937) y *Refugiados en Madrid* (1938), de Alejandro Galindo.

Francia asimismo reflejó con creces la circunstancia sociopolítica española con siete películas. Sobresale el documental *Euzkadi*, rodado por René Le Hénaff con un sistema en relieve, y el film de montaje atribuido a Luis Buñuel *España leal en armas* (Jean-Paul Le Chanois, 1937), que revela el atento estudio que el cineasta aragonés hizo de los clásicos soviéticos. Por último, cabe consignar el célebre film de ficción de André Malraux *Sierra de Teruel* (*Espoir*, 1938-39), una obra importante que contó con numerosa participación española.

Por último, Estados Unidos destacaría con los no menos famosos documentales *The Spanish Earth* (1937), de Joris Ivens, narrado por Ernest Hemingway (y por Jean Renoir, en la versión francesa) y del cual el presidente Roosevelt manifestó conmovido: «Es todo un pueblo que lucha y es el film que todo el mundo debe ver»; y *Heart of Spain* (1937), de Paul Strand y Leo Hurwitz, en el que colaboró John Dos Passos. Después, están los tres largometrajes comerciales producidos por Hollywood: *Last Train from Madrid* (1937), de James Hogan, *Love under Fire* (1937), de George Marshall y *Blockade* (1938), de William Dieterle, cuya exhibición sería prohibida en España[9].

Caso aparte merece el Gobierno autónomo de la Generalitat de Cataluña, que desarrolló una importante tarea en el terreno cinematográfico, a través del Comissariat de Propaganda y su sección de cine denominada Laya Films (antes de la Guerra Civil, la Catalunya Autónoma había destacado por su labor pedagógica en torno al film didáctico, por medio de un eficiente Comitè de Cinema). Así, la actividad fílmica de Laya –dirigida por el cineasta Joan Castanyer– fue acaso la más cuantiosa y equilibrada de la España republicana, como llegó a afirmar el citado Carlos Fernández Cuenca: «el único organismo republicano que tenía cierta preparación en materia cinematográfica era la Generalidad de Cataluña». Llegaron a editar nada menos que 135 películas a lo largo de casi dos años y medio: 28 documentales conocidos y unos 108 números de noticiarios: el célebre *Espanya al dia* (en versión catalana y castellana) y el *Noticiari Laya Films*.

Entre los documentales culturales, cabe destacar *Delta de l'Ebre, Ollaires de Breda, Els tapers de la Costa* (todos de 1937) y *Vall d'Aran* (1938), realizados por Ramon Biadiu; y entre los bélicos, los testimonios fílmicos de Manuel Berenguer —*Bombardeig de Lleida* y *Conquesta de Terol*— y del mismo Biadiu: *Transformació de la indústria al servei de la guerra* y *Catalunya màrtir*, entre otros, correalizados por Sebastià Parera y el propio Berenguer.

Es importante añadir aquí el valioso equipo técnico con que contaba Laya Films. Aparte de los citados, el veterano *cameraman* Josep María Maristany, el ingeniero de sonido de Orphea René Renault, los montadores Joan Serra, Antonio Graciani, Antonio Cánovas y un largo etcétera que pasarían a la historia del cine español posterior; junto al locutor y actor Ramon Martori, quien narraba en lengua vernácula los filmes. Algunos noticiarios y documentales de Laya se editaron en distintos idiomas europeos, lo cual facilitaba el conocimiento vivo de la Guerra Civil española y el intercambio de material para los reportajes de actualidad de otros países; pues esta entidad de la Generalitat tenía delegaciones en diversas capitales extranjeras: Londres, París, Bruselas, Copenhague, Oslo, etc. Se trató, en fin, de una producción autóctona que pretendía establecer una industria cinematográfica catalana.

Al término de la Guerra Civil, cuando las tropas de Franco alcanzaron sus últimos objetivos militares, se produjo un movimiento migratorio a otras naciones. Exilio que influiría en el cambio de perspectivas entre la preguerra, los años 1936-39 y la época posterior. Comenta Román Gubern:

> «Este exilio... resultó especialmente grave al producirse en el seno de una industria cinematográfica endeble y que precisamente en los años republicanos de la inmediata anteguerra comenzaba a apuntarse sus primeros éxitos artísticos y comerciales de relativa envergadura, anunciadores de una predecible y próxima madurez creativa.»[10]

Por tanto, la industria cinematográfica española empezó a resquebrajarse y se desmanteló con la primacía de la contienda fratricida. Pues la política de partidos del presente período bélico sólo pensó en utilizar el film como medio de influencia ideológica y de propaganda política, no consolidándose con ello la infraestructura del cine español, a fin de que nuestra industria perdurase tras la Guerra Civil, "ganara" quien ganara...

CAPÍTULO 6
Primera posguerra y autarquía

El 1 de abril de 1939, Franco declaraba: «La guerra ha terminado». Y por aquellas fechas la industria cinematográfica estaba tan diezmada –insisto– como los ciudadanos del país: los mismos espectadores que la habían sostenido y aplaudido sus películas de los años treinta.

Así, la producción fílmica no se reinauguró hasta el otoño. Y los resultados fueron pobres: *La Dolores*, de Florián Rey –quien sustituyó a Imperio Argentina por Conchita Piquer–, fue fallida; al igual que las dos películas rodadas en estudios italianos por Benito Perojo –*Los hijos de la noche*– y Edgar Neville –*Frente de Madrid*, donde debutó Conchita Montes–. Y poco más. Con todo, la primera cinta auténticamente política de posguerra nos vino de Italia, en régimen de coproducción. Se trata de *Sin novedad en el Alcázar* (1940), de Augusto Genina, emocionante exaltación de la gesta del Alcázar de Toledo, provista de una buena reconstrucción ambiental y creación de tipos: Rafael Calvo era el general Moscardó; Carlos Muñoz, su hijo Luis. Con este film –que aún es recordado con simpatía por los españoles del lado nacional–, el veterano Genina ganó el gran premio de la *Mostra* de Venecia.

No obstante, 1940 fue otro año pobre para la inexistente industria del cine español. Los directores de la etapa republicana no acabaron de coger el tren, acaso porque a éste le faltaba la locomotora... De endeble se califica a *La gitanilla*, con un guión de José María Pemán, a causa de la discutible pericia de Fernando Delgado (quien nunca parece que encajó en el cine "sonoro"). Tampoco estuvo acertado su colega Perojo, con *La última falla*; mientras que José López Rubio no logra dar garra a *La malquerida*, el drama rural de Benavente que llevaba por segunda vez a la pantalla: «versión que no pasa de discreta; le falta intensidad», según el crítico e historiador Luis Gómez Mesa[11]. Por tanto, vuelven los temas de antaño: folclorismo, con base teatral y zarzuelera, pero sin ese tono costumbrista o testimonial de una época; como ocurrió con ese cine populista realizado durante los comentados años de la II República. La intención ahora era distraer al público, evadirle de la dura realidad hispana. Y se volvieron a poner en imágenes a nuestros literatos tradicionales: Benito Perojo "tradujo" a Galdós, con *Marianela*, y Rafael Gil a Wenceslao Fernández Florez, con *El hombre que se quiso matar*, entre otros.

Pronto surge, acaso como consecuencia, la verdadera propaganda nacional, con dos películas que harían historia: *Raza* y *Escuadrilla*. Corría el año 1941. La primera fue producida por un tal Consejo de la Hispanidad en los Estudios Ballesteros, de Madrid, y se le encargó la dirección a José Luis Sáenz de Heredia. Se trataba de un libro escrito por el mismo Francisco Franco, bajo el seudónimo de "Jaime de Andrade", pero cuya identidad quedó públicamente velada. Cuando se enteró el realizador, quiso renunciar al proyecto. Sin embargo –cuenta el propio Sáenz de Heredia– «me dijeron que no se podía renunciar, y que el que saliera elegido lo tenía que hacer. (...). A Franco no le vi, pero me entendía con Jesús Fontán, marino y ayudante de la casa militar».

En *Raza* se cuenta la historia de una familia militar –que tiene cuatro hijos, dos especialmente enfrentados en la II República y la Guerra Civil–, la cual protagoniza medio siglo de la Historia de España. En cuanto a su significado, la exaltación patriótica se une al carácter autobiográfico del entonces Jefe del Estado, como se supo posteriormente. La película estaba bien realizada y constituyó un clamoroso éxito de público. Alfredo Mayo, su principal protagonista, se hizo famoso; al igual que su realizador, quien narra así su proyección privada en el palacio del Pardo:

«La vimos Franco y yo delante, y su señora y demás gente detrás; yo le observaba de reojo, y con la luz de la pantalla veía que estaba emocionado y con los ojos húmedos, y muy atento, lo que me alegraba mucho, porque era señal de que iba muy bien. Al concluir me dijo exactamente esto: "Muy bien, Sáenz de Heredia, usted ha cumplido". Y esto fue todo. Esta proyección –concluye José Luis Sáenz de Heredia, en sus declaraciones a Antonio Castro– sirvió para instaurar la costumbre –que el abuso y el poco sentido del tacto de la gente echó abajo– de que se llevasen las películas españolas a El Pardo, las veíamos y tomábamos el té con Franco. Luego la gente aprovechaba esto para pedir favores, para intentar colocar a su primo o al novio de su hermana, y hubo que cortar definitivamente.»[12]

La segunda, *Escuadrilla*, tuvo como realizador a Antonio Román, quien asimismo había colaborado en el guión técnico de *Raza*. Ahora fue Sáenz de Heredia el que le devolvió la colaboración, como supervisor del film. Relata las aventuras heroicas y sentimentales de un grupo de aviadores nacionales en pleno conflicto bélico. Otra vez Alfredo Mayo fue el intérprete de la película, a la que seguirían las también patrióticas *¡A mí la Legión!* (1942), *El abanderado* (1943), etc. En cambio, por las mismas fechas se habían prohibido dos cintas españolas: *El crucero Baleares*, de Enrique del Campo, porque se consideró de cualidades insuficientes y contraria a los fines propagandísticos requeridos; y *Rojo y Negro*, de Carlos Arévalo, que narraba los amores de un dirigente comunista con una falangista, los cuales morían al final víctimas del "romanticismo".

En esta primera posguerra se iniciaba el más grave problema del cine español: el "proteccionismo" de la Administración, el cual ha mantenido en pie a una industria falsa o enfermiza, junto con el consiguiente dirigismo estatal. Fue a principios de los años cuarenta cuando el Gobierno de Franco estableció una serie de medidas oficiales que regularían la producción cinematográfica del país: implantación del doblaje obligatorio, establecimiento de nuevas normas de censura, creación de premios sindicales y protección económica a los filmes.

Con la obligatoriedad del doblaje (O.M. del 23 de abril de 1941) de películas extranjeras, la incipiente industria comienza a ser de nuevo colonizada por parte de la producción norteamericana e italiana. Ante todo, en un alarde de "españolismo" –debido en parte al aislamiento que padecíamos–, se intentaba defender el idioma patrio contra las lenguas extranjeras y posibles barbarismos.

Dos años después, el Gobierno pensó encontrar un remedio a través del mismo sistema de protección. El 25 de mayo de 1943 crea una Comisión de Clasificación para determinar la categoría de las películas españolas. Y según los baremos establecidos, se entrega un número determinado de licencias de importación para filmes extranjeros. Así, cintas como *El escándalo* (Sáenz de Heredia, 1943) y *El clavo* (Rafael Gil, 1944), premiadas por el Sindicato Nacional del Espectáculo, obtienen nada menos que 15 permisos de importación. Es obvio que este singular "proteccionismo" –protección ¿a quién?– hundiría más al cine hispano. Afirmará Antonio Castro:

> «Consecuencia lógica –perfectamente prevista, preconizada y estimulada por (y desde) la Administración– fue el hecho de que las películas españolas se realizaban con la única intención de lograr el mayor número de licencias de importación, que permitieran unas ganancias seguras y la posibilidad de dejar el socialmente mal considerado mundo del cine, y con las ganancias obtenidas comprar terrenos o apartamentos en el Levante o en la Costa del Sol».

Y así comenzó la especulación.

Por tanto, es evidente que el dirigismo político de la Administración –continúa su análisis crítico el citado Castro– «era absoluto, sin ningún tipo de subterfugio, y los títulos como *A mí la legión*, *Raza*, *Reina Santa*, *Escuadrilla*, *El santuario no se rinde*, *El frente de los suspiros*, etc., son expresión bastante clara del tipo de cine imperante. Durante estos diez años de cine descaradamente vuelto de espaldas al mercado, proliferaron las productoras de una sola película, los especuladores y los aventureros que eligiendo el tema del film de acuerdo con los gustos de la Administración, podían hacer un negocio rentable y sin ningún riesgo»[13]. No había salida viable.

No obstante, hay quienes niegan que existiera un cine político en la España de posguerra:

«Por eso resulta alucinante buscar comparaciones con la cinematografía de la Alemania nazi, de la Rusia soviética o de la Italia fascista. Ni siquiera aquí se pretendió llegar a la sutil propaganda de los films americanos (...). El cine español del período 39-50, el de la larga posguerra, fue incapaz de servir al ideario oficial del régimen. En materia política –concreta Fernando Vizcaíno Casas–, quiero decir.»[14]

A quien habría que responderle con las palabras de otro colega, el crítico Diego Galán:

«En España, donde suele considerarse que no ha existido un cine político, se da, sin embargo, el género de películas defensoras de lo estatuido, incluso, en ocasiones, sin necesidad de rodeos argumentales (...). Porque la verdad es que sí existía un cine político: las famosas películas históricas, por ejemplo, jugaban al desplazamiento temporal, esforzándose en hallar en el pasado circunstancias similares en su "ejemplaridad" a las que en ese momento se vivía en España. Por otra parte, las circunstancias políticas del país, tales como el bloqueo internacional, fomentaron un tipo de patriotismo protagonizado espectacularmente por el folklore andaluz, cuya salvaguardia se entendía como respuesta a la afrenta de los países exteriores; obvio es entonces considerar que en ese cine folklórico se infiltraban elementos, si no directamente politizados, sí, cuanto menos, propagadores de determinados valores patrióticos cuya significación política excluía cualquier ambigüedad.»[15]

Tras *Eugenia de Montijo*, de José López Rubio, *Inés de Castro*, de García-Viñolas y Leitao de Barros (ambas de 1944) y *Los últimos de Filipinas* (Román, 1945), por no citar más, CIFESA lanzó al mercado mundial su producción-tipo *Locura de amor* (1948), realizada por Juan de Orduña, quien insistiría después con *Agustina de Aragón* (1950), *La leona de Castilla* y *Alba de América* (las dos de 1951). Aquella primera película –producida por "la antorcha de los éxitos"– constituyó otro de los hitos del cine español: la consolidación del género histórico nacional, donde los escenarios de cartón-piedra eran tan estratificados como sus argumentos y personajes. Sin embargo, no todo el mundo opinaba igual. Veamos, si no, lo que escribió Fernando Méndez-Leite, padre:

> «La historia de amor que inspiró a los más excelsos poetas y a los más célebres pintores del universo, al traspasar los límites de lo humano para convertirse en algo irreal y eterno, ha encontrado en el séptimo arte, por arte y magia de Orduña, la más excelsa plasmación. En *Locura de amor* ha logrado compaginar lo histórico con las esencias más puras de un cine moderno de primera calidad. Todas las maquinaciones cortesanas y los deseos de la nobleza de recobrar sus antiguas prerrogativas, cortadas de raíz gracias a la energía y sapiencia de los Reyes Católicos, sirven de nervio argumental. La trama es una de las mejores y más emocionantes que la pantalla nos ha servido desde hace muchos años. La dirección de Orduña ha sido tan pródiga en aciertos que ningún pero podemos poner a su extraordinaria labor. Después de sorprendernos secuencia tras secuencia con su talento, aún es capaz de entusiasmarnos con los fotogramas de la locura real (...). Aurora Bautista, primera figura femenina, es la revelación insospechada. Su excepcional talento la coloca con una sola intervención frente a las cámaras a una altura hasta ahora no alcanzada por ninguna otra luminaria de nuestra pantalla.»[16]

Francamente, este film enloqueció al espectador hispano, de aquí y allende las fronteras; al mismo tiempo que permitió a CIFESA subsanar su economía, pues los aliados de la Segunda Guerra Mundial la habían vetado por sus transacciones comerciales con Alemania y no le permitían negociar con Hollywood[17]. Pero *Locura de amor* «tuvo la culpa –dirá por su parte Vizcaíno Casas– de que se pusiera de moda el cine histórico. Porque, según costumbre, los productores españoles practicaron el mimetismo de manera total. Y tuvimos que aguantar, a partir de entonces, una insufrible avalancha de barbas, escayolas, genealogías y demás excesos»[18].

Y ahí están *Alhucemas*, de José López Rubio, *La duquesa de Benamejí*, de Luis Lucía o *El gran galeoto*, de Rafael Gil y *Catalina de Inglaterra*, de Ruiz-Castillo, como muestras.

Constatemos, finalmente, lo que dice otro teórico sobre el cine histórico de la posguerra española:

> «Es obvio que el final de una guerra determina en los vencedores la necesidad de propagar y hacer consistentes los ideales por los que lucharon. Los vencedores tienen que reafirmarse en su victoria y no hacerla olvidar. Más aún en un caso como el español, en el que esa guerra se debatió contra otros españoles, que permanecieron luego en igual medida formando parte del país. El cine de posguerra debía, por tanto, insistir en la victoria, hacerla palpable y constante. Pero esta cualidad no es exclusiva del cine español sino que aparece irremediablemente representada en la cinematografía de cualquier país, al final, o en el transcurso de un conflicto bélico: las películas "de guerra" norteamericanas, el cine soviético tras la victoria revolucionaria, el cine cubano, el cine inglés a partir de 1945... Pero esas características del cine "histórico" español no son comunes a las de estas otras cinematografías, dado que los valores que en él se defendían tuvieron una particular configuración ideológica (...). Su planteamiento básico era el de utilizar la Historia de acuerdo con los nuevos tiempos... Fueron el siglo XVI, la guerra de la Independencia y la guerra civil recién acabada las etapas elegidas con mayor regularidad; monumentos históricos, al parecer, de indiscutible grandeza nacional y que, por tanto, había que incorporar al presente (...). La película que mejor resume posiblemente las características del género quizá sea *La Nao Capitana* (Florián Rey, 1946), donde, a bordo de un navío, una serie de personajes definidos como símbolos de las posibilidades ideológicas, culturales y folklóricas que pueden tener lugar en el país, establan una batalla dialéctica... Una frase en boca de un personaje –"hay que luchar contra los enemigos de España y de la Humanidad"– remacha la idea de que el país protagonista se encuentra en el camino de la verdad por cuanto se identifica –según Diego Galán–, al mismo, tiempo, con el de toda la Humanidad.»[19]

Todo ese cine popular, realizado en su mayoría por la llamada "generación del 39", y subrepticiamente político –también ayudado por la "protección económica y los premios sindicales–, pasó a mejor vida con la aparición de José Antonio Nieves Conde, quien tras su cine de intriga y el famoso *Balarrasa* (1950) –film paradigmático del cine religioso de esa época–, rompería el género histórico con una película fundamental: *Surcos* (1951), un viraje social en el cine español. Pues aquella generación surgida con el régimen político de Franco estuvo especialmente ocupada en un tipo de cine que iba de la comedia al humor, del drama histórico al literario –por simplificar– sin que la vida cotidiana del país, con sus problemas y dificultades serios, se asomara casi nunca en sus "comerciales" filmes.

En cambio, *Surcos* era la excepción: narra la tragedia de la adaptación campesina a la vida urbana, nueve años antes que lo hiciera Visconti en *Rocco y sus hermanos* (1960). Con un tono realista, Nieves Conde ofrecía por vez primera –salvo las excepciones comentadas de la II República: *Aurora de esperanza* y *Barrios bajos*– el ambiente de los suburbios, con casas de corredor, con interiores mezquinos, un teatrillo de variedades, golfos, estraperlistas, mujeres de mala vida, etc. «Este realismo venía condicionado, no obstante –escribiría el crítico José Luis Guarner–, con los tópicos de cierta literatura costumbrista y picaresca, así como por la suavización que pretendía restar algo de su violencia al tema y que Bardem, en su momento, definió como "explicación virgiliana del éxodo a la ciudad". Pese a tales salvedades, el film no sólo resultó de nivel realista suficiente para el cine español de la época, sino que logró escandalizar en ciertos medios (por ejemplo, una escena que mostraba a Tonia a medio vestir, fumando en la cama, fue objeto de acres comentarios)» y ocasionó la dimisión –por su defensa de la película, según parece– del entonces Director General de Cinematografía, el fallecido José María García Escudero. Y concluye su comentario a *Surcos* el también desaparecido Guarner:

> «Film más generoso e intencionado que conseguido, fue declarado de "interés nacional" y supuso una de las tentativas más valerosas y positivas de la cinematografía nacional de la posguerra.»[20]

Ibamos a salir del aislamiento internacional.

Por aquellas fechas, con todo, se cambiaron las insólitas normas de "protección". A través de una O. M. del 16 de junio de 1952 se establecían nuevas medidas para la clasificación de películas hispanas: aparte del citado "Interés Nacional", aparecieron las categorías de 1ª A y B, 2ª A y B, y 3ª, con una protección económica a fondo perdido del 50, 40, 35, 30 ó 25 por ciento, respectivamente; mientras las películas de tercera categoría no recibirían subvención alguna. Asimismo se acababa con el sistema de licencias de importación. Aun así, estas modificaciones no fueron sustanciales, ya que el dirigismo estatal continuó de forma indirecta, a la hora de establecer la consiguiente clasificación oficial y favorecer con ella al cine más adecuado a las directrices del Gobierno. Y conviene el citado Castro:

> «Los resultados no se hacen esperar y *Raza*, *A mí la legión*, *Locura de amor* y *Alba de América* se ven sustituidos por *El último cuplé*, *El ruiseñor de las*

cumbres, *La violetera* o *Tómbola*, es decir que el cine militarista, pseudohistórico y patriótico deja paso a la película de cuplés, o con niño cantor.»

Son los primeros años de Sara Montiel, Joselito y Marisol, que tuvieron un precedente sentimental y "comercial" inolvidable: *Marcelino pan y vino* (1954), del húngaro Ladislao Vajda y con Pablito Calvo como protagonista.

CAPÍTULO 7
Berlanga-Bardem
Las conversaciones de Salamanca

Sin embargo, siete años antes, una O. M. del 26 de febrero de 1947 creaba el Instituto de Investigaciones y Experiencias Cinematográficas (después Escuela Oficial de Cinematografía, EOC), primer intento de constituir un centro formativo, a nivel universitario, donde se impartieran enseñanzas sobre cine. 109 alumnos inauguraron el primer curso, bajo la égida de Victoriano López García. Entre ellos, dos hombres que harían historia en el cine español: Luis G. Berlanga y Juan Antonio Bardem. Juntos realizaron *Esa pareja feliz* (1951), cinta sobre las ilusiones de nuestra clase trabajadora que ofrecía una visión realista y aguda de la España de posguerra, narrada con aire de sainete arnichesco. Fue el sainete –recriminado por algunos críticos– la fórmula que empleó Berlanga en su búsqueda crítica de la realidad circundante, pues deliberadamente le servía de coartada para envolver su denuncia sociocultural. Era la interpretación neorrealista al uso –el movimiento italiano estaba en auge e influyó claramente a nuestros autores–, pero con mentalidad española.

En 1952 llegaría, por fin, el lanzamiento del cine español al extranjero, también de manos de Luis García Berlanga. Se trató de *¡Bienvenido, Míster Marshall!*, film que con una mezcla de poesía y realismo, no exento de sentido del humor, ofrecía la "cara fea" de España. En Sitges, en octubre de 1972, me comentaba personalmente su autor los problemas que, a nivel diplomático, tuvo este film "político". Cuando se proyectó en el Festival de Cannes –y con notable éxito– el presidente del Jurado internacional, el actor Edward G. Robinson, intentó prohibirlo por considerarlo injurioso para los norteamericanos, un insulto a USA y, al no conseguirlo, elevó protestas vía Embajada. Pero la cosa no acabó ahí. Otro incidente divertido fue el producido por los billetes de dólar que, con la cara de George Washington-Pepe Isbert, se imprimieron en Cannes como lanzamiento publicitario. La Armada Yanqui –me decía Berlanga–, presente en la Costa Azul, se sintió herida y el realizador y su equipo tuvieron que pasar a declarar a la comisaría de la localidad. La última vicisitud con ¡*Bievenido, Míster Marshall!* se produjo en Madrid; pues con motivo del estreno de la película pusieron unos letreros-pancartas en la Gran Vía madrileña que coincidieron con la llegada a la capital, precisamente entrando por esa avenida, del nuevo embajador USA en España, quien se dio por aludido... En fin –apostillaba Berlanga–, un sainete internacional.

Un año después, el realizador valenciano –de ideología bastante próxima al anarquismo romántico (él se ha autocalificado ahora como "libertario)– dirigió *Novio a la vista*, acerca de la pequeña burguesía veraneante en el Norte y con las ilusiones poéticas del autor, seguida de otra de sus mejores obras: *Calabuch* (1956), donde se planteó por primera vez la lucha de la conciencia humana frente al peligro atómico y consiguió una espléndida tipología de la mentalidad provinciana de su tierra. Después, la debatida *Los jueves, milagro* (1957), hasta su también obstaculizado por la censura ideológica del régimen de Franco, *Plácido* (1961), amarga fábula sobre la falsa caridad, y su última pieza maestra, *El verdugo* (1963), una ingeniosa sátira sobre la pena de muerte, en clave de comedia costumbrista, que tuvo la coincidencia de exhibirse en la *Mostra* de Venecia precisamente en los días que iban a ejecutar en España –también al garrote vil– a los anarquistas Francisco Granado y Joaquín Delgado (meses antes fue fusilado el militante comunista Julián Grimau), lo cual desató una insólita campaña contra la película.

Por otra parte, su compañero generacional aunque no ideológico, Juan Antonio Bardem –militante comunista, si bien por entonces no era pública su pertenencia al PCE– se lanzó a realizar un cine de clara raigambre de izquierda. *Muerte de un ciclista* (1955), sobre la tragedia de una pareja, le sirve para analizar la psicología hispana de posguerra. La película tenía ciertas influencias del neorrealismo y más notorias del Antonioni de primera hora (*Cronaca de un amore*, 1951), pero no dejaba de poseer una personalidad genuinamente española. A continuación, Bardem dirige *Calle Mayor* (1956), interpretación libre de la pieza de Arniches *La señorita de Trevélez*, acerca de la vida provinciana y los convencionalismos españoles, que protagonizaría Betsy Blair y tendría serios problemas administrativos. Filmes, con todo, que le constituían –según Jean Mitry– en un «esteticista técnico, partidario de una valiente crítica social y un diseccionador de la clase media española»[21].

Es obvio que Bardem iba a ser otro de los cineastas obstaculizados por el régimen de Franco, a nivel político. No obstante, siguió realizando cine "comprometido": *La venganza* (1957), sobre los conflictos en el campo español, *Sonatas, A las cinco de la tarde...* hasta *Nunca pasa nada*. Aun así, antes de entrar en su etapa comercial, dio un traspiés creativo con el citado *Sonatas* (1959), otra versión libre

–ahora de Valle-Inclán– que le costaría el prestigio: «Bardem est mort», dijo François Truffaut al visionar el film en el Festival de Venecia. Sucedió que, acaso, se le había aupado demasiado –al igual que ocurriría con Berlanga– a falta de otros creadores españoles importantes; pues Luis Buñuel continuaba en su exilio mexicano.

Pero todavía más significativa en la labor de Juan Antonio Bardem sería su intervención en las célebres Conversaciones de Salamanca, convocadas paradójicamente por el cine-club del SEU (sindicato vertical universitario), que dirigía el entonces estudiante Basilio Martín Patino, y que reunieron a la flor y nata de la cinematografía del país a excepción de los críticos oficiales. Desde directores como Luis G. Berlanga, José L. Sáenz de Heredia, Antonio del Amo, etc., hasta teóricos como Villegas López, Pérez Lozano, García Escudero, Arroita-Jáuregui, Muñoz Suay, Juan Cobos..., pasando por el académico Lázaro Carreter, todos estuvieron presentes en la histórica capital universitaria. Y entre los observadores extranjeros llamó la atención de la Administración la presencia del conocido crítico marxista Guido Aristarco. Allí se hizo un llamamiento, un manifiesto de concienciación nacional:

> «Resulta desalentador comenzar una tarea cuando debería encontrarse ya en pleno desarrollo (...). El cine español vive aislado; aislado no sólo del mundo, sino de nuestra propia realidad. Ninguna ocasión mejor que ésta, ofrecida por la Universidad de Salamanca, alma de la cultura española, para lanzar desde ella nuestra voz de alarma... El cine español está muerto. ¡Viva el cine español!»

La seriedad de las I Conversaciones Nacionales de Cinematografía –que se desarrollaron del 14 al 19 de mayo de 1955– quedó constatada en la hondura y el apasionamiento también con que se estudió la amplia problemática del cine del país. El recientemente fallecido Juan Antonio Bardem pronunció en aquella ocasión su hoy histórico discurso: «El cine español es políticamente ineficaz, socialmente falso, intelectualmente ínfimo, estéticamente nulo e industrialmente raquítico».

Algunas de las conclusiones de Salamanca aún siguen teniendo vigencia en la actualidad (véase APÉNDICE II). Y por su carácter crítico, no gustaron demasiado a la Administración franquista. Es más: el entonces Secretario General de la Dirección de Cinematografía, Cano Lechuga, publicó un insólito artículo en la revista que más había informado sobre las Conversaciones, perdonando «a los jóvenes de aquella especie de chiquillada, aunque les llamaba la atención por su osadía» (*Triunfo*, 25 de mayo de 1955).

Con todo –se preguntaba el participante Fernando Vizcaíno Casas– «aquel esfuerzo nobilísimo ¿sirvió para algo?». Y contestó así:

> «Materialmente de bien poco... Los "grandes" de la industria no quisieron enterarse de nada; consideraron también el hecho como una chiquillada. La Administración, ya lo hemos visto, hasta se irritó. Pero el "espíritu de Salamanca" había prendido en el grupo de participantes y muchos de ellos lo tuvieron presente en su posterior actuación profesional.»[22]

El mismo año de las Conversaciones, con motivo del aumento de la "cuota de pantalla" –por cada cuatro días de exhibición de películas extranjeras se tenía que programar uno de española– a fin de proteger al cine nacional, la Motion Picture Export of America (MPEA), nos bloquea la importación de filmes americanos, pues esa obligatoriedad es considerada excesiva por el organismo norteamericano que controla la distribución mundial. Bloqueo que terminó en 1958, y el cual favoreció a productores como Cesáreo González, que triunfaría en Hispanoamérica con sus cintas populares. Por otro lado, en estos últimos años de la década, se iniciaría también la política de coproducciones europeas, que abrió a nuestro país al mercado económico continental[23].

No obstante, el "espíritu de Salamanca" cobró forma en España con algunos intentos renovadores. El primero vino de la mano del director de *Surcos*: Nieves Conde insistiría en la temática social con *El inquilino* (1958), film "maldito" que, tras su estreno en Valencia, sería prohibido por imposición del Ministerio de la Vivienda. Después, con el final cambiado, se llevaría al Festival de Karlovy-Vary y, por último, se exhibió en Madrid, en locales de segunda fila. Se trataba de un sainete, basado en un hecho verídico, con ánimo de «acercarnos a la amarga realidad –escribió García Escudero–, sin que en ningún momento nos dé un respiro, un consuelo, una satisfacción»[24]. Pero esa realidad existía en la España de la época, pues –como añaden por su parte Román Gubern y Domènec Font– «exponía el drama de una familia desalojada a la fuerza de su hogar, a causa del derribo de la casa. Al final, los deshauciados eran recogidos por unos obreros»[25]. El protagonista fue Fernán Gómez, quien había participado en las Conversaciones.

Más suerte tuvo Marco Ferreri, cineasta italiano que haría su oficio en nuestro país, con su película análoga *El pisito* (1958), que oficialmente codirigió Isidoro M. Ferry. Temática de crítica social, en colaboración con el especialista en "humor negro" y guionista Rafael Azcona, que desarrollaría con *Los chicos* (1959) y *El cochecito* (1960), antes de regresar a Italia.

Asimismo, otras cintas "renovadoras" se producen al final de la década de los cincuenta: *Un vaso de whisky* (1958), de Julio Coll, que está a la altura del cine europeo del momento; y *El lazarillo de Tormes* (1959), de César Ardavín, que alcanzará nada menos que el gran premio del Festival de Berlín, pese a que había fracasado en las carteleras españolas. Era una lograda versión de la homónima novela picaresca, la cual retrataba con creces la idiosincrasia de nuestro Siglo de Oro.

Además, junto a la corriente de cine "negro" barcelonés (*Apartado de Correos 1001*, *Brigada criminal*, *Hay un camino a la derecha*, *Distrito quinto*...), surge un buen número de valiosos artesanos —en el sentido no peyorativo de los "honorables obreros" de Hollywood, aunque salvando las distancias—, tales como Pedro Lazaga, José María Forqué (quien también triunfa en Berlín con *Amanecer en Puerta Oscura*) y el más innovador Rovira-Beleta, que sería nominado para el Oscar de Hollywood en la siguiente década, con *Los Tarantos* y *El amor brujo*[26].

Por último, 1959 también es el año en que debuta Carlos Saura. *Los golfos* es su primer largometraje: narra las desventuras de un grupo de maletillas del extrarradio de Madrid, que se convierten en delincuentes juveniles. Esta película testimonial[27], estrenada en 1960, cerraría la larga posguerra y anunciaría una nueva etapa del cine español: la más candente del franquismo.

FILMOGRAFÍA

Clave de abreviaturas.- P.: producción. Pr.: productor. D.: director. A.: argumento. Adapt.: adaptación. G.: guión. F.: fotografía. M.: música. Dec.: decorados. Mont.: montaje. Int.: intérpretes. min.: minutos.

1931
Fermín Galán. P.: Films UCE. D.: Fernando Roldán. A. y G.: Enrique López Alarcón y Fernando Alarcón. F.: Enrique Blanco. M.: Maestro Ullá y Daniel Montorio. Dec.: Antonio Sánchez. Int.: José Baviera, Carlos Llamazares, Celia Escudero, Polita Bedrós, Marisa Cobián. Blanco y negro - 85 min.

1932
Carceleras. P.: Exclusivas Diana. Pr.: Luis Saiz. D.: José Buchs. A.: basado en la zarzuela de Ricardo R. Flores y Vicente Peydró. G.: José Buchs. F.: Agustín Macasoli y Arturo Porchet. Int.: Raquel Rodrigo, Pedro Terol, José Luis Lloret, Pilar Soler, Enrique la Casa, Modesto Ribas, Antonio Gil Varela "Varillas", Francisco Cabrera. Blanco y negro.
El hombre que se reía del amor. P.: Star Films. Pr.: Emilio Gutiérrez y Rosario Pi. D.: Benito Perojo. A.: basado en el libro de Pedro Mata. G.: Benito Perojo. F.: Arturo Porchet y Agustín Macasoli. M.: Patiño. Dec.: Fernando Mignoni y Boulanger. Int.: Rafael Rivelles, María Fernanda Ladrón de Guevara, Rosita Díaz Gimeno, Antoñita Colomé, Ricardo Núñez, Gabriel Algara, Julio Ros, José Rivero. Blanco y negro.
Pax. P.: Orphea Films. Pr.: Camile Lemoine. D.: Francisco Elías. A. y G.: Georges de la Fouchardière. Adapt.: Francisco Elías. F.: Josep Gaspar y Arturo Porchet. M.: François de Breteuil. Int.: Gina Manès, Moussia. Mme. H. Remo-Nelsen, Félix de Pomés, Georges Chalia, Camille Bert, Pierre Clarel, Roma Taëni, Thamery. Blanco y negro - 65 min.

1933
Alalá, o los nietos de los celtas. P.: FIDA. D.: Adolf Trotz. A.: basado en el libro de Rafael López Haro. G.: Adolf Trotz. F.: Frederick Fulsang y Robert Porchet. M.: José Guitart Faura. Int.: Ricardo Núñez, María Rod, Antoñita Colomé, José Baviera, Manuel Arbó, Félix de Pomés, Carmen Revilla, Francisco Alfonso de Villagómez, José María Lado. Blanco y negro.
Boliche. P.: Orphea Films. Pr. y D.: Francisco Elías. A.: Opereta hispano-argentina original de Francisco Elías. G.: Francisco Elías y Antonio Graciani. F.: Josep Gaspar. M.: Irusta, Fugazot y Demare. Dec.: Enrique Boulanger y Durban. Int.: Agustín Irusta, Roberto Fugazot, Lucio Demare, Rafael Arcos, Alady, Amparo Aliaga, Roma Taëni, Teresa Mandri, Eugenia Roca, Alberto Serrate, Paquita Torres, Modesto Cid, Sarita Méndez, Manuel Murcia, Teodoro Busquets. Blanco y negro.
El Café de la Marina. P.: Orphea Films. D.: Domènec Pruna. A.: basado en la pieza teatral de Josep María de Sagarra. F.: Robert y Adrien Porchet. M.: Demón. Int.: Rafael Rivelles-J. Ventallols, Gilberta Rougé, Paquita Torres, Rafael Moragas, Teodoro Busquets, Genoveva Ginesta, Rosita de Cabo. Blanco y negro.

Mercedes. P.: Barcelona Film. D.: José María Castellví. A. y diálogos: Francisco Elías. G.: José María Castellví. F.: Josep Gaspar. M.: Jaume Planas y sus discos vivientes, Betoret y Murillo. Dec.: Enrique Boulanger. Mont.: José María Castellví. Int.: Josep Santpere, Carmelita Aubert, Rafael Arcos, Héctor Morel, Antoñita Colomé, Antonio López Estrada, John Bux. Blanco y negro - 85 min.

Miguelón, o el último contrabandista. P.: Index Films. D.: Adolfo Aznar. A.: Antonio P. Yuste y Manuel Soriano. G.: Adolfo Aznar. F.: Juan Pacheco Vandel, Tomás Duch y Mac Genaro. M.: Pablo Luna. Dec.: Paulino Méndez. Int.: Miguel Fleta, Matilde Ravenga, José María Linares Rivas, Ángel Boué, Elsie Gumier, Ceferino Cancio, Filiberto Montagud, Raúl Cancio, Enrique Gil, José Agüeras, Carranque de Ríos, Alejandro Navarro, Manrique Gil, Javier Rivera, Manuel Montenegro. Blanco y negro - 88 min.

El Relicario/No te puedo querer. P.: Royal Films. Pr.: Ricard de Baños. D.: Ricard de Baños. A. y G.: Ricard de Baños, libre inspiración en la zarzuela basada en el cuplé del maestro José Padilla. Diálogos: Lluís Soler. F.: Josep Gaspar. M.: Ramon Farrés, con canciones de Víctor Mora. Mont.: Ismael Nieto. Int.: Nieves Aliaga, Jesús Menéndez, Maruja Amaranto, Rafael Arcos, José Alcazaba, Lola Cabello, Pepe Hurtado, Pepín Fernández, Juan Barajas, Margarita Gómez, Modesto Cid y Guerrita. Blanco y negro - 60 min.

Sierra de Ronda. P.: Ediciones Portago. Pr.: Marqués de Portago. D.: Florián Rey. A. y G.: Florián Rey. F.: Arturo Porchet y Raymond Chevalier. M.: Rafael Martínez y Leoz. Int.: Rosita Díaz Gimeno, Marina Torres, Fuensanta Llorente, Marqués de Portago, Leo de Córdoba, Alfredo Hurtado, José Calle, López Lagar. Blanco y negro.

Susana tiene un secreto. P.: Orphea Films. D.: Benito Perojo. A.: basado en el libro de Honorio Maura. G.: Benito Perojo. F.: Arturo Porchet. M.: Grenet. Dec.: Enrique Boulanger. Int.: María Fernanda Ladrón de Guevara, Rafael Rivelles, Rodita Díaz Gimeno, Antoñita Colomé, Ricardo Núñez, Gabriel Algara, Julio Ros, José Rivero. Blanco y negro. 10 rollos

Tierra sin pan / Las Hurdes. P.: Ramón Acín. D.: Luis Buñuel. A.: inspirado en un libro de Maurice Legendre. G. y Mont.: Luis Buñuel. F.: Eli Lotar. M.: Cuarta Simphonia de Brahms (sonorización en 1937). Comentario: Luis Buñuel y Pierre Unik. Narrador: Abel Jacquin. Documental. Blanco y negro - 27 min.

1934

Agua en el suelo. P.: CEA. D.: Eusebio Fernández Ardavín. A.: Serafín y Joaquín Álvarez Quintero. G.: Eusebio Fernández Ardavín. Adapt.: Eusebio Fernández Ardavín. F.: Henry Barreyre y José María Beltrán. M.: Francisco Alonso. Dec.: Arniches-Domínguez y José María Torres. Mont.: Eduardo G. Maroto. Int.: Maruchi Fresno, Luis Peña, José Calle, Nicolás Navarro, María Anaya, Paulino Casado, Rufino Ingles, Angelita Pulgar, Pilar García, Carlos Martínez Baena, Manuel Kayser, Julio César Rodríguez, José de Abarca, Carlos Verger. Blanco y negro - 90 min.

Crisis mundial. P.: Atlantic Films. D.: Benito Perojo. A.: Mauricio Torres y Tomás García Camellín. G.: Benito Perojo. Diálogos: Felipe Sassone. F.: Fred Mandel. M.: Jean Gilbert. Dec.: Fernando Mignoni y José María Torres. Int.: Antoñita Colomé, Miguel Ligero, Ricardo Nuñez, Alfonso Tudela, Nicolás D. Perchicot, José María Linares Rivas, Lady Cadierno, Pedro Chicote, Carlos del Pozo, Francisco Zabala. Blanco y negro - 79 min.

La Dolorosa. P.: Falcó y Cia-P.C.E. D.: Jean Grémillon. A.: según el libreto de Juan José Lorente, para la zarzuela de José Serrano. G.: Jean Grémillon. F.: Jacques Montherand. M.: José Serrano. Dec.: José María Torres. Int.: Rosita Díaz Gimeno, Agustín Godoy, Mª Amparo Bosch, Ramón Cebrián, Pilar García, Eva López, María Anaya, Maruja Bergas, José María Linares Rivas, Luis Moreno, Anselmo Fernández, Alberto López, Luis Llaneza. Blanco y negro - 74 min.

Doña Francisquita. P.: Ibérica Films. D.: Hans Behrendt. A.: basado en la zarzuela de Federico Romero y Guillermo Fernández Shaw. Diálogos: Francisco Elías. Supervisión: José Vives Giner. F.: Enrique Guerner. M.: Amadeo Vives. Adapt. musical: Jean Gilbert. Int.: Raquel Rodrigo, Matilde Vázquez, Antonia Arévalo, Fernando Cortés, Antonio Palacios, Manuel Vico. Blanco y negro - 93 min.

La hermana San Sulpicio. P.: CIFESA. D.: Florián Rey. A.: basado en la novela de Armando Palacio Valdés. G.: Florián Rey. F.: Carlos Pahissa y Enrique Guerner. M.: Joaquín Turina y Juan Quintero. Int.: Imperio Argentina, Miguel Ligero, Salvador Soler Mari, María Paz Molinero, Ana Aldamuz, Luisa Martínez Tovar, Nicolás D. Perchicot. Blanco y negro - 90 min.

Madrid se divorcia. P.: Sonoro-Films. D.: Alfonso Benavidez y Adelqui Millar. A.: basado en el libro de Enrique López Alarcón. F.: Tomás Duch. M.: Ullá y Daniel Montorio. Int.: Rosita Lacasa, José María Linares Rivas, Jesús Tordesillas, Octavio de Alvar, Pilar Soler, Emma Villiers, Carlos M. Baena, Javier de Rivera, Francisco Cejuela, Ana María. Blanco y negro - 81 min.

El negro que tenía el alma blanca. P.: ECESA. D.: Benito Perojo. A.: basado en el libro de Alberto Insúa. G.: Benito Perojo. F.: Fred Mandel. M.: Daniel Montorio. Dec.: Fernando Mignoni. Int.: Antoñita Colomé, Angelillo, Marino Barreto, Ricardo Núñez, José Calle, José María Linares Rivas, Victorino Rivas, Julio Castro "Castrito". Blanco y negro - 78 min.

Patricio miró a una estrella. P.: Ballesteros-Tona Films. D.: José Luis Sáenz de Heredia. A. y G.: José Luis Sáenz de Heredia. F.: Serafín Ballesteros. M.: R. Fandiño y Moras. Dec.: Alfonso de Lucas. Int.: Antonio Vico, Rosita Lacasa, Manuel París, Francisco Melgares, José Alburquerque, María Valentí, Lolita Gómez, Manuel Arbó, Manuel Cortés, Erasmo Pascual, Pilar Casteig, Ramón Camarero, Edmundo Barbero, Elvira Noriega, Nicolás D. Perchicot. Blanco y negro - 87 min.

Se ha fugado un preso. P.: Orphea Films. D.: Benito Perojo. G.: Benito Perojo. Diálogos: Enrique Jardiel Poncela. F.: Porchet y Morrin. M.: Daniel Montorio. Mont.: Antonio Cánovas. Int.: Rosita Díaz Gimeno, Juan de Landa, Ricardo Núñez, Carmen Delgado, Pepita Carrera, Pilar Arroyo. Blanco y negro.

Sor Angélica. P.: Selecciones Capitolio. Pr.: S. Huguet. D.: Francisco Gargallo. F.: Arturo Porchet. Int.: Lina Yegros, Ida Delmás, Fina Conesa, Enriqueta Torres, Teresa Manzano, Ramón de Sentmenat, Luis Villasiul, Arturito Ginelli, Paquita Jordán, Alfonso Albalat. Blanco y negro - 80 min.

La traviesa molinera. P.: Arrast-Soriano, para Exclusivas Diana (España) y United Artists (USA). D.: Harry D'Abbadie d'Arrast. A.: basado en la obra de Pedro Antonio de Alarcón, "El sombretro de tres picos". G.: Harry D'Abbadie d'Arrast y Edgar Neville. F.: Jules Kruger y Agustín Macasoli. M.: Rodolfo Halffter. Dec.: Santiago Ontañón, Ricardo Soriano y Antonio S. Guillén. Int.: Santiago Ontañón-Victor Vasconi, Hilda Moreno, Eleonor Boardman, Allan Jeayes, Alberto Romea, Antonio Berdegué, Manuel Arbó, Nicolás D. Perchicot, José Martín, Amalia Sánchez Ariño, José Francés, Rafael San Cristóbal, Sierra de Luna, Santiago García, Francisco Martí. Blanco y negro - 6.362 pies.

1935

¡Abajo los hombres! P.: EDICI. D.: José María Castellví. A.: basado en la opereta de Pierre Clarel. G.: José María Castellví y Pierre Clarel. F.: Soerta Kotfula. M.: Pascual Godiés. Dec.: Enrique Boulanger. Int.: Carmelita Aubert, Pierre Clarel, Samuel Crespo, Alejandro Nolla, Libia Dimas y 160 "girls". Blanco y negro.

El cura de aldea. P.: CIFESA. D.: Francisco Camacho. A.: según el libreto de Enrique Pérez Escrich. G.: Francisco Camacho. Adapt.: Francisco Camacho. F.: Fred Mandel. M.: Modesto Romero y Rafael Martínez. Dec.: Teddy Villalba. Mont.: Henri Taverna. Int.: Pilar Muñoz, Juan de Orduña, María del Carmen Merino, Valentín González, Manuel Arbó. Blanco y negro - 97 min.

Don Quintín el Amargao. P.: Filmófono. Pr.: Luis Buñuel. D.: Luis Marquina. Supervisor: Luis Buñuel. A.: según el sainete de Arniches y Estremera. G.: Eduardo Ugarte y Luis Buñuel. F.: José María Beltrán. M.: Jacinto Guerrero y Fernando Remacha. Dec.: José María Torres. Mont.: Eduardo G. Maroto. Int.: Alfonso Muñoz, Ana María Custodio, Luisita Esteso, Consuelo Nieves, Fernando de Granada, Porfiria Sanchiz, Luis de Heredia, María Anaya, José Alfayate, Manuel Arbó, Erna Rossi, José Marco Davó, Jacinto Higueras, Isabelita Pérez Urcola, Manuel Vico, Alfonso Granada. Blanco y negro - 88 min.

La hija de Juan Simón. P.: Filmófono. Pr.: Luis Buñuel. D.: José Luis Sáenz de Heredia. A. y G.: Nemesio M. Sobrevila, basado en su propia obra teatral. Diálogos: Eduardo Ugarte. F.: José María

Beltrán. M.: Daniel Montorio y Fernando Remacha. Dec.: Mariano Espinosa y Nemesio M. Sobrevila. Mont.: Monique Lacombe. Int.: Pilar Muñoz, Angelillo, Manuel Arbó, Carmen Amaya, Elena Sedeño, Porfiria Sanchiz, Cándida Losada, Julián Pérez Ávila, Emilio Portes, Saby Deny, Pablo Hidalgo, Fernando Freire de Andrade, Cándida Losada. Blanco y negro - 88 min.

El gato montés. P.: Star Film. D.: Rosario Pi. A.: Manuel Penella, según su propia opereta. G.: Rosario Pi. F.: Isidoro Goldberger. M.: Manuel Penella. Dec.: Boulanger y Espiga. Mont.: Ismael Nieto. Int.: Pablo Hertogs, María Pilar Lebrón, Juan Baroja, Víctor Manuel Merás, Mapy Cortés, Joaquín Valle, Consuelo Campany, José de Rueda, Francisco Hernández, Eugenia Graciani, Enrique Castellón, Modesto Cid, César Pombo, Anita Morales, Honorio Barreto, Miguel García, Laura Coronado, Perita Boti, Enrique Pascual, Charito Mariscal, Ina Tomás. Blanco y negro - 120 min.

Madre Alegría. P.: Exclusivas Diana. D.: José Buchs. A.: según el libro de Luis Fernández de Sevilla y Rafael Sepúlveda. G.: José Buchs. Adapt.: de los propios autores y José Buchs. F.: Arturo Porchet. M.: José Forns. Dec.: Alfonso de Lucas. Int.: Ana de Leyva, Gaspar Campos, Raquel Rodrigo, José Baviera, Luchy Soto, Antonio Diéguez, Irene Cava, Lalu Cadierno. Blanco y negro - 94 min.

Una mujer en peligro. P.: Atlantic Films. D.: José Santugini. A.: José Santugini. G.: Carlos Fernández Cuenca. F.: Henry Barreyre. M.: José María Gil Serrano. Dec.: Santiago Ontañón. Mont.: Sara Ontañón. Int.: Enrique del Campo, Antoñita Colomé, Julio Castro "Castrito", Alberto Romea, Cándida Losada, Santiago Ontañón, Pablo Álvarez Rubio, Mariana Larrabeiti, José Martín, Cándida Folgado, Felipe Carreras, Manuel Vico. Blanco y negro - 76 min.

El Niño de las Monjas. P.: Exclusivas Diana. D.: José Buchs. A.: basado en el libro de Juan López Núñez. G.: José Buchs. Adapt.: Juan López Nuñez y José Buchs. F.: Adrien y Robert Porchet. M.: José Forns. Dec.: Alfonso de Lucas. Int.: Luis Gómez "El Estudiante", Celia Escudero, Raquel Rodrigo, Gaspar Campos, Antonio Riquelme, Pedro Fernández Cuenca, Enriqueta Palma y Fernando Zabala. Blanco y negro - 70 min.

Nobleza baturra. P.: CIFESA. D.: Florián Rey. A.: Joaquín Dicenta (hijo). G.: Florián Rey. F.: Enrique Guerner. M.: Rafael Martínez y José L. Rivera. Dec.: José María Torres. Int.: Imperio Argentina, Juan de Orduña, Miguel Ligero, Carmen de Lucio, Manuel Luna, José Calle, Pilar Muñoz, Blanca Pozas, Juan Espantaleón. Blanco y negro - 86 min.

Rosario la Cortijera. P.: Ernesto González. D.: León Artola. A.: según la obra de Antonio Paso y Joaquín Dicenta (hijo). G.: León Artola. F.: Adrien y Robert Porchet. M.: Pedro Braña. Dec.: V. Petit. Int.: Estrellita Castro, Niño de Utrera, Rafael Durán, Alfredo Corcuera, Emilio Portes, Elva Roy, Antonia Arévalo, Moisés A. Mendi, Ignacio Rubio, Juan Pérez Tabernero, Niño Sabicas. Blanco y negro - 76 min.

Rumbo al Cairo. P.: CIFESA. D.: Benito Perojo. A.: Alfredo Miralles. G.: Benito Perojo. Diálogos: Edgar Neville. F.: Fred Mandel y Tom Kemmenfly. M.: Jacinto Guerrero. Dec.: Fernando Mignoni. Mont.: Henri Taverna. Int.: María del Carmen Merino, Miguel Ligero, Ricardo Núñez, Carlos Díaz de Mendoza, Luchy Soto, Enriqueta Soler, José Calle, Rafael Córdoba, Manuel Soto, Rafael Calvo. Blanco y negro - 79 min.

La señorita de Trevélez. P.: Atlantic Films. D.: Edgar Neville. A.: basado en la comedia homónima de Carlos Arniches. G.: Edgar Neville. F.: Henry Barreyre y Tom Kemmenffy. M.: Rodolfo Halffter. Dec.: Arniches y Domínguez. Mont.: Sara Ontañón. Int.: Antoñita Colomé. María Gámez, Alberto Romea, Luis Heredia, Fernando Freyre de Andrade, Nicolás Rodríguez, Edmundo Barbero, Juan Torres Roca, Jacinto Higueras, Ramón Camarero, Acario Cotapos, María Luisa Moneró, José Martín. Blanco y negro - 55 min.

La verbena de la Paloma. P.: CIFESA. D.: Benito Perojo. A.: según el libreto de la zarzuela Ricardo de la Vega, con música del maestro Tomás Bretón. G.: Benito Perojo. Supervisión y diálogos adicionales: Pedro de Répide. F.: Fred Mandel. M.: Luis H. Bretón. Dec.: Fernando Mignoni. Mont.: Henri Taverna. Int.: Raquel Rodrigo, Miguel Ligero, Roberto Rey, Charito Leonís, Selica Pérez Carpio, Dolores Cortés, Rafael Calvo, Enrique Salvador, Carmela Guerra, Isabel de Miguel, Alicia Palacios, Luis Llaneza, Guillermo Linhoff. Blanco y negro - 87 min.

1936

El bailarín y el trabajador. P.: CEA. D.: Luis Marquina. A.: basado en la obra de Jacinto Benavente. G.: Luis Marquina. F.: Enrique Barreyre y Ricardo Torres. M.: Francisco Alonso. Dec.: José María Torres. Mont.: Ángel del Río. Int.: Ana María Custodio, Roberto Rey, Antoñita Colomé, José Isbert, Antonio Riquelme, Irene Caba Alba, Mariano Ozores, Enric Guitart, Luchy Soto, Pedro Hurtado, Ava Arión, Pilar Soler. Blanco y negro - 84 min.

¡Centinela, alerta! P.: Filmófono. Pr.: Luis Buñuel. D.: Jean Grémillon. A.: basado en la zarzuela de Carlos Arniches, "La alegría del batallón". G.: Eduardo Ugarte. F.: José María Beltrán. M.: Daniel Montorio. Dec.: Mariano Espinosa. Int.: Ana María Custodio, Ángel Sampedro, Luis Heredia, José María Linares Rivas, Emilio Portes, Pablo Hidalgo, Mari Tere, Mapy Cortés, Pablo Álvarez Rubio, Mario Pacheco. Blanco y negro - 80 min.

La farándula. P.: Hispano Nacional Films-Antonio Lasierra Ediciones Cinematográficas. D.: Antonio Momplet. A. y G.: Valentín R. González. F.: Adolf Schlassy. M.: Pablo Luna, Francisco Alonso y José Forns. Int.: Marcos Redondo, Pilar Torres, Antonio Palacios, José Baviera, Amalia de Isaura, Julio Infiesta, Alejandro Nolla, Manuel Crespo. Blanco y negro - 70 min.

María de la O. P.: Ulargui Films. D.: Francisco Elías. A.: José Luis Salado, según la comedia de S. Valverde y R. León. G.: José Luis Barbero y José López Rubio. F.: Eugen Schüfftan. M.: Manuel Quiroga. Dec.: E. Chaves. Mont.: H. Rosinski. Int.: Carmen Amaya, Julio Peña, Antonio Moreno, Pastora Imperio, Juan Barajas, Fulgencio Nogueras, Ricardo Moreno, Tina Gascó, Candelaria Medina, Miguel Pozanco, Rosario Rojas, Niña de Linares, Niño de Mairena. Blanco y negro - 97 min.

Morena Clara. P.: CIFESA. D.: Florián Rey. A.: Joaquín Dicenta (hijo), según la comedia de Antonio Quintero y Pascual Guillén. G.: Florián Rey y los propios Quintero-Guillén. F.: Enrique Guerner. M.: Rafael Martínez y José Mostazo. Decorados: José María Torres. Mont.: Ángel del Río. Intérpretes: Imperio Argentina, Miguel Ligero, Manuel Luna, María Brú, José Calle, Manuel Dicenta, Perfiria Sanchiz, Carmen de Lucio, Francisco Melgares, Emilia Iglesias, Luchy Soto, José Francés, Guillermo Figueras, Antonio Segura. Blanco y negro - 109 min.

Nuestra Natacha. P.: CIFESA. Pr.: Perejo-Núñez. D.: Benito Perojo. A.: basado en la pieza escénica de Alejandro Casona. G.: Benito Perojo. Adapt.: Alejandro Casona. F.: Fred Mandel y Carlos Pahissa. M.: Rafael Martínez y Sigfredo L. Ribera. Dec.: Fernando Mignoni. Int.: Ana María Custodio, Rafael Rivelles, Pastora Peña, Manuel Díaz González, Irene Caba Alba, Rafael Calvo, Concha Villar, Rafael Banquells. Blanco y negro.

Nuevos ideales. P.: Selecciones Capitolio. Pr.: Daniel Mangrané. D.: Salvador de Alberich. A.: Daniel Mangrané Escardó. Diálogos: Daniel Mangrané, hijo. F.: Josep Gaspar. M.: Daniel Mangrané, hijo. Dec.: Burgos. Mont.: Antonio Cánovas. Int.: Félix de Pomés, Rosita de Cabo, José Baviera, Carmen Rodríguez, Isa España, Consuelo Company. Blanco y negro - 95 min.

¿Quién me quiere a mí? P.: Filmófono. Pr.: Luis Buñuel D.: José Luis Sáenz de Heredia. A.: Enrique Horta, Pelayo y Caballero. G.: Eduardo Ugarte y Luis Buñuel. F.: José María Beltrán. M.: Fernando Remacha y Juan Tellería. Dec.: Mariano Espinosa. Mont.: Monique Lacombe y Julio Bris. Intérpretes: Lina Yegros, Mari Tere, José Baviera, José María Linares Rivas, Carlos del Pozo, Baby Deny, Pablo Hidalgo, Emilio Portes, Manuel Arbó, Luis Arnedillo, Francisco René, Sierra de Luna, Engracia de Sebastián, Raúl Cáncio. Blanco y negro - 84 min.

1937

Aurora de esperanza. P.: S.I.E. Films. D.: Antonio Sau. A. y G.: Antonio Sau Olite. F.: Adrien Porchet. M.: Jaime Pahissa. Dec.: Antonio Burgos. Mont.: Juan Palleja. Int.: Félix de Pomés, Enriqueta Soler, Ana María Campoy, Pilar Torres, Modesto Cid, José Sanchiz, Gregoria Millán, Juana Manso, Salvador Arnaldo, Ernesto Campoy, Alfredo Hornos, Eduardo Blanca". Blanco y negro - 60 min.

Barrios bajos. P.: S.I.E. Films. D.: Pedro Puche. A.: basado en la pieza escénica de Luis Elías. G.: Federico Elías, Pedro Puche y Antonio Sau. F.: José María Beltrán. M.: Juan Dotras Vila. Dec.: Antonio Burgos. Mont.: Joan Palleja. Int.: José Telmo, Rosita de Cabo, Rafael Navarro, José Baviera, Pilar

Torres, Matilde Artero, Eduardo Garro, Carmen Valor, Castel Rodrigo, Ernesto Campoy, José Rueda, Modesto Cid, Anita Tormo, Federico Gandía, Matías Morro, Manrique Gil, Esperanza Barrero, José Álvarez "Lepe", María Soler. Blanco y negro - 92 min.

Bohemios. P.: Asociación de Productores. Pr.: Camille Lemoine. D.: Francisco Elías. A.: basado en la zarzuela de Gullermo Perrín y Miguel Palacios, con música del maestro Amadeo Vives. G.: Francisco Elías. F.: Josep Gaspar. M.: Amadeo Vines, con adapt. musical de Juan Dotras Vila. Dec. y Mont.: Francisco Elías. Int.: Antonio Gatón, Emilia Aliaga, Fernando Vallejo, Mary Amparo Bosch, Luis Villasiul, Antonio Palacios, Roma Taëni, Enriqueta Villasiulz. Blanco y negro - 100 min.

La millona. P.: Momplet. D.: Antonio Momplet. A.: basado en la comedia de Enrique Suárez de Deza. G.: Antonio Momplet. M.: Conrado Bernard. Int.: Carmen Rodríguez, Lina Yegros, Ramón de Sentmenat, Alfonso Albalat, Antonio Palacios, Alejandro Noya, María Teresa Idel, Modesto Cid, María Cruz, Carlos Beraza, Dolores Arguimbau, Antonio Martínez. Blanco y negro - 90 min.

1938

¡No quiero..., no quiero! P.: S.I.E. Films. D.: Francisco Elías. A.: basado en la comedia de Jacinto Benavente. G.: Francisco Elías. Adapt. diálogos: Lope F. Martínez de la Ribera. F.: Josep Gaspar. M.: Juan Dotras Vila. Dec.: Emilio Burgos y Gosch. Mont.: Antonio Cánovas. Int.: Enriqueta Soler, Enric Guitart, Fred Galiana, José Baviera, Roma Taëni, Carmen López Lagar, Juanita Manso, Pedro Larrañaga, Carmen de Sebastián, Jesús Puche, José Álvarez "Lepe". Blanco y negro - 110 min.

Nuestro culpable. P.: Federación Regional de la Industria Cinematográfica y de Espectáculos Públicos. D.: Fernando Mignoni. A. y G.: Fernando Mignoni. F.: Tomás Duch. M.: Sigfredo L. Ribera. Dec.: José María Torres y Fernando Mignoni. Mont.: María Paredes y Sara Ontañón. Int.: Ricardo Núñez, Charito Leonís, Carlos del Pozo, Ana de Siria, Rafael Calvo, Manuel Arbó, Fernando Aguirre, Fernando Freire de Andrade, Marco Cejudo, José Altet, Irene Caba Alba, Fernando Díaz de Mendoza, Paquita Gallego, Antonia Rodríguez. Blanco y negro - 87 min.

1939

El genio alegre. P.: CIFESA. Director: Fernando Delgado. Argumento: Serafín Álvarez Quintero y Joaquín Álvarez Quintero, basados en su propia comedia original. Guión: Fernando Delgado. Fotografía: Enrique Guerner. M.: Fernando Díaz Giles. Dec.: Teddy Villaba. Mont.: Eduardo G. Maroto y Antonio Martínez. Int.: Rodita Díaz Gimeno, Carmen de Lucio, Concha Catalá, Fernando Fernández de Córdoba, Lolita Astolfi, Rosario Benito, Antonio Vico, Alberto Romea, Anita Sevilla, Leocadia Alba, Armando Calvo, Edmundo Bardero, Antonio Gil "Varillas", Erasmo Pascual, Consuelo Pastor, Inés Pérez Indarte, Pablo Hidalgo, José Alburquerque, Juan Calvo. Blanco y negro - 90 min.

Romancero marroquí. P.: CEA. Pr.: Enrique Domínguez Rodiño. D.: Enrique Domínguez Rodiño. G.: Enrique Domínguez Rodiño. F.: Ricardo Torres y Cecilio Paniagua. M.: Norbert Schulze. Mont.: Ricardo Torres y Kleinow. Int.: El Aalami, Fatima. Blanco y negro - 85 min.

1940

La Dolores. P.: CIFESA. D.: Florián Rey. A.: según la pieza de José Feliu y Codina. G.: Florián Rey. F.: Enrique Guerner. M.: Tomás Bretón, con canciones adicionales de Guadalupe Martínez del Castillo y Manuel L. Quiroga. Líricos: Rafael de León. Dec.: Sigfrido Burmann. Mont.: Antonio Martínez. Int.: Conchita Piquer, Manuel Luna, Guadalupe Muñoz Sampedro, Ricardo Merino, Anita Adamuz, Manuel González, Pablo Hidalgo, María Luisa Gerona, Niño de Marchena. Blanco y negro - 102 min.

Marianela. P.: UFISA. D.: Benito Perojo. A.: basado en la novela de Benito Pérez Galdós. G.: Benito Perojo. Diálogos adicionales: Joaquín Álvarez Quintero. F.: Ted Pahle. M.: Jesús Guridi. Dec.: Pierre Schild. Mont.: Antonio Cánovas. Int.: Mary Carrillo, Julio Peña, Rafael Calvo, María Mercader, Carlos Muñoz, Jesús Tordesillas, Blanquita Pozas, Pedro Fernández Cuenca. Blanco y negro - 87 min.

Sin novedad en el Alcázar. P.: Ulargui Films (España)/Film Bassoli (Italia). Pr.: Renato y Carlo Bassoli. D.: Augusto Genina. A.: Pietro Genina, Augusto de Stefani y Alessandro Caporilli. G.: Augusto Genina, Alessandro Caporilli y Ugo Betti. F.: Jan Stallich, Francesco Izzarelli y Vincenzo Seratrice. M.: Antonio Veretti. Dec.: Gastone Medin. Mont.: Fernando Tropea. Int.: Fosco Giachetti, Mireille Balin, María Denis, Silvio Bagnoli, Andrea Checchi, Rafael Calvo. Blanco y negro - 112 min.

1941
Alma de Dios. P.: Producciones Campa-CIFESA. D.: Ignacio F. Iquino. A.: según la pieza de Carlos Arniches. y Enrique García Álvarez. G.: Aureliano Campa e Ignacio F. Iquino. F.: Emilio Foriscot. M.: José Serrano. Dec.: Emilio Ferrer. Mont.: Joan Serra. Int.: Guadalupe Muñoz Sampedro, José Isbert, Amparo Rivelles, Luis Prendes, Pilar Soler, Teresa Idel, Matilde Artero, Manuel González, Paco Martínez Soria, Carlos Larrañaga. Blanco y negro - 74 min.
¡Harka! P.: CIFESA. D.: Carlos Arévalo. G.: Luis García Ortega. F.: Alfredo Fraile. M.: Juan Ruiz de Azagra. Dec.: Teddy Villalba. Mont.: Margarita Ochoa. Int.: Alfredo Mayo, Luis Peña, Luchy Soto, Raúl Cancio, Luis Peña Sánchez. Blanco y negro - 75 min.
Raza / Espíritu de una Raza. P.: Cancillería del Consejo de la Hispanidad. D.: José Luis Saénz de Heredia. A.: Jaime de Andrade (seudónimo de Francisco Franco). G.: José Luis Sáenz de Heredia y Antonio Román. F.: Enrique Guerner y Cecilio Paniagua. M.: Manuel Parada. Dec.: Luis Martínez Feduchi y Sigfrido Burmann. Mont.: Eduardo García Maroto y Bienvenida Sanz. Int.: Alfredo Mayo, José Nieto, Ana Mariscal, Blanca de Silos, Luis Arroyo, Raúl Cancio, Pilar Soler, Julio Rey de las Heras, Rosina Mendía, Juan Calvo, Manuel Arbó. Blanco y negro - 113 min. (versión 1941); 93 min. (versión 1950).

1942
La aldea maldita. P.: PB Films-Manuel del Castillo. D. y G.: Florián Rey. F.: Enrique Guerner. M.: Rafael Martínez y Guadalupe Martínez del Castillo. Dec.: Antonio Simont. Mont.: Gaby Peñalba. Int.: Florencia Becquer, Julio Rey de las Heras, Alicia Romay, Delfín Jerez, José Sepúlveda, Agustín Leguilhoat, Pablo Hidalgo. Blanco y negro - 88 min.
Goyescas. P.: Universal Iberoamericana de Cinematografía. D: Benito Perojo. G.: Benito Perojo. A.: basado en la ópera de Fernando Periquet. Diálogos: Luis Vargas y Antonio Quintero. Diálogos adicionales: Rogelio Periquet. F.: Michel Kelber. M.: José Muñoz Molleda, con canciones de León y Quiroga. Dec.: Sigfrido Burmann. Coreografía: Vicente Escudero. Mont.: Petra y León. Int.: Imperio Argentina, Armando Calvo, Manolo Morán, Juan Calvo, Marta Flores, María Vera, Ramon Martori, José Latorre, Xan das Bolas. Blanco y negro - 102 min.
El hombre que se quiso matar. P.: UPCE-CIFESA. D.: Rafael Gil. A.: basado en un relato de Wenceslao Fernández Florez. G.: Luis Lucía. F.: Isidoro Golberger y Emilio Foriscot. M.: Juan Ruiz de Azagra. Dec.: Emilio Ferrer. Mont.: Joan Serra. Int.: Antonio Casal, Rosita Yarza, Manuel Arbó, Camino Garrigó, Irene Mas, José Acuaviva, José Prada, Xan das Bolas. Blanco y negro - 80 min.

1943
El escándalo. P.: Ballesteros. D: José Luis Sáenz de Heredia. G.: José Luis Sáenz de Heredia. A.: basado en la novela de Pedro Antonio de Alarcón. F.: Michel Kelber. M.: Manuel Parada. Dec.: Luis Santamaría. Mont.: Julio Peña. Int.: Armando Calvo, Manuel Luna, Guillermo Marín, Mercedes Vecino, Trini Montero, Juan Calvo, Carlos Muñoz, Guillermina Grin, Profiria Sanchiz, Manuel Arbó, Ricardo Calvo, Manuel París, Juanita Manso, José Portes. Blanco y negro - 120 min.
Huella de luz. P.: UPCE-CIFESA. D.: Rafael Gil. A.: basado en una relato de Wenceslao Fernández Florez. G.: Rafael Gil. F.: Alfredo Fraile. M.: Juan Quintero. Dec.: Enrique Alarcón. Mont.: Joan Pallejá. Int.: Antonio Casal, Isabel de Pomés, Mary Delgado, Juan Espantaleón, Camino Garrigó, Ana María Campoy, Fernando Freyre de Andrade, Ramon Martori. Blanco y negro - 73 min.
Intriga. P.: Tomás Botas. D.: Antonio Román. A.: basado en la comedia de Wenceslao Fernández Flórez, *Un cadáver en el comedor*. G.: Miguel Mihura y Antonio Román. F.: Michel Kelber. M.: Salvador

Ruiz de Luna. Dec.: Francisco Escriña. Mont.: Juan Doria. Int.: Julio Peña. Blanca de Silos, Guadalupe Muñoz Sampedro, Manolo Morán, José Portes, Ramón Elías, Miguel del Castillo. Blanco y negro - 77 min.

1944

El clavo. P.: CIFESA. D. y G.: Rafael Gil. A.: basado en la novela de Pedro Antonio de Alarcón. Diálogos: Eduardo Marquina. F.: Alfredo Fraile. M.: Juan Quintero. Dec.: Enrique Alarcón. Mont.: Joan Serra. Int.: Amparo Rivelles, Rafael Durán, Juan Espantaleón, Joaquín Roa, Ramon Martori, Irene Caba Alba, Manuel Arbó, Rafael Bardem. Blanco y negro - 87 min.

Ella, él y sus millones. P.: CIFESA. D.: Juan de Orduña. A.: basado en la obra de Honorio Maura. G.: Manuel Tamayo y Alfredo Echegaray. F.: Guillermo Goldberger. M.: Juan Quintero. Dec.: Enrique Alarcón. Mont.: Joan Serra. Int.: Rafael Durán, Josita Hernán, Roberto Rey, Luchy Soto, Luis Peña, Guadalupe Muñoz Sampedro, José Isbert, Ana María Custodio, Fernando Freyre de Andrade, Juan Calvo, Raúl Cancio, Antonio Riquelme. Blanco y negro - 110 min.

Eugenia de Montijo. P.: CEA-Manuel del Castillo. D. y G.: José López Rubio. F.: Enzo Riccioni. M.: Jesús García Leoz. Dec.: Luis Santamaría. Mont.: Bienvenida Sanz. Int.: Amparo Rivelles, Mariano Asquerino, Jesús Tordesillas, Guillermo Marín, Ricardo Calvo, Carmen Oliver, Fernando Rey, Nicolás Navarro, María Roy. Blanco y negro - 119 min.

El fantasma y Doña Juanita. P.: CIFESA. D.: Rafael Gil. A.: basado en un relato de José María Pemán. G.: Rafel Gil. Diálogos: José María Pemán. F.: Michel Kelber. M.: Juan Quintero. Dec.: Enrique Alarcón. Mont.: Joan Serra. Int.: Antonio Casal, Mary Delgado, Alberto Romea, Juan Espantaleón, Juan Calvo, Milagros Leal, Camino Garrigó, José Prada, Adela González, José Isbert, Casimiro Hurtado, José Portes, Manuel Requena, Nicolás D. Perchicot. Blanco y negro - 73 min.

Lola Montes. P.: Alhambra-Astoria Films. D.: Antonio Román. A.: según un relato de José María Pemán. G.: Francisco Bonmatí de Codecido, Pedro de Juan, Fernando G. de Toledo y Antonio Román. F.: Michel Kelber. M.: Manuel Padada, con canciones de Quiroga y Halpern. Dec.: Francisco Escriña y Antonio Simont. Mont.: Sara Ontañón. Int.: Conchita Montenegro, Luis Prendes, Jesús Tordesillas, Guillermo Marín, Carlos Muñoz, Julio Rey de las Heras, Ricardo Calvo, Nicolás D. Perchicot, Manuel Kayser, Antonio Calero, José Miguel Rupert. Blanco y negro - 100 min.

La torre de los siete jorobados. P.: España Films-J Films. Pr.: Germán López y Luis Judez. D.: Edgar Neville. A.: basado en la novela de Emilio Carrere. G.: José Santugini y Edgar Neville. F.: Enrique Barreyre y Andrés Pérez Cubero. M.: Juan Ruiz de Azagra. Dec.: Francisco Canet. Mont.: Sara Ontañón. Int.: Antonio Casal, Guillermo Marín, Isabel de Pomés, Julia Lajos, Manolita Morán, Antonio Riquelme, Félix de Pomés, Julia Pacheco, Manuel Miranda. Blanco y negro - 90 min.

1945

El destino se disculpa. P.: Ballesteros. D. y G.: José Luis Sáenz de Heredia. A.: basado en un realato de Wenceslao Fernández Florez. F.: Hans Scheid. M.: Manuel Parada. Dec.: Luis Santamaría. Mont.: Julio Peña. Int.: Rafael Durán, Fernando Fernán Gómez, María Esperanza Navarro, Milagros Leal, Mary Lamar, Manolo Morán, Nicolás D. Perchicot, José Ramón Giner, Félix Fernández, Manuel Arbó. Blanco y negro - 105 min.

Garbancito de la Mancha. P.: Balet y Blay. D.: Arturo Moreno (no acreditado) y José María Blay (atribuido). G.: Julián Permartín. F.: Jaime Parera. M.: Jacinto Guerrero, con canciones de Joaquín Bisbe. Mont.: Valentín Castanys. Dibujos animados. Color - 2.700 m.

Los últimos de Filipinas. P.: CEA-Alhambra. D.: Antonio Román. A.: basado en los relatos de Enrique Alfonso Barcones, Rafael Sánchez Campoy y Enrique Llovet. G.: Antonio Román y Pedro de Juan. F.: Enrique Guerner. M.: Manuel Parada. Canciones: Jorge Halpern. Dec.: Sigfrido Burmann. Mont.: Bienvenida Sanz. Int.: Armando Calvo, Guillermo Marín, Fernando Rey, Manolo Morán, José Nieto, Juan Calvo, Manuel Kayser, Carlos Muñoz, Nani Fernández, José Miguel Rupert, Pablo Álvarez Rubio, Tony Leblanc, Conrado San Martín. Blanco y negro - 97 min.

La vida en un hilo. P.: Neville. D.: Edgar Neville. A. y G.: Edgar Neville. F.: Enrique Barreyre. M.: José Muñoz Molleda. Dec.: Francisco Canet. Mont.: Mariano Pombo. Int.: Conchita Montes, Rafael Durán, Guillermo Marín, Julia Lajos, Alicia Romay, Julia Pacheco, Joaquín Roa, Manuel París, Juanita Manso, María Bru, Eloísa Muro, Enrique Herreros. Blanco y negro - 92 min.

1946
Abel Sánchez. P.: Producciones Boga. D.: Carlos Serrano de Osma. A.: basado en la novela de Miguel de Unamuno. G.: Pedro Lazaga. F.: Emilio Foriscot y Ramón de Baños. M.: Jesús García Leoz. Dec.: José G. de Ubieta. Mont.: Antonio Graciani. Int.: Manuel Luna, Roberto Rey, Alicia Romay, Mercedes Mariño, Rosita Valero, Rafael de Penagos. Blanco y negro - 77 min.

1947
Botón de ancla. P.: Suevia Films. D.: Ramón Torrado. G.: José Luis de Azcárraga y Adolfo Torrado. F.: Manuel Berenguer. M.: Jesús García Leoz. Dec.: Enrique Alarcón. Mont.: Gaby Peñalba. Int.: Jorge Mistral, Antonio Casal, Fernando Fernán Gómez, Isabel de Pomés, Linda Tamoa, Mary Santpere, María Isbert, Fernando Fernández de Córdoba. Blanco y negro - 100 min.
Don Quijote de La Mancha. P.: CIFESA. D.: Rafael Gil. A.: basado en la obra de Miguel de Cervantes. Adapt.: Antonio Abad Ojuel. G.: Rafael Gil. F.: Alfredo Fraile. M.: Ernesto Halffter. Dec.: Enrique Alarcón. Mont.: Joan Serra. Int.: Rafael Rivelles, Juan Calvo, Juan Espantaleón, Fernando Rey, Manolo Morán, José María Seoane, Nani Fernández, Sara Montiel, Eduardo Fajardo, Guillermo Marín, Carmen de Lucio, Guillermina Grin, Julia Lajos, Milagros Leal, Félix Fernández, Julia Caba Alba. Blanco y negro - 137 min.
La fe. P.: Suevia Films. D. y G.: Rafael Gil. A.: basado en la novela de Palacio Valdés. Diál. adicionales: Antonio Abad Ojuel. F.: Alfredo Fraile. M.: Manuel Parada. Dec.: Enrique Alarcón. Mont.: Sara Ontañón. Int.: Rafael Durán, Amparo Rivelles, Guillermo Marín, Juan Espantaleón, Camino Garrigó, Fernando Fernández de Córdoba, Ricardo Calvo, Cándida Losada, Arturo Marín, José Prada, Félix Fernández. Blanco y negro - 102 min.
Mariona Rebull. P.: Ballesteros. D.: José Luis Sáenz de Heredia. A.: basado en la novela de Ignacio Agustí. G.: José Luis Sáenz de Heredia. F.: Alfred L. Gilks. M.: Manuel Parada. Dec.: Luis Santamaría y Luis Noaín. Mont.: Julio Peña. Int.: José María Seoane, Blanca de Silos, Sara Montiel, Tomás Blanco, Alberto Romea, Carlos Muñoz, Mario Berriatúa, Manrique Gil, José María Lado, Rosita Yarza, Ramon Martori, Cándida Suárez, Rafael Bardem, Adolfo Marsillach. Blanco y negro - 112 min.

1948
La calle sin sol. P.: Suevia Films. Pr.: Manuel J. Goyanes. D.: Rafael Gil. G.: Miguel Mihura. F.: Alfredo Fraile. M.: Manuel Parada. Dec.: Enrique Alarcón. Mont.: Sara Ontañón. Int.: Antonio Vilar, Amparo Rivelles, Manolo Morán, José Nieto, Mary Delgado, Alberto Romea, Félix Fernández, Fernando Fernández de Córdoba, Ángel de Andrés. Blanco y negro - 110 min.
Locura de amor. P.: CIFESA. D.: Juan de Orduña. A.: basado en la pieza escénica de Manuel Tamayo y Baus. G.: Manuel Tamayo, Alfredo Echegaray, José María Pemán, Carlos Blanco y Juan de Orduña. F.: José F. Aguayo. M.: Juan Quintero. Dec.: Sigfrido Burmann. Mont.: Joan Serra. Int.: Aurora Bautista, Jorge Mistral, Fernando Rey, Jesús Tordesillas, Sara Montiel, Juan Espantaleón, Manuel Luna, Ricardo Acero, María Cañete, Manuel Arbó, Arturo Marín, Félix Fernández, Nicolás D. Perchicot, Carmen de Lucio. Blanco y negro - 120 min.
Vida en sombras. P.: Castilla Films. Pr.: Francisco de Barnola. D.: Llorenç Llobet-Gracia. G.: Llorenç Llobet-Gracia y Victorio Aguayo. F.: Salvador Torres Garriga. M.: Jesús García Leoz. Dec.: Ramón Mateu. Mont.: Ramon Biadiu. Int.: Fernando Fernán Gómez, María Dolores Pradera, Isabel de Pomés, Fernando Sancho, Alfonso Estela, Félix de Pomés, Graciela Crespo, Marta Flores, Camino Garrigó, Mary Santpere. Blanco y negro - 80 min.

1949
En un rincón de España. P.: Emisora Films-Procisa. D.: Jerónimo Mihura. A.: basado en un relato de Cecilia A. Mantua. G.: Manuel Tamayo y Salvador Cerdán. F.: Isidoro Goldberger. M.: Ramón Ferrés. Dec.: Emilio Ferrer y Alfred Fontanals. Mont.: Antonio Isasi. Int.: Adriano Rimoldi, Blanca de Silos, María Martín, Carlos Agosti, Juan de Landa, Conrado San Martín, Oswaldo Gennazzari, José Isbert. Color - 110 min.

¡El santuario no se rinde! P.: Valencia Films-Terramar-Centro Films. D.: Arturo Ruiz-Castillo. A.: según un relato de José M. Amado y Arniches. G.: Arturo Ruiz-Castillo. F.: Joan Mariné. M.: Jesús García Leoz. Dec.: Francisco R. Asensio y Arturo Ruiz-Castillo. Mont.: Sara Ontañón. Int.: Alfredo Mayo, Tomás Blanco, Beatriz de Añara, Mary Lamar, Carlos Muñoz, José María Lado, Antonio Casas, Eduardo Fajardo, Fernando Fernández de Córdoba, Ángel de Andrés, Arturo Marín, Rafael Bardem. Blanco y negro - 102 min.

1950
Agustina de Aragón. P.: CIFESA. D.: Juan de Orduña. A.: Clemente Pamplona y Ángel F. Marrero. G.: Vicente Escrivá. F.: Ted Pahle. M.: Juan Quintero. Dec.: Sigfrido Burmann. Mont.: Petra de Nieva. Int.: Aurora Bautista, Virgilio Teixeira, Fernando Rey, Eduardo Fajardo, Manuel Luna, Jesús Tordesillas, Fernando Sancho, Raúl Cancio, Guillermo Marín, José Bódalo, Juan Espantaleón, Fernando Fernández de Córdoba, Rosario García Ortega, Nicolas D. Perchicot, Antonio Casas, José Jaspe, Félix Fernández, Manuel Arbó. Blanco y negro - 120 min.

Apartado de Correos 1001. P.: Emisora Films. D.: Julio Salvador. G.: Antonio Isasi y Julio Coll. F.: Federico G. Larraya. M.: Ramón Ferrés. Dec.: Emilio Ferrer y Alfred Fontanals. Mont.: Antonio Isasi. Int.: Conrado San Martín, Elena Espejo, Tomás Blanco, Manuel de Juan, Casimiro Hurtado, Carlos Muñoz, Luis Pérez de León, Guillermo Marín, Emilio Fábregas. Blanco y negro - 96 min.

Balarrasa. P.: Aspa-CIFESA. Pr.: Vicente Escrivá. D.: José Antonio Nieves Conde. G.: Vicente Escrivá. F.: Manuel Berenguer y José F. Aguayo. M.: Jesús García Leoz. Dec.: Pierre Schild. Mont.: Joan Serra. Int.: Fernando Fernán Gómez, María Rosa Salgado, Dina Stem, Luis Prendes, Eduardo Fajardo, Manolo Morán, José Bódalo, Jesús Tordesillas, José María Rodero, Maruchi Fresno, Mario Berriatúa. Blanco y negro - 93 min.

Brigada criminal. Emisora Films. Pr.: Ignacio F. Iquino. D.: Ignacio F. Iquino. G.: Juan Lladó, Manuel Bengoa, Ignacio F. Iquino y José Santugini. F.: Pablo Ripoll, Pedro Rovira y Antonio García. M.: Augusto Algueró. Int.: José Suárez, Manuel Gas, Soledad Lance. Blanco y negro - 86 min.

La corona negra. P.: Suevia Films. D.: Luis Saslavsky. A.: según una idea Jean Cocteau. G.: Charles de Peyret. Diálogos: Miguel Mihura. F.: Valentín Javier y Antonio L. Ballesteros. Dec.: Enrique Alarcón. Mont.: José Antonio Rojo. Int.: María Félix, Rossano Brazzi, Vittorio Gassman, José María Lado, Félix Fernández, Piéral, Antonia Plana, Julia Caba Alba, Concha López Silva, Francisco Pierrá, Antonia Herrero. Blanco y negro - 106 min.

Don Juan. P.: Chapalo Films-CIFESA. D.: José Luis Sáenz de Heredia. A.: inspirado en la obra de José Zorrilla. G.: Carlos Blanco. F.: Alfredo Fraile. M.: Manuel Parada. Dec.: Ramiro Gómez y José M. Montes. Mont.: Julio Peña. Int.: Antonio Vilar, Annabella, María Rosa Salgado, José Ramón Giner, Enric Guitart, Santiago Rivero, Manolo Morán, Mario Berriatúa, Fernando Fernández de Córdoba, María Asquerino, Mary Lamar, Nicolás D. Perchicot. Blanco y negro - 123 min.

Pequeñeces. P.: CIFESA. D.: Juan de Orduña. A.: basado en la novela de Luis Coloma. G.: Vicente Escrivá, Vicente Coello, Ángel A. Jordán y Juan de Orduña. F.: Ted Pahle. M.: Juan Quintero. Dec.: Sigfrido Burmann. Mont.: Petra de Nieva. Int.: Aurora Bautista, Jorge Mistral, Lina Yegros, Jesús Tordesillas, Elena Salvador, Guillermo Marín, Sara Montiel, Carlos Larrañaga, María Asquerino, Fernando Fernández de Córdoba, Juan Espantaleón, Ricardo Acero. Blanco y negro - 120 min.

1951
Alba de América. P.: CIFESA. D. Juan de Orduña. G.: José Rodulfo Boeta. F.: Alfredo Fraile. M.:

Juan Quintero. Dec.: Sigfrido Burmann. Mont.: Petra de Nieva. Int.: Antonio Vilar, Amparo Rivelles, María Martín, Manuel Luna, Eduardo Fajardo, José Suárez, Virgilio Teixeira, Jesús Tordesillas, Luis S. Torrecilla, Alberto Romea, Antonio Casas, José Marco Davó, Ernesto Vilches, Ana María Custodio, Francisco Pierrá, Fernando Sancho, Nicolás D. Prechicot, Arturo Marín. Blanco y negro - 108 min.

Cielo negro. P.: Intercontinental Films. Pr.: Joaquín Romero-Marchent. D.: Manuel Mur Oti. A.: basado en la novela de Antonio Zozoya, *Miopita*. G.: Manuel Mur Oti, Francisco Pierrá y Antonio González Álvarez. F.: Manuel Berenguer. M.: Jesús García Leoz. Dec.: Enrique Alarcón. Mont.: Antonio Gimeno. Int.: Susana Canales, Fernando Rey, Luis Prendes, Teresa Casal, Inés Pérez Indarte, Manolo Morán, Julia Caba Alba, Francisco Pierrá, Porfiria Sanchiz, Mónica Pastrana, Raúl Cancio, Ramon Martori. Blanco y negro - 110 min.

Día tras día. P.: Altamira. D.: Antonio del Amo. A.: basado en un relato de Juan Bosch e Ignacio Rubio. Guión: Manuel Pombo Angulo, Juan Bosch y Antonio del Amo. F.: Joan Mariné. M.: Jesús García Leoz. Dec.: Gil Parrondo y Bernardo Ballester. Mont.: Pepita Orduña. Int.: José Prada, Marisa de Leza, Mario Berriatúa, Manuel Zarzo, Carmen Sánchez, Jacinto San Emeterio, Manuel Requena, Manrique Gil, Julio Alyman, Juan Vázquez. Blanco y negro - 83 min.

Esa pareja feliz. P.: Altamira. D.: Luis G. Berlanga y Juan Antonio Bardem. A: Luis G. Berlanga y Juan Antonio Bardem. G.: Luis G. Berlanga y Juan Antonio Bardem. F.: Guillermo Goldberger. M.: Jesús García Leoz. Dec.: Bernardo Ballester. Mont.: Pepita Orduña. Int.: Fernando Fernán Gómez, Elvira Quintillá, José Luis Ozores, Félix Fernández, Matilde Muñoz Sampedro, José María Rodero, Antonio Garisa, José Franco, Raquel Daina, Paquito Cano, Alady, Rafael Bardem. Blanco y negro - 90 min.

Parsifal. P.: Daniel Mangrané-S. Huguet. D.: Daniel Mangrané y Carlos Serrano de Osma. A.: según la ópera de Ricardo Wagner. G.: Daniel Mangrané, Francisco Naranjo, Ángel Zúñiga y Carlos Serrano de Osma. Diálogos: José Antonio Torreblanca. F.: Cecilio Paniagua. Efectos especiales: Daniel Mangrané. M.: Ricardo Lamotte de Grignon, sobre la obra de Wagner. Dec.: José Caballero. Mont.: Antonio Cánovas. Int.: Gustavo Rojo, Ludmilla Tcherina, Carlo Tamberlani, Félix de Pomés, Alfonso Estela, Ángel Jordán, Luis Varela. Blanco y negro - 99 min.

Surcos. P.: Atenea Films. D.: José Antonio Nieves Conde. A.: basado en un relato de Eugenio Montes. G.: José Antonio Nieves Conde, Gonzalo Torrente Ballester y Natividad Zaro. F.: Sebastià Parera. M.: Jesús García Leoz. Dec.: Antonio Labrada. Mont.: Margarita Ochoa. Int.: Luis Peña, María Asquerino, Francisco Arenzana, Félix Defauce, Marisa de Leza, José Prada, María Francés, Carmen Sánchez, Ricardo Lucia, Manuel de Juan, Monserrat Carulla. Blanco y negro - 105 min.

1952

¡Bienvenido, Míster Marshall! P.: UNINCI. D.: Luis G. Berlanga. A.: Luis G. Berlanga y Juan Antonio Bardem. G.: Luis G. Berlanga, Juan Antonio Bardem y Miguel Mihura. F.: Manuel Berenguer. M.: Jesús García Leoz. Dec.: Francisco Canet. Mont.: Pepita Orduña. Int.: José Isbert, Manolo Morán, Lolita Sevilla, Alberto Romea, Elvira Quintillá, Luis Pérez de León, Félix Fernández, Fernando Aguirre, Joaquín Roa, Nicolás D. Perchicot, Emilio Santiago, José Franco, Rafael Alonso, Ángel Álvarez, José María Rodríguez. Blanco y negro - 95 min.

Duende y misterio del flamenco. P.: Neville-Suevia Films. D.: Edgar Neville. A. y G.: Edgar Neville. F.: Enrique Guerner. M.: Albéniz, Granados, Chueca, Soler y temas folclóricos, dirigidos por José Mª Franco. Dec.: Sigfrido Burmann. Mont.: Sara Ontañón. Int.: Antonio, Pilar López, María Luz Galicia, Roberto Ximénez, Alejandro Vega, Manolo Vargas, Alberto Lorca, Elvira Real, Rosita Ruiz, Rosario Escudero, Pacita Tomás, Aurelio Seller, Bernarda y Fernanda de Utrera. Color - 85 min.

El Judas. P.: Emisora Films. Pr.: Ignacio F. Iquino. D.: Ignacio F. Iquino. G.: Rafael J. Salvia. F.: Pablo Ripoll. M.: Augusto Algueró y José Casas Augé. Dec.: Gustavo Valera. Mont.: Joan Pallejà y Ramon Quadreny. Int.: Antonio Vilar, Manuel Gas y actores de la compañía teatral amateur "La Passió" de Esparraguera. Blanco y negro - 94 min.

Segundo López, aventurero urbano. P.: PC Bosco. D.: Ana Mariscal. A.: basado en la novela de Leocadio Mejías. G.: Ana Mariscal y Leocadio Mejías. F.: Valentín Javier. M.: Antonio Apruzzese y Rafael Franco. Mont.: Margarita Ochoa y Francisco G. Velázquez. Int.: Severiano Población, Ana Mariscal, Luisita Esteso, Martín Ramírez, Ernesto Lapeña, Tony Leblanc, Mariano Azaña, Manuel Mur Oti, Carlos Fernández Cuenca, Leocadio Mejías, Adela Carbone. Blanco y negro - 80 min.

1953
Dos caminos. P.: Eco Films. D.: Arturo Ruiz-Castillo. G.: Clemente Pamplona y J. A. Pérez Torreblanca. F.: José F. Aguayo. M.: Jesús García Leoz. Dec.: Luis P. Espinosa y Gil Parrondo. Mont.: Sara Ontañón. Int.: Rubén Rojo, María Asquerino, José Nieto, Ángel Picazo, Adriano Domínguez, Trini Montero, Manuel Guitián, María Luisa Abad, Juanjo Menéndez. Blanco y negro - 96 min.
La guerra de Dios. P.: Aspa-CIFESA. D.: Rafael Gil. G.: Vicente Escrivá y Ramón D. Faraldo. F.: Alfredo Fraile. M.: Joaquín Rodrigo. Dec.: Enrique Alarcón y Eduardo de la Torre. Mont.: José Antonio Rojo. Int.: Claude Laydu, Francisco Rabal, José Marco Davó, Fernando Sancho, Gerard Tichy, Jaime Blanch, María Eugenia Escrivá, Alberto Romea, Carmen Rodríguez, Ricardo Calvo, Félix Dafauce, José Sepúlveda, Julia Caba Alba. Blanco y negro - 96 min.
Hay un camino a la derecha. P.: Titán Films. Pr.: Aureliano Campa Morán. D.: Rovira-Beleta. G.: Manuel Saló y Francesc Rovira-Beleta. F.: Salvador Torres Garriga. M.: Federico Martínez Tudó. Dec.: Alfonso de Lucas. Mont.: Antonio Cánovas. Int.: Francisco Rabal, Julita Martínez, Manolito García, Juan Manuel Soriano, Carlos Otero, Antonio Bofarull, Isabel de Castro, José Ramón Giner, Consuelo Nieva. Blanco y negro - 92 min.

1954
El beso de Judas. P.: CIFESA. D.: Rafael Gil. G.: Vicente Escrivá y Ramón D. Faraldo. F.: Alfredo Fraile. M.: Cristóbal Halffter. Dec.: Enrique Alarcón. Mont.: José Antonio Rojo. Int.: Rafael Rivelles, Francisco Rabal, Gerard Tichy, Manuel Monroy, José Nieto, Fernando Sancho, Félix Dafauce, Luis Hurtado, Mercedes Alberto, María Dolores Fernández, Mercedes Serrano, Ruth Molly, Ester Mary Rambal, Jacinto San Emeterio. Blanco y negro - 90 min.
Cómicos. P.: Unión Films. Pr.: Eduardo Manzanos. D.: Juan Antonio Bardem. A. y G.: Juan Antonio Bardem. F.: Ricardo Torres. M.: Isidro B. Maiztegui y Jesús Franco. Dec.: Bernardo Ballester y Emilio Burgos. Mont.: Antonio Gimeno. Int.: Christian Galvé, Emma Penella, Rosario García Ortega, Fernando Rey, Carlos Casaravilla, Mariano Asquerino, Manuel Arbó, Rafael Alonso. Blanco y negro - 88 min.
Marcelino pan y vino. P.: Chamartín. D.: Ladislao Vajda. A.: José María Sánchez Silva. G.: Ladislao Vajda y José María Sánchez Silva. F.: Enrique Guerner. M.: Pablo Sorozábal. Dec.: Antonio Simont. Mont.: Julio Peña. Int.: Pablito Calvo, Rafael Rivelles, Antonio Vico, Juan Calvo, José Marco Davó, Adriano Domínguez, José Nieto, Fernando Rey, Juanjo Menéndez, Joaquín Roa, Mariano Azaña, Isabel de Pomés, Rafael Calvo, Carmen Carbonell, Francisco Arenzana, Carlota Bilbao, José Prada. Blanco y negro - 95 min.
Murió hace quince años. P.: Aspa-Suevia Films. Pr.: Vicente Escrivá. D.: Rafael Gil. A.: basado en la obra teatral de José Antonio Giménez-Arnau. G.: Vicente Escrivá y Ramón D. Faraldo. F.: Alfredo Fraile, Enrique Guerner y Pablo Ripoll. M.: Cristóbal Halffter. Dec.: Enrique Alarcón. Mont.: José Antonio Rojo. Int.: Rafael Rivelles, Francisco Rabal, Lyla Rocco, María Piazzai, Gerard Tichy, Carmen Rodríguez, Fernando Sancho, Félix de Pomés, Antonio Prieto. Blanco y negro - 88 min.
Novio a la vista. P.: Benito Perojo-CEA-CIFESA. D.: Luis G. Berlanga. A.: basado en el relato de Edgar Neville. G.: Luis G. Berlanga, Juan Antonio Bardem, José Luis Colina y Edgar Neville. F.: Cecilio Paniagua, Sebastià Parera y Miguel Milá. M.: Juan Quintero. Dec.: Sigfrido Burmann. Mont.: Pepita Orduña. Int.: Josette Arnó, Jorge Vico, José María Rodero, Antonio Vico, Julia Caba Alba, Antonio Riquelme, Luis Pérez de León, Alicia Altabella, Irene Caba Alba, Luis Rosses. Blanco y negro - 91 min.

1955

Historias de la radio. P.: Chapalo Films. Pr.: José Luis Sáenz de Heredia. D. y G.: José Luis Sáenz de Heredia. F.: Antonio L. Ballesteros. M. Ernesto Halffter. Dec.: Ramiro Gómez. Mont.: Julio Peña. Int.: Francisco Rabal, Margarita Andrey, José Isbert, Tony Leblanc, Bobby Deglané, Ángel de Andrés, José María Lado, Pedro Porcel, Alberto Romea, Guadalupe Muñoz Sampedro, José Luis Ozores, José Orjas. Blanco y negro - 92 min.

Muerte de un ciclista. P.: Suevia Films-Guión (España)/Trionfalcine (Italia). Pr.: Cesáreo González y Manuel J. Goyanes. D.: Juan Antonio Bardem. A.: basado en un relato de Luis Fernando de Igoa. G.: Juan Antonio Bardem. F.: Alfredo Fraile. M.: Isidro M. Maiztegui. Dec.: Enrique Alarcón. Mont.: Margarita Ochoa. Int.: Lucía Bosé, Alberto Closas, Carlos Casaravilla, Otello Toso, Julia Delgado Caro, Bruna Carrá, Alicia Romay, Matilde Muñoz Sampedro, José Prada, Manuel Arbó, Mercedes Albert, José Sepúlveda, Emilio Alonso, Antonio Casas, José María Rodríguez, Valeriano Andrés, Fernando Sancho. Blanco y negro - 100 min.

1956

Calabuch. Aguila Films (España)/Film Costellazione (Italia). D.: Luis G. Berlanga. A.: Leonardo Martín. G.: Leonardo Martín, Florentino Soria, Ennio Flaiano y Luis G. Berlanga. F.: Francisco Sampere. M.: Francesco Lavagnino. Dec.: Román Calatayud. M.: Pepita Orduña. Int.: Edmund Gwenn, Valentina Cortese, Franco Fabrizi, Juan Calvo, Félix Fernández, José Isbert, José Luis Ozores, Francisco Bernal, María Vico, Mario Berriatúa, Pedro Beltrán, Manuel Guitián, Nicolás D. Perchicot, Manuel Alexandre, Isa Ferrero. Blanco y negro - 89 min.

Calle Mayor. P.: Suevia Films-Guión P. C. (España)/Play-Art Film (Francia). Pr.: Cesáreo González y Manuel J. Goyanes. D.: Juan Antonio Bardem. A.: inspirado en "La señorita de Trevélez", de Carlos Arniches. G.: Juan Antonio Bardem. F.: Michel Kelber. M.: Joseph Kosma. Dec.: Enrique Alarcón. Mont.: Margarita Ochoa. Int.: Betsy Blair, José Suárez, Yves Massard, Matilde Muñoz Sampedro, María Gámez, Alfonso Goda, Luis Peña, Manuel Alexandre, José Calvo, Dora Doll, Lila Kedrova. Blanco y negro - 95 min.

Embajadores en el infierno. P.: Producciones Rodas. D.: José María Forqué. A.: Torcuato Luca de Tena, Teodoro Palacios y José María Forqué. G.: Torcuato Luca de Tena. F.: Antonio L. Ballesteros. M.: Salvador Ruiz de Luna. Dec.: Ramiro Gómez. Mont.: Julio Pena. Int.: Antonio Vilar, Rubén Rojo, Luis Peña, Mario Berriatúa, Manuel Dicenta, Jacinto Marín, José Luis Heredia, José Franco, Antonio Prieto, Ricardo Canales, Miguel Ángel Gil, Mario Morales, Pedro Fenollar, Ángel Aranda, Valeriano Andrés, Luz Márquez. Blanco y negro - 103 min.

Mi tío Jacinto. P.: Chamartín-Falco Films (España)/ENIC (Italia). D.: Ladislao Vajda. A.: según la novela de Andrés Laszlo, *Por ejemplo, Jacinto*. G.: Andrés Laszlo, José Santugini, Max Korner, Gian Luigi Rondi y Ladislao Vajda. F.: Enrique Guerner. M.: Román Vlad. Int.: Pablito Calvo, Antonio Vico, José Marco Davó, Paolo Stoppa, Walter Chiari, José Isbert, Miguel Gila, Juan Calvo, Pastora Peña, Julio Sanjuán. Blanco y negro - 87 min.

El pequeño ruiseñor. P.: Argos Films. D.: Antonio del Amo. G.: Antonio Guzmán Merino. F.: César Fraile. M.: Antonio Valero. Canciones: Genaro Monreal, Francisco Naranjo y Camilo Murillo. Dec.: Teddy Villalba. Mont.: Petra de Nieva. Int.: Joselito, Mariano Azaña, Lina Canalejas, Luis Induni, Mario Berriatúa, Aníbal Vela, José Prada. Blanco y negro - 98 min.

1957

Amanecer en Puerta Oscura. P.: Estela Films (España)/Atenea Films (Italia). D.: José María Forqué. G.: Alfonso Sastre, Natividad Zaro y José María Forqué. F.: Cecilio Paniagua. M.: Regino Sainz de la Maza (solos de guitarra). Dec.: Antonio Simont. Mont.: Julio Peña. Intérpretes: Francisco Rabal, Isabel de Pomés, Luis Peña, Alberto Farnese, Luisella Boni, José Marco Davó, Barta Barry, José Sepúlveda, Valeriano Andrés, Adela Carboné, Jacinto Martín. Color - 92 min.

Las chicas de la Cruz Roja. P.: Asturias Films. D.: Rafael J. Salvia. G.: Pedro Masó y Rafael J. Salvia.

F.: Alejandro Ulloa. M.: Augusto Algueró. Dec.: Enrique Alarcón. Mont.: José Antonio Rojo. Int.: Conchita Velasco, Luz Márquez, Katia Loritz, Mabel Karr, Tony Leblanc, Antonio Casal, Arturo Fernández, Pedro Porcel, Adrián Ortega, Raúl Cancio, Marcelino Ornat, Ángel Ter, Ricardo Zamora, Jr. Color - 83 min.

Los jueves, milagro. P.: Ariel Films (España)/Domiziana Continentale (Italia). D.: Luis G. Berlanga. G.: Luis G. Berlanga y José Luis Colina. F.: Francisco Sempere. M.: Franco Ferrara. Dec.: Enrique Alarcón. Mont.: Pepita Orduña. Int.: Richard Basehart, José Isbert, Juan Calvo, Paolo Stoppa, Alberto Romea, Guadalupe Muñoz Sampedro, Félix Fernández, Manuel de Juan, José Luis López Vázquez, Manuel Alexandre, Nicolas D. Perchicot. Blanco y negro - 86 min.

El último cuplé. P.: Orduña-CIFESA. D.: Juan de Orduña. G.: Antonio Mas-Guindal y José María de Arozamena. F.: José F. Aguayo. M.: Manuel Solano y tonadillas populares de 1900. Dec.: Sigfrido Burmann. Mont.: Antonio Cánovas. Int.: Sara Montiel, Armando Calvo, Matilde Muñoz Sampedro, José Moreno, Enrique Vera, Julita Martínez, Alfredo Mayo, José María Cafarell, Lali del Amo, Beni Moreno, Aurora García Alonso, Erasmo Pascual, Rafaela Aparicio. Color - 110 min.

La venganza. P.: Suevia Films-Guión P. C. (España)/Vides (Italia). Pr.: Benito Perojo y Manuel J. Goyanes. D.: Juan Antonio Bardem. G.: Juan Antonio Bardem. F.: Mario Pacheco. M.: Isidro B. Maiztegui, con solos de guitarra de Rodrigo Riera. Dec.: Enrique Alarcón. Mont.: Margarita Ochoa. Int.: Raf Vallone, Carmen Sevilla, Jorge Mistral, José María Prada, Fernando Rey, Manuel Alexandre, Arnaldo Foa, Louis Seigner, Manuel Peiró, Conchita Bautista, Xan das Bolas. Color - 92 min.

1958

¿Dónde vas, Alfonso XII? P.: PECSA Films. D.: Luis César Amadori. A.: basado en el relato de Manuel Tamayo y en algunas escenas de la pieza de Juan Ignacio Luca de Tena. G.: Luis Marquina y Gabriel Peña. F.: José F. Aguayo. M.: Guillermo Cases. Dec.: Enrique Alarcón. Mont.: Antonio Ramírez. Int.: Vicente Parra, Paquita Rico, Mercedes Vecino, Tomás Blanco, José Marco Davó, Lucía Prado, Félix Dafauce, Ana María Custodio, Jesús Tordesillas, Mariano Azaña, Antonio Riquelme, Rafael Bardem, María Luisa Ponte. Color - 110 min.

El inquilino. P.: Films Españoles Cooperativa. D.: José Antonio Nieves Conde. G.: M. Sabares, José María Perea y José Antonio Nieves Conde. F.: Francisco Sempere. Int.: Fernando Fernán Gómez, María Rosa Salgado, José Marco Davó, Francisco Camoira. Blanco y negro - 89 min.

El pisito. P.: Documento Film. Pr.: Isidoro M. Ferri. D.: Marco Ferreri e Isidoro M. Ferry (acreditado). G.: Rafael Azcona. F.: Francisco Sempere. M.: Federico Contreras y Antonio Apruzzese. Dec.: Antonio Cortés. Mont.: José Antonio Rojo. Int.: Mary Carrillo, José Luis López Vázquez, Concha López Silva, José Cordero, Andrés Moro, Célia Conde, María Luisa Ponte, Ángel Álvarez. Blanco y negro - 87 min.

Un vaso de whisky. P.: Este Films-PEFSA. D.: Julio Coll. G.: Germán Huici y Julio Coll. F.: Salvador Torres. M.: Xavier Montsalvatge y José Solá. Int.: Rossana Podestá, Arturo Fernández, Yelena Samarina, Maruja Bustos, Carlos Larrañaga, Gisia Paradís, Jorge Rigaud. Blanco y negro - 91 min.

La vida por delante. P.: Estela Films. Pr.: José María Rodríguez. D.: Fernando Fernán Gómez. G.: Manuel Pilares y Fernando Fernán Gómez. F.: Ricardo Torres. M.: Rafael de Andrés. Dec.: Eduardo Torre de la Fuente. Mont.: Rosa M. Salgado. Int.: Analía Gadé, Fernando Fernán Gómez, José Isbert, Manuel Alexandre, Pilar Casanova, Félix de Pomés, Carmen López, Carola Fernán Gómez, Manuel de Juan, Rafael Bardem, Rafaela Aparicio. Blanco y negro - 89 min.

1959

El baile. P.: Carabela Films. Pr.: José Antonio Yrrisarry. D.: Edgar Neville. A. y G.: Edgar Neville, basado en su propia comedia teatral. F.: José F. Aguayo. M.: Gustavo Pittaluga. Dec.: Enrique Alarcón. Mont.: José Antonio Rojo. Int.: Conchita Montes, Alberto Closas, Rafael Alonso, Josefina Serratosa, Mercedes Barranco, Pedro Fenollar, Milagros Guijarro, José María Rodríguez, Antonio Calvo, María de los Ángeles Acevedo. Color - 95 min.

Los chicos. P.: Época Films-Tecisa-Procusa. D.: Marco Ferreri. A.: Leonardo Martín. G.: Marco Ferreri y Leonardo Martín. F.: Francisco Sempere. M.: Miguel Asins Arbó. Dec.: Francisco Canet. Mont.: José Antonio Rojo. Int.: Joaquín Zaro, Alberto Jiménez, José Sierra, Ana María Vidal, Adriano Rimoldi, Félix Dafauce, Rosario García Ortega, María Luisa Ponte, José Luis García, Mari Carmen Aymat, Carmen Francoi, Irene Daina, Conchita Gómez Conde, Carlos Díaz de Mendoza, Matilde Asensio. Blanco y negro - 90 min.

Los golfos. P.: Films 59. Pr.: Pere Portabella. D.: Carlos Saura. G.: Mario Camus, Daniel Sueiro y Carlos Saura. F.: Juan Julio Baena. M.: Antonio Ramírez Ángel y José Pagán. Dec.: Enrique Alarcón. Mont.: Pedro del Rey. Int.: Manuel Zarzo, José Luis Marín, Óscar Cruz, María Mayer, Juanjo Losada, Ramón Rubio, Rafael Vargas. Blanco y negro - 83 min.

El lazarillo de Tormes. P.: Hesperia Films-Mercurio (España)/Vertix Film (Italia). D.: César Ardavín. A.: basado en la famosa novela picaresca, de autor anónimo. G.: César Ardavín. F.: Manuel Berenguer. M.: Salvador Ruiz de Luna y Emilio Lehmberg. Dec.: Eduardo Torre de la Fuente. Mont.: Magdalena Pulido. Int.: Marco Paoletti, Carlos Casaravilla, Juanjo Menéndez, Carlos Pisacane, Memmo Carotenuto, Margarita Lozano, Antonio Molino Rojo, Mary Paz Pondal. Blanco y negro - 110 min.

Sonatas / Aventutas del marqués de Bradomín. P.: UNINCI (España)/ Producciones Barbachano Ponce (México). D.: Juan Antonio Bardem. A.: basado en obras de Ramón María del Valle-Inclán, con escenas adicionales de José Revueltas y Juan de la Cabada. G.: Juan Antonio Bardem. F.: Gabriel Figueroa y Cecilio Paniagua. M.: Isidro M. Maiztegui y Luis H. Bretón. Dec.: Francisco Canet y Gunther Gerzso. Mont.: Margarita Ochoa. Int.: Francisco Rabal, María Félix, Fernando Rey, Aurora Bautista, Carlos Casaravilla, Ignacio López Tarso, Carlos Rivas, Nela Conjiú, Manuel Alexandre, Rafael Bardem, Enrique Lucero. Color - 114 min.

Los tramposos. P.: Ágata Films. Pr.: José Luis Dibildos. D.: Pedro Lazaga. G.: José Luis Dibildos. F.: Manuel Merino. M.: Antón García Abril. Int.: Tony Leblanc, Concha Velasco, Antonio Ozores, Laura Valenzuela, José María Rodero, José Luis López Vázquez. Color - 85 min.

1960

El cochecito. P.: Films 59. Pr.: Pere Portabella. D.: Marco Ferreri. G.: Rafael Azcona y Marco Ferreri. F.: Juan Julio Baena. M.: Miguel Asins Arbó. Dec.: Enrique Alarcón. Mont.: Pedro del Rey. Int.: José Isbert, José Luis López Vázquez, Pedro Porcel, María Luisa Ponte, Lepe, Antonio Gavilán, Ángel Álvarez, Chus Lampreave, Carmen Santoja. Blanco y negro - 88 min.

Maribel y la extraña familia. P.: Tarfe Films. Pr.: Marciano de la Fuente. D.: José María Forqué. A.: basada en la comedia teatral de Miguel Mihura. G.: Miguel Mihura, Luis Marquina, Vicente Coello y José María Forqué. F.: José F. Aguayo. M.: Manuel Parada. Int.: Silvia Pinal, Adolfo Marsillach, Julia Caba Alba, Guadalupe Muñoz Sampedro, José Orjas, Erasmo Pascual. Blanco y negro - 101 min.

Un rayo de luz. P.: Suevia Films-Guión P. C. Pr.: Benito Perojo y Manuel J. Goyanes. D.: Luis Lucía. A. y G.: Manuel y Félix Atalaya. F.: Manuel Berenguer. M.: Gregorio García Segura. Int.: Marisol, Anselmo Duarte, María Mahor, Julio Sanjuán, María del Valle, Rafaela Rodríguez, Félix Fernández, María Isbert. Color - 104 min.

CRONOLOGÍA

1931
31 enero. Berenguer anuncia elecciones a Cortes. Dimisión del Gobierno a causa de la abstención de los republicanos, socialistas y comunistas.
18 febrero. El almirante Aznar forma nuevo Gobierno: agitación estudiantil.
12 abril. Elecciones municipales en España: se pone de manifiesto que las grandes ciudades son republicanas.
14 abril. Proclamación de la II República española.
18 abril. Formación de la Generalitat de Cataluña
10-11 mayo. Quema de conventos.
Mayo-junio. Decretos sobre educación laica, sobre rentas rurales y cultivo obligatorio.
28 junio. Elecciones para Cortes Constituyentes.
9-14 octubre. Manuel Azaña forma el Gobierno, con el apoyo del Partido Socialista.
9 diciembre. Nueva Constitución española; Alcalá Zamora, presidente.
Manchuria: los japoneses en China.
El millón, de René Clair; *M, el vampiro de Düseldorf*, de Fritz Lang.
El poema de Nadal, de Josep María de Sagarra.

1932
Enero. Agitación social en España. Puesta en vigor la Ley de Divorcio.
Marzo. Se autoriza el paso a la reserva a los generales no republicanos.
28 julio. Ley de Orden Público.
10 agosto. Sublevación del general Sanjurjo, en Sevilla.
Septiembre. Leyes de Reforma Agraria y del Estatuto de Cataluña.
Hindenburg, reelegido presidente de la República de Weimar.
Ascenso del Partido nazi.
Scarface, el terror del hampa, de Howard Hawks.
Diccionari General de la Lengua Catalana, de Pompeu Fabra;
Terres de l'Ebre, de S. J. Arbó.

1933
Enero. Motines anarquistas en Cataluña y Casas Viejas.
Febrero. Alemania: incendio del Reichstag.
3 marzo. Hitler en el poder
Abril. Elecciones municipales desfavorables al gobierno Azaña.
Mayo. Ley de Congregaciones Religiosas, que será condenada después por una Carta pastoral.
9 octubre. Martínez Barrio forma nuevo Gobierno: disolución de las Cortes.
29 octubre. José Antonio, hijo del general Primo de Rivera, funda Falange Española.

5 noviembre. Plebiscito para el Estatuto Vasco.
19 noviembre. Victoria electoral de la derecha: el radical Alejandro Lerroux forma nuevo Gobierno, con el apoyo de Gil Robles (CEDA).
Diciembre. Alzamiento anarquista en Cataluña y Aragón.
Franklin D. Roosevelt, presidente de los Estados Unidos.
Fracaso de la Conferencia Económica Mundial.
King Kong, de Schoedsack y Cooper.

1934
Marzo. Huelga general en Zaragoza, organizada por el líder anarquista Buenaventura Durruti.
Abril. Ocupación de Ifni.
23 abril. Dimite el gobierno Lerroux; Samper, nuevo jefe del Gabinete. Crisis por la anmistía al general Sanjurjo.
5-11 junio. Huelga de campesinos en Andalucía y Extremadura.
Agosto. Muere el mariscal Hindenburg; Hitler, nuevo presidente del III Reich
Golpe de Estado nazi en Austria.
Alemania abandona la Sociedad de Naciones; mientras ingresa la URSS,
USA establece relaciones diplomáticas con la Unión Soviética.
Final de la Guerra Civil en China: derrota de Chiang-kai Shek.
Mao Tse-tunc inicia la "Larga marcha".
Revolución en México.
1 octubre. Dimisión del gobierno Samper: Lerroux vuelve a formar Gabinete, con tres ministros católicos.
6 octubre. Revolución en Asturias y Cataluña; declaración de estado de guerra.
Hombres de Arán, de Robert Flaherty;
L'Atalante, de Jean Vigo.

1935
13 marzo. Discurso de Marcel·lí Domingo (Esquerra Republicana), pidiendo la unidad de la izquierda.
30 marzo. Inestabilidad ministerial: entran cinco ministros de la CEDA en el nuevo Gobierno republicano. Después, José María Gil Robles es nombrado ministro de Guerra.
Alemania militariza Rumania.
Italia: guerra de Abisinia.
Se inicia la crisis etíope.
29 octubre. Alejandro Lerroux, obligado a dimitir por el escándalo del *straperlo*.
Diciembre. Nuevo Gabinete español, presidido por Portela Valladares.
El PSOE vota la coalición con Izquierda Republicana.
La Kermesse heroica, de Jacques Feyder;
Sueño de amor eterno, de Henry Hathaway.

1936
7 enero. Disolución del Parlamento español.
Formación de frentes populares en Francia y España.
16 febrero. Elecciones generales: victoria del Frente Popular español.
19 febrero. Azaña forma gobierno; amnistía a los presos políticos.
29 febrero. Restablecimiento de la Generalitat de Cataluña.
15 marzo. La Falange Española declarada ilegal: detención de José Antonio.
Ultimátum del Ejército a Manuel Azaña sobre los desórdenes de la República.
12-13 julio. Asesinatos del teniente de la Guardia de Asalto José Castillo, y del diputado monárquico José Calvo Sotelo.

17 julio. Pronunciamiento de la guarnición de Melilla: comienza el Alzamiento nacional.
18-20 julio. La sublevación militar se extiende por la Península: empieza la Guerra Civil española.
19 agosto. Fusilamiento del poeta Federico García Lorca.
4 septiembre. Gobierno de Largo Caballero, con republicanos, socialistas y comunistas.
7 septiembre. José Antonio de Aguirre forma el Gobierno vasco.
27 septiembre. Gobierno de la Generalitat de Cataluña, con Esquerra Republicana, el PSUC y el POUM; participación anarquista. Se inicia también el sitio del Alcázar de Toledo.
1 octubre. El general Franco, jefe del Gobierno de la España nacional.
Comienzan los procesos de "purgas" estalinistas en la URSS.
2 noviembre. Frente de Madrid.
6 noviembre. El Gobierno republicano se traslada a Valencia.
20 noviembre. José Antonio es ejecutado en Alicante; Durruti muere en extrañas circunstancias.
Tiempos modernos, de Charles Chaplin; *Furia*, de Fritz Lang.

1937
Enero. Eje Roma-Berlín-Tokio.
Independencia de Irlanda.
18 abril. Unificación del Movimiento Nacional, con la fusión de Falange Española y la Comunión Tradicionalista (Requeté).
26 abril. Bombardeo de Guernica.
3-8 mayo. Guerra civil en Barcelona.
17 mayo. Tras la caída del Gobierno de Largo Caballero, se forma el gabinete Negrín.
18 junio. Caída de Bilbao.
1 julio. Carta colectiva de los obispos españoles.
6-26 julio. Batalla de Brunete.
Inicio de la guerra chino-japonesa.
15 diciembre. Los republicanos toman Teruel. El general Franco abandona el frente de Madrid.
La gran ilusión, de Jean Renoir; *Guernica*, de Picasso.

1938
Los nacionales dividen a la España republicana en dos zonas.
Marzo. Alemania se anexiona Austria.
Julio. Comienza la ofensiva y batalla del Ebro.
Septiembre. Pacto de Múnich.
Octubre. Hitler se anexiona Checoslovaquia.
Exposición Internacional de Surrealismo, en París.
23 diciembre. Ofensiva de Catalunya; cae Tarragona.
Alexander Nevski, de S. M. Eisenstein.

1939
26 enero. Cae Barcelona.
Febrero. Rendición de Girona.
Marzo. Protectorado de Bohemia.
21 marzo. Reclamaciones alemanas de Polonia.
28 marzo. Los nacionales entran en Madrid.
1 abril. Fin de la Guerra Civil española: último parte del general Franco.
España firma el Pacto Anti-Komintern.
19 mayo. Primer desfile de la Victoria: participa la Legión Cóndor y las tropasmarroquíes e italianas.
29 julio. Decreto sobre la Enseñanza en España: los profesores deben impartir la docencia de acuerdo con el dogma y la moral católica.

Agosto. Pacto germano-soviético.
8 agosto. Ley Fundamental sobre el nuevo Gobierno español: se crea el Alto Estado Mayor y la Junta de Defensa Nacional.
25 agosto. Garantía británica a Polonia.
1 septiembre. Estalla la Segunda Guerra Mundial.
4 septiembre. España se declara neutral ante la guerra.
7 septiembre. Devolución de las fincas intervenidas por el Instituto de Reforma Agraria, el cual es sustituido por el Instituto Nacional de Colonización.
20 noviembre. Los restos mortales del fundador de la Falange, José Antonio Primo de Rivera, son trasladados al Monasterio de El Escorial.
26 noviembre. Ley de Bases para la "colonización de grandes zonas". Integración de todas las asociaciones de estudiantes en el SEU (Sindicato Español Universitario), el cual se constituye dentro del Movimiento Nacional.
Ante la dura represión del Tribunal de Responsabilidades Políticas del nuevo Estado español, el cardenal Gomá hace un llamamiento al perdón, en una pastoral de reconciliación –*Lecciones de la Guerra y de la Paz*–, que es censurada por el Gobierno de Franco.
Muere en el exilio Antonio Machado.
La diligencia, de John Ford;
Lo que el viento se llevó, de Victor Fleming.
Caballero sin espada, de Frank Capra.

1940
Ocupación alemana de Bélgica y los Países Bajos.
1 marzo. España: Ley especial contra la francmasonería y el comunismo.
Mayo. Gran Bretaña: Churchill forma gobierno.
Comienza la batalla de Inglaterra.
Ocupación alemana de Francia.
Junio. El Gobierno español se declara su "no beligerancia" en la II Guerra Mundial.
España ocupa provisionalmente Tánger, asegurando la situación del Protectorado marroquí.
Julio. El mariscal Pétain, jefe de la Francia de Vichy.
Octubre. Proceso y fusilamiento de Lluís Companys, presidente de la Generalitat de Catalunya, en el castillo de Montjuïc.
22 octubre. El general Franco se entrevista con Hitler en Hendaya.
24 octubre. Entrevista Hitler-Pétain.
Pacto tripartito entre Alemania, Italia y Japón.
Comienza la dominación alemana de Europa; política antisemita.
España: creación del CSIC (Consejo Superior de Investigaciones Científicas).
Ley de unidad sindical: con el "verticalismo" se pretende superar la lucha de clases.
Se instituye el Frente de Juventudes.
El gran dictador, de Chaplin;
Las uvas de la ira, de Ford.
Juan Nadie, de Capra;
El Concierto de Aranjuez, de Joaquín Rodrigo.

1941
24 enero. Creación de la RENFE, empresa nacional que absorbió todos los ferrocarriles españoles de ancho normal.
Febrero. Entrevista de Mussolini con Franco y Ramón Serrano Súñer, ministro de la Gobernación y después de Asuntos Exteriores, en Bordighera.
28 febrero. Fallecimiento en Roma del rey Alfonso XIII: antes de morir nombra sucesor de la dinastía

borbónica en España a su hijo Don Juan, conde de Barcelona.
Marzo. Ley de Crédito y Arriendo, en Estados Unidos.
España: Ley para la Seguridad del Estado.
Junio. Alemania ataca a la URSS.
Rudolf Hess vuela a Escocia.
13 julio. Se constituye la División Azul contra la URSS y de apoyo al III Reich.
Concordato entre el Gobierno español y la Santa Sede.
14 agosto. Carta del Atlántico.
Septiembre. Creación del Instituto Nacional de Industria (INI).
Organización de la Milicia Universitaria.
El obispo de Calahorra, Fidel García, ordena dar lectura a la encíclica papal contra el nazismo, *Mit brennender Sorge*.
Octubre. Comienza la batalla de Moscú.
Los aliados inician los bombardeos a Alemania.
Retroceso en la fabricación de armas.
Diciembre. Ataque japonés a Pearl Harbor.
8 diciembre. USA entra en la II Guerra Mundial.
Primeras Normas de Protección al cine español. Se establece también la obligatoriedad del doblaje de películas extranjeras, así como los premios del Sindicato Nacional del Espectáculo.
Ciudadano Kane, de Orson Welles;
El sargento York, de Hawks.

1942
Enero. Exhibición del primer NO-DO (Noticiario Español): todas las salas del país tienen obligación de proyectarlo; posee el *slogan* "el mundo entero al alcance de todos los españoles".
Comienzan los trabajos de construcción del Valle de los Caídos, con presos del lado republicano de la Guerra Civil.
17 febrero. Encuentro Franco-Salazar en Sevilla: preparan la constitución del Bloque Ibérico.
Batalla de Stalingrado.
24 mayo. Regresa a España el primer cuerpo de la Divisón Azul.
17 julio. Ley de creación de las Cortes Españolas: cámara encargada de la preparación y elaboración de leyes.
Agosto. Entrevista Stalin-Churchill-Harriman, en Moscú.
Septiembre. El conde de Jordana, nuevo ministro de Asuntos Exteriores, facilita el desembarco angloamericano en África.
20 septiembre. Creación del Bloque Ibérico, entre España y Portugal.
23 noviembre. Reestructuración de la Censura cinematográfica española.
Casablanca, de Michael Curtiz;
Ser o no ser, de Ernst Lubitsch.
El cuarto mandamiento, de Welles.
La familia de Pascual Duarte, de Camilo José Cela;

1943
Los aliados invaden Italia; caída de Mussolini.
Ofensivas soviéticas.
Marzo. Primera sesión de las Cortes: se reinaugura el Parlamento español.
Octubre. Retirada de la División Azul.
España: creación del Instituto de la Vivienda. Ley de Ordenación de sistema educativo.
Ofensiva del general MacArthur, en el Pacífico.
3 octubre. España abandona la "no beligerancia" en la II Guerra Mundial, para volver a la neutralidad.

Noviembre. Conferencia en El Cairo. Nuevas operaciones bélicas en el Pacífico
Diciembre. Termina la Conferencia de Teherán.
Dies irae, de Dreyer;
La sombra de una duda, de Hitchcock.

1944
Febrero. El heredero del trono español, Don Juan de Borbón, envía un telegrama a Franco invitándole a abandonar el poder.
Desembarco aliado: comienza la liberación de Europa occidental.
24 mayo. Tras acuerdos económicos con los Aliados, Winston Churchill pronuncia un discurso favorable al régimen franquista.
Se inicia la conquista de las Filipinas.
Octubre. España: primeras elecciones con voto nominal del Sindicato Vertical.
Los "maquis" invaden el Valle de Arán.
Iván el Terrible, de Eisenstein;
La mujer del cuadro, de Lang.
Hijos de la ira, de Dámaso Alonso;

1945
Febrero. Conferencia de Yalta.
12 abril. Muere Franklin D. Roosevelt; Harry Truman, nuevo presidente USA.
28 abril. Fusilamiento de Benito Mussolini.
30 abril. Suicidio de Adolf Hitler.
Capitulación de Alemania.
Junio. Carta de las Naciones Unidas: 51 estados miembros.
17 julio. Creación del Fuero de los Españoles y de la Ley Municipal.
Julio-agosto. Conferencia de Postdam, donde se advierte "que las tres grandes Potencias desoirán cualquier petición hecha por el actual Gobierno español para su ingreso en la ONU: comienza el aislamiento diplomático y la retirada de Embajadores.
6 agosto. Bomba atómica en Hiroshima.
8 agosto. La URSS declara la guerra al Japón.
9 agosto. Bombardeo atómico sobre Nagasaki.
2 septiembre. Capitulación de Japón.
22 octubre. España: Ley de Referéndum Nacional.
Plan Quinquenal de la RENFE.
Se crea la Dirección General de Cinematografía y Teatro.
Comienza la división de Europa y la ocupación aliada de Alemania.
Inicio de la IV República Francesa y del Gobierno laborista británico de Attlee
La ONU niega la entrada de la España de Franco en la organización.
África: Imperios coloniales; sólo 4 estados independientes.
Asia: creación de la Liga Árabe.
El general Perón, nuevo presidente de Argentina.
Formación de bloques: comienza la Guerra Fría. Doctrina Truman, en USA.
Fleming, premio Nobel de Medicina.
Roma, ciudad abierta, de Rossellini.
Nuevo Glosario, de Eugeni D'Ors.

1946
República italiana: De Gasperi.
Proceso de Nüremberg.

9 febrero. La Asamblea de la ONU condena nuevamente al régimen de Franco.
1 marzo. Francia cierra la frontera de los Pirineos.
30 octubre. El régimen de Franco firma de un convenio comercial con la Argentina de Perón
9 diciembre. Manifestación de protesta en Madrid por la actitud de la ONU; retirada de embajadores extranjeros. Comienza la autarquía de la Dictadura franquista.
El limpiabotas, de Vittorio de Sica;
Los mejores años de nuestra vida, de Wyler.
Nada, de Carmen Laforet.
Se funda el Instituto de Cultura Hispánica.

1947
9 febrero. Francia abre su frontera con España.
26 febrero. Creación en Madrid del Instituto de Investigaciones y Experiencias Cinematográficas (después Escuela Oficial de Cinematografía-EOC).
Tratado de Paz, en París.
Comienza el Plan Marshall.
Formación del Benelux.
Organización de los Estados Americanos (OEA).
1 abril. Franco anuncia la Ley de Sucesión en la Jefatura del Estado español y la creación del Consejo del Reino.
Mayo. Visita de Eva Perón a Madrid.
Acuerdos comerciales españoles con Francia e Inglaterra.
Nace el COMECON.
Junio. El "caso español" es descartado de la Organización de Naciones Unidas.
6 julio. Referéndum Nacional, que confirma a Francisco Franco como Jefe del Estado español según la nueva Ley de Sucesión.
15 agosto. Independencia de la India y el Pakistán
Se inicia el fin de los Imperios inglés y holandés.
Poesies, de Màrius Torres. Muere Francesc Cambó.
Las dama de Shanghai, de Welles;
El tesoro de Sierra Madre, de John Huston.

1948
30 enero. Asesinato de Gandhi.
Marzo. La Cámara de Representantes de los Estados Unudos aprueba la inclusión de España en el Plan Marshall.
La Guerra Fría y la crisis de Berlín favorecerán el fin del "aislamiento" español.
15 mayo. Creación del Estado de Israel.
24 junio. Bloqueo de Berlín.
Checoslovaquia: invasión soviética; Yugoslavia rompe con la URSS.
Separación de Irlanda de la Commonwealth.
25 agosto. Encuentro en el yate "Azor" de Don Juan de Borbón con el Jefe del Estado español: Franco le propone que la monarquía sea restablecida en la persona del príncipe Juan Carlos y recomienda al conde de Barcelona renuncie en favor de su hijo.
Chiang-kai Shek, reelegido presidente de China.
Ladrón de bicicletas, de De Sica;
La terra trema, de Luchino Visconti.

1949
Constitución de la República Federal Alemana y de la República Democrática Alemana.

Adenauer, canciller de Alemania Occidental.
Holanda abandona Indonesia.
URSS: la bomba atómica.
Triunfo comunista en China; Chiang-kai Shek se refugia en Taiwán.
Nace la OTAN.
21 abril. España: Ley de "Colonización y distribución de la propiedad", que fija a la propiedad rural un límite a partir del cual los excedentes son susceptibles de expropiación.
Septiembre. El rey de Jordania, Abdullag, visita España.
Octubre. Viaje de Franco a Portugal.
La heredera, de William Wyler;
El tercer hombre, de Carol Reed.
Historia de una escalera, de Buero Vallejo.

1950
5 julio. Primer acuerdo hispano-norteamericano.
Comienza la Guerra de Corea.
Agosto. La Cámara de Representantes USA vota el primer crédito en favor de España.
31 octubre. A propuesta de la República Dominicana, España es admitida en la Organización de Alimentación y Agricultura de la ONU.
5 noviembre. Las Naciones Unidas aceptan el restablecimiento de las relaciones diplomáticas con España; se anuncia el regreso de embajadores a Madrid.
Rashomon, de Akira Kurosawa;
Los olvidados, de Luis Buñuel.
Canto general, de Pablo Neruda.

1951
Marzo. Huelga de transportes en Barcelona.
Abril. Huelga en el País Vasco.
España es admitida en la Organización Mundial de la Salud, en *United Press International* y en la Organización de la Aviación Civil Internacional.
19 julio. Quinto Gobierno de Franco: el almirante Luis Carrero Blanco, secretario del Consejo de Ministros.
Gobierno de Churchill.
Balduino, rey de Bélgica.
Nace la Comunidad Económica del Carbón y el Acero (CECA).
El ingreso nacional español, tras una política económica autárquica, logra nivelarse con el del año 1935.
Primer préstamo USA a España.
Paz de San Francisco, con Japón.
El film *Surcos*, de Jose Antonio Nieves Conde, provoca polémica y la dimisión de José María García Escudero, en su primer mandato como Director General de Cine.
Diario de un cura rural, de Robert Bresson;
Extraños en un tren, de Hitchcock.
La colmena, de Cela.

1952
Gran Bretaña: muere Jorge IV; le sucede Isabel II.
República de Egipto.
El general Eisenhower, nuevo presidente USA.
7 abril. Aprobación del Plan Badajoz, por una ley que abarca una amplia planificación regional.
Mayo. Suspensión de las cartillas de racionamiento de víveres, en España.

Se celebra en Barcelona el XXXV Congreso Eucarístico Internacional.
16 junio. Nuevas Nornas de Clasificación de películas españolas.
Octubre. España ingresa en la UNESCO.
Martín Artajo, ministro de Asuntos Exteriores, visita los Países Árabes.
Fundación del grupo terrorista ETA.
Cantando bajo la lluvia, de Donen y Kelly;
¡Viva Zapata!, de Elia Kazan.
Otelo, de Welles;
Solo ante el peligro, de Fred Zinnemann.
Candilejas, de Chaplin;
Ikiru, de Kurosawa.

1953
Abril. Estreno del film de Berlanga *¡Bienvenido, Míster Marshall!*, tras su triunfo en el Festival de Cannes (donde tuvo un pequeño conflicto diplomático con USA).
27 agosto. España: se firma el Concordato con la Santa Sede.
29 septiembre. Pacto hispano-norteamericano, tras la muerte de Stalin.
Diciembre. Huelga en Vizcaya.
Creación de la Filmoteca Nacional y del Festival Internacional de Cine de San Sebastián.
Cuentos de la luna pálida de agosto, de Kenji Mizoguchi;
Los inútiles, de Fellini;
Las vacaciones de Monsieur Hulot, de Jacques Tati.
On he deixat les claus..., de J. V. Foix.

1954
Francia envía tropas a Argelia: inicio de la guerra.
Abril. Capitulación francesa en Diem Bien Phu.
Mayo. Conferencia de Ginebra: la antigua Indochina queda dividida en Laos, Camboya, Vietnam del Norte y Vietnam del Sur.
Junio. Trujillo, presidente de Santo Domingo, visita España.
Se celebra el V Congreso del Partido Comunista español: programan un frente nacional antifranquista.
Paraguay: Dictadura de Stroessner.
España: ley de Viviendas de renta limitada. Reactivación del sector industrial.
Acto de afirmación monárquica en Estoril.
El húngaro Ladislao Vajda triunfa con el film *Marcelino pan y vivo*a.
Senso, de Visconti;
La Strada, de Fellini;
La ley del silencio de Kazan.
El caminant i el mur, de Salvador Espriu.

1955
2 abril. Llegada en el "Semíramis" de los prisioneros de la División Azul.
Alemania ingresa en la OTAN.
Conferencia de Bandung.
Pacto de Varsovia.
14-19 mayo. I Conversaciones Nacionales de Cinematografía, en Salamanca: se ponen las bases para la renovación del cine español.
Junio. El rey Hussein de Jordania visita España.
La inflación adquiere un ritmo alarmante: 3,9% de alza de precios, que alcanzaría el 9,1 y 16,7% en los años subsiguientes.

1 noviembre. El secretario de Estado norteamericano, Foster Dulles, visita a Franco en El Pardo.
Diciembre. Ingreso de España en la ONU.
La palabra, de Dreyer;
Rebelde sin causa, de Nicholas Ray.
El Jarama, de Rafael Sánchez Ferlosio.

1956
Febrero. Manifestación estudiantil en España. Se suspende el Congreso Universitario de Escritores Jóvenes.
Dimisión de Pedro Laín Entralgo como rector de la Universidad de Madrid; dimiten también los ministros Ruiz Jiménez y Raimundo Fernández Cuesta.
Suspensión por tres meses de los artículos 14 y 18 de la Constitución española.
AbrilMohamed V, rey de Marruecos, visita España.
Independencia del Protectorado español de Marruecos.
Francia y Gran Bretaña: guerra contra Egipto.
Crisis del canal de Suez: ataque de Israel a Egipto.
República islámica del Pakistán.
Japón ingresa en la ONU.
URSS: Kruschev proclama la "coexistencia pacífica": invasión de Hungría.
El séptimo sello, de Ingmar Bergman;
Un condenado a muerte se ha fugado, de Bresson.

1957
Tratado de Roma: creación del Mercado Común Europeo.
Febrero. España: aumenta la inflación; formación de un nuevo Gobierno: nombramiento de diversos técnicos y economistas.
Noviembre. Ataques marroquíes a Ifni y al Sahara español.
Fresas salvajes, de Bergman;
Senderos de gloria, de Stanley Kubrick.

1958
El general De Gaulle, presidente de la V República Francesa.
17 julio. Ley Fundamental de Principios del Movimiento Nacional español.
1 agosto. Inauguración del Valle de los Caídos.
Huelgas en el País Vasco y Asturias. Movilización estudiantil.
Muere el papa Pío XII; elección de Juan XXII.
África: comienza el fin de los Imperios coloniales británico, francés y belga.
Sed de mal, de Welles;
Mi tío, de Tati.

1959
Entrevista Eisenhower-Kruschev.
Julio. España: Plan de Estabilización Económica. Los ministros Ullastres y Navarro-Rubio, de acuerdo con la OECE y el Fondo Monetario Internacional, elaboran un plan que sería respaldado con créditos de estos organismos, por el Gobierno USA y la banca privada.
30 julio. Ley sobre el Orden Público.
Excelentes cosechas, que mejoran los ingresos de los cultivadores y activa el comercio exterior.
Los territorios de Guinea Ecuatorial son equiparados al resto de las provincias
españolas.
Revolución cubana: Fidel Castro, en el poder.

Indonesia: Dictadura de Sukarno.
Diciembre. El presidente Eisenhower visita España.
Severo Ochoa, premio Nobel de Medicina.
Juan XXIII anuncia oficialmente el Concilio Vaticano II.
Los cuatrocientos golpes, de Truffaut;
Al final de la escapada, de Godard.

1960
Independencia de Chipre.
La ONU declara el "Año Internacional de África": procesos de independencia.
John F. Kennedy, nuevo presidente USA.
Marzo. España: baja la cifra de parados a 120.000, que coincide con la salida de un gran porcentaje de mano de obra hacia los centros industriales de la Europa del Mercado Común.
Diciembre. El Ministerio del Obras Públicas lleva a las Cortes un amplio plan de renovación de la red de carreteras españolas.
La noche, de Antonioni;
Rocco y sus hermanos, de Visconti.
El criminal, de Losey;
Psicosis, de Hitchcock;
Éxodo, de Otto Preminger.
La pell de brau, de Salvador Espriu.

Tercera parte
ETAPA MODERNA
(1961-1975)

CAPÍTULO 8
García Escudero y el Nuevo Cine español

En 1962, con la segunda llegada de José María García Escudero a la Dirección General de Cinematografía –bajo el mandato ministerial de Manuel Fraga Iribarne– se intentó paliar la situación endémica del cine español: nuevas normas de censura (O. M. del 9-XI-1963) y otro sistema de protección (O. M. del 19-VIII-1964), a dos niveles: para las películas "comerciales" o consumistas; y para filmes "culturales" o artísticos. El "proteccionismo" dependía ahora, por un lado, del mayor rendimiento en taquilla (con el consiguiente y defectuoso "control") y, por otro, del llamado "interés especial", otorgado a aquellas obras cinematográficas que ofreciesen un particular interés para el Estado, tanto por razones políticas, sociales, morales o educativas (cintas especialmente adecuadas para menores), como por su ambición artística, y primordialmente por incorporar jóvenes valores a la profesión.

Pero ¿cuál sería la política cinematográfica de García Escudero? Aunque sigue siendo discutida su gestión, es obvio que su política significaría el clímax o culmen de la evolución del moderno cine español. Veamos resumidos, por tanto, sus puntos principales, según la síntesis que ofrece muy bien el especialista legislativo Fernando Vizcaíno Casas:[1]

> *a*) Protección económica: implantación de un nuevo sistema, que sustituyera los modelos anteriores, basados en la subjetividad de las Juntas y en los criterios de los miembros, por una fórmula objetiva que, siguiendo los modelos francés e italiano, impartiera la protección económica a las películas españolas de conformidad con sus rendimientos en taquilla.
> *b*) Unidad legislativa: refundición, en lo posible, de todas las disposiciones legales que afectaban a la materia cinematográfica, en un texto unitario que evitase los problemas y las confusiones que llevaba consigo la anterior dispersión de normas.

c) Oportunidades: tratamiento de favor a los realizadores jóvenes procedentes de la Escuela Oficial de Cinematografía, entidad cuya dotación económica y posibilidades educativas se potenciaban sustancialmente.

d) Código de Censura: publicación de unas Normas que sirvieran de orientación a los profesionales acerca de lo que se podía y de lo que no se podía hacer. Con lo que, al menos, se establecía una línea de criterio a la que, en teoría –puntualizaba Vizcaíno Casas–, deberían someterse también los censores.

e) Cine infantil: fue, quizá, la más obsesiva preocupación de García Escudero. Conseguir una producción constante de películas especialmente destinadas a niños. Curiosamente, de todos sus proyectos resultó el menos viable.

Sin embargo, las facilidades financieras concedidas por la Administración a las películas de "interés especial" permitían lograr el reembolso del 50 por ciento y, a veces, inflando el presupuesto hasta el 90 y 100 por cien. Es decir, estas cintas tenían asegurada su amortización aunque el público les volviese la espalda, pues no era necesario devolver el dinero adelantado.

Estas bases legales dieron la oportunidad al nacimiento y desarrollo del denominado "nuevo cine español" e iniciaron una etapa distinta en nuestra pobre cinematografía.

Ciertamente, al albor de los años 60, época en que se produjo la "revolución de las nuevas olas", surgió en nuestro país un movimiento cinematográfico paralelo que llenó de esperanza a los aficionados hispanos y empezó a contar en los certámenes extranjeros. Su rechazo del cine oficioso-industrial sintonizaba con la actitud inconformista mantenida por el comentado tándem Berlanga-Bardem y un tanto con el "espíritu de Salamanca".

Para algunos, García Escudero fue el "padre" del Nuevo Cine español[2], quien habló de dos tendencias, la de Madrid –«social y celtibérica, en torno a la Escuela Oficial de Cinematografía»[3]– y la de Barcelona, la célebre "escuela" que tendrá un tratamiento aparte. Mientras su principal historiador, Manuel Villegas López, conviene: «Este nuevo cine español no ha surgido desde abajo, respondiendo a esa profunda e irrenunciable necesidad de renovación. Ha sido promovido, continuamente apoyado, estrictamente lanzado desde arriba, oficialmente»[4]. A lo que años después, respondería el entonces Director General, hoy fallecido:

«Efectivamente, así fue, y aunque –contrariamente a los que hablan de la "trampa" de la protección, ésta jamás fue utilizada para apretar los tornillos sobre sus beneficiarios (¿y cómo no, sin protección, no se podía haber hecho ese cine?), las condiciones de su nacimiento quizá expliquen lo que sucedió después. ¿O no? ¿Culpa de unos jóvenes a los que se les puso fácil el primer paso y que no han sabido dar por su cuenta los pasos sucesivos? ¿O consecuencia de habérseles retirado la confianza indispensable? Pregunto nada más –decía García Escudero–. Pero, en el peor de los casos, el nuevo cine español ha dejado tras de sí algunas películas importantes, ha incorporado nombres a la profesión, ha elevado el nivel general de la producción. No es todo lo que podía haber sido, pero es bastante más de lo que reconocen sus detractores: jóvenes, naturalmente.»[5]

Valga citar, con todo, una serie de autores y títulos que ya cuentan en la historia del cine español: Julio Diamante, con *Cuando estalló la paz (Los que no fuimos a la guerra*, 1962) y *El arte de vivir* (1965); Jordi Grau, con *Noche de verano* (1962) y *Una historia de amor* (1966); el hoy desaparecido Manuel Summers, con *Del rosa al amarillo* (1963), *La niña de luto* (1964) y *El juego de la oca* (1965); Mario Camus, con *Los farsantes*, *Young Sánchez* (ambas de 1963) y *Con el viento solano* (1965); Francisco Regueiro, con *El buen amor* (1963); Miguel Picazo, con *La tía Tula* (1964); Antonio Eceiza, con *De cuerpo presente* (1965); Basilio Martín Patino, con *Nueve cartas a Berta* (1965); Carlos Saura, con *La caza* (1965) y *Peppermint frappé* (1967); Vicente Aranda, con *Fata Morgana* (1965); Josep María Forn, con *La piel quemada* (1966); Angelino Fons, con *La busca* (1966); Gonzalo Suárez, con *Ditirambo* (1967), y muy poco más[6]. Cintas y cineastas que, si bien serían acogidos por muchos como la tan soñada "nueva ola" española, pronto se descubriría que carecíamos de una personalidad propia, genuinamente hispana, y que se vivía de mimetismos –Antonioni, por ejemplo– de otros autores y era en buena parte tributaria de cinematografías vecinas.

En todo caso, ¿cuáles son las características que definen a la escuela "mesetaria" del nuevo cine español (NCE)? He aquí, en síntesis, las principales premisas:

a) un estilo narrativo más elaborado, en cuanto a creación;
b) cierta postura anticonformista, que intentó dar la "otra cara" de la España oficial;
c) mayor libertad de expresión en relación con el cine español de la primera posguerra;
d) una crítica un tanto "comprometida" de la sociedad del país, pero de carácter más costumbrista que política.

No obstante, con la actual perspectiva histórica ¿puede considerarse al NCE una "generación perdida"?

Antes de iniciarse la decadencia de los componentes de la "nueva ola" española, concluía así mi panorámica sobre sus obras y autores más significativos:

> «Solamente resta decir que a estos hombres les debemos, en parte, que nuestra aburguesada cinematografía haya despertado de un sopor que se mantenía –y en cierto sector se sigue manteniendo– para el beneficio de unos cuantos o, mejor dicho, de muchos. En esta nueva generación y en las que vendrán luego tras sus pasos, está ciertamente el futuro de nuestro cine. Ese auténtico cine español que tanta falta nos hace.»[7]

¿Que ocurrió, entonces? El esperanzador NCE pasó a mejor vida... La política de *despotismo ilustrado* de García Escudero puso en marcha unas medidas que dieron un giro a la producción española. Y dentro del "posibilismo" de Fraga Iribarne, nuestros cineastas realizaron sus filmes "pagados" por la Administración franquista. Ahora bien, «si estos fueron tan torpes que no consiguieron que sus películas fueran aceptadas por el público ni se preocuparon de contactar con él, sólo atentos a "expresarse" –añade el crítico Norberto Alcover–, no se podrá culpar ciertamente a García Escudero. A lo más podrá achacarse a la censura la parte que le toca. Pero films como *Del rosa al amarillo*, *La tía Tula* o *Nueve cartas a Berta* tuvieron saneadas taquillas»[8].

Por otra parte, el antes citado Antonio Castro juzga así a esta generación perdida:

> Ante estas perspectivas, sólo cabían dos opciones: aceptar el amable ofrecimiento de la Administración, o rechazarlo; aparentar que se aceptan las reglas del juego, para cambiar el juego desde dentro, no se puede calificar de ingenuidad, sino más bien de autoengaño no asumido. El control de estas producciones era especial, de igual manera que era especial la protección. Se seguía la vieja regla de a mayor protección mayor control. Las películas producidas bajo este régimen de protección coparon las representaciones españolas en los festivales y los buenos oficios de alguna revista especializada "no sospechosa" [se refiere a *Nuestro Cine*] contribuyeron a hinchar artificialmente un globo que no podía conducir a ninguna parte. Las reglas del juego no eran susceptibles de ser cambiadas porque en el caso de que se intentase, o el jugador era excluido automáticamente del juego o, en último caso, se interrumpía el juego si fuera preciso.[9]

Mientras Román Gubern añadiría en otro lugar:

> «La Administración se sirvió (y financió) este cine, a la vez que los jóvenes directores se servían de la Administración para poder realizar sus películas. ¿Quién ganó y quién perdió en este acuerdo tácito e interesado por ambas partes? Habría que examinar las películas una a una y evaluar en cada caso quien perdió más, si la Administración con una película que le resultaba incómoda, o el creador cuya obra fue "absorbida" y neutralizada por los límites del pacto.»[10]

Sea como fuere, le faltó a esta "generación perdida" no tanto capacidad de reflexión sobre su propia encrucijada como carencia de renovación estética. Pues ni en el llamado cine "mesetario" ni en el fenómeno de la Escuela de Barcelona –que trataremos a continuación– hubo un auténtico progreso creador: en su concepción fílmica se evidenció un estilo más elaborado pero que no acababa de conectar con el espectador. El nuevo cine español no se pareció a la *nouvelle vague*, al *free cinema* o al *cinema nôvo* en el sistema de creación, que iba desde la forma de rodaje hasta la dirección de actores, pasando por la estructuración del guión y el tratamiento de las historias. Ya que si aquellos movimientos cinematográficos fueron revolucionarios en su día, nuestros jóvenes cineastas no supusieron ningún cambio radical, a pesar de sus intentos de "cine de autor". De ahí que pueda decirse que el NCE significó únicamente la ruptura de unas estructuras caducas, pero sin llegar a construir otras nuevas.

Finalmente, el realizador Josep María Forn me manifestaría en una entrevista, publicada al poco de extinguirse este movimiento:

> El Nuevo Cine español no fue más que una etiqueta sin producto; o mejor, un deseo vinculado a la gestión de García Escudero. El tiempo ha demostrado que no había más que unos realizadores sin ninguna coherencia. Pero las razones de tal incoherencia nos llevaría posiblemente a una problemática general del país (*Tele/eXprés*, 9 de febrero de 1970).

CAPÍTULO 9
La Escuela de Barcelona. El cine marginal

Por el contrario, la denominada Escuela de Barcelona –«estetizante y europea», según García Escudero–[11] se movía en la misma órbita coyuntural, pero dentro de otras características definitorias:[12]

1) Autofinanciación y sistema cooperativo de producción.
2) Trabajo en equipo con un intercambio continuo de funciones.
3) Preocupación preponderantemente formal, referida al campo de la estructura de la imagen, y de la estructura de la narración.
4) Carácter experimental y vanguardista.
5) Subjetividad, dentro de los límites que permitía la censura, en el tratamiento de los temas.
6) Personajes y situaciones ajenas a Madrid.
7) Utilización, dentro de los límites sindicales, de actores no profesionales.
8) Producción realizada de espaldas a la distribución, punto este último no deseado, sino forzado por las circunstancias y la estrechez mental de la mayoría de los distribuidores;
9) Salvo escasas excepciones, formación no académica ni profesional de los realizadores.

Sin embargo, ¿qué fue de la Escuela de Barcelona?, cabría preguntarse con la perspectiva actual. He aquí, también sintetizada, mi visión:

La *escola* de Barcelona –discutida denominación que encontró sus enemigos en los puristas del país y en los amantes del buen cine– fue un movimiento fílmico singular compuesto por unos hombres muy conocidos en el mundillo cinematográfico barcelonés. Jacinto Esteva-Grewe, el coautor de *Dante no es únicamente severo* (1967) y director de *Después del diluvio* (1968), había creado una productora en 1966, Filmscontacto. A él se había unido Joaquín Jordá, codirector de *Dante* y autor de algunos de los argumentos de los filmes de la "Escola", de la cual fue su verdadero animador y acaso el "cabeza de fila". Y así le siguieron Ricardo Levy (Bofill), el arquitecto metido a cineasta y realizador del mediometraje *Cercles* (1966); Carlos Durán, que se diplomó en el IDHEC de París, director de *Cada vez que...* (1967); Vicente Aranda, que fue el precursor del movimiento barcelonés con la citada *Fata Morgana* (1965) y que dio a luz una obra que preconizaría su cine posterior, *Las crueles* (*El cadáver exquisito*, 1969); el polifacético Gonzálo Suárez con varios cortos y el referido *Ditirambo*, quien tras el fracaso de *Aoom* se lanzó a un proyecto insólito —"las Diez Películas de Hierro"— que haría realidad.

Y, últimamente, se unieron en cierto modo el ya popular Jordi Grau, con sus malogradas *Tuset Street* (concluida y firmada por Luis Marquina) e *Historia de una chica sola...* y el portugués afincado en España José María Nunes, con *Noche de vino tinto* (1966) y *Biotaxia* (1967). En fin, ocho nombres que quisieron —según parece— dar la vuelta a las estructuras de nuestra pobre industria cinematográfica.

Intentaron crear —según Jordá— un nuevo ojo en el espectador, establecer relaciones nuevas de forma distinta, más lúcida. Pretendieron, además centrar la atención en el "cine de Barcelona" —o mejor, en el que se rodaba en la Ciudad Condal—, realizado por cineastas catalanes con los que hasta entonces no se había contado para nada o casi, debido al cine de la capital —rodado en Madrid y cercanías— llamado en Cataluña "mesetario". Asimismo, pretendieron romper con los convencionalismos que se habían ido dando en nuestro cine hasta el presente; a la vez que renovar el nuevo cine español entonces en crisis.

Para facilitar su labor, tales cineastas trataron de conseguir una organización independiente de la Administración —aunque nunca desdeñaron la protección oficial— y tuvieron una productora propia, con jefe de producción, operador —Juan Amorós—, equipo técnico, de relaciones públicas, información, distribución, etc., e incluso sus "musas" en las actrices y modelos Serena Vergano y Teresa Gimpera. Y apoyados por cierto sector de la crítica, lograron hacerse oír y en algunos casos aplaudir por una minoría.

Cierto que la idea en principio pudo ser interesante y valiente la postura tomada por el grupo en cuestión. Pero la verdad es que una vez que fueron visionadas sus obras y se valoraron los resultados obtenidos, no pudo decirse lo mismo, sino todo lo contrario. Y así, su cine vanguardista, un tanto excéntrico y pretencioso, pronto fue desechado por una mayoría. Con todo, la Escuela de Barcelona se empeñó en llamarlo "cine de destrucción", por el cual buscaban un nuevo camino hacia el realismo. Pero ¿dónde está el realismo cuando todo suena a falso, a ficción intelectualizada, a cartón-piedra coloreado, a sofisticación? Y lo que sucedió es que no consiguieron construir nada nuevo, sino más bien destruirse a sí mismos, al menos como grupo.

Fue el mismo Joaquín Jordá quien, en 1969, dio el "carpetazo" al movimiento fílmico barcelonés:

> «El problema del cine español –declaraba a la prensa– estriba fundamentalmente en romper barreras; tanto en el campo de la censura como en el de la estructura industrial; la "Escola" se cifró especialmente en el último objetivo y no se ha logrado. Trabajar juntos tiene sus ventajas, pero también unos compromisos que suponen inconvenientes. La Escuela de Barcelona, que no llegó a ser jamás la entidad administrativa y social que pretendíamos, está prácticamente desintegrada.»[13]

Otros cineastas catalanes coetáneos, que no se les puede enclavar propiamente dentro de la "Escola", pertenecientes al NCE fueron Pere Balañá, Jaime Camino y Pere Portabella. Balañá fue el único titulado en la Escuela Oficial de Cinematografía, de Madrid, y director de *El último sábado* (1966); Camino, con su firma Tibidabo Films y en estrecha colaboración con Román Gubern, llevó a cabo en 1966 un film menor, *Mañana será otro día*, historia situada en Barcelona, pero poco más aparte de *España otra vez* (1968), sobre los recuerdos de un miembro de las Brigadas Internacionales, y *Un invierno en Mallorca* (*Jutrzenka*, 1969), en torno a la vida de Chopin y George Sand en Valldemosa; y Portabella, que se inició como productor de *Los golfos* (Saura, 1959), *El cochecito* (Ferreri, 1960) y *Viridiana* (1961, la polémica cinta realizada en España por Luis Buñuel, que provocó un conocido conflicto gubernamental), con su empresa Films-59 realizó el extraño pero valiente *No contéis con los dedos* (1967) y el discutido largometraje *Nocturno 29*, con Lucía Bosé como protagonista, entre otros filmes minoritarios. Pere Portabella –intelectual de izquierdas, como Jaime Camino–, procedente de la burguesía adinerada de Barcelona, estaría también presente en el cine independiente catalán, a través de la "Escola Aixelà", y llegaría a senador por Girona en la época democrática.

Es obvio, por tanto, que la independencia apenas podía darse en este período histórico, aunque surgieran por esos años grupos *underground* que se autodenominaban independientes. Pues como dice también Antonio Castro,

> «hablar de cine independiente en España resulta, en el mejor de los casos, cómico cuando no ridículo. Pretender que se pueda considerar un cine independiente por el hecho de estar rodado en 16 mm y con una economía familiar, revela una ignorancia absoluta... Llamar independiente a algo

necesitado de un reconocimiento oficial, licencia de exhibición, red de distribución, etc., y que busca desesperadamente la ayuda estatal como forma de supervivencia, sólo puede obedecer a un desconocimiento total de las palabras.»[14]

Con todo, ese ahora llamado cine "marginal" se venía gestando y desarrollando desde 1964-65; precisamente cuando el NCE empezaba a estar en la encrucijada. O sea, que fue producto de todo un contexto fílmico-histórico. Así, partiendo de las cenizas de la tratada "generación perdida", surgió en los últimos años del régimen de Franco otro cine, que al principio se le llamó independiente. Estos autores jóvenes, pertenecientes ya a otra generación, edificarían precisamente sobre las cenizas de sus predecesores "integrados" y contando con la experiencia de aquellos realizadores, con sus errores y equivocaciones, como base y acaso únicos pilares para edificar un nuevo cine.

¿Cómo se desarrollaría este cine marginal? En primer lugar —como quedó dicho con la cita de Castro—, rodarían con formato de 16 mm; más barato, asequible a sus modestos bolsillos, debido a que la producción era propia —o sea, particular, no industrial—, con guiones originales de cada uno —que por ser películas privadas no tenían que pasar censura—, con presupuestos realmente irrisorios y en colaboración —cuando no en sistema cooperativo—, libres de coacciones y temores de ningún tipo. Y, en segundo lugar, evidenciaban en su mayoría un amplio bagaje cultural y de conocimientos cinematográficos; así como posturas crítico-políticas harto comprometedoras por aquel entonces. Todo ello les llevaría a una nueva narrativa, a un lenguaje innovador en cuanto a expresión, que les distanciaba de aquella "generación perdida" y, por el contrario, les acercaba a las "nuevas olas" y a los presupuestos del cine *Underground* USA y mundial. Lo que no habían conseguido los hombres del NCE "desde dentro" del sistema, desde la industria, lo empezaron a lograr los cineastas marginales "desde fuera". Ahora bien, que la pretendida renovación estética fuera válida o no —con relación a los demás movimientos extranjeros—, eso ya es otra cuestión.

Pioneros del cine marginal español pueden considerarse el pintor Adolfo Arrieta y el documentalista valenciano-catalán Llorenç Soler, seguidos de los primeros grupos homogéneos: el denominado Cine Libre de Santander, otro en Zaragoza encabezado por José Antonio Maenza, uno más coherente formado en Madrid por Augusto M. Torres, Emilio Martínez-Lázaro y Alfonso Ungría, así como la mencionada "escuela" independiente catalana, con Pere Portabella a la cabeza y realizadores provenientes de la tradición de cine amateur.

Pero habría que distinguir entre los autores de Madrid y los de Barcelona, por las opciones antagónicas que defendían: los primeros, serían "integrados" en el

Una escena de Barcelona y sus misterios (1916), producción de Hispano Films.

A la derecha, Francisco Elías, pionero del sonoro español.

Plano de La aldea maldita *(1930), obra maestra de Florián Rey.*

Sobre estas líneas, una escena de Nobleza Baturra *(1934), de Florián Rey.*

A la izquierda, Don Quintín el Amargao *(1935), primera producción de Filmófono.*

Abajo, La verbena de la Paloma *(1935), de Benito Perojo.*

Imperio Argentina y Manuel Luna, en Morena Clara *(1936).*

Aurora de esperanza *(1937), película "anarquista" de Antonio Sau.*

A la izquierda, tres fotogramas originales de "Nuestra infancia en Rusia", del noticiario comunista Por todo el mundo *(1938).*

Mary Carrillo y Julio Peña en una escena de Marianela *(1940). Dirigida por Benito Perojo, se trataba de una adaptación cinematográfica de la novela escrita por Benito Pérez Galdós.*

Raza (1941), la película escrita por Franco.

Antonio Casal e Isabel de Pomés en una escena de Huella de luz (1942), de Rafael Gil.

A la derecha, una escena de El abanderado *(1943), de Eusebio F. Ardavín.*

Bajo estas líneas, plano de El clavo *(1944), de Rafael Gil.*

Alfredo Mayo, galán habitual en las películas patrióticas de la posguerra.

A la derecha, Aurora Bautista fue la gran protagonista de Locura de amor (1948). Arriba, una escena de la película dirigida por Juan de Orduña.

Un joven Tony Leblanc en una escena de Currito de la Cruz *(1949).*

Plano de Agustina de Aragón *(1950), de Juan de Orduña.*

Fernando Fernán Gómez, uno de los nombres clave del cine español.

Fernando Fernán Gómez en El último caballo *(1950), de Edgar Neville.*

Bajo estas líneas, una escena de Alba de América *(1951), de Juan de Orduña*

Sobre estas líneas, La leona de Castilla *(1951), de Juan de Orduña.*

Una escena de Surcos *(1951), de José Antonio Nieves Conde.*

Arriba, famoso plano de ¡Bienvenido, Míster Marshall! (1952), de Luis García Berlanga.
A la izquierda, Pepe Isbert en una escena del largometraje.

Rafael Durán en una fotografía promocional de Jeromín *(1953), de Luis Lucia.*

cine del tardofranquismo y de la democracia; mientras los segundos desaparecerían o estarían más alejados del cine comercial.

Fue el propio Llorenç Soler, quien en 1976 me manifestaría en una carta testimonial las apuntadas diferencias, y que reproducimos en parte:

> «Las aspiraciones de los cineastas marginales mesetarios no eran las de permanecer indefinidamente en la marginalidad. Por el contrario, aprovecharon siempre la menor ocasión para auparse dentro del cine comercial. Esto es muy importante dejarlo bien claro, porque marca la profunda dicotomía que en el modo de entender el cine marginal ha enfrentado la postura de los madrileños y la de los catalanes. En Madrid no ha existido nunca conciencia del significado político de la marginalidad. Se hacía cine marginal porque era más barato, era la única posibilidad accesible a muchos cineastas... y se esperaba mejor ocasión. Sin embargo, entre nosotros se denota más claramente lo que pudiéramos llamar 'conciencia' de marginalidad, con todas las implicaciones que como alternativa ideológica al sistema representa. Ello ha dado lugar a que hoy exista un sólido cuerpo de películas marginales y que nombres como Portabella, Bayona, Baca y Garriga, Eugeni Anglada y yo mismo..., etc., nos mantengamos –comentaba Soler– desde hace años en una postura de franca y aceptada independencia frente a las ingerencias de la Administración sobre nuestros productos fílmicos.»[15]

Con todo, el referido Antonio Castro concluye así su juicio crítico –aunque generalizando y sin matizar– sobre el movimiento marginal español:

> «Sin el arribismo desaforado e impaciente que se encubría bajo esa denominación –y que quedó patente de forma meridiana en el Festival de Benalmádena de 1970, tumba del 'cine independiente'– es muy posible que hubiera logrado sus objetivos, siempre y cuando se hubieran esmerado sus integrantes en que sus productos reunieran unas mínimas condiciones de viabilidad, es decir que las películas se pudieran ver u oír en el sentido más literal de la palabra.»[16]

CAPÍTULO 10
El binomio Elías Querejeta-Carlos Saura

Sin embargo, pese a este paréntesis coyuntural y de renovación frustrada, con la indirecta o subrepticia "entente" Administración / cineastas jóvenes se posibilitó que los filmes del NCE representasen a España en los festivales internacionales e, incluso, consiguieran ser premiados; al tiempo que la referida legislación proteccionista facilitó la aparición de productores "comprometidos" que se sirvieron también de la oportunidad que les ofrecía el Gobierno, vía una política que hemos calificado de 'despotismo ilustrado'.

Dejemos, no obstante, que nos lo cuente el mismo Castro, en su tantas veces citado *El cine español en el banquillo*:

«Este fue el caso de Elías Querejeta quien decidió aprovechar ese ofrecimiento, y probablemente sea el único productor que ha puesto en pie más de 20 films sin que haya tenido la necesidad de hacer ningún tipo de inversión propia, ya que el Ministerio era quien realmente financiaba sus films. Prácticamente todas sus películas han gozado del "interés especial" y –sin entrar en la valoración de este hecho– en este momento sólo se trata de constatar que sin esa ayuda ministerial, Querejeta nunca hubiera podido hacer más de un film.»[17]

El vasco Elías Querejeta (Hernani, 1933) –antiguo jugador de fútbol de la Real Sociedad– debutó como documentalista, tras cursar por libre Derecho y Química, en la Universidad. En 1963, funda su propia productora. En la *Mostra* de Venecia '68 le otorgaron el premio al mejor productor independiente por la totalidad de su trabajo. "Protegió" a los nuevos cineastas mesetarios y bajo su célebre marca se produjeron importantes películas del nuevo cine español.

El crítico Hilario J. Rodríguez sintetizaría así su labor creativa como productor:

«(...) Si sus homólogos estadounidenses (se había referido a Laemmle, Mayer, Goldwyn, Selznick, Thalbert y Zanuck) controlaban las películas como si ellos mismos las estuviesen dirigiendo, Elías Querejeta no llegó a tanto, aunque sí imprimió un sello propio que con el tiempo se ha hecho tan inconfundible como el que Val Lewton dejó en sus colaboraciones con Jacques Tourneur, Mark Robson o Robert Wise.

Querejeta atravesó diferentes etapas y en todas ellas supo encontrar temas y texturas visuales que se adecuasen a los nuevos espectadores. Durante el franquismo se las ingenió para burlar las limitaciones impuestas por la censura franquista y algunas distribuidoras. Luego, con la democracia, abandonó el simbolismo de su etapa con Carlos Saura y encontró nuevos registros en el terreno del documental o en el mundo de los jóvenes, que se convirtió en una de sus prioridades en adelante.»[18]

Por tanto, el director más destacado de la etapa que ahora nos ocupa –aparte de recordar que Víctor Erice, Gutiérrez Aragón y Montxo Armendáriz "salieron" de su firma durante el tardofranquismo– es sin duda Carlos Saura, quien merece un tratamiento más extenso.

Saura, después de Buñuel y junto a Berlanga y Bardem, forma parte de los realizadores españoles más conocidos allende las fronteras. Aragonés y nacido en el seno de una familia burguesa (Huesca, 1932), durante la Guerra Civil española vivió en Barcelona, Valencia y Madrid, marcándole la contienda fratricida. Fue un famoso fotógrafo antes de dedicarse al cine. (Su hermano, el desaparecido Antonio Saura, era un reconocido pintor). Cursó dirección en la EOC y, posteriormente, sería profesor de dicha Escuela de Cine durante seis años.

Como ya anotamos al final del capítulo 7, con su primer largometraje *Los golfos* abrió el NCE. Y tras la coproducción *Llanto por un bandido* (1963), Carlos Saura dio pronto a luz su obra maestra, la también citada *La caza*, cuyo gran premio en el Festival de Berlín le situaría en el estrellato mundial. Así, su estilo cinematográfico presenta una coherencia fílmico-creadora notoria a nivel estético: original empleo del tiempo, idónea evocación de ambientes, meditada concepción interna de las escenas..., junto a una espléndida dirección de actores (José Luis López Vázquez, por ejemplo, se reveló con él como un buen actor dramático). Cada film, además, es como la continuación del anterior. Domina, asimismo, la utilización expresiva del color, apoyado por la labor de excelentes operadores y del eficiente equipo técnico que lleva en todas sus películas. Saura se considera en parte discípulo de Luis Buñuel y, por tanto, en su cine se aprecian toques surrealistas. Últimamente, su singular estilo ha caído en un cierto manierismo estilístico, como él mismo ha comentado.

Carlos Saura es un cineasta que parte de su propia existencia y del contexto que le rodea para realizar sus películas. Su obra, pues, salvo alguna excepción, forma un todo que le define como un autor de acusada personalidad: angustiado a veces, preocupado e inquieto, con clara tendencia al aislamiento. Sus intereses como autor los ha definido así:

> «Quiero hacer un cine que refleje el mundo que me envuelve y, de alguna manera, mis propias vivencias... En mi caso, puedo decir que me planteo la película como continuación de mi vida. Casi siempre –afirmó– hago una película sobre un problema que me interesa, que me preocupa en ese momento.»

De ahí el fondo autobiográfico que posee su cine, y la visión particular que imprime a todos sus filmes. Es obvio que su obra evidencia con creces la postura ideológica de este creador, su visión de la condición humana, especialmente española. Veamos, en síntesis, algunas constantes y características de su cine en la última década del franquismo.

El contenido crítico de las películas de Saura parte de una actitud algo anárquica e inconformista, e incluso de fondo freudiano. En cierta ocasión dijo: «No soy marxista, aunque me interesa... Yo hago y ataco lo que me parece a mí que debo atacar. Mi ideología es simplemente que en cada momento hago aquello que me parece que debo hacer, porque es lo que más me gusta hacer». Y una de las premisas que más sobresalen de su obra es el ataque casi sistemático a la sociedad burguesa. En este sentido, con *La caza* (1965) puso en la picota la mentalidad de diversos tipos de la burguesía española, a modo de fábula original sobre las viejas rencillas escondidas en los dos bandos de la posguerra civil, observadas por un representante de la nueva generación que ve repetir en una cacería la tragedia fratricida.

No obstante, pronto decantó sus críticas a la institución matrimonial, unido a la pseudomoral burguesa y a diversos problemas sexuales. En *Pepermint frappé* (1967) ofrece un retrato de cierto hombre provinciano español, solterón e idealista, reprimido, lleno de complejos y egoísmos, que intenta achacar a la formación moral sus culpas. Igual postura mantuvo en su siguiente realización, *Stress es tres, tres* (1968) acerca de un "triángulo sentimental" y las contradicciones de una clase social que piensa distinto a como actúa. Y en *La madriguera* (1969) aún va más lejos: las obsesiones y prejuicios de Saura sobre el matrimonio tradicional se traducen aquí sin pelos en la lengua. Con esta cinta ofrece al público una disección fría y detallista sobre la vida conyugal acomodada, al mismo tiempo que analiza una realidad e intenta universalizar una problemática personal. Tras esta película, y sin salirse del contexto burgués español, Carlos Saura se decantaría más específicamente hacia un cine de carácter político, que cuestionaba el sistema del tardofranquismo.

El primer film directamente político fue *El jardín de las delicias* (1970), acerba crítica al régimen de Franco, con personajes claramente identificables con políticos españoles de esos años: del almirante Carrero Blanco al propio Francisco Franco. La cinta pudo estrenarse con tres cortes, después de una presentación sorpresa en Nueva York. No obstante, por su complejidad y claves pudo "salvar" o engañar a los censores, y la hicieron cerrada para el espectador corriente.

La segunda realización política sería la premiada en Cannes *Ana y los lobos* (1972). Aquí, Saura vuelve a la fábula para denunciar España. Ahora son tres estamentos del país: el militar, el pseudorreligioso y el burgués los que son enfrentados, a través de sus propios vicios y represiones, con una joven extranjera –Geraldine Chaplin, compañera y "musa" de esa época creadora–, que viene a ser como el observador-víctima, libre de prejuicios y amoral, quien al final es "devorada" –violada y asesinada– por esos singulares lobos. En esta película las claves críticas se hicieron más inteligibles por simplistas.

Por último, sin salirse del terreno político, en su siguiente realización Saura se decantó más hacia un cine intimista, autobiográfico, que le sirviera acaso para liberarse de sus traumas y fantasmas del pasado histórico. *La prima Angélica* (1973), cuyas repercusiones políticas fueron tan sólo anecdóticas (un personaje, militante falangista, aparecía en el film con el brazo en alto, pero enyesado y en cabestrillo, lo cual provocó las iras de ciertos grupos, que incluso pusieron bombas y robaron una bobina de la película). El autor evoca su sufrida infancia e intenta denunciar las repercusiones que tuvo la Guerra Civil para el español medio. Con momentos de enorme inspiración –a nivel de combinatoria espacio-temporal–, la falta de rigor y algún toque antirreligioso de poco gusto empañan el film; pues sacar del contexto histórico unos hechos que en su momento tenían explicación, para ponerlos en la picota con visual actual, parece poco honrado. Esos defectos se acentúan en las referencias a valores humanos y espirituales, muy arraigados en la cultura y sociedad españolas.

Con todo, es importante añadir en torno a este cine político, que tales películas –al igual que las anteriores; todas producidas por Elías Querejeta– las realizó Saura con el apoyo de la Administración que criticaba. Tras serios problemas con la censura, el Gobierno español autorizaba sus filmes y los enviaba en representación del país a los festivales internacionales, donde alcanzaban premios. De ahí que Carlos Saura y, especialmente, su productor Querejeta, fueran calificados por algunos críticos coetáneos como posibilistas, por su "entente" con el régimen que les subvencionaba.

Aun así, en torno a la complejidad de su obra, cabría añadir unos juicios personales y manifestaciones del propio realizador, que acaso pueden resultar clarificadores para comprender el cine sauriano de ese período. Con motivo del estreno de la comentada *Ana y los lobos*, Saura declaró: «Todavía me obsesionan los fantasmas, pero lo que pretendo es que éstos sean españoles de carne y hueso». Sin embargo, sus personajes resultan un tanto irreales, apenas idóneos a nivel de símbolo para exponer subrepticiamente su cosmovisión intencionada y expresar así su singular postura interno-creadora, por medio de unos seres patológicos que le sirven al autor para decir ciertas cosas que, de una forma más explícita, quizá no se podrían haber dicho en la España del momento. De ahí que afirmara también: «La censura me obliga a buscar la manera de contar las cosas dando un rodeo». Rodeo que él siempre supo dar con agudo colmillo, y obteniendo con Elías Querejeta las ayudas económicas que necesitaban. Al mismo tiempo, Carlos Saura intenta liberarse de sus propios y omnipresentes traumas y represiones: por ejemplo, la frustración matrimonial –aunque con cada mujer cambia el estilo cinematográfico–, los recuerdos de la guerra, la dictadura, etc.

Asimismo, su crítica e ironía, a modo de burlas o denuncia sobre la sociedad española, resultó un tanto superficial y de fácil efecto demagógico, hasta incurrir en ocasiones en tópicos y simplificaciones que, con todo, fueron aplaudidas por la oposición franquista, y por un público poco crítico o predispuesto a aceptar sus atrevidas cintas, con toques freudianos y políticos que no eran nada habituales en las carteleras del país. La mixtificación apreciada en su cine de esos últimos años, la justificaba así:

> «Lo que hay de juego en mis películas, en los personajes, puede entrañar un peligro y es el llegar a un cierto manierismo. Los juegos te pueden llevar a inventar un mundo distinto, a la ciencia-ficción total, que sigue teniendo mucho que ver con el mundo que nos rodea, pero para entenderlo es preciso conocer un tipo de claves.»[19]

De ahí, en suma, la difícil intelección entonces de su obra. O, incluso, el tono de irrealidad.

Por eso, el binomio Elías Querejeta - Carlos Saura –aunque éstos no fueron conscientes de ello– cabría ser considerado como "hombre-bufón" de la Dictadura de Franco.[20] O, al menos, un paradigma del denominado "exilio interior".[21] Con todo, una valoración posterior y justificativa de la postura de Querejeta puede encontrarse en el reciente documental que le dedicó Fernando Méndez-Leite Serrano: *El productor* (2006).[22]

CAPÍTULO 11
La crisis del sistema

En noviembre de 1967, la reorganización del Ministerio de Información y Turismo suprimió la Dirección General de Cinematografía y Teatro, cesando al frente de ella a José María García Escudero. Entonces, la gestión del cine español pasaría a manos de un nuevo departamento titulado Dirección General de Cultura y Espectáculos, cuyo responsable sería Carlos Robles Piquer, diplomático y cuñado de Fraga Iribarne –ministro que fue sustituido a finales de 1969–. Sin embargo, los relevos no solucionarían los problemas de la cinematografía española. Y así, pese a la continuidad del sistema de coproducción, se inició el camino para la gran crisis.

Los primeros síntomas graves –pues nuestra industria fue siempre un espejismo que produjo un cine anémico– se hicieron patentes en noviembre de 1969, con un nuevo equipo gubernamental y Thomas de Carranza al frente de la Dirección General. El detonante: la deuda del Fondo de Protección estatal a los productores españoles (230 millones de pesetas, aproximadamente).

A tal fin, se reúnen en Asamblea general los componentes del ASDREC (Asociación Sindical de Directores-Realizadores Españoles de Cinematografía) y el Gobierno la prohíbe. Razones: los puntos del Orden del Día «están en contradicción con las Leyes Fundamentales del Movimiento y la Organización Sindical».

Asimismo, surge la crisis de la EOC, por la burocratización y *numerus clausus* de la Escuela Oficial de Cine, suspensión y expulsión de alumnos, dimisión de varios profesores -se habla de absentismo e incompetencia docente-, a la vez que las prácticas de fin de curso son retenidas. Por último, en torno al cine extranjero, aparece la polémica acerca del cine de Arte y Ensayo y las "salas especiales". Todo ello unido a una serie de reivindicaciones de los cineastas hispanos, que no verían la luz hasta 1970.

Ciertamente, el mes de febrero de 1970 la crisis saltaría a la opinión pública, transformándose en seguida en una polémica nacional. Desde la Dirección

General quisieron poner paz: «La Administración pública está trabajando activa y urgentemente sobre el problema y habrá solución», manifestó Enrique Thomas de Carranza. Mientras el antiguo titular, José María García Escudero, declaraba insólitamente a la prensa:

> «El problema ya surgió en 1966 y se examinaron los medios para resolverlo. La entonces Dirección General de Cinematografía y Teatro realizó un estudio que se dio a conocer el 2 de diciembre de 1966. Se había estudiado una posible previsión hasta 1970 y se vio que si no se tomaban medidas, a finales de 1967 el déficit sería de 8 millones; en 1968, de 38; en 1969, de 64; y en 1970, de 81. Si se suman las cifras, estas cantidades se corresponden con el déficit que ahora se ha dado. Puede decirse que, por lo menos, como calculistas fuimos buenos.»[23]

Por su parte, los componentes del ASDREC respondieron con una serie de propuestas, que se publicaron en el mismo periódico tres días más tarde, a saber:

> 1) Supresión de la censura previa. Que la Junta de Censura esté integrada por profesionales del cine.
> 2) Supresión del doblaje de películas extranjeras. Que se proyecten en versión original.
> 3) Supresión de ayudas estatales.
> 4) Criterio de selección en la importación de películas extranjeras.
> 5) Que la cuota de pantalla llegue a ser del uno por uno.
> 6) Prohibición de los contratos de distribución a tanto alzado.
> 7) Riguroso control de taquilla.
> 8) Que las realizaciones de Televisión Española sean ejecutadas por profesionales. Que la cuota de pantalla sea también en TVE del uno por uno.

Con todo, es obvio que los exhibidores –por esas fechas existían en España 6.917 locales e iban al cine 331 millones de espectadores (una media anual por habitante de 10 veces)– no estarían de acuerdo con algunas de las propuestas de los productores y directores cinematográficos, sobre todo con la sorprendente "cuota de pantalla": emparejar la exhibición de película española con extranjera. De ahí que en seguida apareciera en el diario *Informaciones* una nota del Grupo Nacional de Exhibición del Sindicato del Espectáculo, que levantó polvoreda:

> «Los productores españoles han percibido más de dos mil millones de pesetas de regalo o subvención como técnicamente se denomina. Pero cabe

preguntarse si unos señores que quieren hacer cine –fuman puro y tienen buenos "haigas"– deben estar subvencionados por el minero de Asturias o el campesino de La Mancha. ¿Por qué no se dedican esos dos mil millones a la enseñanza, o a la investigación o a hacer viviendas? Pero lo curioso es que no se protege a la industria, sino solamente a unos cien señores que hacen cine. ¿No sería más justo que si el pueblo español tiene que seguir soportando la protección de unos señores peliculeros, que el dinero no lo concediese el Estado a título personal, sino obligatoriamente para reinvertir en la siguiente película?

Subvención y censura –concluían–. No creemos que merezca comentarios la audacia de los productores al pedir al mismo tiempo libertad de hacer, con parte del dinero que no es suyo, lo que les venga en gana.»[24]

Obviamente, las espadas ya estaban desenvainadas.

«Diálogo con la Administración a todos los niveles», pedía José Luis Dibildos. Y un mes más tarde, el Gobierno autorizaba al ASDREC a celebrar una Asamblea General Extraordinaria (16-17 de marzo), cuyas ambiciosas conclusiones serían elevadas a la Dirección General, y que pueden resumirse en los siguientes puntos: libertad de expresión cinematográfica, supresión de la censura, libre expresión en las distintas lenguas y culturas, democratización de las salas "especiales" y de "arte y ensayo", supresión de la obligatoriedad del NO-DO, supresión del cartón de rodaje, control de taquilla y billetaje automático, puntualidad en el pago de la protección y supresión del "interés especial".

La crisis se notó en seguida: la producción bajó a 58 películas españolas; 1970 fue uno de los años más pobres de nuestra cinematografía, y el Gobierno empezó a pagar –de nuevo– en cuentagotas, evitando el *crack* definitivo.

Sin embargo, la respuesta ministerial se produciría un año más tarde, con la O. M. del 12 de marzo de 1971 sobre la Protección a la Cinematografía Española. Y una nueva polémica se desató en los medios profesionales del país.

Otras normas de "protección" (O. M. del 21 de septiembre de 1973) son promulgadas después para superar el bache, incidiendo en el supuesto "control"; pues se restablece parcialmente la legislación de 1964, pero favoreciendo la promoción de las películas más "comerciales". Y si constatamos que subproductos de consumo popular como *No desearás al vecino del quinto*, *La curiosa*, *Lo verde empieza en los Pirineos*, *El chulo*, *Aborto criminal* o *Las señoritas de mala compañía* batieron récords de taquilla veremos hasta dónde desembocó el dirigismo "político" estatal de esa época de crisis.

En síntesis, podríamos decir que el cine español de los últimos años del régimen de Franco se encarriló por tres vías:

1) Un cine con ambiciones de carácter político-intelectual, que tuvo su máximo representante en Carlos Saura, con los filmes anteriormente comentados, o en el regreso aislado de Luis Buñuel, con su *Tristana* (1970). Y como ellos, Jaime de Armiñán –*Mi querida señorita* (1971), *El amor del capitán Brando* (1974)–, Mario Camus –*La cólera de viento* (1969) y *Los pájaros de Baden-Baden* (1974) –, Pedro Olea –*El bosque del lobo* (1970), *Tormento* (1974)–, Gonzalo Suárez –*La Regenta* (1974)– y hasta, si me apuran, el mismo Fernando Fernán Gómez –*Yo la vi primero* (1974)–. Más equilibrados, a niveles estético y de ideas, se presentaron dos nuevos valores: Víctor Erice, con su magistral *El espíritu de la colmena* (1973), y Manuel Gutiérrez Aragón, con su original ópera prima *Habla, mudita* (1973), a quienes nos los encontraremos también como primeras figuras en los últimos capítulos.

2) Un cine chabacano, listo para ser consumido por el gran público, que fue elaborado por los conocidos artesanos del cine español: Pedro Masó, José María Forqué, Pedro Lazaga, Mariano Ozores, Ignacio F. Iquino, etc. Y de forma más velada, José Antonio de la Loma, con su cine-denuncia de efectos simplemente crematísticos. Ahí estaban todos los *vecinos del quinto* habidos y por haber, con Alfredo Landa al frente y un notorio "destape" a cargo de Carmen Sevilla, Sara Montiel, Marisol, Ana Belén, Amparo Muñoz y otras "estrellas" de turno. Tras una fachada de pretendida liberación de tabúes, este cine español explotó al espectador en sus recursos más ramplones.

3) Y la llamada "tercera vía", un cine que pretendía reflexionar sobre algunos aspectos de la vida española, con un tratamiento sencillo, de forma que las películas fueran accesibles a un público amplio y, por tanto, rentables. Este difícil equilibrio entre lo intelectual y comercial, con ciertos toques político-sociales, tuvo como representantes más cualificados a José Luis Dibildos –productor–, José Luis Garci –guionista–, en colaboración con Dibildos y otros, y a Roberto Bodegas y Antonio Drove –como directores–, con películas tan explícitas y taquilleras como *Vida conyugal sana* (1973) –tras el inicio más matizado de *Españolas en París* (1971)– y *Los nuevos españoles* (1974), de Bodegas; *Tocata y fuga de Lolita* (1974) y *Mi mujer es muy decente, dentro de lo que cabe* (1975), de Drove.

«La tercera vía del cine español –escribió el crítico Vicente Vergara, en 1974– es una especie de propuesta de encontrar una salida "digna" al cine español (una vez muerto y enterrado el denominado Nuevo Cine Español), tanto desde el punto de vista industrial como temático, dejando a un lado todo tipo de preocupación estética». La verdad, en suma, es que este cine jugó más con los tópicos denunciatorios y farisaicos entonces en boga que con un auténtico "compromiso" social. Acaso porque el *engagement* era sólo económico. De ahí que esa "tercera vía" quedara como una vía muerta.

El último acontecimiento del cine español, en esta etapa de crisis del sistema, fue la aparición de un nuevo cuerpo legislativo, el cual sería precedido por las postreras Normas de Censura (O. M. del 19 de febrero de 1975), que fueron "saludadas" como la versión cinematográfica del clima de apertura del régimen de Franco. Producto de ellas son los títulos finales del sistema: *Furtivos* (Borau), *Pim, pam, pum... !fuego!* (Olea), *¡Jo, papá!* (Armiñán), *Cría cuervos* (Saura) y *Pascual Duarte* (Ricardo Franco), todos de 1975.

Con todo, lo más significativo era que el concepto de "moral" dejó paso al de "conciencia colectiva", de forma que, después de tanto criticar a la moralidad que algunos llamaron convencional, ahora resultaba que la convención social se convertía en el único criterio de discernimiento. La novedad más espectacular fue la admisión del desnudo "siempre que esté exigido por la unidad total del film". La trayectoria más reciente hizo suponer que algunos concebirían sus películas con este único objetivo. Y así se dio. En cambio, ese "aperturismo" no se manifestó en la censura por motivos políticos. Por eso, con la perspectiva de los años transcurridos, hoy se ven tales normas como una maniobra diversiva que, en lugar de favorecer la reflexión crítica del espectador hispano, promovieron el gregarismo al más bajo nivel.

Y prácticamente con este panorama cinematográfico llegamos a un hecho que marcaría el futuro del cine español: la muerte de Franco.

FILMOGRAFÍA

Clave de abreviaturas.- P.: producción. Pr.: productor. D.: director. A.: argumento. Adapt.: adaptación. G.: guión. F.: fotografía. M.: música. Dec.: decorados. Mont.: montaje. Int.: intérpretes. min.: minutos.

1961
Los atracadores. P.: PECSA (España)/X Films (Francia). Pr.: José Carreras. D.: Rovira-Beleta. A.: basado en la novela de Tomás Salvador. G.: Francesc Rovira-Beleta y Manuel Saló. F.: Aurelio G. Larraya. M.: Federico Martínez Tudó. Dec.: Juan Alberto Soler. Mont.: Juan Luis Oliver. Int.: Julián Mateos, Pierre Brice, Manuel Gil, Agnès Spaak, Enric Guitart, María Asquerino, Gustavo Re, Antoñita Oyamburu. Blanco y negro - 99 min.
Plácido. P.: Jet Films. Pr.: Alfredo Matas. D.: Luis G. Berlanga. G.: Rafael Azcona, Luis G. Berlanga, José Luis Colina y José Luis Font. F.: Francisco Sempere. M.: Miguel Asins Arbó. Dec.: Andrés Vallvé. Mont.: José Antonio Rojo. Int.: Castro Sendra "Cassen", José Luis López Vázquez, Elvira Quintillá, Amelia de la Torre, Manuel Alexandre, Lepe, Mari Carmen Yepes, Amparo Soler Leal, Agustín González, Roberto Llamas, Antonio Ferrandis, José María Cafarell, Julia Caba Alba, Xan das Bolas, Laura Granados, José Orjas, Félix Fernández. Blanco y negro - 85 min.
Tierra de todos. P.: Isasi P. C. Pr.: Antonio Isasi Isasmendi. D.: Antonio Isasi. G.: Josep María Font Espina y Jordi Feliu. F.: Francisco Marín. M.: Juan Durán Alemany. Int.: Manuel Gallardo, Fernando Cebrián, Montserrat Julió, Elena María Tejeiro, Amparo Baró, Marcos Martí, Rafael Moya, Luis Torner, Juan Lizárraga, Fernando Repiso, María Zaldívar, Carlos Lucena, José Montells, Antonio Andrada. Blanco y negro - 92 min.
Viridiana. P.: UNINCI-Films 59 (España)/Gustavo Alatriste P. C. (México). Pr.: Pere Portabella y Gustavo Alatriste. D.: Luis Buñuel. A.: Luis Buñuel. G.: Luis Buñuel y Julio Alejandro. F.: José F. Aguayo. M.: Gustavo Pittaluga, Händel y Mozart. Dec.: Francisco Canet. Mont.: Pedro del Rey. Int.: Silvia Pinal, Fernando Rey, Francisco Rabal, Margarita Lozano, Victoria Zinny, Teresa Rabal, José Calvo, Luis Heredia, Joaquín Roa, José Manuel Martín, Lola Gaos, Joaquín Mayol, Juan García Tienda, Maruja Isbert, Palmira Guerra, Sergio Mendizábal. Blanco y negro - 90 min.

1962
Atraco a las tres. P.: Hesperia Films-Pedro Masó P. C. Pr.: Pedro Masó. D.: José María Forqué. G.: Vicente Coello, Rafael J. Salvia y Pedro Masó. F.: Alejandro Ulloa. M.: Adolfo Waitzman. Dec.: Antonio Simont. Mont.: Pedro del Rey. Int.: Casto Sendra "Cassen", José Luis López Vázquez, Gracita Norales, Agustín González, Manuel Alexandre, Alfredo Landa, Rafaela Aparicio, Katia Loritz, José Orjas, Paula Martel, Manuel Díaz González, Lola Gaos. Blanco y negro - 92 min.
Cuando estalló la paz / Los que no fuimos a la guerra. P.: Saroya Films. D.: Julio Diamante. A.: basado en la novela "Los que no fuimos a la guerraW, de Wenceslao Fernández Florez. G.: Julio Diamante. F.: Manuel Rojas. M.: Carlos Basurko. Int.: Laura Valenzuela, Agustín González, José Isbert,

Félix Fernández, Antonio Gandía, Erasmo Pascual, Ángel Álvarez, Ismael Merlo, Gracita Morales, Juanjo Menéndez, Julia Caba Alba, Roberto Llamas. Color - 85 min.

La gran familia. P.: Pedro Masó P. C.-C.B. Films. Pr.: Pedro Masó. D.: Fernando Palacios. G.: Rafael J. Salvia, Pedro Masó y Antonio Vich. F.: Joan Mariné. M.: Adolfo Waitzmann. Dec.: Antonio Simont. Mont.: Pedro del Rey. Int.: Alberto Closas, Amparo Soler Leal, José Isbert, José Luis López Vázquez, María José Alfonso, Carlos Piñar, Chonette Laurent, Jaime Blanch, Mircha Craven, Conchita Rodríguez del Valle. Blanco y negro - 104 min.

Noche de verano. P.: Procusa (España)/Domiciana Internazionale-David Film (Italia). Pr.: Elías Querejeta. D.: Jorge Grau. G.: Eusebio Ferrer, Jorge Grau y Fernando Morandi. F.: Aurelio G. Larraya y Marcello Gatti. M.: Antonio Pérez Olea. Dec.: Vittorio Rossi. Mont.: Emilio Rodríguez. Int.: Francisco Rabal, Umberto Orsini, María Cuadra, Marisa Solinas, Lydia Alfonsi, Rosalba Neri, Gian María Volonté, Margarita Lozano, Miguel Narros. Blanco y negro - 93 min.

1963

A tiro limpio. P.: P. C. Balcázar. D.: Francisco Pérez-Dolz. A.: José María Ricarte y Francisco Pérez-Dolz. G.: Miguel Cussó, José María Ricarte y Francisco Pérez-Dolz. F.: Francisco Marín. M.: Francisco Martínez Tudó. Int.: José Suárez, Luis Peña, María Asquerino, Carlos Otero, Gustavo Re, Joaquín Navales, María Francés, Carolina Jiménez, Rafael Moya. Blanco y negro - 85 min.

El buen amor. P.: Jef Films. Pr.: Alfredo Matas. D.: Francisco Regueiro. G.: Francisco Regueiro. F.: Juan Julio Baena. M.: Miguel Asins Arbó. Int.: Simón Andreu, Marta del Val, Enriqueta Carballeira, Sergio Mendizábal, Chino Bermejo, Enrique Pelayo, María Sánchez, Francisco Guijar, Esmeralda Adán, Wifredo Casado, Luisa Muñoz, Juan Torres, Milagros Guijarro, Lola Gracia Morales. Blanco y negro - 88 min.

Del rosa al amarillo. P.: Impala-Eco Films. Pr.: Francisco Lara y Manuel Summers. D. y G.: Manuel Summers. F.: Francisco Fraile. M.: Antonio Pérez Olea. Dec.: Sigfrido Burmann. Mont.: Antonio Gimeno. Int.: Cristina Galbó, Pedro Díez del Corral, Lina Onesti, José V. Cerrudo, María Jesús Corchero, Sergio Mendizábal, Valentín de Miguel, Pilar Gómez Ferrer, Julio Martín, Vicente Llosá, J. Ramón de la Cuadra, Antonio A. Vidal. Blanco y negro - 88 min.

Los Tarantos. P.: Tecisa-Films RB. Pr.: José G. Maesso y Francesc Rovira-Beleta. D.: Rovira-Beleta. A.: basado en la obra escénica de Alfredo Mañas, "Historia de los Tarantos". G.: Francesc Rovira-Beleta y Alfredo Mañas. F.: Massimo Dallamano. M.: Emilio Pujol, Fernando García Morcillo, José Solá y Andrés Batista. Dec.: Juan Alberto Soler y Francisco Reves. Mont.: Emilio Rodríguez. Int.: Carmen Amaya, Sara Lezana, Daniel Martín, Margarita Lozano, Carlos Villafranca, Antonio Prieto, Aurelio Galán, Antonio Gades, José Manuel Martín. Color - 92 min.

El verdugo. P.: Nega Film (España)/Zebra Films (Italia). Pr.: José Manuel Herrero y Nazario Belmay. D.: Luis G. Berlanga. A.: Luis G. Berlanga. G.: Luis G. Berlanga, Rafael Azcona y Ennio Flaiano. F.: Tonino delli Colli. M.: Miguel Asins Arbó y Adolfo Waitzmann. Dec.: José Antonio de la Guerra. Mont.: Alfonso Santacana. Int.: José Isbert, Nino Manfredi, Emma Penella, José Luis López Vázquez, Ángel Álvarez, María Luisa Ponte, Maruja Isbert, Xan das Bolas, José Sazatornil "Saza", José Luis Coll, Valentín Tornos, Guido Alberti, Chus Lampreave. Blanco y negro - 111 min.

Young Sánchez. P.: IFISA. Pr.: Ignacio F. Iquino. D.: Mario Camus. A.: inspirado en la narración homónima de Ignacio Aldecoa. G.: Mario Camus. F.: Víctor Monreal. M.: Enrique Escolar. Int.: Julián Mateos, Carlos Otero, Ermanno Bonetti, Luis Ciges, Consuelo de Nieva, Luis Romero. Blanco y negro - 92 min.

1964

El extraño viaje. P.: Ízaro Films-Pro-Artis Ibérica-Impala. D.: Fernando Fernán Gómez. A.: según en el relato de Pedro Beltrán y Manuel Ruiz-Castillo. G.: Pedro Beltrán y Fernando Fernán Gómez, basado en una idea de Luis G. Berlanga. F.: José F. Aguayo. M.: Christóbal Halffter. Dec.: Sigfrido Burmann. Mont.: Rosa G. Salgado. Int.: Carlos Larrañaga, Tota Alba, Lina Canalejas, Rafaela Aparicio, Jesús Franco, Luis Marín, Sara Lezana, María Luisa Ponte. Blanco y negro - 98 min.

María Rosa. P.: MENSA, P. C. D.: Armando Moreno. A.: según la obra teatral de Àngel Guimerà. G.: Armando Moreno, José María Nunes y Enric Josea. F,: Cecilio Paniagua. M.: Ángel Arteaga. Dec.: Enrique Alarcón. Int.: Núria Espert, Francisco Rabal, Asunción Balaguer, Carlos Otero, Antonio Canal, Luis Dávila, Antonio Vico, Juan Villalonga, Antonio Iranzo. Blanco y negro - 127 min.

La niña de luto. P.: Impala-Eco Films. D.: Manuel Summers. A.: Manuel Summers. G.: Manuel Summers, con la colaboración de Pilar Miró. F.: Francisco Fraile. M.: Antonio Pérez Olea. Dec.: Mont.: Int.: María José Alfonso, Alfredo Landa, Pilar Gómez Ferrer, Vicente Llosa, Mercedes Huete, Doris Ken, José Vicente Cerrudo, Manuel Guitián, Elena Santoja, Manuel Ayuso. Color - 92 min.

La Tía Tula. P.: Eco Films-Surco Film. D.: Miguel Picazo. A.: basado en la novela homónima de Miguel de Unamuno. G.: Miguel Picazo, Luis Sánchez Enciso, José Miguel Hernán y Manuel López Yubero. F.: Juan Julio Baena. M.: Antonio Pérez Olea. Dec.: Luis Argüello. Mont.: Pedro del Rey. Int.: Aurora Bautista, Carlos Estrada, Irene Gutiérrez Caba, Laly Soldevilla, José María Prada, Julia Delgado Caro, Enriqueta Carballeira, Mari Loli Cobos. Blanco y negro - 109 min.

1965

El arte de vivir. P.: Eco Films-Fabra Films. D.: Julio Diamante. A. y G.: Julio Diamante y Elena Sáez. F.: Luis Enrique Torán. M.: Adolfo Waitzmann. Int.: Luigi Giuliani, Elena María Tejeiro, Juan Luis Galiardo, Mari Carmen Abreu, José María Prada, Lola Gaos, Francisco Valladares, Montserrat Julió. Blanco y negro - 85 min.

La caza. P.: Elías Querejeta P. C. D.: Carlos Saura. G.: Angelino Fons y Carlos Saura. F.: Luis Cuadrado. M.: Luis de Paglo. Dec.: Carlos Ochoa. Mont.: Pablo G. del Amo. Int.: Ismael Merlo, Alfredo Mayo, José María Prada, Emilio Gutiérrez Caba, Fernando Sánchez Polack, Violeta García. Blanco y negro - 83 min.

De cuerpo presente. P.: Elías Querejeta P. C. Pr.: Elías Querejeta. D.: Antonio Eceiza. A.: según la novela homónima de Gonzalo Suárez. G.: Antonio Eceiza, Elías Querejeta y Francisco Regueiro. F.: Luis Cuadrado. M.: Luis de Pablo. Int.: Carlos Larrañaga, Françoise Brion, Lina Canalejas, Daniel Martín, Alfredo Landa, José María Prada, Alberto Closas, María Asquerino. Blanco y negro/Color - 89 min.

Diálogos de la paz. P.: Petruka Films. D.: Jordi Feliu y Josep María Font Espina. A y G.: Josep María Font Espina y Jordi Feliu. F.: Godofredo Pacheco. M.: Carmelo Bernaola. Int.: Nuria Torray, Ángel Aranda, Manuel Gil, Maruchi Fresno, Juanjo Seoane, Manuel Manzaneque, Carlos Muñoz, Francisco Pierrá, Ana de Leyva, Amparo Pamplona. Blanco y negro - 85 min.

Estambul 65. P.: Isasi P. C. (España)/EDIC (Francia)/CCM (Italia). D.: Antonio Isasi. G.: Lluís J. Comerón, Jorge Illa, Giovanni Simonelli y, para la versión inglesa, Nat Wachsberger. F.: Juan Gelpi. M.: Georges Garvarentz. Dec.: Juan Alberto Soler. Mont.: Joan Pallejà. Int.: Horst Bucholz, Sylva Koscina, Mario Adorf, Ángel Picazo, Pierrette Pradier, Klaus Kinski, Álvaro de Luna, Gustavo Re, Gerard Tichy, Jorge Rigaud, Christiane Maybach, Agustín González. Color - 114 min.

Fata Morgana. P.: FISA. Pr.: José López Moreno. D.: Vicente Aranda. G.: Vicente Aranda y Gonzalo Suárez. F.: Aurelio G. Larraya. M.: Antonio Pérez Olea. Dec.: Pablo Gago. Mont.: Emilio Rodríguez. Int.: Teresa Gimpera, Marianne Benet, Antonio Ferrandis, Marcos Martí, Alberto Dalbes, Antonio Casas. Color - 90 min.

El juego de la oca. P.: Suevia Films. Pr.: Cesáreo González. D.: Manuel Summers. G.: Manuel Summers y Pilar Miró. F.: Francisco Fraile. M.: Antonio Pérez Olea. Int.: Sonia Bruno, José Antonio Amor, María Massip, Ángel Luis Álvarez, Francisco Valladares, Pascual Martín, Cecilia Villarreal, Guadalupe Olmedo. Blanco y negro - 108 min.

Nueve cartas a Berta. P.: Eco Films-Transfisa. D.: Basilio Martín Patino. G.: Basilio Martín Patino. F.: Luis Enrique Torán. M.: Carmelo Bernaola. Dec.: Pablo Gago. Mont.: Pedro del Rey. Int.: Emilio Gutiérrez Caba, Mary Carrillo, Antonio Casas, Elsa Baeza, Nicolás D. Perchicot, José María Resel, Lepe, Miguel Palenzuela, Yelena Samarina, Iván Tubau. Blanco y negro - 95 min.

1966

La busca. P.: Surco Films. Pr.: Nino Quevedo. D.: Angelino Fons. A.: basado en la novela homónima de Pío Baroja. G.: Angelino Fons, Flora Prieto, Juan Casarabea y Nino Quevedo. F.: Manuel Rojas. M.: Luis de Pablo. Dec.: Adolfo Cofiño. Mont.: Pablo G. del Amo. Int.: Jacques Perrin, Emma Penella, Hugo Blanco, Sara Lezana, Daniel Martín, Lola Gaos, Luis Marín. Blanco y negro - 92 min.

La ciudad no es para mí. P.: Pedro Masó P. C. Pr.: Pedro Masó. D. Pedro Lazaga. A.: basado en la obra escénica de Fernando Ángel Lozano. G.: Pedro Masó y Vicente Coello. F.: Joan Mariné. M.: Antón García Abril. Int.: Paco Martínez Soria, Doris Coll, Eduardo Fajardo, Alfredo Landa, Margot Cottens, María Luisa Ponte, Gracita Morales, José Sacristán, Cristina Galbó, Sancho Gracia, Manolo Gómez Bur. Blanco y negro - 101 min.

Con el viento solano. P.: Pro-Artis Ibérica. D. : Mario Camus. A.: basado en la novela de Ignacio Aldecoa. G.: Mario Camus. F. Juan Julio Baena. M.: Antonio Pérez Olea. Dec.: Antonio Cortés. Mont.: Pablo G. del Amo. Int.: Antonio Gades, María José Alfonso, Vicente Escudero, Imperio Argentina, María Luisa Ponte, Erasmo Pascual, Antonio Ferrandis, José Sepúlveda, Luis Torner, José Caride, Ángel Lombarte, Pascual Costafreda. Color - 100 min.

Una historia de amor. P.: Estela Films. Pr.: Jorge Tusell. D.: Jordi Grau. G.: Jordi Grau, Alberto Castellón y José María Otero. F.: Aurelio G. Larraya. M.: Antonio Pérez Olea. Mont.: Emilio Rodríguez. Int.: Serena Vergano, Simón Andreu, Teresa Gimpera, Yelena Samarina, Félix de Pomés, José Franco, Adolfo Marsillach, Rafael Anglada, Núria Amorós, Antonio Millá, Luis Induni. Blanco y negro - 104 min.

El mago de los sueños. P.: Estudios Macián. Pr.: Francisco Macián. D.: Francisco Macián. A.: inspirado en un cuento de Andersen. G.: Francisco Macián. F.: Gilberto Soriano. M.: José Solá. Dec.: J. Papaseit. Int.: Voces de Andy Rusell, Chicho Gordillo, Tito Mora, Ennio Sangiusto, Los de las Torres y Los Tres Sudamericanos. Dibujos animados. 1.956 m.

Noche de vino tinto. P.: Filmscontacto. Pr. Jacinto Esteva-Grewe. D.: José María Nunes. G.: José María Nunes. F.: Jaime Deu Casas. M.: Los Gatos Negros, Los Mustang y Los Duques. Dec.: Manuel Infiesta. Mont.: Juan Luis Oliver. Int.: Serena Vergano, Enrique Irazoqui, Rafael Arcos, Annie Settimo. Blanco y negro - 98 min.

La piel quemada. P.: P.C. Teide. Pr.: Josep María Forn. D.: Josep María Forn. A. y G.: Josep María Forn. F.: Ricardo Albiñana. M.: Federico Martínez Tudó. Mont.: Luis Puigvert. Int.: Antonio Iranzo, Marta May, Silvia Solar, Ángel Lombarte, Carlos Otero, Luis Valero, Santi Guisado, Jordi Torras, Inés Guisado. Blanco y negro - 110 min.

El último sábado. P.: Profilmes. D.: Pere Balañá. G.: Luis Romero y Pere Balañá Bonvehí. F.: Aurelio G. Larraya. M.: José Solá. Int.: Julián Mateos, Silvia Tortosa, María Luisa Ponte, Antonio Ferrandis, Eleonora Rossi-Drago, María Julia Díaz, Carmen López Lagar, Roberto Martín, José María Angelat, Luis Gómez, Karina, Los Sirex. Blanco y negro - 81 min.

1967

El amor brujo. P.: Films RB. Pr.: Francesc Rovira Beleta. D.: Rovira-Beleta. A.: basado en la pieza de Manuel de Falla y Gregorio Martínez Sierra. G.: J. Antonio Medrano, J. Caballero Bonald y Francesc Rovira Beleta. F.: Gabor Pogani y Francisco Marín. M.: Manuel de Falla y Ernesto Halfter. Int.: Antonio Gades, La Polaca, Rafael de Córdoba, Nuria Torray, Morucha, Fernando Sánchez Polack, José Manuel Martín. Color - 99 min.

Biotaxia. P.: Hele Films. D.: José María Nunes. A.: José María Nunes. G.: José María Nunes y Antonio Díaz del Castillo. F.: Jaime Deu Casas. M.: Bebu Silvetti. Int.: Núria Espert, Pablo Busoms, Joaquín Jordá, José María Blanco, Romy. Blanco y negro - 93 min.

Cada vez que... P.: Filmscontacto. Pr.: Jacinto Esteva-Grewe. D.: Carlos Durán. G.: Carlos Durán y Joaquín Jordá. F.: Juan Amorós. M.: Marco Rossi. Int.: Serena Vergano, Irma Wallig, Daniel Martín, Jaap Guyt, Alicia Tomás, Adam Group. Blanco y negro - 88 min.

Los chicos con las chicas. P.: Estudios Moro. D.: Javier Aguirre. G.: Leonardo Martín, Juan Cobos,

Francisco Prosper, Miguel Rubio y Eduardo Ducay. F.: Rafael de Casenave, M.: Adolfo Waitzmann. Int.: Los Bravos, Enriqueta Carballeira, Manolo Gómez Bur, Guadalupe Muñoz Sampedro, Irán Eory, Laly Soldevila, Pilar Velázquez, María Luisa Ponte, Lola Gaos, Tina Saiz, Conchita Goyanes, Rafaela Aparicio. Color - 77 min.

Dante no es únicamente severo. P.: Filmscontacto. Pr.: Jacinto Esteva-Grewe. D. y G.: Jacinto Esteva-Grewe y Joaquín Jordá. F.: Juan Amorós. M.: Marco Rossi. Int.: Serena Vergano, Enrique Irazoqui, Romy, Hannie van Zantwyk, Luis Ciges, Jaume Picas, Susan Holmqvist. Color - 79 min.

Ditirambo. P.: Hersua Interfilms. D.: Gonzalo Suárez. G.: Gonzalo Suárez, basado en su novela "Rocabruno bate a Ditirambo". F. Juan Amorós. M.: Lou Bennett. Tema de Ditirambo por The Doggio Brother y Marco Rossi. Dec.: Andrés Vallvé. Mont.: Ramon Quadreny. Int.: Gonzalo Suárez, Yelena Samarina, José María Prada, Charo López, Ángel Carmona, Bill Dyckes, Narciso Rivas, Català-Roca, Alberto Puig Palau, Jaume Picas, Luis Ciges. Blanco y negro - 93 min.

Nocturno 29. P.: Films 59. Pr.: Pere Portabella. D.: Pere Portabella. A.: Joan Brossa. G.: Pere Portabella. F.: Luis Cuadrado. M.: José María Mestres Quadreny. Int.: Lucía Bosé, Mario Cabré, Ramón Juliá, Luis Ciges, Antonio Saura, Joan Ponç, Antoni Tàpies, Jordi Prats, Núria Pániker, F. de Laguardia, Manuel Jacas, Ruggero Selvaggio. Blanco y negro - 85 min.

Peppermint frappé. P.: Elías Querejeta P. C. D.: Carlos Saura. G.: Rafael Azcona, Angelino Fons y Carlos Saura. F.: Luis Cuadrado. M.: Luis de Pablo. Dec.: Emilio Sanz de Soto y Wolfgang Burmann. Mont.: Pablo G. del Amo. Int.: Geraldine Chaplin, José Luis López Vázquez, Alfredo Mayo, Ana María Custodio, Emiliano Redondo, Fernando Sánchez Polack, Janine Cordell. Color - 90 min.

1968

Las crueles / El cadáver exquisito. P.: Films Montana. Pr.: José López Moreno. D.: Vicente Aranda. A.: basado en el cuento "Bailando para Parker", de Gonzalo Suárez. G.: Vicente Aranda y Antonio Rabinad. F.: Juan Amorós y Fernando Arribas. M.: Marco Rossi. Int.: Capucine, Carlos Estrada, Judy Matheson, Teresa Gimpera, Alicia Tomás, José María Blanco, Luis Ciges, Eduardo Doménech, Luis Induni, Joaquín Vilar. Color - 108 min.

Después del diluvio. P.: Filmscontacto. Pr.: Ricardo Muñoz Suay. D.: Jacinto Esteva-Grewe. G.: Jacinto Esteva-Grewe, Francisco Viader, M. Requena y Francisco Ruiz Sanz. F.: Juan Amorós. M.: Joan Manuel Serrat y Tete Montoliu. Int.: Francisco Rabal, Mijanou Bardot, Francisco Viader, Luis Ciges, Romy, José Dansa, Francisco Reixach, Agustín García, Juan Oliveras. Color - 101 min.

España otra vez. P.: Pandora. D.: Jaime Camino. A.: Jaime Camino G.: Alvah Bessie y Román Gubern. F.: Luis Cuadrado. M.: Xavier Montsalvatge. Dec.: Juan León. Mont.: Teresa Alcocer. Int.: Mark Stevens, Manuela Vargas, Marianne Koch, Enrique Jiménez "El Cojo", Luis Serret, Joaquín Pujol, Luis Ciges, William Rood (seudónimo de Alvah Bessie), Francisco Rabal (no acreditado). Color - 109 min.

Las Vegas, 500 millones. P.: Isasi P. C. (España)/Franca Film (Francia)/Capitote (Italia)/Eichberg Film (Alemania). D.: Antonio Isasi. A.: según la novela de André Day. G.: Antonio Isasi, Lluís J. Comerón, Jorge Illa y J. Eisinger. F.: Joan Gelpí. M.: Georges Garvarentz. Int.: Gary Lockwood, Elke Sommer, Lee J. Cobb, Jack Palance, Gustavo Re, Daniel Martín, Maurizio Arena, George Geret, Armand Mestral, Fabrizio Capucci, Rubén Rojo, Enrique Ávila, Gerard Tichy, Julio Pérez Tabernero. Color - 122 min.

1969

La cólera del viento. P.: Cesáreo González (España)/Fair Film (Italia). D.: Mario Camus. A.: Manolo Marinero. G.: Alberto Silvestri, Miguel Rubio, Franco Verucci, Manuel Marinero, José Vicente Puente y Mario Camus. F.: Roberto Gerardi. M.: Augusto Martelli. Int.: Terence Hill, María Grazia Buccella, Mario Pardo, Máximo Valverde, Manuel Alexandre, Carlos Alberto Cortina, William Layton, Carlos Otero, Andrés Resino, Manuel de Blas. Color - 105 min.

Golpe de mano. P.: Promofilm (España)/Cinetirrena (México). D.: José Antonio de la Loma. A. y G.:

José Antonio de la Loma. F. Mario Pacheco. M.: Gianni Marchetti. Int.: Simón Andreu, Patty Shepard, Daniel Martín, Francisco Braña, Rafael Hernández, Fernando Sancho, Antonio Casas, Adriano Domínguez, Carlos Vasallo, Jaume Picas, Nacho Pidal. Color - 104 min.

Un invierno en Mallorca / Jutrzenka. P.: Tibidado Films-Estela Films. Pr.: Jaime Camino y Jordi Tusell. D.: Jaime Camino. G.: Román Gubern y Jaime Camino. F.: Luis Cuadrado. M.: Federico Chopin y Raymond Trouard. Int.: Lucía Bosé, Christopher Sandford, Henri Sarre, Enrique San Francisco, María Esteva, Miguel Beltrán, Isidro Novellas, Janine Alexander, Serena Vergano. Color - 102 min.

La madriguera. P.: Elías Querejeta P. C.-Delta Films. D.: Carlos Saura. G.: Rafael Azcona, Geraldine Chaplin y Carlos Saura. F.: Luis Cuadrado. M.: Luis de Pablo. Mont.: Pablo G. del Amo. Int.: Geraldine Chaplin, Per Oscarsson, Teresa del Río, Julia Peña, María Elena Flores. Color - 107 min.

1970

El bosque del lobo. P.: Amboto P. C. D.: Pedro Olea. A.: basado en la novela de "El bosque de Ancines", de Carlos Martínez Barbeito. G.: Pedro Olea y Juan Antonio Porto. F.: Aurelio G. Larraya. M.: Antonio Pérez Olea. Int.: José Luis López Vázquez, Amparo Soler Leal, John Steiner, Antonio Casas, Nuria Torray, Fernando Sánchez Polack, Porfiria Sanchís, Alfredo Mayo, María Ladrón de Guevara. Color - 87 min.

El jardín de las delicias. P.: Elías Querejeta P. C. D.: Carlos Saura. G.: Rafael Azcona y Carlos Saura. F.: Luis Cuadrado. M.: Luis de Pablo. Dec.: Emilio Sanz de Soto. Mont.: Pablo G. del Amo. Int.: José Luis López Vázquez, Francisco Pierrá, Luchy Soto, Lina Canalejas, Julia Peña, Alberto Alonso, Mayrata O'Wisiedo, Charo Soriano, Esperanza Roy, José Nieto, Luis Pena. Color - 86 min.

El hombre oculto. P.: Mota Films. D.: Alfonso Ungría. G.: Alfonso Ungría. F.: Ramón Suárez. Mont.: Roberto Fandiño. Int.: Carlos Otero, Yelena Samarina, Julieta Serrano, Luis Ciges, José María Nunes, Carmen Maura, Mario Gas, Tatiana Samarina. Blanco y negro - 100 min.

Laia. P.: Producciones Artísticas Cinematográficas. D.: Vicenç Lluch. A. basado en la obra de Salvador Espriu. G.: Jaume Vidal Alcover y Viçenç Lluch. F.: Juan Amorós. M.: Ángel Arteaga. Dec.: Joan Frexe. Mont.: Emilio Ortiz y José Antonio Rojo. Int.: Núria Espert, Francisco Rabal, Daniel Martín, Julieta Serrano, Manuel Otero, María Bassó, Alicia Moreno Espert, Benito Rabal, Silvia Aragón, Empar Batlle, Concepció Llach. Color - 92 min.

No desearás al vecino del quinto. P.: Atlántida Films (España)/FIDA Cinematografica (Italia). D. Ramón Fernández. A.: Juan José Alonso Millán. G.: Juan José Alonso Millán y Alessandro Continenza. F.: Hans Burmann. M.: Piero Umiliani. Int.: Alfredo Landa, Jean Sorel, Ira de Fürstemberg, Isabel Garcés, Guadalupe Muñoz Sampedro, Annabella Incontrera, Margot Cottens, Adrián Ortega, María Luisa Longo. Color - 80 min.

Tristana. P.: Época Film-Talia Film (España)/Les Films Corona (Francia)/Selenia Cinematografica (Italia). D.: Luis Buñuel. A.: según la novela homónima de Benito Pérez Galdós. G.: Luis Buñuel y Julio Alejandro. F.: José F. Aguado. Dec.: Enrique Alarcón. Mont.: Pedro del Amo. Int.: Catherine Deneuve, Fernando Rey, Franco Nero, Lola Gaos, Antonio Casas, Jesús Fernández, Vicente Soler, José Calvo, Fernando Crebrián, Cándida Losada, María Paz Pondal, Juanjo Menéndez, Sergio Mendizábal, Antonio Ferrandis. Color - 98 min.

1971

Adiós, cigüeña, adiós. P.: Kalender Films-Impala. D.: Manuel Summers. A. y G.: Manuel Summers y Antonio de Lara "Tono". F.: Luis Cuadrado. M.: Antonio Pérez Olea. Int.: María Isabel Álvarez, Francisco Villa, Currito Martín, Beatriz Galbó, Joaquín Goma, Felipe Anaya, María Rosa Torrico, Alicia Peramo, Luis A. de la Pena. Color - 90 min.

Canciones para después de una guerra. P.: Patino-Alenda-Turner Films. Pr.: Julio Pérez Tabernero. D.: Basilio Martín Patino. Colaboradores: José Luis García Sánchez, José Luis Peláez, Rori y Enrique Blanco. A. y G.: Basilio Martín Patino. F.: José Luis Alcaine. M.: Manuel Parada y canciones de la época. Documental. Blanco y negro/Color - 96 min.

Españolas en París. P.: Ágata Films. D.: Roberto Bodegas. G.: José Luis Dibildos, Antonio Mingote, Roberto Bodegas y Christian de Chalonge. F.: Rafael Casenave. M.: Carmelo Bernaola. Dec.: Ramiro Gómez. Mont.: Petra de Nieva. Int.: Ana Belén, Laura Valenzuela, Tina Sainz, Elena María Tejeiro, José Sacristán, José Luis López Vázquez, Françoise Arnoul. Color - 91 min.

Mi querida señorita. P.: El Imán-Incine. Pr.: José Luis Borau. D.: Jaime de Armiñán. G.: Jaime de Armiñán y José Luis Borau. F.: Luis Cuadrado. M.: Rafael Ferro. Dec.: José Massagué. Mont.: Ana Romero. Int.: José Luis López Vázquez, Julieta Serrano, Mónica Randall, Lola Gaos, Antonio Ferrandis, Enrique Ávila, Chus Lampreave. Color - 83 min.

1972

Ana y los lobos. P.: Elías Querejeta P. C. D.: Carlos Saura. A.: Carlos Saura. G.: Rafael Azcona y Carlos Saura. F.: Luis Cuadrado. M.: Luis de Pablo. Mont.: Pablo G. del Amo. Int.: Geraldine Chaplin, Fernando Fernán Gómez, José María Prada, José Vivó, Rafaela Aparicio, Charo Soriano, Nuria Laje, María José Puerta, Marisa Porcel, Sara Gil. Color - 97 min.

Corazón solitario. P.: Azor Film-Inscram (España)/Universal Prod. (Francia). D.: Francesc Betriu. G.: Francesc Betriu, Manuel Gutiérrez Aragón y José Luis García Sánchez. F.: José Luis Alcaine. M.: Carmelo Bernaola. Int.: La Polaca, Jacques Dufilho, Máximo Valverde, Queta Claver, Manuel Alexandre, Luis Ciges, Jose Franco, Ángel Álvarez, Juan José Otegui, Armando Calvo, María Isbert. Color - 96 min.

1973

El espíritu de la colmena. P.: Elías Querejeta P. C.. D.: Víctor Erice. G.: Víctor Erice y Ángel Fernández Santos. F.: Luis Cuadrado. M.: Luis de Pablo. Dec.: Adolfo Cofiño. Mont.: Pablo G. del Amo. Int.: Ana Torrent, Fernando Fernán Gómez, Isabel Tellería, Teresa Gimpera, Laly Soldevila, Ángel Picazo, Estanis González, Juan Margayo, José Villasante, Kety de la Cámara, Miguel Agudo, Manuel de Agustina. Color - 100 min.

Habla, mudita. P.: Elías Querejeta P. C. (España)/Filmverlag der Autoren (Alemania). D.: Manuel Gutiérrez Aragón. G.: Manuel Gutiérrez Aragón y José Luis García Sánchez. F.: Luis Cuadrado. M.: Luis de Pablo. Dec.: Adolfo Cofiño. Mont.: Pablo G. del Amo. Int.: José Luis López Vázquez, Kiti Manver, Paco Algora, Hanna Haxmann, Francisco Guijar, Susan Taff, Marisa Porcel, Edy Lage, Manuel Guitán, Rosa de Alba, Thomas Schamoni. Color - 88 min.

La prima Angélica. P.: Elías Querejeta P. C. D.: Carlos Saura. G.: Rafael Azcona y Carlos Saura. F.: Luis Cuadrado y Teo Escamilla. Dec.: Francisco Nieva. Mont.: Pablo G. del Amo. Int.: José Luis López Vázquez, Lina Canalejas, Fernando Delgado, Julieta Serrano, Lola Cardona, María Clara Fernández de Loaisa, Josefina Díaz, José Luis Heredia, Encarna Paso, Pedro Sempson, Luis Peña, Antonio Casal, María de la Riva. Color - 105 min.

Vida conyugal sana. P.: Ágata Films. Pr.: José Luis Dibildos. D.: Roberto Bodegas. G.: José Luis Garci y José Luis Dibildos. F.: Leopoldo Villaseñor. M.: Carmelo Bernaola. Int.: Ana Belén, Joé Sacristán, Teresa Gimpera, Alfredo Mayo, Mari Carmen Prendes, Antonio Ferrandis, Josele Román, Nadiuska, José Vivó, Tomás Blanco, Laly Soldevila, Claudia Gravy, Ramiro Oliveros, Amparo Muñoz. Color - 90 min.

1974

El amor del capitán Brando. P.: Incine. D.: Jaime de Armiñán. A. y G.: Juan Tébar y Jaime de Armiñán. F.: Luis Cuadrado. M.: José Nieto. Int.: Fernando Fernán Gómez, Ana Belén, Jaime Gamboa, Julieta Serrano, Antonio Ferrandis, Amparo Soler Leal, Pilar Muñoz, Eduardo Calvo, Fernando Marín, Chus Lampreave, Julia Lorente, Verónica Llimerá, Aurora Márquez. Color - 89 min.

Los nuevos españoles. P.: Ágata Films. Pr.: José Luis Dibildos. D.: Roberto Bodegas. G.: José Luis Garci y José Luis Dibildos. F.: Manuel Rojas. M.: Carmelo Bernaola. Int.: José Sacristán, María Luisa

San José, Antonio Ferrandis, Amparo Soler Leal, Manuel Zarzo, María José Román, Manuel Alexandre, Claudia Gravy, Rafael Hernández, María Kosti, William Layton, Victoria Vera, Luis Barboo, Lone Fleming, Manuel Pereiro. Color - 92 min.

Los pájaros de Baden-Baden. P.: Impala Films (España)/Arpa (Suiza). D.: Mario Camus. G.: Mario Camus y Manuel Marinero. F. Hans Burmann. M.: Antón García Abril. Int.: Catherine Spaak, Frederic de Pasquale, José Luis Alonso, Andrés Mejuto, Carlos Larrañaga, Alejandro de Enciso, Carlos Otero, Antonio Iranzo, Eduardo Puceiro, William Layton, Cándida Losada, Tere del Río. Color - 124 min.

La Regenta. P.: Emiliano Piedra P. C. D.: Gonzalo Suárez. A.: según la novela homónima de Leopoldo Alas "Clarín". G.: Juan Antonio Porto. F.: Luis Cuadrado. M.: Angelo Francesco Lavagnino. Int. Emma Penella, Keith Baxter, Nigel Davenport, Adolfo Marsillach, Charo López, Rasario G. Ortega, Agustín González, María Luisa Ponte, Maruchi Fresno, Antonio Iranzo, Manuel Sierra, Pilar Bardem. Color - 109 min.

Tocata y fuga de Lolita. P.: Ágata Films. Pr.: José Luis Dibildos. D.: Antonio Drove. G.: Antonio Drove y José Luis Dibildos. F.: Manuel Rojas. M.: Carmelo Bernaola. Dec.: Ramiro Gómez. Mont.: Petra de Nieva. Int.: Arturo Fernández, Amparo Muñoz, Pauline Challenor, Paco Algora, María Luisa Merlo, Enriqueta Carballeira, Laly Soldevila, Germán Kraus, Manuel Alexandre. Color - 91 min.

Tormento. P.: José Frade P. C. D.: Pedro Olea. A.: basado en la novela de Benito Pérez Galdós. G.: Ricardo López Aranda, José Frade, Pedro Olea y Ángel María de Lera. F.: Fernando Arribas. M.: Carmelo Bernaola. Int.: Ana Belén, Francisco Rabal, Javier Escrivá, Concha Velasco, Rafael Alonso, Ismael Merlo, María Luisa San José, Amelia de la Torre, María Isbert, Milagros Leal. Color - 89 min.

Yo la vi primero. P.: Kalender Films Internacional-Impala. D.: Fernando Fernán Gómez. A.: Manuel Summers. G.: Chumy Chúmez, A. Riubal y Fernando Fernán Gómez. F.: José Luis Alcaine. M.: Carlos A. Vizziello. Int.: Manuel Summers, María del Puy, Fernando Rubio, León Klimowsky, Fernando Fernán Gómez, Irene Gutiérrez Caba, Rafael Conesa, Joaquín Roa, Emilio Forner, Alberto Fernández, José Yepes, Guillermo Summers. Color - 93 min.

1975

Cría cuervos. P.: Elías Querejeta P. C. D.: Carlos Saura. G.: Carlos Saura. F.: Teo Escamilla. M.: Federico Mompou. Int.: Ana Torrent, Geraldine Chaplin, Conchita Pérez, Mónica Randall, Maite Sánchez Almendros, Florinda Chico, Germán Cobos, Héctor Alterio, Mirta Miller, Josefina Díaz. Color - 107 min.

Furtivos. P.: El Imán. Pr.: José Luis Borau. D.: José Luis Borau. G.: Manuel Gutiérrez Aragón y José Luis Borau. F.: Luis Cuadrado. M.: Vainica Doble. Int.: Lola Gaos, Ovidi Montllor, Alicia Sánchez, Ismael Merlo, Felipe Solano, José Luis Borau, José Luis Heredia, Erasmo Pascual, José Riesgo, Beni Deus, Ángel Gamón, Simón Arriaga, Francisco Ortuño. Color - 99 min.

¡Jo, papá! P.: Incine. D.: Jaime de Armiñán. A.: Juan Tébar. G.: Jaime de Armiñán y Juan Tébar. F.: Manuel Berenguer. M.: José Nieto. Int.: Ana Belén, Antonio Ferrandis, Amparo Soler Leal, Josep María Flotats, Fernando Fernán Gómez, Eduardo Calvo, Carmen Armiñán. Color - 97 min.

La nova cançó. P.: Profilmes. Pr.: J. A. Pérez Giner. D.: Francesc Bellmunt. G.: Àngel Casas y Francesc Bellmunt. F.: Tomàs Pladevall. Mont.: Maricel Bautista. Int.: María del Mar Bonet, Pere Figueres, La Batista, Lluís Llach, Ovidi Montllor, Ramon Muntaner, Francesc Pi de la Serra, Raimon, Pau Riba, Jaume Sisa, Rafael Subirachs, La Trinca. Color - 85 min.

Pascual Duarte. P.: Elías Querejeta, P. C. D.: Ricardo Franco. A.: basado en la novela de Camilo José Cela, "La familia de Pascual Duarte". Guión: Emilio Martínez-Lazaro, Elías Querejeta y Ricardo Franco. F.: Luis Cuadrado. Montaje: Luis de Pablo. Int.: José Luis Gómez, Paca Ojea, Héctor Alterio, Diana Pérez de Guzmán, Eduardo Calvo, Joaquín Hinojosa, Maribel Ferrero. Color - 105 min.

Pim, pam, pum... ¡fuego! P.: José Frade P. C. D.: Pedro Olea. G.: Pedro Olea y Rafael Azcona. F.: Fernando Arribas. M.: Carmelo Bernaola. Int.: Concha Velasco, Josep María Flotats, Fernando Fernán

Gómez, José Orjas, Mara Goyanes, José Calvo, Mimí Muñoz, Amparo Valle, Goyo Lebrero, Víctor Israel, Gloria Berrocal, Erasmo Pascual, Fernando Sánchez Polack, María de la Riva, Antonio del Real, Pilar Gómez Ferrer, Rafael Conesa. Color - 102 min.

CRONOLOGÍA

1961
Entrevista Kennedy-Krushev.
Julio. Gran aumento del turismo en España.
17-18 agosto. Construcción del Muro de Berlín, para impedir la huida a la zona occidental.
Nacimiento de la llamada "Unión de Fuerzas Democráticas", integrada por el PSOE, UGT, Izquierda Democrática, PNV y la Acción Republicana Democrática Española, entre otros partidos.
La Unión Sudafricana se separa de la Commomwealth.
Emigración de trabajadores españoles a Europa.
Bearn, de Llorenç Villalonga;
Un millón de muertos, de José María Gironella.
El año pasado en Marienbad, de Resnais;
West Side Story, de Wise-Robbins.

1962
Febrero. España solicita el ingreso en la CEE. Reactivación económica.
Mayo. Estado de emergencia en Asturias y el País Vasco.
Junio. Miembros de la oposición a la Dictadura de Franco se reúnen en el denominado por el régimen "Contubernio de Munich".
5 julio. Independencia de Argelia.
Agosto. Huelgas en la cuenca minera asturiana.
Guerra civil en Yemen.
Cuba: crisis de los misiles rusos; Kennedy anuncia el repliegue soviético.
Tiempo de silencio, de Luis Martín Santos;
Sobre la esencia, de Zubiri.
La plaça del Diamant, de Mercè Rodoreda;
Las ratas, de Delibes.
Ocho y medio, de Fellini;
El ángel exterminador, de Buñuel.
El hombre que mató a Liberty Valance, de Ford;
Lawrence de Arabia, de Lean.

1963
Conflicto chino-soviético.
Abril. Ajusticiamiento del militante comunista Julián Grimau.
Estatuto autonómico de Guinea española.
Prórroga por cinco años del Convenio hispano-norteamericano.
Mayo. España aumenta considerablemente sus reservas monetarias: se disponen de 1.011 millones de

dólares en reservas de cambio.
Agosto. También son ajusticiados al garrote vil los anarquistas Francisco Granado y Joaquín Delgado; muertes que coincidirían con la presentación en el Festival de Venecia del film *El verdugo*, de Luis G. Berlanga.
Noviembre. Asesinato del presidente Kennedy.
Muere el papa Juan XXIII; le sucede Pablo VI.
27 diciembre. Aprobación por las Cortes españolas del I Plan de Desarrollo Económico-Social, que, previo informe del Banco Mundial, había preparado un equipo de expertos presidido por Laureano López Rodó.
El Gatopardo, de Visconti;
El proceso de Verona, de Carlo Lizzani.
Los pájaros, de Hitchcock;
América, América, de Kazan.

1964
Enero. Despliegue del I Plan de Desarrollo.
Acuerdo de URSS y Estados Unidos sobre la suspensión de las pruebas nucleares.
Bomba atómica de China.
Unión Soviética: Kuschev es destituido.
1 abril. Se conmemoran en España los denominados "25 años de Paz".
Numerosas huelgas de obreros y movilizaciones universitarias.
Se niega la entrada de España en el Mercado Común.
Agosto. Comienza oficialmente la Guerra de Vietnam.
Constantino II, rey de Grecia.
¿Teléfono rojo?: Volamos hacia Moscú, de Kubrick;
My Fair Lady, de Cukor.
Giulietta de los espíritus, de Fellini;
El gran combate, de Ford.

1965
Marzo. Franco expulsa de España al Abad de Montserrat, Dom Aureli Escarré.
Muerte de Churchill.
Francia: reelección de De Gaulle.
Julio. Los Beatles en España: conciertos en Madrid y Barcelona.
Nuevo desarrollo del turismo en España: 14 millones de visitantes.
Agosto. Suspensión de algunos profesores universitarios por haberse manifestado solidarios con el movimiento estudiantil: son cesados de sus cátedras Tierno Galván, Aranguren y García Calvo; José Mª Valverde dimite en Barcelona.
Se publica el Libro rojo sobre Gibraltar.
Nace el Movimiento Democrático de la mujer-Mov. de Liberación de la Mujer.
Clausura del Concilio Vaticano II.
Barbarroja, de Kurosawa;
El joven Törless, de Schlöndorff.

1966
Enero. Arresto de la duquesa Medina-Sidonia, tras su marcha sobre Madrid con
campesinos andaluces.
Marzo. Nueva Ley de Prensa e Imprenta, promovida por el ministro Manuel Fraga Iribarne: desaparece la censura obligatoria en favor de la "consulta voluntaria", con posibilidad de responsabilidad penal.
Manifiesto constitutivo del sindicato comunista Comisiones Obreras (CCOO), que ya funcionaba desde

la huelga minera de Asturias de 1958.
Huelga y Asamblea de estudiantes universitarios.
Abril. Se cierra temporalmente la Universidad de Barcelona.
La Conferencia Episcopal española publica el documento *La Iglesia y el orden temporal*.
Francia abandona la OTAN.
China: Comienza la llamada Revolución Cultural.
14 diciembre. Aprobación de la Ley Organizada del Estado –España sigue definida como Reino–, en referéndum nacional.
Campanadas a medianoche, de Orson Welles;
Un hombre para la eternidad, de Zinnemann.

1967
Enero. España establece relaciones diplomáticas con Rumania e inicia la apertura hacia los países del Este.
Febrero. Huelgas universitarias: otro cierre por varios días de las Universidad de Madrid y Barcelona.
Marzo. El Tribunal Supremo español declara ilegítimo al sindicato CC.OO.
Golpe de los coroneles en Grecia: comienza la dictadura militar.
5 junio. Estalla la Guerra de los "Seis Días".
28 junio. Ley sobre Libertad religiosa.
Septiembre. El almirante Carrero Blanco, vicepresidente del Gobierno español.
1-6 octubre. Sitges: Primera Jornada Internacional de Escuelas de Cine, que serán reprimidas por la policía española.
Noviembre. Devaluación de la peseta.
Cien años de soledad, de Gabriel García Márquez.
Edipo, el hijo de la fortuna, de Pasolini;
Padre, de István Szabó.

1968
Abril. España: Ley de Secretos Oficiales.
Mayo. Revolución estudiantil en Francia.
Primavera de Praga: invasión de Checoslovaquia por los soviéticos.
Comienza el estado de excepción en el País Vasco (hasta agosto).
II Plan de Desarrollo Económico español.
Mueren asesinados Martin Luther King y Robert Kennedy.
Elección de Richard Nixon, como presidente USA.
12 octubre. Independencia de Guinea Ecuatorial; España también entrega Ifni a Marruecos.
Noviembre. Reforma de la Falange ("auténtica") de Hedilla.
Diciembre. El príncipe Carlos Hugo es expulsado de España.
El Papa Pablo VI publica la encíclica *Humanae vitae*.
2001: Una Odisea del espacio, de Kubrick;
Z, de Costa-Gavras.
La casa de las Chivas, de Jaime Salom;
Tots els contes, de Pere Calders.

1969
25 enero. Estado de excepción en España.
Febrero. Publicación de "Libro Blanco de la Educación", por el ministro Villar Palasí.
Francia: dimisión del presidente De Gaulle.
22 julio. Ley de Sucesión de la Jefatura del Estado español: Juan Carlos de Borbón, sucesor a título de rey.
Cierre de la frontera gibraltareña.

Agosto. Aparece el "caso" Matesa, que es instrumentalidado para convertirlo en tema político.
29 octubre. Franco resuelve la crisis gubernamental: dimite a diversos ministros y encarga a Carrero Blanco y López Rodó la formación de un nuevo gabinete.
Nacimiento de distintas organizaciones más a la izquierda del PCE: Movimiento Comunista, FRAP, ORT, etc.
3 septiembre. Muere Ho Chi Minh
Willy Brandt, presidente el gobierno de coalición socialista de la RFA.
Golda Meir, en Israel.
Tumultos en el Ulster.
USA pone los primeros hombres en la Luna.
El pequeño salvaje, de Truffaut;
Pasión, de Bergman.

1970
22 de mayo. Decreto sobre los Trabajadores españoles.
Junio. Tratado comercial de España con el Mercado Común.
Muere Oliveira Salazar, presidente de Portugal.
Agosto. Ley General de Educación. Aumenta el número de turistas: 24 millones visitan España.
Huelgas en Asturias, Sevilla, Granada y en la Universidad de Madrid.
Noviembre. CC. OO. intenta provocar una huelga general.
Diciembre. Encuentro en la Abadía de Montserrat de distintos representantes de la oposición a la Dictadura franquista.
17 diciembre. Nueva manifestación en la Plaza de Oriente favorable a Franco, que habla de "campaña antiespañola de injurias y calumnias y de los eternos enemigos de España".
28 diciembre. Proceso de Burgos contra 16 activistas de ETA. Campaña internacional de protesta contra la pena de muerte; el Jefe del Estado español conmuta la pena a los condenados.
España establece relaciones diplomáticas con Checoslovaquia, Hungría y Bulgaria.
República de Rhodesia.
Salvador Allende, presidente de Chile.
Muere el general De Gaulle.
Patton, de Franklin J. Schaffner;
El mensajero, de Losey;
Muerte en Venecia, de Visconti.

1971
17 febrero. Ley Sindical española.
Firma de acuerdos entre Alemania occidental y oriental.
Bangla Desh se separa del Pakistán.
Junio. Termina el estado de excepción en España.
Asamblea conjunta de obispos y sacerdotes.
Noviembre. El Gobierno clausura el diario *Madrid*: el presidente de su Consejo de Administración, el catedrático Rafael Calvo Serer, publica un artículo sobre Franco que le obliga a exiliarse.
15 noviembre. Reforma del Código Penal.
Proliferan los grupos de extrema derecha.
30 diciembre. Franco pronuncia un discurso de pacificación.
The French Connection, de William Friedkin;
Confesiones de un comisario, de Damiano Damiani.

1972
Admisión de Gran Bretaña, Irlanda y Dinamarca en la CEE.

Richard Nixon visita la China y URSS; Nixon, reelegido presidente USA.
Mayo. Discursos de exaltación de los valores patrióticos españoles del general Iniesta Cano y el falangista José Antonio Girón.
14 julio. Previsiones sobre la sucesión de Franco.
Octubre. VIII Congreso del PCE: programa la alianza con todos los grupos democráticos para acabar con el sistema dictatorial.
Se inicia el III Plan de Desarrollo español.
Relaciones diplomáticas con Yugoslavia y primeros acuerdos comerciales con la URSS.
Huelgas en las Universidades.
Australia: triunfo absoluto de los laboristas.
El Padrino, de Francis Ford Coppola;
Cabaret, de Bob Fosse.

1973
Enero. Ante las tensiones entre una parte de los eclesiásticos y el Gobierno de Franco, la Conferencia Episcopal española publica el documento *La Iglesia y la comunidad política*.
Junio. Luis Carrero Blanco es nombrado presidente de Gobierno, para continuar el sistema franquista.
La RFA y la RDA son admitidas en la ONU.
Recesión e inflación: crisis del petróleo.
El general Pinochet, nuevo presidente de Chile, al derrocar al socialista Salvador Allende
20 diciembre. Asesinato del presidente del Gobierno español, almirante Carrero Blanco, por un comando del grupo terrorista ETA.
Congreso del sindicato socialista UGT.
Mueren Picasso y Pau Casals.
La noche americana, de Truffaut;
Amarcord, de Fellini.
El golpe, de Roy Hill;
Luna de papel, de Bogdanovich.

1974
Más acciones terroristas de ETA.
12 febrero. Carlos Arias Navarro, nuevo presidente del Gobierno español, inicia cierto "espíritu de apertura".
Abril. José Antonio Girón ataca con un artículo el "espíritu del 12 de febrero".
Se regula en España la participación estudiantil a nivel universitario. Organización de sindicatos de agricultores y ganaderos.
Entrevista Breznev-Ford.
Portugal: revolución de los claveles.
Estalla en USA el escándalo del Watergate; Richard Nixon dimitirá después como presidente.
La ONU aprueba la creación de un Estado palestino.
Giscard d'Estaign, presidente de Francia.
Grecia: República y fin de la Dictadura.
19 julio. Ante la enfermedad de Franco, el príncipe Juan Carlos es nombrado Jefe Provisional del Estado.
Disminuye el turismo.
29 julio. Creación de la llamada Junta Democrática de España por parte de los partidos de la oposición.
13 septiembre. Atentado terrorista en la calle del Correo, de Madrid.
Octubre. Dimite el ministro "aperturista" Pío Cabanillas; se solidariza con él Barrera de Irimo.
Diciembre. El presidente Arias presenta ante las Cortes el Proyecto de Ley de Asociaciones Políticas. Al no "restañar las heridas" de la Guerra Civil, el ministro de Gobernación, Tomás Garicano Goñi, se abstendrá y será cesado.

La guerra de nuestros antepasados, de Miguel Delibes.
El Padrino II, de Coppola;
Primera plana, de Billy Wilder.

1975
Acuerdos de Helsinki.
30 abril. Concluye la Guerra de Vietnam.
Independencia de Angola y Mozambique.
22 mayo. España: Decreto-ley sobre el reconocimiento del recurso a la huelga.
Huelga en el Metro de Barcelona.
Junio. Formación de la Plataforma de Convergencia Democrática ("Platajunta"), integrada por PNV, ID, PSOE, UGT, Partido Carlista, MC, ORT e independientes como Calvo Serer.
24 junio. Arias Navarro anuncia la Ley contra el comunismo y sus aliados; renuncia al denominado "espíritu del 12 de febrero".
Agosto. Ley de Antiterrorismo.
Septiembre. Proceso y fusilamiento de diversos miembros de ETA y del FRAP; protesta internacional.
1 octubre. Manifestación multitudinaria en la Plaza de Oriente, en favor del régimen de Franco.
20 noviembre. Fallecimiento, después de una larga enfermedad, del Jefe del Estado español, Francisco Franco Bahamonde.
Juan Carlos I, rey de España.
Marruecos invade el Sahara español.
Los pies por delante, obra póstuma de Max Aub.
Después se autorizará el estreno del film *El gran dictador,* de Chaplin.
Nuevo gabinete de Arias Navarro; fin de la Dictadura franquista.
Alguien voló sobre el nido del cuco, de Forman;
Dersu Uzala, de Kurosawa.

Cuarta parte
TIEMPO CONTEMPORÁNEO
(1976-2006)

CAPÍTULO 12
El cine de la Transición

El fenómeno acaecido en España con la muerte de Franco y la instauración de un régimen democrático "a la europea" repercutió en todos los órdenes y, especialmente, en la realidad sociocultural del país. Es más: la pronta desaparición del franquismo se haría notar con pasión en la mayoría de los *mass-media* españoles. Y uno de los más importantes fue el cine. Iniciamos, por tanto, un breve *travelling* histórico por el período contemporáneo de nuestra cinematografía, pese a la limitada perspectiva del poco tiempo transcurrido; ya que, como decía André Maurois, los últimos años de la historia son crónica.

Tras las elecciones legislativas del 15 de junio de 1977 –la Constitución democrática se aprobaría en referéndum a finales de 1978– y las elecciones generales y municipales del año 79, la reconstrucción del país se centró más en la instauración y consolidación del nuevo sistema político, que en los sectores industriales y culturales del cine español.

Aun así, el panorama cinematográfico hispano presentaría durante esta etapa de transición unos nuevos caracteres. Las razones habrá que buscarlas en la nueva coyuntura política. Ciertamente, con la "apertura" ideológica –no "cambio", ni ruptura– las cortapisas del antiguo régimen se vinieron abajo con la liquidación del franquismo que, sobre el papel, brindó en seguida el partido gubernamental apoyado por la Monarquía. Y el primer presidente de la democracia, Adolfo Suárez, desmontó el Movimiento Nacional, llevando a cabo la transición pacíficamente.

Asimismo, el arte cinematográfico español cogió por primera vez el tren de la "modernidad", que no se concretó sólo en temas de libertad política –diversas películas extranjeras habían sido vedadas por obvias razones–, sino que las salas comerciales fueron invadidas por una moda que imperaba en el mercado: el cine erótico. (La censura también desapareció por esas fechas. Real Decreto de 11 de noviembre de 1977. Vid. Apéndice I).

Durante el período del Gobierno de UCD (la Unión del Centro Democrático era el partido, hoy desaparecido, que lideraba el presidente Suárez), el cine español como fenómeno inserto en la sociedad fue afectado por la crisis general de nuestra economía. Y la anémica industria cinematográfica nacional, compuesta por pequeños empresarios –que se ven obligados a invertir en un espacio de tiempo muy breve, pero con un período de recuperación a largo plazo–, se descapitalizó sobremanera. Además, el Fondo de Protección que proporcionaba el Estado aún seguía adeudando a los productores cantidades considerables desde hacía años. Antes del último pago, eran unos 2.000 millones de pesetas. Por eso, en febrero de 1978 los productores cinematográficos hicieron un paro que obligó a la Administración a entregarles 500 millones en calidad de adelanto. Todo ello unido a que, ante tal situación caótica, algunas multinacionales norteamericanas suspendieron las inversiones en el cine español que, a finales del mismo año 78, sufría un desempleo de profesionales del 80 por ciento. «Si el Ministerio no toma medidas urgentes –afirmó la Unión de Productores Cinematográficos Españoles–, nuestro cine desaparecerá»[1].

Con todo, la producción de películas españolas fue aumentando progresivamente durante estos primeros años, pues en 1976 se realizaron 108 filmes de largometraje y en 1977, 113; para descender en 1978, que se alcanzó la cifra global de 105 y entrar en picado en 1979, con 72 películas, aumentando al final de la década, con 98 cintas en 1980. Constatemos ahora sus títulos más significativos.

Entre los filmes que ponían en tela de juicio a la España reciente, cabe destacar *El desencanto* (1976), del antiguo cineasta marginal Jaime Chávarri, y *Asignatura pendiente* (1977), del citado coguionista de la "tercera vía" José Luis Garci. Pero en seguida la figura de Franco y la revisión histórica de la Guerra Civil fueron vapuleadas por los cineastas de la transición: desde Basilio Martín Patino, con *Caudillo* (1977) –tras ser autorizadas sus *Canciones para después de una guerra* (1971)– hasta *Raza, el espíritu de Franco*, de Gonzalo Herralde, y *Camada negra*, de Manuel Gutiérrez Aragón (ambas del 77); mientras la contienda bélica era vista desde otra perspectiva crítica –la de los perdedores– en obras como *Las largas vacaciones del 36* (1976) y *La vieja memoria* (1977), de Jaime Camino; *Por qué perdimos la guerra* (1978), de los anarquistas Santillán-Galindo; *Soldados* (1978), del también cineasta marginal Alfonso Ungría; o el fenómeno de los "maquis" sería expuesto en películas más comedidas, como *Los días del pasado* (1977), de Mario Camus y *El corazón del bosque* (1978), del citado Gutiérrez Aragón.

Al mismo tiempo, las reconocidas autonomías se "despertaron" con filmes en lengua vernácula. Cataluña con la superproducción *La ciutat cremada* (1976), de Antoni Ribas, sobre la Barcelona de la Semana Trágica de 1909, o la menos ambiciosa pero más equilibrada película de Josep María Forn *Companys, procés a Catalunya* (1979), acerca de los últimos días del que fuera presidente de la Generalitat republicana. Y el País Vasco, que saltó a las pantallas con dos títulos de 1979 prácticamente al servicio de la ETA: *El proceso de Burgos*, de Imanol Uribe; y *Operación Ogro*, de Gillo Pontecorvo, sobre el asesinato de Carrero Blanco.

Por otra parte, los veteranos Bardem y Berlanga volvieron a resurgir con filmes "comprometidos": *El puente* (1977) y *Siete días de enero* (1979), de Juan Antonio Bardem, al servicio del Partido Comunista –ya legitimado en España–; y *La escopeta nacional* (1978), de Luis G. Berlanga, fácil y tópica crítica al sistema franquista. Mientras el menos veterano pero también reconocido Carlos Saura parecía abandonar su subrepticia denuncia al régimen dictatorial en cintas más intimistas y no directamente políticas, como *Elisa, vida mía* (1976), *Mamá cumple cien años* (1979) y *Deprisa, deprisa* (1980), crónica de la delincuencia juvenil de la España democrática que se puede comparar con su referida ópera prima *Los golfos* (1959) para ver el cambio operado en el país en esos veinte años.

Finalmente, durante esta etapa de afirmación democrática también aparecieron nuevos nombres en el cine español: Pilar Miró, con *El crimen de Cuenca* (1979) –que no sería autorizado hasta 1981– y *Gary Cooper, que estás en los cielos* (1980); Fernando Colomo, con *Tigres de papel* (1977) y *¿Qué hace una chica como tú en un sitio como éste?* (1978), o el entonces crítico de *El País* Fernando Trueba, con *Ópera prima* (1979) y el debutante Pedro Almodóvar, con *Pepi, Luci, Bom y otras chicas del montón* (1980), como máximos representantes de la llamada "movida" madrileña; junto a los catalanes Paco Betriu (*Los fieles sirvientes*, 1979) y Francesc Bellmunt (*La orgía*, 1978), de postura más ácrata.

Es obvio que, a pesar de los diversos enfoques, es posible destacar –como ya escribí en otro momento[2]– ciertas líneas comunes en tres aspectos del cine español de la transición:

a) Respecto a sus intenciones, a nivel de voluntad de expresión, se advirtió claramente un deseo de revisar y desmitificar la época franquista; pero su crítica no se limitaba al mero aspecto político, sino que se extendía a la religión, la moral, las costumbres, la familia... u otras instituciones, que aparecieron como estructuras ligadas a un tiempo pasado y ya superado. La actitud de estos directores estuvo alentada también por la moda –que ellos mismos contribuyeron a crear o mantener– y acentuada por el hecho de poder decir cosas antes prohibidas.

b) En el aspecto estético, la mayoría acusaría cierto desequilibrio fílmico por incoherencia entre lo que quería decir y cómo lo decía, la forma de contarlo; mientras que la madurez creadora de otros resultó a veces pretenciosa o se empañaba con fáciles concesiones eróticas o violentas de claro signo comercial, restándole calidad artística.

c) Por último, junto a esa falta de coherencia estético-expresiva, la dificultad de comunicación entre cineastas y espectadores se complicaría con un exceso de símbolos y de claves críticas, que a veces se agravaba por una cerrazón ideológica agobiante. De ahí que el público no respondiera la mayoría de las veces y, cuando lo hacía, se inclinaba por los filmes de más bajo nivel intelectual aderezados con los reclamos al uso.

CAPÍTULO 13
Películas de la Democracia

En febrero de 1981, tras el intento de golpe de Estado del célebre día 23, se consolidó la democracia en España. La remodelación gubernamental y el apoyo decidido del rey Don Juan Carlos al nuevo sistema político dio una esperanza a la sociedad del país.

Y el cine español reflejó, en mayor o menor medida, el cambio de mentalidad que se iba produciendo en nuestra geografía. De ahí que se viera impulsado a aumentar la producción. Pues, durante los años 1981 y 1982, la cifra de largometrajes españoles y coproducidos con otros países alcanzó su punto mayor: 137 y 146 películas, respectivamente. Pero en los años siguientes se inició un descenso alarmante: 1983, 99 filmes; 1984, 75; 1985, 80; y 1986, sólo 60. Eran los cuatro primeros años del Gobierno socialista. Y había sido llamada a la Dirección General de Cinematografía la realizadora Pilar Miró, quien promulgó una nueva Ley de Protección del Cine español.

La Ley Miró, que data del 28 de diciembre de 1983 (BOE del 12 de enero de 1984) y estuvo considerada como la "carta magna" del cine de la democracia, intentó propulsar a nuestra cinematografía con medidas de protección más realistas. La concesión de "ayudas previas al rodaje" de películas españolas podía llegar al 50 por ciento del coste, aparte de la subvención establecida por la recaudación de taquilla, que se relaciona con la concesión de licencias para proyectar filmes extranjeros doblados. Asimismo, se estableció una "cuota de pantalla" del 3 por 1 (es decir, un día de película española por cada tres de extranjera).

Sin embargo, no todo el mundo estuvo de acuerdo con la Ley Miró: una política cinematográfica que benefició más a los productores que a los distribuidores y exhibidores. Pero las mejoras introducidas por Pilar Miró se notaron más cuantitativamente que cualitativamente; pues aunque la producción bajó, la rentabilidad de las películas españolas fue en aumento. Si nos atenemos a los datos facilitados por el Ministerio de Cultura al término de su mandato –la Miró cesó voluntariamente para volver a hacer cine (*Werther*, 1986) antes de ser nombrada Directora General de Televisión Española–, las cifras oficiales son las siguientes.

En España funcionaron 3.109 cines (405 menos que en 1984), que proyectaron 4.516 películas, que congregaron en las salas 101.117.420 espectadores, de los cuales 17.792.036 presenciaron filmes españoles y 83.325.384 visionaron producciones extranjeras con una recaudación total de algo más de 25.296 millones de pesetas, de los que 4.108.719.718 correspondían a películas españolas y 21.187.548.910 pesetas correspondieron a las extranjeras.

Madrid, Barcelona, Valencia, Vizcaya y Zaragoza fueron las provincias con mayor número de espectadores y más recaudación: Madrid arrojó un balance de casi 20 millones y medio que dejaron en taquilla algo más de 5.771 millones; y en Barcelona los espectadores fueron 15 millones y medio, que gastaron poco más de 4.783 millones de pesetas.

Después, España entraría a formar parte de la Comunidad Económica Europea y pronto seríamos colonizados por el cine del Mercado Común, con la libre circulación de películas de esos países (incluso norteamericanas, vía Inglaterra) y la supresión de la cuota de pantalla. No obstante, si nos atenemos a la producción de filmes, numerosos títulos y autores cabe destacar en esos años.

Mientras el ya veterano Carlos Saura presentaba su valiosa *Antonieta* (1982) y correalizó con Antonio Gades una trilogía-ballet fílmico (*Bodas de sangre, Carmen* y *El amor brujo*), Luis G. Berlanga insistía con nuevas sátiras de fácil efecto comercial –*Patrimonio nacional* (1981), *Nacional III* (1982) y *La vaquilla* (1985)–, que no le significaron demasiado como autor. En cambio, sí triunfó artísticamente el más joven José Luis Garci, quien –tras su thriller *El crack* (1981), con un nuevo Alfredo Landa como protagonista– dio a luz un notable melodrama que se llevó nada menos que el Oscar de Hollywood a la Mejor película extranjera: *Volver a empezar* (1982). Con este film, el cine español ganaba por primera vez en su historia el más preciado galardón (anteriormente, en 1981, había optado con *El nido*, de Jaime de Armiñán).

Así, en estos años de aparente recuperación, los más jóvenes cineastas saltaron a la liza con cintas que tuvieron cierta aceptación por parte del público, e incluso se exhibieron allende las fronteras: desde *Bearn, o La sala de las muñecas* y *Las bicicletas son para el verano* (ambas de 1983), de Jaime Chávarri, hasta *A contratiempo* (1981), de Oscar Ladoire, y *La línea del cielo* (1983), de Fernando Colomo; al tiempo que triunfaban en taquilla otros representantes de la "movida" madrileña, como Pedro Almodóvar (*¿Qué he hecho yo para merecer esto?*, 1984, con Carmen Maura como protagonista), José Luis García Sánchez (*La corte del Faraón*, 1985) y Fernando Trueba (*El año de las luces*, 1986).

Por otro lado, los antiguos realizadores del NCE y sus sucesores también estarían presentes en estos años. Mario Camus, tras *La colmena* (1982), según la novela de Camilo José Cela, dirigió una de las mejores películas de la democracia: *Los santos inocentes* (1984), ahora basado en la famosa novela de Miguel Delibes; mientras Víctor Erice "resucitaba" después de diez años de vacío con otra obra maestra: *El Sur* (1983), en base al relato de Adelaida García Morales, y su coetáneo Manuel Gutiérrez Aragón daba a luz otro film que pasará a la historia de esta época contemporánea: *La mitad del cielo* (1986), con Angela Molina como protagonista, que narra la "ascensión" de una enigmática mujer durante el régimen de Franco.

El cine de las Autonomías históricas tampoco se quedaría atrás. Cataluña destacó con títulos como *La plaça del Diamant* (1982), de Paco Betriu, según la novela de Mercè Rodoreda; *Los motivos de Berta* (1984), del debutante José Luis Guerín; *Angoixa* (1986), de Bigas Luna o *Puzzle* (también del 86), de Lluís J. Comerón; mientras los veteranos Jaime Camino (*Dragon Rapide*) y Vicente Aranda (*Tiempo de silencio*) seguirían trabajando en su habitual línea crítica, asimismo con la colaboración del Ente Público RTVE (como tantas otras películas españolas). En torno al País Vasco, también hubo una consolidación de su naciente cinematografía: Imanol Uribe realizó *La fuga de Segovia* (1981) y *La muerte de Mikel* (1983), de clara propaganda "abertzale", a la vez que Alfonso Ungría y Montxo Armendáriz daban obras más comedidas: *La conquista de Albania* (1983) y *Tasio* (1984), respectivamente.

En este período socialista nacería la Academia de las Artes y las Ciencias Cinematográficas de España –a imitación de su homónima de Hollywood–, que concede anualmente los premios "Goya". En 1987 se los llevó casi todos Fernando Fernán Gómez, por *El viaje a ninguna parte* y *Mambrú se fue a la guerra* (ambas de 1986); y en 1988, la pieza de un representante de la última hornada del cine español: *El bosque animado* (1987), según la obra de Wenceslao Fernández Flórez, de José Luis Cuerda.

A pesar de tales galardones (en otros tiempos, los daba el Sindicato Nacional del Espectáculo franquista), el cine español entró en los dos últimos años en una profunda crisis, con clara repercusión en la taquilla y un continuo cierre de salas cinematográficas, que no podrán superar el "envite" del vídeo y de la televisión. Veamos, si no, lo que en diciembre de 1986 escribía al respecto el crítico Jorge Berlanga:

«Ya va siendo hora de dejarnos de engañifas y decir claramente que el cine que se hace en estos momentos en España no interesa para nada en el extranjero y muy poco aquí. La verdadera industria no dice tonterías cuando tiene comprobado que el 80 por ciento del público cinematográfico tiene menos de 25 años. En esta década, y algunos deberían enterarse, la sensibilidad ha cambiado, al igual que el lenguaje. La mayoría de los españoles están comprometidos en la apuesta de la modernidad. En muchos sectores del arte y de las ideas estamos en vanguardia. No podemos quedarnos en la retaguardia del cine con rancios dramas rurales, guerras pasadas o amoríos que matan de tedio. Hay que vivir el presente y el futuro. El pasado es de los muertos.»[3]

Pocas películas en esos posteriores años ochenta captaron la atención de los aficionados. Los cineastas de la denominada "movida" madrileña destacaron con *La vida alegre* (1987), de Fernando Colomo, *Divinas palabras* (1987) –según la obra de Valle-Inclán–, de José Luis García Sánchez, y *Mujeres al borde de un ataque de nervios* (1988), del también citado Pedro Almodóvar, cuyos derechos fueron comprados por la industria USA y estuvo nominada para el Oscar de Hollywood a la Mejor película extranjera. Mientras, los realizadores catalanes han ofrecido obras menos taquilleras: desde *Bar-cel-ona* (*Viaje a Ibiza*), de Ferran Llagostera, *Laura* –adaptación libre de la novela de Miquel Llor–, de Gonzalo Herralde, y *El vent de l'illa*, de Gerardo Gormezano (todas de 1987), hasta las de los mencionados Vicente Aranda (*El Lute*, primera y segunda parte) y Jaime Camino (*Luces y sombras*, 1988) o la nacionalista *El complot dels anells* (1987), de Francesc Bellmunt, sobre los futuros Juegos Olímpicos de Barcelona.

Asimismo, los veteranos de la época anterior siguieron trabajando con la ayuda de las subvenciones del Estado: Jaime de Armiñán y Antonio Giménez-Rico sorprendieron con sendas críticas a los militares –*Mi general* (1987) y *Soldadito español* (1988), respectivamente– Mario Camus con *La rusa* (1987), según la novela de Juan Luis Cebrián, entonces director del diario *El País*; Manuel Gutiérrez Aragón con *Malaventura* (1988); a la vez que Carlos Saura se estrellaba con su ambiciosa *El Dorado* (1988), Luis G. Berlanga no convenció con *Moros y cristianos* (1987) y, en cambio, su coetáneo Juan Antonio Bardem gustó con la serie televisiva *Lorca: muerte de un poeta* (también de 1987).

Por eso, ese 60 % de público, que –como manifestaba el sucesor de Pilar Miró en la Dirección General de Cine, Fernando Méndez-Leite, hijo– no sale de su casa, sigue desinteresándose por el cine español. Y cuando ve películas son extranjeras y, en su mayoría, en vídeo. De ahí que, en un coloquio organizado por el Club Diálogos para la Democracia, el hoy dimitido Méndez-Leite afirmara ya en mayo de 1986: «El sector de exhibición es el más conservador de nuestra industria. Hay que reconvertir las salas; esto es fundamental para hacer que el público vaya al cine». Por su parte, el realizador Manuel Gutiérrez Aragón decía en el mismo foro: «Soy pesimista respecto al futuro del cine. El cómo se consume ahora el cine –no sólo en locales cinematográficos, sino también en los domicilios mediante el vídeo y la televisión– va afectar en el futuro». Mientras, el productor Elías Querejeta constataba: «El vídeo y la televisión están modificando el producto cinematográfico y está ocurriendo también un cambio de estructuras de producción; más público, y de diferentes modos, ve ahora una película»[4].

Finalmente, con la llegada del disidente comunista Jorge Semprún al Ministerio, se promulgó un día antes de que el PSOE ganara de nuevo las elecciones generales (29 de octubre de 1989) el polemizado Real Decreto de Ayudas a la Cinematografía Española, cuya aplicación se daría en la década de los noventa.

CAPÍTULO 14
Presente y futuro de nuestro cine

Ahora bien, ¿tiene futuro el cine español?, cabe preguntarse en la actualidad. No se trata de que una serie de películas –más bien pocas– "funcionen" en taquilla, sino en la creación de una infraestructura que nos lleve a una verdadera industria cinematográfica, cuya solidez se evidencie también en la capacidad exportadora de nuestros filmes. Pues para algunos historiadores, la cinematografía española ha estado siempre sometida: ayer a la dictadura, hoy a la democracia[5]. De ahí que en la década anterior, el citado Fernando Méndez-Leite –también historiador y ahora director de la renacida Escuela de Cinematografía– sintetizara así la eterna problemática del cine español:

> «Hay crisis del cine en todo el mundo, y la industria norteamericana lo copa todo. Por ello, es fundamental para el cine español replantear la relación con los americanos. Si les dejamos que sigan llevándose 50 millones de dólares al año, el cine español desaparecerá. En conclusión, hay que ir a unas relaciones más lógicas e igualitarias con el cine americano.»

Pero, ¿cómo luchar contra esa "colonización"? Si el público da la espalda a las películas españolas –salvo contadas excepciones– y sigue "consumiendo" cine extranjero –filmes comunitarios y, especialmente, norteamericanos–, no cabe más que acometer un cambio sustancial. Y ese cambio –arriesgado, como todo verdadero "cambio"– no es otro que sustituir progresivamente el doblaje de las cintas extranjeras por su proyección únicamente subtitulada. Y para aplacar las "iras" de las multinacionales (la espléndida escuela de "dobladores" de cine ya tiene suficiente trabajo con el doblaje de filmes para las múltiples cadenas televisivas), las películas españolas –incluidas las autonómicas– dejarían de recibir paulatinamente subvención. ¿No más "protecciones"? Acaso sólo a los nuevos realizadores, con un incentivo a los jóvenes que quieran dirigir su ópera prima.

Es decir, habría que dar a la iniciativa privada toda la responsabilidad. El intervencionismo del Estado sería mínimo. Y los ciudadanos no estarían "pagando" su propio cine con el erario público. De ahí que los filmes españoles se sostendrían con el respaldo solamente de los espectadores.

Con todo, los nuevos directores generales de cine que en estos últimos tiempos pasaron por la Administración socialista –desde el crítico Miguel Marías, que fue muy fugaz, hasta el productor y guionista Juan Miguel Lamet, quien luchó para "resucitar" el cine español con diversas medidas de urgencia o nuevos "parches"– no quisieron o no pudieron poner en marcha medidas drásticas. Por eso, en la clausura de los Encuentros Audiovisual Español '93, presididos por Román Gubern –donde se abucheó al nuevo ministro de Cultura, el también ex comunista Jordi Solé Tura–, el sector cinematográfico hizo las siguientes propuestas:[6]

1) La promulgación de una ley que ordene la actividad de la industria audiovisual española.
2) La creación de un ente autónomo audiovisual.
3) La inversión por parte de las televisiones en la industria audiovisual española.
4) La puesta en marcha del anteproyecto de ley de trasposición de la directiva europea sobre televisión sin fronteras.
5) La reconversión de la industria audiovisual como sector estratégico, sin olvidar su carácter específico de industria cultural.
6) Potenciar los mecanismos crediticios, públicos y privados, y estimular la inversión privada con ventajas fiscales. Incorporación a la ley de mecenazgo del sector audiovisual.
7) Las administraciones deben cuidar de la potenciación y estímulo para la creación de las infraestructuras empresariales que sirvan de base al desarrollo profesional, económico, industrial y cultural del sector.
8) Ante la colonización es necesario establecer una política que garantice a los creadores el derecho a expresarse en imágenes y proteja nuestra identidad.

No obstante, durante esos primeros años 90 se dieron a luz películas que llamaron la atención del público del país. Como hice en las páginas anteriores, ofreceré una rápida panorámica de lo más significativo hasta la entrada de España en el Mercado Único Europeo, en 1993, tras los discutidos acuerdos de Maastricht.

Carlos Saura abrió la década con el estreno de ¡*Ay, Carmela!*, que volvía a su temática de la Guerra Civil; mientras ese fenómeno más sociocultural que artístico llamado Pedro Almodóvar rompió otra lanza en favor de los "marginados" con *Átame* y la más próxima al "culebrón" *Tacones lejanos*, a la vez que combinaba su trabajo como actor y productor de películas de otros colegas (*Acción mutante*, de Alex de la Iglesia). Por su parte, Fernando Trueba –enterrada ya la célebre "movida"– sorprendió con el galardonado por la Academia española *El sueño del mono loco* –el año anterior habían premiado a Gonzalo Suárez por su internacional *Remando al viento*–, al igual que José Luis Guerín con el documental *Innisfree* –original homenaje a John Ford–, pero no convence el regreso del exiliado Luis Alcoriza con *La sombra del ciprés es alargado* (1990) –según la novela homónima de Miguel Delibes– ni las feministas Josefina Molina –tras su equilibrada *Esquilache*– y Ana Belén –que debuta como realizadora–, con *Lo más natural* y *Cómo ser mujer y no morir en el intento* (ambas del 90) –basado en el *best-seller* de Carmen Rico-Godoy–, respectivamente.

Asimismo, en esta primera época debutó la folclórica Isabel Pantoja como actriz, a quien se la lanzó al estrellato con sendos filmes que recordaban a *El último cuplé*. Pero el "boom" taquillero del primero –*Yo soy ésa* (1990)–, no se repitió en el segundo –*El día que nací yo* (1991)–, a pesar de ir firmado por Pedro Olea, con un guión de Armiñán y García Sánchez como productor ejecutivo, quien sí acertó más con su crítica de las últimas ejecuciones del régimen de Franco en *La noche más larga* (también de 1991).

Pero no estuvo demasiado acertado el cine catalán ni el vasco en esos años, sufriendo una crisis de creación que apenas lograrían levantar las subvenciones de la Generalitat y del Gobierno de Euskadi. Aun así hay títulos interesantes que constatar. La joven realizadora Rosa Vergés dio a luz una obra importante: *Boom Boom* (1990), coproducida con Bélgica. En cambio, no se puede decir lo mismo de los pretenciosos *Pont de Varsòvia*, de Pere Portabella –aunque conservaba el espíritu de marginalidad propio de este autor–, *La teranyina*, de Antoni Verdaguer, y *Dalí* (también del 90), de Antoni Ribas; mientras una serie de comedias de carácter satírico-comercial invadía nuestras pantallas autonómicas –pues algunas apenas se estrenaron en el resto de la geografía española–: *Rateta, rateta*, de Francesc Bellmunt, *Què t'hi jugues, Mari Pili?*, de Ventura Pons, *Ho sab el ministre?*, de Josep María Forn, *Un submarí a les estovalles*, de Ignasi P. Ferré (todas de 1990) y un largo etcétera, asimismo menor y desigual, como el film de Bigas Luna *Jamón, jamón* (1992) –que venía a ser un "Almodóvar a la catalana"–, que tuvo su continuación en *Huevos de oro* (1993), en aras a lo que denomina una "trilogía del macho hispánico" (cerrada con *La teta y la luna*, 1994), que nos recuerda el antiguo cine de Alfredo Landa, aunque con más nivel intelectual. Más afortunados, en cuanto a premios, estuvieron los infatigables Vicente Aranda y Jaime Camino, con *Amantes* (1991) y *El largo invierno* (1992), respectivamente, otra vez –siguiendo la terminología del citado Jorge Berlanga– sobre «guerras pasadas y amoríos que matan de tedio».[7]

Por su parte, los cineastas vascos realizaron obras asimismo desiguales –*Las cartas de Alou* (1990), de Montxo Armendáriz, sobre los inmigrantes marroquíes; y *El rey pasmado* (1991), de Imanol Uribe, según una obra de Gonzalo Torrente Ballester–, pero de notable interés formal en los debutantes: Juanma Bajo Ulloa, con *Alas de mariposa* (1991) y *La madre muerta* (1993), y Julio Médem, con *Vacas* (1992) y *La Ardilla Roja* (1993); después ambos directores serían "cabezas de fila" del Joven Cine español, como veremos en el último capítulo.

También los antiguos realizadores mesetarios estuvieron presentes en estos años. Veamos, si no, los dos títulos de Antonio Mercero y Gonzalo Suárez, que ofrecieron sendas adaptaciones libres de *Don Juan*, la obra española más llevada a la pantalla: *Don Juan, mi querido fantasma* (1990) y *Don Juan en los infiernos* (1991); mientras Pilar Miró sorprendía con un ambicioso y duro *thriller* político, también un tanto tedioso: *Beltenebros* (1991), interpretado por Terence Stamp. Al mismo tiempo, el director artístico Gerardo Vega, el innovador Felipe Vega, el antiguo marginal Emilio Martínez-Lázaro y el incansable Suárez no convencían con sus nuevas comedias: *Una mujer bajo la lluvia* –*remake* de *La vida de un hilo* (Edgar Neville, 1947)–, *Un paraguas para tres* (ambas de 1991), *Amo tu cama rica* (1992), título que éste último ya había llevado al cine *underground*, ni *La reina anónima* (también del 92), respectivamente.

Pero este difícil sexenio tuvo su obra maestra, precisamente de manos de Víctor Erice, que "regresó" al cine español en 1992, casi década después de realizar su film anterior (el citado *El Sur*, y a dos decenios de *El espíritu de la colmena*). Me estoy refiriendo a *El sol del membrillo*, su nuevo ensayo fílmico-estético acerca de las dificultades de la creación artística, en base a la tarea del pintor Antonio López. Se trata de un film prodigioso, pero muy minoritario y que a lo mejor no pasará tanto a la historia del cine español como sus anteriores obras imperecederas.

Sin embargo, cuando llegamos al primer siglo de cine, nuestro "estado de la cuestión" tiene que dejar constancia de las más recientes producciones. He aquí, a modo telegráfico, los filmes y autores más representativos de estos últimos años.

El V Centenario del Descubrimiento de América –celebrado con la célebre Expo de Sevilla y, de algún modo, con los Juegos Olímpicos de Barcelona (Carlos Saura realizó en estos magnos acontecimientos sendos documentales: *Sevillanas* y *Marathon*)– también fue conmemorado con diversos filmes, que fueron subvencionados por el Gobierno español: la espectacular superproducción de

Ridley Scott *1492: La Conquista del Paraíso*, que reivindica la figura de Colón; la mediocre cinta de aventuras *Christopher Columbus: The Discovery*; y la fallida y asimismo según su propio autor "contrapelícula" del descubrimiento *La marrana*, de José Luis Cuerda (todas de 1992).

En cambio, tras una polémica entre el Instituto de Cinematografía y las Artes Audiovisuales (ICAA, que es el nuevo nombre de la antigua Dirección General de Cine) y la Fundación Procine, en torno al difícil futuro del cine español, 1993 fue un año en el que el *thriller* histórico de Pedro Olea *El maestro de esgrima* (1992) compitió por el Oscar de Hollywood, pero no llegó a la final. Era, con todo, una producción modesta, a nivel de presupuesto, con estilo muy cuidado y digno dentro de la cinematografía del país. Está basada en la novela homónima de Arturo Pérez-Reverte.

Por otro lado, estuvo todavía más acertado Mario Camus con su sugestivo film *Sombras en una batalla* (1993) sobre la herencia del terrorismo en España, e interesó su colega Pilar Miró con la cuasi-autobiográfica película *El pájaro de la felicidad* (también del 93). Asimismo, la crisis creadora de Carlos Saura se hizo patente con *Dispara*, y tampoco acabaría de convencer el veterano Luis G. Berlanga con *Todos a la cárcel* (pese a los condescendientes premios de la Academia española), al tiempo que Pedro Almodóvar volvía "al ataque" con su polémica *Kika* (1993). Sobre este discutido cineasta manchego, véase el capítulo siguiente.

Volviendo al principio de la década, cabe añadir que Fernando Trueba se llevó todos los Goyas de la Academia de las Artes y las Ciencias Cinematográficas de España por su sátira *Belle Époque* (1992), la cual sería enviada primero al Festival de Berlín –donde fracasó– y después a Hollywood para optar al Oscar del 93, donde triunfó. Pienso que este codiciado galardón lo obtuvo más por "intereses" que por su verdadero valor artístico; pues la cinta española es estéticamente inferior a las orientales que quedaron "nominadas" por la Academia de la Meca del Cine. Pero, ¿por qué se consideró a nuestra película como el mejor film extranjero del año? Me parece que el segundo Oscar a la pobre industria cinematográfica española estuvo más relacionado con la "mala conciencia" del cine americano –"colonizador" del europeo– que a la propia obra de Trueba. En cambio, con su "hollywoodiense" *Two Much* (1995), demostraría que sabe hacer cine de veras.

Aun así, los datos publicados sobre la crisis de nuestro cine apuntaban que habíamos tocado techo. Según un estudio económico del Banco Bilbao-Vizcaya, el hundimiento del audiovisual español está ligado al que sufre la industria europea, y demuestra que su posible solución deberá ir en paralelo. Entre los datos más llamativos, ese informe revela que, entre 1980 y 1993, la cuota de mercado del cine español en las salas de exhibición había descendido del 20,1 por ciento al

8,7, y que más del 80 por ciento de ingresos en el Estado español procedieron de las películas norteamericanas. Según los autores del informe –los profesores de la Universidad de País Vasco Alfonso Sánchez-Tabernero y Santos Zunzunegui–, «esta cifra es similar a la de otros países europeos, lo que explica que los estudios de Hollywood obtengan más del 41 % de ingresos totales fuera del mercado de Estados Unidos». La crisis de la cinematografía del país –afirman estos especialistas– se ha debido, sobre todo, «a la excesiva atomización del sector, al oligopolio de la distribución –en buena parte controlada por compañías norteamericanas– y a una deficiente política de fomento de la producción»[8].

Por otra parte, es obvio que la industria del cine norteamericano-japonés (cada vez es mayor el capital del poderoso país oriental en las arcas de la vieja Meca del Cine, antes dependiente de Wall Street) domina también en la presente década las diezmadas pantallas mundiales. El monopolio de los Estados Unidos se deja notar ostensiblemente en el mercado europeo. Ante esta situación –y las amenazas del GATT–, la CEE mantiene una lucha denodada contra los productos audiovisuales (películas y vídeos) que llegan del otro lado del Atlántico, o de Gran Bretaña y Holanda ("coladero" de filmes USA), con la pérdida de días libres en las salas de exhibición o en los modernos multicines.

> «Hollywood se ha erigido –escribió el desaparecido crítico José Luis Guarner– en el segundo gran exportador del país después de la industria de defensa. En 1989, las películas americanas estrenadas en el mundo recaudaron 22,6 billones de dólares, un incremento del cien por cien con relación a cinco años anteriores. Y según los analistas especializados, los ingresos mundiales podrían alcanzar los 19,2 billones en 1994.»[9]

En diciembre de 1995, la prensa norteamericana hizo públicos los datos de la marcha del mercado cinematográfico: Hollywood cerró el año 95 con un nuevo récord de ingresos en taquilla, aunque el balance pondría de manifiesto su cada vez más creciente dependencia de los mercados extranjeros.

Pero aún hay más: las singularidades nacionales de cada país europeo quedan ahogadas por el cine americano –visionado también por TV–, que conforma los gustos y acaso los intereses del público. Por eso, antes de que se cumpliera el Acuerdo General sobre Tarifas Aduaneras y Comercio (el célebre GATT), el Consejo de Ministros español aprobó el 10 de diciembre de 1993 la tan clamada y discutida reforma legislativa para dar una mayor protección a nuestro cine. «El gesto de este Gobierno de Felipe González –afirmó el presidente de los productores españoles, Pedro Pérez– adquiere un compromiso que va más allá incluso de las medidas aprobadas, pues las presiones realizadas por las multinacionales norteamericanas del cine a través del Gobierno de los Estados Unidos han sido enormes».

Por lo tanto, en el siguiente Decreto-ley sobre la Cinematografía española –promulgado en los estertores del mandato socialista– se estableció un recorte de las licencias de doblaje a las distribuidoras americanas, que podrían obtener un máximo de dos por cada película española o comunitaria que distribuyan. Pero esta disposición sólo tenía una vigencia de cinco años. Asimismo, se podrá alcanzar una segunda licencia para películas exhibidas en dos lenguas españolas con 50 millones de pesetas de ingresos en taquilla, y se autoriza a las autonomías para que puedan adaptar el cumplimiento de las licencias y las cuotas de pantalla a sus necesidades. También se mantenía la cuota de pantalla, que obligaba a proyectar un día de cine español o comunitario por cada dos de terceros países. Por último, el Gobierno español –añadieron las autoridades del PSOE– fijará en su momento el porcentaje de películas comunitarias que las televisiones públicas y privadas deberán coproducir con productores independientes, que nunca superará el 5 por ciento del tiempo de emisión anual. Por último, las medidas de desgravación fiscal para la inversión cinematográfica quedaron relegadas a la aprobación de la ley de mecenazgo, a excepción de las referidas al impuesto de sociedades; pues Hacienda no acepta que el cine se equipare a los libros, disminuyendo el IVA al 3%.

Con todo, el ayer vigente Decreto incluyó una propuesta negociada por CiU ("Convergència i Unió", la coalición liderada por Jordi Pujol) para favorecer la normalización lingüística. Textualmente, decía:

«En las comunidades autónomas con más de una lengua oficial española, el Gobierno, oídas las asociaciones afectadas y las comunidades autónomas concernidas, podrá además adoptar las modalidades de cumplimiento a que se refieren los artículos 5 y 6 de este Real Decreto Ley.»

Los citados artículos eran los referidos a la cuota de pantalla y licencias de doblaje con lo que, en lenguaje menos artificioso, esta propuesta de CiU consistía «en una ayuda a la normalización lingüística y una apuesta por las Comunidades Autónomas», declaró el entonces subsecretario de Cultura, Enrique Linde. Por otro lado, el mencionado presidente de los productores españoles, Pedro Pérez, avisaría de una contradicción:

«En la práctica esto puede acabar suponiendo que una película extranjera, que ha sido doblada a otra lengua del Estado español, además del castellano, se puede beneficiar de cuotas de pantalla distintas a las que establece la legislación.»

Aprobado, pues, este nuevo sistema de protección –además de las siempre discutidas subvenciones a las películas españolas (y las continuas quejas de la Generalitat por los incumplidos traspasos de ayudas al cine catalán)–, los profesionales del cine alabaron que el Gobierno se atreviera a dar ese paso adelante, ya que este gesto suponía un civilizado corte de mangas a la postura de los norteamericanos en el GATT, quienes querían que la CEE dejase de proteger al cine europeo. Así, el 26 enero de 1994 se publicó en el BOE una Orden Ministerial que desarrollaba la normativa para fortalecer el tejido de la industria cinematográfica y cuyas nuevas medidas presentó a los medios de comunicación la ministra socialista Carmen Alborch. Sin reducir la cuantía del Fondo de Protección al Cine (3.200 millones de pesetas en 1994), el anterior Gobierno introdujo modificaciones en el sistema de subvenciones que se podrían resumir en los siguientes puntos:

1) Subvenciones anticipadas: se destinan 1.000 millones de pesetas.
2) Planes bienales de producción: 750 millones de pesetas. Cada plan bienal podrá optar a un máximo de 180 millones para el conjunto de las tres películas presentadas. Los filmes deberán ser producidos en un máximo de dos años. En caso de rechazarse el proyecto, cada película podrá optar, por separado, a las subvenciones anticipadas. Estos planes prevén las coproducciones internacionales, con un mínimo de capital español del 30 %.
3) Distribución: se destinan 100 millones de pesetas para apoyar la creación de una distribuidora de cine español y comunitario.
4) Créditos del ICO (Instituto de Crédito Oficial): Vía de crédito de 3.000 millones para la producción del cine español.
5) Becas: 100 millones de pesetas para la formación de profesionales en artes e industrias culturales.

Sin embargo, antes de que se pusiera en marcha la denominada Ley Alborch, las tres ramas de la industria se reunieron en el Ministerio de Cultura para renegociar la cuota de pantalla del 2 por 1, ante las presiones de las multinacionales. Y, curiosamente, se cambió la letra de la normativa, ampliándose dicha cuota a un más razonable 3 por 1, siempre que se realizase un riguroso control de taquilla.

¿Todo esto llevó a la recuperación del cine español y europeo frente al monopolio norteamericano? La verdad es que no. Pues las noticias que llegarían de los Estados Unidos no fueron muy optimistas para los países occidentales. «La hegemonía lograda por Hollywood es tal -escribía el economista Miguel Ormaetxea-que, por ejemplo, tres de cada cuatro pesetas recaudadas por las salas de cine en España el pasado año corresponden a producciones americanas». En el mes de abril de 1994 –continuaba informando este especialista–, Pierre Suard de Alcatel-Alsthom anunció que su grupo había sido escogido por la firma Pacific Bell para llevar adelante una experiencia de transmisión numérica de filmes, espectáculos y vídeo, en las salas de cine europeas. Así, el proyecto desarrollado por esta sociedad americana de telefonía, llamado "Cine del Futuro", permitirá la transmisión de filmes, con calidad de alta definición, directamente desde las productoras hollywoodienses a las salas de proyección de todo el mundo. Todo ello gracias a una red de telecomunicaciones de fibra óptica. Así se suprimirán las copias de las películas y el doblaje será facilitado por la informática. Está prevista también la posible variación del montaje del film durante su proyección, que podrá cambiarse sobre la marcha según las reacciones del público. Por tanto, la película será adaptada a los gustos de los diversos espectadores mundiales por una simple manipulación informática.

¿Será verdad este nuevo sistema de dominio consumista-capitalista? Al parecer, los exhibidores –siempre los "perdedores" en esta compleja industria del cine– se verán obligados a instalar una pantalla especial y a pagar cien mil dólares por un proyector provisto de descodificador. El sistema puede ser muy rentable para los grandes empresarios, pero acelerará la desaparición de las pequeñas salas tradicionales. «Mientras tanto -concluye el citado economista- la Unión europea se preocupa de obsoletas subvenciones» [10]. Y tenía razón.

En esas fechas, estaba al frente del ICAA el funcionario Enrique Balmaseda, que cuando el Partido Popular llegó al poder sería sustuido por el presidente de la Fundación Procine: el productor José María Otero, reconocido teórico y antiguo director de la Semana Internacional de Cine en Color, de Barcelona. Se iniciaba así la gestión del Gobierno presidido por José María Aznar, que dio a conocer sus nuevas y discutidas medidas cinematográficas de carácter ultraliberal y que generará otra crisis en el cine español.

Reforma que se pactó con los distintos sectores de la cinematografía del país y cuyo Real Decreto fue aprobado a los pocos meses de ganar el PP las elecciones generales de marzo de 1996:

1) Modificación de la cuota de pantalla en las salas: se obliga a proyectar un día de film español o comunitario por cada tres días de película norteamericana. En el texto de la ley se indica que este porcentaje sólo será obligatorio en las poblaciones con menos de 125.000 habitantes.
2) Tambien se modifican las licencias de doblaje: una distribuidora multinacional puede obtener tres licencias de filmes norteamericanos a cambio de los ingresos —escalonados en 10, 20 y 30 millones de pesetas— recaudados en taquilla por una película española o comunitaria que haya sido distribuida por ella.

3) Se prevé el mantenimiento de las subvenciones anticipadas destinadas a nuevos realizadores. La dotación global de estas subvenciones para cineastas debutantes se cifra en unos 500 millones, procedentes del Fondo de Ayuda a la Cinematografía.

4) Asimismo, se contempla el mantenimiento del Fondo de Protección en la cuantía anterior –2.500 millones de pesetas–, a fin de continuar con las ayudas automáticas destinadas a los filmes españoles en función de los ingresos obtenidos en taquilla.

No obstante, en noviembre de 1996 fueron publicados en la prensa unos datos muy alarmantes: el 75 % de las entradas de cine en Europa estaba monopolizado por la industria de Hollywood.

Datos cinematográficos del mercado español en el año 1997*

Número de salas de exhibición	2.138
Número de películas de largometraje españolas exhibidas	173
Número de películas de largometraje extranjeras exhibidas	836
Recaudación de películas españolas	324.024.650
Recaudación de películas extranjeras	22.009.964.400
Espectadores de películas españolas	5.843.230
Espectadores de películas extranjeras	39.045.791

Hasta Junio

Con todo, la crítica más dura al Gobierno conservador vino de la mano de Juan Antonio Bardem,[11] quien ofreció las clarificadoras cifras mostradas en el cuadro.

Pero no quisiera concluir esta panorámica histórica –ahora que acabamos de celebrar también el centenario del cine español, escribía a finales de 1998 (1ª ed.)– sin referirme a algunas de las postreras producciones y a los jóvenes autores que han saltado a las pantallas del país.

Si alguien destacó sobremanera en el año 1996 fue un ex estudiante de Comunicación Audiovisual de la Universidad Complutense de Madrid, Alejandro Amenábar. Suspendido académicamente como director, debutó con un *thriller* que causó sensación por su madurez: *Tesis* (1995). Por otra parte, el barcelonés Mariano Barroso estrenaría su original *Éxtasis* (1996) y el madrileño Agustín Díaz Yanes ganó los Goyas por *Nadie hablará de nosotras cuando hayamos muerto* (1995), galardones que compartiría con la segunda cinta de Álex de la Iglesia,

El día de la bestia (1995). Menos acertado estuvo Álvaro Fernández Armero con el segundo largometraje, *Brujas* (1995), tras su crónica de la Generación X española en *Todo es mentira* (1994), examinada superficialmente por Montxo Armendáriz en la éxitosa *Historias del Kronen* (1994). Para cerrar el año 96 con la tercera película de Julio Médem, *Tierra* (1995), presentada con poco éxito en el Festival de Cannes –pero que interesaría a la crítica y cierto sector del público–, junto otras propuestas jóvenes también estrenadas en 1996: *Hola, ¿estás sola?* (1995), de la actriz Iciar Bollaín; *Cosas que nunca te dije* (también del 95), de la catalana Isabel Coixet; y *El último viaje de Robert Rylands* (1996), de Gracia Querejeta, la hija del famoso productor. Estamos, pues, con la esperanza puesta en los nuevos autores. Especialmente, tras visionar las fallidas cintas de tres veteranos: Vicente Aranda (*Libertarias*, 1996), sobre un polémico episodio de la Guerra Civil; Fernando Colomo (*El efecto mariposa*, 1996), la nueva comedia rodada en Londres; y la malograda Pilar Miró (*Tu nombre envenena mis sueños*, asimismo de 1996), otro amorío tedioso de posguerra, por no ir más lejos ("recuperada", no obstante, poco antes de morir, con su brillante adaptación de *El perro del hortelano*).

¿Será ese –los cineastas jóvenes (ver capítulo 17)– el futuro del cine español? Lo sabremos ya entrados en el tercer milenio. De momento, el nuevo éxito de público y crítica de *Abre los ojos* (1997), del referido Amenábar, junto al también discutible film del antiguo "marginal" Ricardo Franco –*La buena estrella* (1997)–, que falleció poco después, o las más conseguidas películas de los veteranos Mario Camus –*El color de las nubes*– y Antonio Giménez-Rico –*Las ratas*–, entre otros títulos incluidos en la filmografía, concluyeron un año que se presentó bastante optimista para nuestro cine. Y que tuvo su culminación con *Secretos del corazón* (1997), el magistral film de Montxo Armendáriz, que fue nominado para el Oscar a la Mejor película extranjera.

Así, los datos ofrecidos poco antes por el Secretario de Estado de Educación y Cultura del Gobierno del PP, Miguel Ángel Cortés, dentro del seminario sobre "El Cine y las Bellas Artes" –que dirigió Manuel Gutiérrez Aragón, en la Universidad Internacional Menéndez Pelayo, de Santander–, señalaron un aumento del 13,5 % del número de espectadores a películas españolas. De los 3.800.000 del primer cuatrimestre de 1996, se ha pasado a los 4.350.000 que han acudido a una sala durante ese mismo período en el año 1997. Asimismo, se anunció que las productoras españolas podrían desgravar el 20 % del coste de la película del impuesto de sociedades, medida que en la actualidad sólo alcanza el 10 %. En opinión del entonces Director General del ICAA, José María Otero, esto, ya en vigor en países como Alemania o el Reino Unido, «llamará la atención del capital sobre lo importante que es invertir en cine». Por otra parte, en el mismo foro, Román Gubern y Elías Querejeta manifestaron sus críticas: «La nueva filosofía del Ministerio parece favorecer a los grandes grupoe empresariales frente a las pequeñas empresas», afirmó el historiador catalán; mientras que el productor vasco apostillaba:

> «Manifiesto mi preocupación sobre el fundamentalismo del mercado, eso que sólo tiene derecho a la vida el que vende, asumido por un Ministerio de Cultura, puede convertir a éste en un ministerio de pasatiempos.»[12]

Posteriormente, la Federación de Asociaciones de Productores Audiovisuales (FAPAE), en colaboración con el ICAA, elaboró un estudio-borrador de proyecto de ley de desgravaciones fiscales para atraer la inversión privada en el cine español. Según se explica en este estudio (cuya propuesta fue remitida al Ministerio de Hacienda, para ser presentada a la Presidencia del Gobierno para su inclusión en los presupuestos de 1998),

> «el beneficio fiscal para las personas físicas sería una reducción en el IRPF o en una deducción en cuota por inversión de entre el 25 y el 30 % de la inversión. Las cantidades acogibles al beneficio fiscal tendrían un límite cuantitativo que FAPAE establece orientativamente en 5 millones de pesetas. En cuanto a las personas jurídicas, se proponen deducciones del Impuesto sobre Sociedades. Los inversores participarían en los resultados de la producción. El plan que se propone tendría un tiempo de vigencia de diez años. Según las previsiones del estudio de FAPAE, la financiación total acogible se movería entre 5.640 millones el primer año, 11.800 el quinto y 14.200 millones el décimo. Después –concluye– el propio mercado generaría los recursos necesarios.»[13]

Sin embargo, en el mismo 1998, el Gobierno de la Generalitat originó una polémica con su Decreto de doblaje de películas en catalán. Anteproyecto que preveía los siguientes puntos:[14]

> *a)* Cuando se distribuyan más de 16 copias de un film, al menos la mitad tendrán que estar dobladas en lengua vernácula.
> *b)* La distribución en catalán no podrá ser posterior a la distribución en versión doblada al castellano.
> *c)* Ninguna población queda excluida de la exhibición de filmes en catalán.
> *d)* Cuando se exhiban películas en catalán, su título también tendrá que ser traducido a ese idioma, excepto las que se comercialicen sólo con el título original (ejemplo: *Full Monty*).

e) Las salas cinematográficas tendrán que programar películas en catalán en un porcentaje del 25%. Es decir, un día como mínimo de film en catalán por cada tres de película en castellano.

f) Hasta el 31 de diciembre del 2000, la cuota del 50% de copias en catalán se aplicará sólo a las películas de las que se distribuyan más de 20 copias. La cuota de pantalla se rebaja también hasta esa fecha al 20% (uno de cada cinco días).

g) Sanciones: las multas pueden llegar a un máximo de 10 millones de pesetas para las distribuidoras, y al cierre de una sala durante seis meses en el caso de los exhibidores.

Es obvio que, tras el anuncio de este proyectado Decreto de Fomento del Cine Catalán, se abriría en seguida una agria polémica entre los partidos políticos y los representantes del sector cinematográfico: los primeros se alinearon según su postura ideológica ante la Política Lingüística; y los segundos, motivados por los intereses económicos –especialmente las multinacionales–, amenazando con boicotear la propuesta. La opinión más comedida vino precisamente de un cineasta, Francesc Bellmunt, que concluyó así:

«Aprovechemos el clima de reflexión que el decreto ha creado y apliquémonos a desmontar esa secuela de la transición que es el doblaje para potenciar las versiones originales. Invitemos a los políticos y líderes de opinión a tomarse ese tema en un sentido más universal, como muestra de respeto al cine, los cineastas y los espectadores.»[15]

Por otro lado, durante el verano de 1998, la Universidad Internacional de Menéndez Pelayo, de Santander, organizó otro foro sobre el presente y futuro del cine español –también dirigido por Manuel Gutiérrez Aragón–, donde el mismo Secretario de Estado Miguel Ángel Cortés anunció la ya prevista supresión de las licencias de doblaje y la creación de la figura del coproductor financiero, que premiará a quien invierta en cine concediéndole desgravaciones fiscales en el impuesto de sociedades. Cortés enmarcó estas dos nuevas medidas dentro de la política ministerial de «acabar con las ortopedias y liberar al sector del cine de ataduras proteccionistas». En este sentido, el portavoz del Gobierno del PP aseguró que la supresión de las licencias de doblaje a partir de 1999 favorecerá a las distribuidoras españolas y acabará con un anacronismo que databa del año 41 y que «era una aberración que sólo existía en este país y que debería haber sido suprimida en la Ley de Cinematografía impulsada por el anterior gobierno socialista».

Aun así, Gutiérrez Aragón alertó nuevamente sobre los peligros de que sean las desgravaciones, y no los beneficios, las que atraigan a los inversores privados, «cuando aparezcan y tendrán que aparecer porque ahora ya no es la Administración la que tiene que cumplir las normas que ella misma decreta». Sobre cómo atraer inversores, el director de *Cosas que dejé en La Habana* (1997) añadió, medio bromeando, que en el próximo curso sobre cine de la UIMP, «además de al secretario de Estrado, habrá que invitar a Emilio Botín, a Juan Abelló y a todas esas personas, y quizás también a algún que otro cineasta para adornar».[16]

Finalmente, el año 1998 concluiría con nuevos títulos que vale la pena constatar. Entre los autores más veteranos, destaca la magistral pieza de Carlos Saura, *Tango*, que retoma sus famosos ballets fílmicos –fue candidata al Oscar por Argentina, pues posee el 80% de la coproducción–; la original película de Bigas Luna, *La camarera del Titanic*, y la pulcra adaptación de Galdós realizada por José Luis Garci, *El abuelo* –que la Academia española también enviaría a la Meca del Cine–. Y entre los jóvenes cineastas, sobresalen las obras minoritarias de José Luis Guerín, *Tren de sombras*; de Juan Manuel Cotelo, *El sudor de los ruiseñores*; y de Marc Recha, *L'arbre de les ciceres*; o el multitudinario éxito de público de un film expresamente "cutre": *Torrente, el brazo tonto de la ley*, del actor y ahora director Santiago Segura –más de 3.000.000 espectadores, con una recaudación cercana a los 2.000 millones de pesetas, hasta el mes de junio–; la estimulante propuesta de otro debutante como realizador de largometrajes: Miguel Albadalejo, con *La primera noche de mi vida*, una comedia ambientada en los albores del año 2000; la segunda película de Fernando León, *Barrio*, una crónica naturalista sobre la adolescencia marginal del extrarradio de Madrid, premiada en el Festival de San Sebastián; el nuevo film del vasco Julio Médem, ese discutido ensayo filosófico-esteticista que se titula *Los amantes del Círculo Polar*; y la sátira cinéfila de Fernando Trueba, *La niña de tus ojos*, sobre la actividad de un grupo de cineastas españoles en la Alemania hitleriana –léase especialmente Florián Rey e Imperio Argentina (quien protestó)– durante las postrimerías de nuestra guerra civil. Esta película –que evoca la comentada *Carmen la de Triana*– también alcanzaría récords en taquilla (900.000 espectadores a principios de diciembre de 1998). Año que cerraría el veterano Antonio Mercero, con su evocación del Madrid republicano: *La hora de los valientes*.

Los últimos años de esta rápida panorámica histórica –período que corresponde a la nueva edición actualizada– están presididos por el tercer Oscar de Hollywood para el cine español: *Todo sobre mi madre* (1999), de Pedro Almodóvar; película que –junto a la referida *Torrente*– batiría todos los récors de taquilla, aquí y allende las fronteras (véase Cuadros estadísticos, en Apéndice III).

Asimismo, veteranos como Carlos Saura, José Luis Borau y Vicente Aranda volverían a sorprender con sus nuevas propuestas: *Goya en Burdeos* (1999), *Leo* (2000), *Juana la Loca* (2001), respectivamente; mientras Mario Camus daba a luz otras dos películas: *La ciudad de los prodigios* (1999) y *La playa de los galgos* (2002). Por otra parte, el innovador José Luis Guerín se llevaba el Premio Nacional de Cinematografía por *En construcción* (2001) y Fernando León de Aranoa triunfaba en el 50 Festival de San Sebastián con *Los lunes al sol* (2002), después candidata a los Oscar de Hollywood en representación de España.

El género documental cobraría auge en estos años, con diversas obras de los especialistas Jaime Camino (*Los niños de Rusia*), José Luis López-Linares y Javier Rioyo (*Asaltar los cielos*, *A propósito de Buñuel* y *Extranjeros de sí mismos*), o las nuevas producciones de Elías Querejeta; al tiempo que regresaban a la pantalla Manuel Gutiérrez Aragón (con *Visionarios* y la esperada segunda parte de *Don Quijote*), Gonzalo Suárez (*El portero*, 2000) y Basilio Martín Patino (*Octavia*, 2002); reafirmando su militancia y estilo personal Ventura Pons, el "Woody Allen catalán".

También estarían presentes en las carteleras algunos realizadores de la Transición: el popular José Luis Garci (ver capítulo 16) insistiría con sus debatidas *You're the One* (2000) e *Historia de un beso* (2002), Montxo Armendáriz con su película sobre el maquis (*Silencio roto*, 2001), Fernando Trueba adaptaría sin demasiado éxito *El embrujo de Shanghai* (2002) –la novela de Juan Marsé, que iba a llevar al cine Víctor Erice–, al igual que Imanol Uribe con su blanda visión de la Guerra Civil española en *El viaje de Carol* (2002); o el antiguo "marginal" Emilio Martínez-Lázaro sorprendería con un exitoso musical: *El otro lado de la cama* (2002).

Este período destacaría por otras dos realidades: la publicación de una nueva Ley de Fomento y Promoción de la Cinematografía y el Sector Audiovisual, promulgada por el Partido Popular con fecha 9 de julio de 2001, junto al subsiguiente Real Decreto del mismo Gobierno conservador, extensivo también a la realización de coproducciones (14 de junio de 2002); y, sobre todo, la consolidación de una generación de jóvenes cineastas –algunos ya comentados anteriormente–, que trataremos en el último capítulo.

La verdad es que antes de cerrar el año 2002, el Director del ICAA, José María Otero, presentó los últimos datos sobre la industria cinematográfica española, los cuales resultaron un tanto alarmantes: la cuota de mercado bajó del 18,5 al 13,4 por ciento con respecto al ejercicio anterior. Aunque en 2002 se produjeran 131 filmes –25 más que el año anterior– la recaudación había descendido de 97 millones y medio de euros a algo más de 73 millones. De ahí que el número de espectadores a películas españolas haya sido 15.921.178 frente a los 23.135.903 del año 2001. (Véase las cifras definitivas en el último cuadro estadístico).

La razón de este descenso se debe a que el 2002 no ha contado con producciones tan exitosas como *Los Otros* y *Torrente 2*, que «han sido –en palabras de Otero– las películas más taquilleras de la historia del cine español, que elevaron en 2001 la cuota de pantalla hasta superar el 18 por ciento. Las cifras del pasado año estuvieron desvirtuadas por estas dos películas, pues ambos filmes sumaron más de ocho millones de espectadores. Los perdidos en el 2002», convino el ayer Director General de Cinematografía.

Por su parte, el presidente de la Federación de Productores Españoles (FAPAE), Eduardo Campoy, aclaró que «la producción real de este año [2002] ha bajado a 65 películas españolas de ficción, porque el resto hasta 131 está compuesto por largometrajes de animación (3), largometrajes documentales (16), largos experimentales (10) y coproducciones minoritarias (de 21 se ha pasado a 34), películas todas ellas en las que la participación de actores y técnicos españoles es escasa», concluyó.

Asimismo, de los 161 realizadores censados por la Asociación de Directores Españoles (ADIRCE), un total de 100 no habían trabajado en el año 2002. De ahí que el vicepresidente de Academia Española de Cine, Joaquín Oristrell, expesara un temor latente: «Hay en el sector sensación de alarma y desasosiego. Hay muchos proyectos esperando salir adelante y muchas fechas de rodaje inciertas como para que la situación sea la más adecuada».

Francamente –lo hemos visto en esta panorámica histórica–, el cine español no posee una industria estable; depender del éxito taquillero de uno o dos títulos y otros tantos cineastas, indudablemente, no es la mejor solución. Aun así, la crítica más incisiva vino del columnista Manuel Martín Ferrand, que fue más al fondo de la cuestión:

«La vigente política cinematográfica que impulsa el Ministerio de Educación y Cultura es un fracaso, la perpetuación de los fracasos anteriores. En eso le da al cine el mismo trato que a la música, el teatro o las artes plásticas. La subvención, por mucho que complazca a los subvencionados, es siempre un factor esterilizador que favorece a los inútiles y perjudica a los capaces. Sin ella este año quizá sólo se hubieran producido dos docenas de películas. Las buenas –media docena–, por supuesto. Y eso que hubiéramos salido todos ganando. Incluso "la industria", porque las manos –¡no digamos nada de las neuronas!– que se acostumbran a la dádiva se incapacitan para el trabajo.»[17]

Sin embargo, al mes siguiente apareció un informe de la Academia de las Artes y las Ciencias Cinematográficas de España que ampliaba los datos de la crisis: la pérdida de 11 millones de espectadores y la reducción de la cuota de mercado en ocho puntos, hasta un eximio 12,5 %[18]. Estos datos –facilitados por la empresa Film Interactive– serían "contestados" un mes más tarde por el ICAA, en una agria polémica que se extendería a la ministra de Cultura Pilar del Castillo, a la oposición política y al mismo sector cinematográfico, con motivo de unas jornadas organizadas en Madrid sobre los Derechos de Autor en el Sector Audiovisual. Mientras que la ministra aseguraba que la situación del cine español en 2002 no fue mucho peor que en 2001 y que la diferencia es que en 2001 hubo dos buenas producciones que recaudaron más de lo habitual; la secretaria de Educación del PSOE, Carmen Chacón, respondió que «el cine español lo que necesita es una Ley de Protección» y que, además, «no se puede permitir la supremacía del cine americano en la cartelera».

Por otro lado, el productor, distribuidor y exhibidor Enrique González Macho, manifestaría que la responsabilidad de la crisis está en la Administración: «En España no hay una política audiovisual que contemple el tema en toda su extensión y que lo que suelen hacer los gobiernos de turno es dar al enfermo en coma que es el cine una aspirina para que aguante. Quien manda en el cine español son los americanos mientras que el Gobierno sólo se ocupa de mandar a su vez en las televisiones, que es lo que le preocupa para ganar elecciones».

Al mismo tiempo, el realizador Fernando Colomo declaró a la Agencia EFE que «el cine español está mal porque las televisiones están mal. La solución al problema debe ser política: una regulación del sector con un poco de justicia para con el cine europeo y el español». Por su parte, el productor de *Los lunes al sol*, Elías Querejeta, habló de la necesidad de analizar «por qué y cómo se ha llegado a esta situación, para ver el modo de superarla y salir con fuerza de ella, ya que mirar para otro lado –en solapada referencia al Gobierno del PP– no me parece oportuno ni lógico».

Finalmente, el ICAA publicó las cifras oficiales y definitivas del año 2002, reduciendo la caída de espectadores del cine español en 7 millones; o sea, el 13,66 por ciento, más de cuatro puntos por debajo de la del 2001, que finalizó con una cuota del 17,8 por ciento. Por otro lado, la recaudación de películas españolas en el 2002 alcanzó un total de 85,4 millones de euros frente a los 110,2 del año anterior.

Por último, la Sociedad General de Autores (SGAE) también publicaría las cifras del 2003: la cuota de mercado española de este año aumentó en más de dos puntos –15,8 por ciento–, y la película más taquillera fue *La gran aventura de Mortadelo y Filemón*, con cinco millones de espectadores y cerca 23 millones de euros de recaudación; por delante de los dos filmes USA más vistos: *Piratas del Caribe: La maldición de la Perla Negra* (4.841.334 espectadores) y *El Señor de los Anillos: El retorno del rey* (4.138.074).

Y así llegaríamos a los tres hitos finales de la etapa sociopolítica de los ocho años de gobierno del Partido Popular: el criticado compromiso del Gabinete de José María Aznar con la guerra de Irak; el gran atentado terrorista del 11-M; y la derrota del PP en las elecciones generales, que ya he sintetizado en un libro anterior: *La Pantalla Popular. El cine español durante el Gobierno de la derecha (1996-2003)*.

Luego, se consiguió el cuarto Oscar de Hollywood para el cine español, por *Mar adentro* (2004), de Alejandro Amenábar. Y comenzaría el nuevo período gobernado por el PSOE, con el Gabinete socialista de José Luis Rodríguez Zapatero. Pero esto ya es Historia del Presente, de la que espero ocuparme en otro libro que podría titularse *La Pantalla Socialista. El cine español durante el Gobierno de la izquierda*.

CAPÍTULO 15
El fenómeno Almodóvar

La calificación X en Estados Unidos de la película *Átame* (1989), de Pedro Almodóvar –el más popular realizador español en el extranjero (después de Buñuel, Bardem, Berlanga y Saura)–, puso en el candelero a uno de los cineastas más discutidos y reconocidos del momento. Galardonado con dos Oscars de Hollywood, trataremos ahora del denominado "fenómeno Almodóvar", que ya ha dado lugar a varios libros e incluso tesis doctorales y un congreso en Cuenca.

Este antiguo empleado de la compañía Telefónica, nació en Ciudad Real, en 1949, en el seno de una familia humilde. En la década de los setenta, Pedro Almodóvar cultivó el cine marginal, con títulos como *Sexo va, sexo viene*, *La caída de Sodoma* y *Salomé*, que ya evidenciaban sus gustos y tendencias, al tiempo que trabajó como actor teatral, dio conciertos de *cutre-rock* («yo era una mezcla de Divine y Fassbinder», declaró) y antes fue *hippy*.

Calificado como «provocador nato y con fama de temible guerrillero contracultural, dotado de un vitriólico sentido del humor y excelente vendedor de sí mismo»[19], Pedro Almodóvar se lanzó al amparo de la "movida" madrileña, alejándose pronto del tremendismo y anti-cine de los primeros tiempos para saltar del *underground* (*Pepi, Luci y Bom y otras chicas del montón*, primer largometraje realizado en cooperativa, en 1979) al film comercial: *Laberinto de pasiones* (1982), *Entre tinieblas* (1983), *¿Qué he hecho yo para merecer esto?* (1984), *Matador* (1985) y *La ley del deseo* (1986), títulos que confirmarían sus obsesiones y estilo creador. «Lo que más interesa –ha dicho– de la realidad es, además de vivirla, desarrollar todas sus sugerencias. Y eso lo hago tanto en el cine como en mi propia vida. No me siento comprometido por el éxito, sino que quiero sentirme más libre que nunca».

Por tanto, pocos autores han estado tan cerca de su obra como el hoy internacional Pedro Almodóvar. Veamos, en este sentido, lo que escribió el especialista Juan Orellana:

«Si hay algo fuera de discusión es que la concepción estética de Almodóvar tiene un sello personal. Desde *Pepi, Luci y Bom y otras chicas del montón* (1979) –o desde sus once cortometrajes anteriores– hasta *Hable con ella* (2002), el cineasta español no ha hecho más que conjugar los mismos verbos estéticos, aunque cada vez con más depuración. Sus ingredientes tienen mucho que ver con el *pop*, con el *underground* americano, con el *kitsch*..., y con directores como Cassavetes, Mekas y William Klein. Almodóvar considera también a Truman Capote como uno de sus referentes literarios. No es el caso del artista Andy Warhol, con el que forzadamente se le ha querido comparar, y con el que Almodóvar marca las distancias.

Aun así, existe algo de "cromo" en sus diseños, con ese empleo riquísimo y variadísimo del rojo y del azul, con esa decoración feísta y fetichista, pero siempre popular –o populachera–; con su vocación por lo *freak*, lo marginal, lo urbano y tribal..., siempre combinado con lo rural, lo pueblerino, con la cultura ancestral "de las abuelas". Y es que entre ambas vertientes corre la biografía de Almodóvar, nacido en Calzada de Calatrava (Ciudad Real), educado en Cáceres y posteriormente zambullido en un Madrid en ebullición, en los años en que salían de las alcantarillas nuevas tribus, mucha contracultura y un intenso olor a marihuana, a la vez que se abrían las primeras *sex-shops* y se cerraban las clásicas salas de cine.»[20]

Aceptado, pues, en grupos marginales extranjeros y en ciertos *pop* españoles –sus cintas se han exportado y rinden con creces en taquilla–, la internacionalización de este cineasta manchego tuvo lugar con *Mujeres al borde de un ataque de nervios* (1988), especialmente cuando obtuvo en la Mostra de Venecia el premio al Mejor guión, y su libreto fue comprado por la industria cinematográfica americana, a fin de hacer un *remake* hollywoodiense del film (con Jane Fonda como "sustituta" de Carmen Maura, aunque al final no se llevó a cabo). Al mismo tiempo, sus *Mujeres...* ganaría el galardón a la mejor película joven del Premio Europa de Cine, cuya primera edición tuvo lugar en Berlín, en 1988. Y, a partir de ahí, sería calificado por Guillermo Cabrera Infante como *Almodólar*, debido a las proposiciones que le han hecho para trabajar en USA: desde el "oscarizado" Jonatham Demme hasta el proyecto de un cortometraje ecológico, con Madonna como protagonista.

Enfrentado primero con la Academia de Artes y Ciencias Cinematográficas de España, organismo al que comparó con "el antiguo sindicato vertical", ésta envió a Hollywood sus *Mujeres...*, quedando nominado entre los mejores filmes de habla no inglesa de ese año, aunque antes había tachado de reaccionarios a los Oscar. Pero, en 1989, la Academia norteamericana no se pronunció a su favor, pues le derrotó Bille August con *Pelle el conquistador*. Finalmente, la homónima Academia española entonces hizo las "paces" con Pedro Almodóvar, concediendo a su famoso film cinco premios Goya, a pesar de que éste también había calificado tales galardones como reaccionarios. Será una "broma" más del realizador de moda que, en *Mujeres al borde de un ataque de nervios*, se "venga" de sus diez años al servicio de la Telefónica cuando Pepa (Carmen Maura) arranca una y otra vez los cables del teléfono e incluso arroja por la ventana un contestador automático.

Con todo, ¿es Almodóvar un cineasta tan genial como algunos pretenden?, O ¿la única incorporación verdaderamente original al cine español de la última década? Dejemos que sea el crítico Ángel Comas quien primeramente conteste tales cuestiones:

«Tras un envoltorio de aparente frivolidad en sus películas y de engañosa superficialidad en su proyección pública, Pedro Almodóvar se ha convertido en uno de los críticos más feroces de mitos, tópicos e idearios inamovibles de la sociedad española. Se argumenta que a los actores no les dirige sino que les deja moverse como quieren delante de las cámaras. Se pone en duda su *know how* para contar una historia por medio de imágenes. Pero poco a poco, ha conseguido pasar de ser un realizador de mucho continente escandaloso pero de escaso e insulso contenido a conectar con la sensibilidad del gran público. Toda la obra fílmica de Pedro Almodóvar –concluye este colega, en su ayer leída sección de vídeo del *Dominical de La Vanguardia*– ha sido editada en vídeo y ella permite contemplar la evolución de un hombre que realmente ha aprendido a hacer cine en la mejor escuela que existe: haciéndolo.»

Asimismo, reproduciré un análisis del crítico e historiador José Enrique Monterde, que me parece da en el clavo en torno al polémico director español:

«Almodóvar ha destacado por su aparentemente obsesiva voluntad estilística, por haber logrado incluso vender sus filmes bajo el marchamo de "un film de Pedro Almodóvar", aspecto muy raro dentro de nuestra cinematografía, para lo cual no ha dudado en diseñar un personaje prolongado más allá de la pantalla. Pero no hay que engañarse: la postura del cineasta remite inequívocamente a las características del *kitsch*, es decir, a una falsificación estilística, a la constitución de un "estilo" muy aparatoso, pero que no corresponde a un universo expresivo propio. No debe entenderse que ello ocurra sólo por su recurrencia sistemática a obvios materiales "de derribo", derivados de la tradición del melodrama populista o de una parafernalia propia de cierta subcultura homosexual, que pasa -por ejemplo- por determinados cultos cinéfilos y musicales, siempre en el marco de una ambientación saturada de objetos y decorados carentes de cualquier "buen gusto". La cuestión está en que Pedro Almodóvar no posee, digamos, una capacidad de reflexión sobre aspectos profundos de la realidad, sino que aparece afincado en lo epidérmico y superficial, como digno émulo de una postura "débil", inherente a los tiempos posmodernos. En ese sentido, si bien la autoría de Almodóvar no es equiparable a la de un Bergman o un Godard, es indudable que responde mejor que nadie en nuestro cine a ciertos aires de nuestra contemporaneidad. El valor del cineasta —concluye— radica mucho más en su capacidad de ósmosis respecto a ciertos ámbitos de la realidad que no a su capacidad de crear un mundo poético propio, tal como sus formas cinematográficas proceden de la digestión de múltiples ámbitos de influencia, mucho más allá de una auténtica capacidad de explotar las posibilidades expresivas y narrativas de la puesta en escena, dando siempre prioridad a situaciones y personajes (entrelazados por el diálogo) sobre aquélla.»[21]

Con *Átame* se confirmaría el fenómeno sociológico de Pedro Almodóvar, con cuyo film alcanzó el primer éxito comercial en España y allende las fronteras. Pero ¿y el artista?

Sin duda, con la presente película consigue un producto más acabado, a nivel de concepción creadora (además, cuenta con José Luis Alcaine en la cámara, y Ennio Morricone en la banda musical), aunque menos espontáneo que *Mujeres...*, volviendo un tanto al tono "porno" de sus filmes anteriores (de ahí la referida calificación en USA, por la dureza y "pasada" de algunas escenas). Y es que el sentido de la medida —que nunca fue una virtud de Almodóvar— brilla por su ausencia en *Átame*, un relato que navega entre el divertimento desmadrado y la tragedia sentimental, con toques románticos finales próximos al culebrón televisivo. Aun así, posee cierta reflexión acerca del director de cine contra corriente -en el personaje que interpreta desde una silla de ruedas Paco Rabal (que recuerda desde Luis Buñuel a John Huston, en sus etapas terminales, y al propio Almodóvar), a modo de homenaje o de reflexión autobiográfica acaso futura del mismo cineasta machego, con la canción "Resistiré" incluida.

En cuanto a la estética, como es habitual en la obra de este autor, Almodóvar cuida bastante el diseño, abandonando el estilo "cutre" para introducirse más en el *kitsch* o, en momentos, un poco a lo Andy Warhol, y de repetir, no obstante, algunos escenarios y decorados ya vistos en *Mujeres al borde de un ataque de ner-*

vios. De ahí que un *déjà vu* resuma también la parte formal de la película, pero sin el sentido del humor de la anteriormente citada cinta.

La crítica, por otra parte, reaccionaría sorprendida y contradictoriamente; polémicamente, en una palabra. Por ejemplo, la alemana rechazó *Átame* en el Festival de Berlín '90, calificándola de "porno", pese a que hay muchas salas X en Alemania (hay una broma sobre los abuelos nazis que tampoco les gustaría); mientras los críticos franceses, italianos e ingleses quedaron "encantados", según la publicación publicitaria *Claqueta*. Pero no se llevó premio alguno. En cambio, lo que sí generó la película, tanto en Italia como en España, es un *merchandising* que recuerda un tanto al "fenómeno Batman": *Átame* promovió chapas, camisetas, discos, objetos de joyería…, que incluso se vendieron en muchos locales cinematográficos donde se exhibía el film.

Y así llegamos a sus siguientes cintas: la emblemática *Tacones lejanos* (1991), la fracasada *Kika* (1993), la más conseguida *La flor de mi secreto* (1995) y *Carne trémula* (1997), que significan una evolución y la madurez fílmica de este creador.

La flor de mi secreto está ambientada en el Madrid de los años 90. Leo, una veterana escritora de novelas rosa –que se oculta bajo el seudónimo de Amanda Gris–, sufre una crisis como creadora y siente la soledad a causa de las desavenencias sentimentales con Paco, su ausente marido. Éste, bastante más joven que ella, es un militar profesional que vive en Bruselas –pues no puede aguantar la inestabilidad emocional de Leo–, donde participa como voluntario en una misión de paz para Bosnia, cuando –como le acusa su esposa– no es capaz de poner paz en su propia casa. El regreso esporádico de Paco –que se ha "refugiado" también en los brazos de la mejor amiga de Leo– desatará el drama.

Tras el varapalo de la crítica por *Kika* –no así del gran público–, *La flor de mi secreto* es el principio de ese nuevo cine, que se abre a la esperanza. Con una madurez cinematográfica –insisto– y un estilo más comedido, ausente en sus anteriores películas, Almódovar parece haber abandonado el desmadre y los temas que le caracterizan como autor y persona, para volverse más íntimo, incluso autobiográfico –hay un claro homenaje a su familia rural, especialmente a la madre y lo que representa la tradición–. De ahí que logre momentos brillantes, humana y artísticamente, de verdadera emoción y gusto estético, no exentos de sentido del humor y algunos apuntes de crítica social bastante agudos.

Este original melodrama, de raíces esperpénticas y muy hispano –"número" folklórico incluido, que incorpora Joaquín Cortés y Manuela Vargas–, fue muy bien acogido en el extranjero, con una excelente crítica en París y desconcierto durante su presentación en Nueva York, donde el cineasta español tiene muchos seguidores.

Sin embargo, *La flor de mi secreto* no es una obra redonda, ni esa obra maestra qué pretende Guillermo Cabrera Infante. En primer lugar, posee un defecto obvio: sabe demasiado a telenovela. Ese tono de "serial" y un tanto *kitsch* estaría próximo al culebrón televisivo si no fuera por la prodigiosa interpretación de Marisa Paredes, que ofrece el papel de su vida. Los tipos, al contrario que los seriales que toma como modelo —así como un relato de Dorothy Parker, *El soldado con permiso*—, están bien perfilados y los diálogos más trabajados que en otras películas. Si bien le falta cierta profundidad intelectual, su guión fílmico está elaborado.

Aun así, pienso que Almodóvar no acaba de encontrarse a sí mismo como cineasta. Por eso, cuando la madre que encarna a la perfección Chus Lampreave dice a la deprimida Leo —quien, como aquélla, regresa y busca refugio en el pueblo— "¡Hija mía, vas como vaca sin cencerro!", al haber sido abandonada por su marido, uno no puede dejar de pensar que el discutido realizador manchego había anunciado que iría a Hollywood para rodar un *western*.

Con alguna grosería y equívocos aislados, Pedro Almodóvar demuestra con este film —como hiciera con su celebrado *Mujeres al borde de un ataque de nervios*— que es un buen conocedor de la condición femenina: de su soledad, sufrimiento, dolor y amor, sentimientos que retrata con creces la cámara de Alfonso Beato y subraya la música original de Alberto Iglesias. "Es un nuevo reto —manifestó con motivo de la presentación de su película en el Festival de San Sebastián '95—, porque yo necesito el riesgo para crear y, en esta ocasión, la novedad consiste en la sobriedad. He querido hablar del dolor con mayúsculas —la soledad de la mujer abandonada, que encarna Marisa Paredes—, pero a través de las cosas diminutas". Esa ha sido, en mi opinión, la mayor virtud de Pedro Almodóvar.

Si estética y técnicamente, *Carne trémula* resulta una pieza bastante lograda, no podemos afirmar lo mismo en cuanto a su ética, al fondo del film. Aunque Pedro Almodóvar dice que ha querido retratar la evolución del país —desde la dictadura a la democracia—, la verdad es que sus apuntes sociopolíticos no son más que ambientales. Con todo, el discutido realizador manchego también se pronunció así:

«Creo que no estamos viviendo en los mejores momentos de nuestra democracia y me parecía importante recordar que en el pueblo hay una enorme energía. El pueblo español ha perdido el miedo, ha madurado más que la clase política, y tenía ganas de hacer esta reflexión en voz alta.»

Pero, ¿es ése el actual pueblo español, lleno de energía y madurez? Película, pues, mixtificadora de la realidad cotidiana —la historia y el azar del encuentro y reencuentro de los personajes centrales no se hace creíble–, donde la patología y el *amour fou* polarizan el devenir de unos seres desdichados, que viven y sufren siempre hasta la saciedad, pero cuya historia-límite rindió expectación y enormes dividendos en taquilla. De hecho, Hollywood le daría otra vez "carta blanca" a Almodóvar para que realizase un film en USA.

Y ya llegamos a los dos Oscars anunciados: Mejor película extranjera (*Todo sobre mi madre*) y Mejor guión original (*Hable con ella*), con los cuales ha revalidado su nombre y carrera.

Almodóvar parece haber llegado a la madurez creativa, a la vez que ha consolidado su singular estilo visual. (De ahí el premio al Mejor director obtenido en Cannes '99). Pues, si en la década de los ochenta su desbordante imaginación destacó por encima de su limitada preparación profesional, en los años 90 y en este principio de siglo ha demostrado ya una entidad fílmica de acorde con su peculiar personalidad.

Además, cada film es como la continuación del anterior; en este caso, *Todo sobre mi madre* (1999) está más emparentado con *La flor de mi secreto* que con *Carne trémula*. El mismo autor lo comentaría así:

«Después del rodaje de *La flor*... tomé algunas notas sobre el personaje de Manuela, la enfermera que aparece al principio. Una mujer normal, que en las simulaciones se convertía en auténtica actriz, mucho mejor que los médicos con los que compartía la escena. Mi idea al principio fue hacer una película sobre la capacidad de actuar de determinadas personas que no son actores. De niño, recuerdo haber visto esta cualidad en las mujeres de mi familia. Fingían más y mejor que los hombres. Y a base de mentiras conseguían evitar más de una tragedia. Hace cuarenta años, cuando yo vivía allí, La Mancha era una zona árida y machista, en cuyas familias el Hombre reinaba desde su sillón orejero, tapizado de brillante eskai. Mientras las mujeres solucionaban los problemas, en silencio, teniendo muchas veces que mentir. Contra ese machismo manchego que yo recuerdo (tal vez agigantado) de mi niñez, las mujeres fingían, mentían y ocultaban y de ese modo permitían que la vida fluyera y se desarrollara, sin que los hombres se enteraran ni la obstruyeran. (Además de vital era espectacular: el primer espectáculo que vi fue el de varias mujeres hablando, en los patios). No lo sabía, pero este iba a ser uno de los temas de mi película número 13: la capacidad de la mujer para fingir. Y la solidaridad espontánea entre las mujeres. "Siempre he confiado en la bondad de los desconocidos", decía Tennessee Williams por boca de Blanche DuBois. En *Todo...* la bondad es de las desconocidas.»

En efecto, en una primera lectura, *Todo sobre mi madre* denota un canto a la mujer y a su enorme capacidad de sufrimiento. De ahí que estemos ante una obra coral, puesta en escena a modo de recital femenino (seis mujeres interpretadas por seis grandes actrices, a cual mejor), que juega con el paralelismo de *Un tranvía llamado Deseo* y el sentido homenaje a Federico García Lorca (quien intencionadamente afirmaba en *La casa de Bernarda Alba* que España había sido siempre un país de buenas actrices, como dice Pedro Almodóvar).

Asimismo, el film ofrece una también significativa reflexión sobre el cine, que el propio realizador español explica con este discurso crítico:

> «El título *Todo sobre mi madre* viene de *All About Eve* [título y una secuencia de *Eva al desnudo*, (1950), de Joseph L. Mankiewicz, que aparece al inicio de la película]. Entre otros temas –continúa Almodóvar–, el film de Mankiewicz trata de mujeres y actrices. Mujeres que se confiesan y mienten en el camerino de un teatro, convertido en "sancta sanctorum" del universo femenino (Equivale al patio de mi niñez: tres o cuatro mujeres, hablando, significan para mí el origen de la vida, pero también el origen de la ficción, y de la narración). En *Eve...* los hombres cuentan poco, con excepción del sibilino George Sanders, en el papel de odioso crítico prevaricador. Sanders está sublime, pero a mí me parecía un actor asexuado. Su personaje en *Eva al desnudo* no perdería nada si lo hiciera una mujer.»

De ahí, pues, que una actriz teatral –Antonia San Juan (*La primera noche de mi vida*), nueva "chica" Almodóvar– haga aquí del *travesti* Agrado, y el director dedique la película a Bette Davis, Blanche DuBois, Romy Schneider, a las mujeres sufridoras... y a su madre (la cual fallecería meses después). Pero aquí parece estar la clave de una segunda lectura de la película, con connotaciones que van más allá de las meras apariencias. Me explicaré.

El relato de *Todo sobre mi madre* se «sitúa en un universo –escribe el crítico catalán Lluís Bonet Mojica– del cual la heterosexualidad resulta prácticamente apeada». Y concluye el citado colega: «Autor por antonomasia en un cine español sin nuevas autorías tan definidas como la suya, Almodóvar tiende al gueto excluyente. Eleva lo particular a la categoría de lo general. Bueno, tal vez ocurra que la temible complejidad humana es a la vez particular y general»[22]. Universo excluyente que está en la línea reivindicadora de sus obras anteriores y que, como Tennessee Williams a través de la DuBois (o el mismo Visconti que la pondría en escena), transmite acaso su "infierno personal", o la problemática sentimental que le preocupa y conoce sobremanera. Por eso también la presencia lorquiana en el teatro de Lluís Pascual.

Tras ser estrenada con gran éxito en USA y alcanzar los 9.000 millones de pesetas de recaudación en las pantallas occidentales, ganaría el "Globo de Oro" y los premios a la Mejor película, director y actriz (Cecilia Roth) del cine europeo del año. Nominada para el Oscar de Hollywood, finalmente obtuvo la preciada estatuilla al Mejor filme extranjero de 1999.

Por último, casi dos años después, precedido por un gran aparato publicitario, encabezado por la promoción y una autoentrevista del propio realizador, se presentaría en España *Hable con ella* (2002), el nuevo culebrón de Pedro Almodóvar.

Hable con ella rompe, en buena parte, una famosa constante almodovariana: las mujeres no son aquí sus grandes protagonistas, sino los hombres. No obstante, posee una clara continuidad con el anterior film. También nos lo diría así:

«*Todo sobre mi madre* terminaba con el telón de un teatro, abriéndose sobre un oscuro escenario. *Hable con ella* empieza con el mismo telón, también abriéndose. Los personajes de *Todo...* eran actrices, impostoras o mujeres con capacidad de actuar fuera y dentro del escenario. *Hable...* va de narradores de sí mismos, hombres que hablan a quien les pueda oír y sobre todo a quien no puede oírles.»

Calificada como la película más pasional de Pedro Almodóvar, el guión procede de la observación de diversos hechos reales, un tanto insólitos, ocurridos en los últimos diez años. Reinterpretados por el realizador, cuenta la historia de dos mujeres en estado de coma, una torera y una bailarina de ballet, que son cuidadas por un periodista y un enfermero, perdidamente enamorados de ellas.

El dramático relato une a unos personajes románticos, que están atrapados por la soledad y la incomunicación, que sufren el mal de amores y la incomprensión. Cuatro personajes que sirven a Almodóvar para hablar de las relaciones humanas, de las pasiones y el amor, del sufrimiento y el dolor, de la falta de comunicación entre la pareja y del silencio como "elocuencia del cuerpo"; o del cine como vehículo ideal en las relaciones de las personas y de cómo el cine, contado en palabras, detiene el tiempo y se instala en las vidas de quien lo cuenta y de quien lo escucha. Pero, ante todo, parece estar hablándonos de sí mismo, dilucidando su universo personal.

Así, a modo de serial –pues se anuncian las parejas en letreros, como si fueran episodios de una telenovela–, se teje la historia de esa amistad entre dos hombres –en una clínica, con los fríos pasillos del hospital, y en la sala de visitas de la prisión–, que están convalecientes de las heridas provocadas por la pasión sentimental, y casi al borde de la locura... El mismo Almodóvar diría que «es una película sobre la locura, ese tipo de locura tan cercana a la ternura y al sentido común que no se diferencia de la normalidad».

Por otro lado, *Hable con ella* fue saludada por un amplio sector de la crítica como una obra maestra, y casi nadie se atrevió a comentarla negativamente. Con todo, pienso que no se trata de una película redonda. Si bien formalmente está más acabada que otras realizaciones –cuenta con algunos de los mejores técnicos del cine español– y logra una notable introspección psicológica –no sociológica–, a base de *flash-backs* que captan el interés del espectador, el guion se decanta demasiado por la vía del folletín.

Constatemos, por último, la aguda valoración de fondo que sobre toda la obra de Pedro Almodóvar ha ofrecido el antes mencionado crítico Juan Orellana:

«El cine de Almodóvar es –involuntariamente– la radiografía de una conciencia desarraigada, sin tradición, postmoderna y postcristiana, sin categorías ideales morales claras, pero también sin prejuicios esteriotipados. Representa el neopaganismo más desideologizado del cambio de milenio. Todo en su cine es deseo, pasión, dolor, desgarro, pulsión, instinto, fisicidad, soledad, angustia... No hay ni ideales ni rencores; no hay nada que vender, nada que ganar, nada que defender; todo es puro sentimiento y pura genitalidad: no hay discurso, no hay análisis ni tesis; no hay hipótesis ni abstracción.

En todo esto –continúa Orellana– reside la frescura y a la vez el lastre del cine de Almodóvar. La frescura, porque su cine puede desagradar o no, pero nunca el espectador se siente atacado más allá de la brutalidad de ciertas imágenes; no se siente ideológicamente agredido. El lastre, porque no es veraz mostrar con tanta desnudez la incisividad del problema humano y no plantear jamás la cuestión misteriosa de la respuesta, de la búsqueda, de la apertura a una hipótesis positiva y esperanzada; es desleal dibujar con tanta profusión el deseo humano, su soledad, su angustia, su alteridad radical... y no apuntar al mismo tiempo nuestra incapacidad de salida, nuestra ingente necesidad de romper el círculo vicioso de la vida, nuestra mendicidad de sanación y redención, nuestra dependencia original. En definitiva, Almodóvar olvida el misterio de la vida, y por tanto rompe de raíz el drama de sus personajes y cae en un cierto existencialismo *light*. Sin querer, trivializa la vida, y la hace mecánica y algo fatalista.»[23]

Finalmente, *Hable con ella* obtendría cerca de 6.000.000 de euros, en la taquilla española; mientras en USA recaudó ocho millones de dólares, y lograba un notorio éxito internacional. Después, aparte de diversos premios europeos y estadounidenses, fue nominada directamente por la Academia de Hollywood al Mejor director y guión. Así, en marzo de 2003, Pedro Almódovar consiguió su segundo Oscar –tras el ganado por *Todo sobre mi madre*– como Mejor guión original; mientras que la Academia española le había negado poco antes "el pan y la sal".

A principios de 2004, el polémico cineasta manchego estrenó en toda España su último filme, *La mala educación* (2003) que asimismo abriría –invitado, fuera de concurso– el prestigioso Festival de Cannes, y constituyó otro éxito taquillero del cine español.

Con clara intencionalidad autobiográfica –cuenta la crisis creadora de un director de cine, homosexual–, rompe una lanza a favor del mundo *gay*, al tiempo que condena a los profesores pederastas (centrado aquí en un sacerdote, que después abandona los hábitos, se casa y termina asesinando a sus dos amantes, el antiguo y el nuevo), dentro de un insólito relato –mitad película, mitad ficción– enclavado en la España del tardofranquismo.

En su puesta en escena *kitsch*, no escatima fealdad ni tampoco obscenidades. Por lo que Almodóvar vuelve a la estética que antaño le hizo célebre y la cual –como afirmaría en su reciente tesis doctoral Manuel J. González Manrique[24]–, al tratar sin ambages en su obra cinematográfica sobre el mundo gay, ha recibido el parabién y la simpatía de un amplio sector de la industria del cine estadounidense y europeo contemporáneos.

Sin embargo, el propio realizador intentaría justificarse en estos términos, a la vez que manifestaba su voluntad de expresión:

«Tenía que hacer *La mala educación*, tenía que quitármela de encima, antes de que se convirtiera en una obsesión. Había manoseado el guión durante más de 10 años, y podía seguir así una década más. (…). *La mala educación* es una película muy íntima, pero no exactamente autobiográfica, quiero decir que no cuento mi vida en el colegio ni el aprendizaje durante los primeros años de la "movida", aunque éstas sean las dos épocas en que se desarrolla la trama (el 64 y el 80, con un intervalo en el 77). Por supuesto, mis recuerdos han sido importantes a la hora de escribir el guión, al fin y al cabo he vivido en los escenarios y las épocas en que transcurre la misma.

La mala educación no es un ajuste de cuentas con los curas que me maleducaron, ni con el clero en general. Si hubiera necesitado vengarme, no habría esperado cuarenta años para hacerlo. La Iglesia no me interesa, ni como adversario.

La película tampoco supone una reflexión sobre la "movida" madrileña de principios de los ochenta, aunque gran parte transcurra en el

Madrid de esa época. Lo que me interesa de ese momento histórico es la borrachera de libertad que vivía España, en oposición al oscurantismo y la represión de los años 60. Los primeros ochenta son, por ello, el marco ideal para que los protagonistas, ya adultos, sean dueños de sus destinos, de sus cuerpos y sus deseos.

La película no es una comedia, aunque haya humor (todo el personaje de Javier Cámara), ni un musical infantil, aunque haya niños que canten. Es un film *noir*[25], o al menos así me gusta considerarlo.»

Lo que ya dudo es que el penúltimo culebrón de Almodóvar sea bien aceptado en España –al menos por la crítica y los espectadores más exigentes–; no sólo por razones culturales y éticas, sino también porque *nadie es profeta en su tierra*.

Aun así, dos años más tarde estrenaría un nuevo film autobiográfico, que tuvo una buena aceptación por parte del público y la crítica. Se trata de *Volver* (2006). Tras haber sido desplazado por Alejandro Amenábar y su "oscarizada" *Mar adentro*, el más popular cineasta español de la democracia regresaría a las pantallas comerciales con una nueva película que barrería en la taquilla. El cine español, por tanto, tuvo asegurado un gran aumento de recaudación durante el año 2006.

Volver es una obra mucho más madura y comedida que sus anteriores, la cual retoma el estilo que le hiciera famoso hace más de dos décadas: *¿Qué he hecho yo para merecer esto?* (1984), también con Carmen Maura como principal protagonista.

Ahora, Pedro Almodóvar (con sendos Oscar en su haber, por *Todo sobre mi madre* y *Hable con ella*) parece haber abandonado la estética *gay* y el desmadre a que ya nos tiene acostumbrados, para ofrecer un homenaje al mundo que le vio nacer: sus recuerdos en un lugar de La Mancha. Veamos, si no, cómo explica su intencionalidad:

«*Volver* es un título que incluye varias vueltas, para mí. He vuelto, un poco más, a la comedia. He vuelto al universo femenino, a La Mancha (sin duda es mi película más estrictamente manchega, el lenguaje, las costumbres, los patios, la sobriedad de las fachadas, las calles empedradas). He vuelto a la maternidad, como origen de la vida y de la ficción. Y naturalmente, he vuelto a mi madre. Volver a La Mancha es siempre volver al seno materno.»

Ciertamente, *Volver* es un filme algo autobiográfico, que le ha servido a su autor para exorcizarse un tanto, ya que además de homenajear a su madre –como ya hiciera en la antes comentada *La flor de mi secreto*– hoy fallecida, evoca recuerdos y retrata la idiosincrasia de su tierra: «La principal vuelta de *Volver* –dice también– es la del fantasma de una madre, que se aparece a sus hijas. En mi pueblo estas cosas pasan (me he criado oyendo historias de aparecidos); sin embargo, yo no creo en las apariciones. Sólo cuando le ocurren a los demás, o cuando ocurren en la ficción. Y esta ficción, la de mi película (y aquí viene mi confesión) ha provocado en mí una serenidad como hace tiempo no sentía (realmente, serenidad es un término cuyo significado es un misterio para mí)», concluye.

La verdad es que su último filme resulta muy ambicioso y presenta algunas de las preocupaciones de su obra, aunque más sobre el papel –léase sus declaraciones– que sobre la pantalla. Cabe de nuevo volver –parangonando su título– a lo que manifiesta el propio Almodóvar:

> «Tengo la impresión, y espero que no sea un sentimiento pasajero, de que he conseguido encajar una pieza (cuyo desajuste, a lo largo de mi vida me ha provocado mucho dolor y mucha ansiedad, diría incluso que en los últimos años ha deteriorado mi existencia, dramatizándola más de la cuenta). La pieza a la que me refiero es 'la muerte' (no sólo la mía y la de mis seres queridos, sino la desaparición implacable de todo lo que está vivo). Nunca lo he aceptado, ni lo he entendido. Y eso te pone en una situación angustiosa ante el cada vez más rápido paso del tiempo.»

Con todo, *Volver* no me ha convencido como pieza artística. El relato sabe a otro culebrón *made in* Almodóvar, con un toque de costumbrismo que el cineasta manchego denomina naturalismo surreal. Con alguna ligera concesión de cara a la galería –la obscenidad aquí está más sugerida que mostrada–, contiene algunos momentos de notable categoría creadora, sobre todo con la interpretación de Carmen Maura –que recupera después de 17 años– y las otras "chicas Almodóvar", con la exuberante Penélope Cruz como Raimunda –mucho mejor que en su aventura hollywoodiense– y Lola Dueñas, Blanca Portillo y Chus Lampreave en auténtico "estado de gracia". Una secuencia destaca sobremanera: la crítica a los programas de *Reality Show*; esa telebasura que vapulea con razón, si bien antaño cultivó.

Pero a Pedro Almodóvar –como ha dicho más de un crítico– le falla el acabado de su filme: las secuencias dobladas al estilo enlatado de Garci –se nota en los labiales de las actrices, sobre todo al principio del relato–, o la actuación musical de Penélope Cruz imitando a Estrella Morente en su versión del tango "Volver".

Asimismo, el tono de comedia dramática –como también la ha calificado el propio director– posee momentos brillantes, que provoca la hilaridad del público, y otros que se hacen poco verosímiles, también en la evolución psicológica de los personajes, no siempre creíbles en su actuación. Eso rompe un tanto la dramaturgia del relato –incluso con el engaño de un fantasma que no es tal–, pero logra hacer entrañable una narración que puede gustar mucho más a la mujeres –especialmente, las feministas radicales–, ya que los hombres quedan muy vapuleados (en este caso, violadores de sus propias hijas).

La pasión de Almodóvar por el melodrama –como mejor cabría calificar a este filme, para mí bastante superficial– se manifiesta en la música de Alberto Iglesias, que retoma el tema de una zarzuela que cantaba su madre en el río (*La rosa del azafrán*) –en ese escenario en que Raimunda, sin remordimiento alguno, entierra a su marido– y que incluye en los primeros títulos de crédito. No obstante, la película adolece de cierta frialdad, ya que el espectador la ve un poco desde fuera, aunque posiblemente no saldrá del cine insatisfecho.

Con *Volver*, pues, Pedro Almodóvar revalidó su éxito, que sería consolidado con el Premio Príncipe de Asturias de las Artes 2006, los galardones de la Academia Europea de Cine y los principales "Goyas" que precedieron a la nominación de Penélope Cruz para el Oscar a la Mejor actriz.

CAPÍTULO 16
José Luis Garci, un director popular

Al día siguiente del fallecimiento de uno de sus intérpretes, Jesús Puente, el "oscarizado" Garci estrenaría su película número 12: *You're the One*, subtitulada *Una historia de entonces*. Y tres días después, los miembros de la Academia de las Artes y las Ciencias Cinematográficas de España la seleccionarían para representar a nuestro país en los Oscar de Hollywood '2000.

José Luis Garci (Madrid, 1944) había regresado a la pantalla grande con una cinta insólita. Como con la primera estatuilla dorada que ganó para el cine español (*Volver a empezar*, 1982), homenajeaba nuevamente a los clásicos americanos y su título en inglés estaba también tomado de la letra de una canción de Cole Porter, "Night and Day".

Garci, muy popular por sus programas en la radio y la televisión, es un auténtico cinéfilo. Amante del melodrama tradicional, editaba hasta hace pocos meses una prestigiosa revista especializada (*NickelOdeon*) y publicaba una cuidada colección de libros de cine. Aun así, desde que obtuvo aquel preciado galardón, se granjeó bastantes enemigos. Después, optaría de nuevo al Oscar a la Mejor película extranjera con otras tres cintas: *Sesión continua*, *Asignatura aprobada* y *El abuelo*, alcanzando la nominación final. Y más recientemente, a pesar de su gran enfado con la Academia Española –de la cual se dio de baja en 1999 con una agria polémica–, este organismo profesional votaría a su favor. Con motivo del estreno *You´re the One*, de forma conciliadora, declararía muy poco antes en Madrid:

> «Salga lo que salga será la decisión de los miembros de la Academia, de la que yo no formo parte. Habrá que aceptar la decisión porque ésta sí que es una votación limpia y absolutamente clara.»

Y al ver seleccionada su película, lo agradeció y manifestó en la rueda de prensa de la Sociedad General de Autores de España (SGAE), junto a la entonces presidenta de la Academia, la actriz Aitana Sánchez-Gijón: «Me dirijo tanto a los que me han votado como a los que no, porque había al menos una docena de películas que se merecían esta elección. La habrán votado porque es la que más les gustó».

Sin embargo, antes de pasar a comentar *You´re the One (Una historia de entonces)* y su penúltima película, *Historia de un beso* (2002), reseñaremos los otros dos títulos que José Luis Garci realizó durante el período del Partido Popular.

La herida luminosa (1996) fue el segundo filme de la anunciada "Trilogía del melodrama", que inició en 1994 con *Canción de cuna*. Ambientado en el Oviedo de los años 50, relata la historia de la familia Molinos: Juan —un cardiólogo y profesor universitario de prestigio—, agnóstico y dolido por la profesión religiosa de su única hija, mantiene relaciones con una jovial doctora, Julia; mientras su también dolida esposa, Isabel —una dama muy practicante, que no le ha perdonado sus infidelidades— se consume en la soledad y el rencor. Acaba en tragedia.

Se trata de una adaptación libre de la obra teatral de Josep María de Sagarra, "La ferida lluminosa", que ya había sido llevada al cine cuarenta años antes por el italiano Tulio Demicheli (1956) y estrenada sólo en castellano (pues la versión catalana estuvo prohibida hasta 1981). Y Garci, siguiendo su línea de recuperación de clásicos de la escena española (*Canción de cuna*, según la obra de Gregorio Martínez Sierra), acometió este melodrama religioso-costumbrista, trasladando la acción a la España de finales de los cincuenta.

A tal fin, el realizador madrileño contó con un excelente cuadro de intérpretes, que darían vida a los personajes del literato catalán: un matrimonio de clase alta (Fernando Guillén y Mercedes Sampietro), con sus sirvientas (notables María Massip y Neus Asensi), su hija (espléndida Cayetana Guillén Cuervo, en el papel de monja de clausura) —aunque en la pieza original era un varón, candidato a sacerdote—, la amante y la madre superiora (Beatriz Santana y Julia Gutiérrez Caba, respectivamente). La ambientación de la época —programas de radio incluidos— y el rodaje en su incomparable marco asturiano —en los claustros del Monasterio de las Clarisas y con los cantos gregorianos de fondo— también resultan logrados.

Emulando al cine religioso del franquismo —pero quitándole el estilo propagandístico que le caracterizaba—, José Luis Garci demostraría aquí su buen hacer artístico. Como ayer con la citada *Canción de cuna*, convierte el melodrama en una tragedia. Aunque incurre en el sentimentalismo que le singulariza como cineasta —"tengo un alma de portera que no me merezco", había declarado con motivo de *Volver a empezar*—, consigue un aire trascendente que lleva a la reflexión del espectador. "Una dolorosa reflexión —en palabras de Fernando Guillén– sobre el amor y el desamor y, a la vez, sobre la intolerancia, sobre los férreos tabúes de los años 50, que obligan al protagonista a desear la muerte de otra persona como única salida posible ante las trabas sociales. Garci se ha encargado de quitarle la pátina religiosa y ha elaborado una crítica sobre el encorsetado entorno social y religioso de entonces, capaz de llevar a personas en apariencia impecables a cometer actos monstruosos". Por su parte, Mercedes Sampietro manifestó: «Se trata de una obra de personajes presos por las pasiones, que les llevan a reacciones límites. Garci ha puesto el acento en la exageración de esos sentimientos que convierten a todos los personajes en víctimas».

Es, pues, ese retrato de la década de los 50, con el estudio de mentalidades que apunta, lo más interesante de la nueva versión de *La herida luminosa*. Una versión fílmica un tanto fría y algo envarada, con un desenlace abierto y en favor de la fe y el amor verdaderos, que tendría tantos defensores y detractores.

Nuevamente enviado para optar a la codiciada estatuilla de Hollywood a la Mejor película extranjera, el popular Garci daría a luz un filme magistral, *El abuelo* (1998), superando las anteriores versiones de la novela y después pieza escénica de Benito Pérez Galdós (José Buchs, 1925; Rafael Gil, 1972).

Aquí narra una historia enclavada en la España de principios del siglo XX. A una villa del Principado de Asturias, llega un viejo indiano venido a menos, Don Rodrigo, conde de Albrit. Su primordial objetivo es recuperar a sus dos nietas, enfrentándose con su nuera, Lucrecia Richmond, quien había engañado al hoy fallecido hijo del conde. En su granja señorial, la aún joven y bella condesa someterá a Don Rodrigo a la indolencia. Pero al descubrir éste que una de las niñas es ilegítima, tendrá que luchar entre el sentido del honor y el amor verdadero.

Con esta pulcra adaptación de la obra homónima de Pérez Galdós, José Luis Garci completó su "Trilogía del melodrama". El estilo naturalista del universo galdosiano sería prodigiosamente traducido en imágenes por el realizador madrileño, con un equipo técnico-artístico de excepción. Desde el decorador Gil Parrondo –también ganador del Oscar, en 1970– hasta la cuidada iluminación de Raúl Pérez Cubero, todo sabe a perfección en *El abuelo*. No obstante, destaca sobremanera el reparto encabezado por Fernán Gómez y el poco después fallecido Rafael Alonso, dos colosos que ofrecen un auténtico duelo interpretativo. La Guillén Cuervo, al igual que su padre –Fernando Guillén–, Agustín González y demás rostros conocidos, brilla en un relato que, con todo, no consigue librarse del aire literario de los ricos diálogos originales. Asimismo, algunas situaciones –como el sorprendente prólogo, que ha sido inventado por los guionistas, Horacio Valcárcel y el propio Garci– resultan algo envaradas (recuérdese también el intento de secuestro de Don Rodrigo); lo que acaso –junto a ciertas deficiencias en el doblaje de los actores– resta enteros a la película.

Sin embargo, *El abuelo* posee una doble lectura. Por un lado, evoca –como en la obra de Galdós– el espíritu de la España eterna, con sus sentimientos encontrados –desde la nobleza a la ruindad, del orgullo al perdón, del amor a la venganza, de la pasión al dolor, de la furia a la ternura, del egoísmo a la amistad, de la infelicidad al arrepentimiento– que, a la vez, muestran lo más genuino de la condición humana y cobran un carácter universal. Por otro, el enfrentamiento entre el espíritu calderoniano –ese exacerbado sentido del honor– y el más caritativo shakesperiano, que encontrarían su paradigma en *La vida es sueño* y *El rey Lear*. Por eso se ahonda en el tema de la ingratitud –que cae en lo cruel– de los familiares directos; tema que fue desarrollado por William Shakespeare en esta famosa pieza. Un enfrentamiento que ya tuvo lugar entre los estetas de la escena madrileña, en el primer tercio de siglo (de ahí las referencias a Benavente y Echegaray) y que daría como vencedor al realismo de Benito Pérez Galdós.

Notable escrutador de sentimientos, antes de ser elegido por la Academia Española como candidato al Oscar '98, José Luis Garci declaraba:

> «Ésta es una película en la que he sido todo lo sincero que he podido, que es como hay que hacer cine: del corazón al corazón de las personas, sin miedo y sin preocuparte porque te llamen cursi o sentimentaloide. Lo importante es creer en lo que haces, y el melodrama ya se sabe que está siempre en el alambre: si te pasas es tremendo, pero también si te quedas corto.»

Se trata, pues, de un clásico –literario y cinematográfico–, donde lo que se ve, se cuenta y escucha cautiva por vía contemplativa; y, al mismo tiempo, conduce a la reflexión crítica del espectador.

Aun así, con su siguiente película –la referida *You're the One* (2000)– inició una nueva Trilogía, que calificaría "amorosa", y cuyo primer título resultó un tanto menor; es más, personalmente, este filme me dejó insatisfecho. Y el cual despertaría otro debate entre los entendidos y un amplio sector de aficionados; pues, como acaso el propio Garci, este filme posee casi tantos detractores como admiradores. Me explicaré.

Con un ritmo pausado y contemplativo difícil de mantener, ciertas lagunas de interés narrativo y escenas de alto voltaje sentimental, José Luis Garci demuestra al menos que sabe hacer cine y lo ama de veras; aunque no llega a convencer ni a captar del todo al espectador. El mismo realizador diría que

> «con esta película me he dado cuenta de dos cosas; ahora ya sé que nunca voy a hacer una buena película; pero también sé que soy capaz de hacer una película sincera, lo que nunca había hecho antes. Es un trabajo que

marca una evolución en mi carrera. Vislumbro que puedo llegar a hacer cine sencillo.»

Relata, como indica su referido subtítulo, *una historia de entonces*. La España de la primera posguerra y "de la tuberculosis" —en palabras del autor— es retratada en matizado blanco y negro. Un país lleno de deficiencias y penurias, sueños frustrados y miserias, negrura y falta de esperanza, que es evocado por la cámara del realizador. Y a través del drama de la protagonista, la deprimida Julia (algo envarada la creación de Lydia Bosch, que pretende ser un *alter ego* de Lana Turner), una joven de buena familia –que acaba de perder a su marido en el penal de Alcalá de Henares–, José Luis Garci parece criticar subrepticiamente la Dictadura de Franco y a la misma represión política llevada a cabo durante la Autarquía. La acción está enclavada en 1943.

No obstante, Garci dijo a los periodistas que la historia que cuenta podría suceder en cualquier país, en cualquier posguerra:

«Recuerdo de niño los escaparates, la moda, el humo de los puros, el No-Do, todo era frío y gris. Por eso nieva en la película, y por eso es en blanco y negro; aquel tiempo fue una apoteosis de lo gris, y así lo he recreado. No está hecha para Hollywood ni para ningún otro sitio, el gusto de los americanos no ha sido determinante para la película. Lo importante es contar bien una historia sólida que conmueva lo suficiente.»

Es obvio que nuestro "oscarizado" cineasta incide otra vez en los toques sentimentales –cosa más habitual en su primera Trilogía–, pero él se defendería así:

«*You're the One* está edificada sobre las emociones. Aunque, frente al cine de quirófano de última generación que se hace hoy, yo he hecho una película que recuerda cuando mi madre me curaba con una aspirina. Lo mejor del mundo es entretener a la gente, hacer pasar un rato feliz con risas y lágrimas. Darle al público lo mismo que si le das una aspirina al que le duele la cabeza.»

Con todo, esta *historia de entonces* tiene más interés por lo que sugiere o permite intuir que por lo que muestran directamente sus austeras imágenes; es decir, convence más por lo "no visible" que por lo "visible" del relato, como diría el famoso teórico Marc Ferro[26]. Me explicaré mejor.

Lo *visible* es esa narración intimista, donde la nostalgia y la melancolía se hacen demasiado presentes a través de la vacía vida de los desdichados protagonistas: notable el maestro de pueblo, que encarna Iñaki Miramón; así como las creaciones de Ana Fernández (*Solas*), Julia Gutiérrez Caba y el niño Manuel Lozano (*La lengua de las mariposas*); más caricaturesca en el dúctil Juan Diego. Unos personajes que parecen "soñar despiertos" y logran "evadirse" de la dura realidad cotidiana por medio de las películas norteamericanas. Mientras lo *no visible* cabe referirlo al significado que tuvo para millares de españoles la represión llevada a cabo por el tristemente célebre Tribunal de Responsabilidades Políticas, que se menciona sólo de soslayo. Tribunal de represión que, aquí, no fue directamente el responsable del drama de Julia sino, más bien, la incurable tuberculosis, el hambre, la autarquía, el aislamiento que padecíamos. O sea, no se hace responsable al régimen franquista de la tragedia de los ciudadanos; el problema parece venir de las circunstancias, del contexto; del exterior, en una palabra. Y sólo el exterior –USA, con su gran cine y mitomanía– ayudará a respirar a los españoles de aquel oscuro período.

No sé si mi interpretación sobrepasa la intencionalidad creadora o la voluntad de expresión de José Luis Garci y de su asimismo habitual coguionista, Horacio Valcárcel. Pero he confrontado esta opinión crítica con la visión de un especialista contemporáneo –Antonio Elorza–, con quien coincidí en un Simposio Internacional sobre España en el siglo XXI, celebrado en la Ohio State University (Columbus) muy pocos días después del estreno de *You're the One*. Este catedrático de Ciencias Políticas hablaba de Garci como el cineasta de la "concertación nacional", del pactismo, la pacificación o el olvido de la memoria, llevados a cabo por los herederos de la Transición española: el Partido Popular entonces gobernante en nuestro país. José Luis Garci, que estuvo en la izquierda durante aquellos primeros años de democracia, parece jugar con la nostalgia y el maniqueísmo, optando más por la estética, por la forma, que por el contenido explícito; en definitiva, vacuidad formal *versus* ideología o "compromiso político", venía a decir este historiador y analista español.

De ahí que, si antaño denominábamos el "cineasta del Régimen" a José Luis Sáenz de Heredia (*Raza, Franco ese hombre*) y ayer el representante de la "historia oficial" cinematográfica era Carlos Fernández Cuenca (*La guerra de España y el cine*), hoy acaso cabría hablar de José Luis Garci como el director del Régimen conservador (programa televisivo incluido). Calificación a la que el propio Garci respondería en estos términos:

«Si antes me hubieran dicho que soy "el cineasta del régimen", como me han llegado a decir ahora, me hubiera cabreado y lo hubiera visto injusto, porque no lo soy. Ahora me digo: aquí hubo un régimen y se acabó en 1975. ¿A qué régimen se refieren? ¿Al gobierno democrático elegido por los españoles? Es un honor ¿no? Lo que no soy es un cineasta de Arzallus ni de HB, pero de mi país sí. Y antes había un gobierno y ahora hay otro, y yo he hecho las películas que he querido siempre. Al estreno de mi película vino José María Aznar, pero también Santiago Carrillo. Aquí hay unos complejos muy raros. En Estados Unidos –concluye su autodefensa–, Robert de Niro va y paga 5.000 dólares por aparecer junto al presidente y nadie pone el grito en el cielo.»[27]

Por otra parte, su *You're the One* –no exenta de recuerdos personales, referencias cinéfilas y literarias (Baroja, Chejov), o reminiscencias de *Tierras de penumbra* (Attenborough)– posee también homenajes entrañables a *Sucedió una noche* (Capra), *Sospecha* (Hitchcock), *Tú y yo* (Leo McCarey) y *Gunga Din* (George Stevens); a Clark Gable, Claudette Colbert, Cary Grant, Joan Fontaine, Charles Boyer, Irene Dunne, Victor McLaglen..., aparte del *leit-motiv* de la canción –como antes *Begin' the beguine*– que titula de forma algo pedante este filme español. Con todo, al fiscal y crítico Eduardo Torres-Dulce –uno de los habituales contertulios en *¡Qué grande es el cine!*– comentaría el propio Garci:

> «Sabes que *Tú y yo*, de McCarey, me vuelve loco. Pensé sacar los títulos de crédito de la película y hacerle un homenaje. Y sin dejar la música de *Tu y yo*, me voy a un encuadre de Hollywood, años 40. Julia escribiendo, con la chimenea encendida, con los cristales empañados, como si fuera Irene Dunne. Y no me di cuenta, pero tenía presente a Chejov. Porque vas a ver un musical y sales eufórico; un western y sales con una épica que te mueres, pero vas a ver una obra de Chejov y sales con ganas de ser buena persona.»

Por eso, *You´re the One (Una historia de entonces)* –que incluye quizá satíricamente las portadas de un NO-DO: *El mundo entero al alcance de todos los españoles*– está trufada de guiños a la Academia de Hollywood. El colega Lluís Bonet Mojica añadió que

> «hasta podría hablarse de un "chantaje sentimental" a los futuros votantes norteamericanos del apartado a la mejor película de habla no inglesa, si no fuera porque *Tú eres el primero* –perdón, *You're the One*, pues el título en inglés respeta la versión original del verso de Cole Porter perteneciente a la canción *Noche y día*– es un filme tan astutamente como impecablemente realizado.»[28]

Y también marcado –en palabras de Garci– por el «don sagrado del entusiasmo, que hace que las personas tengan luz». ¿Seguro que poseían luz propia en aquella España de Franco?

José Luis Garci, con su cine edulcorado, suave, lírico, humanitario, romántico –aquí nos ofrece un sincero canto al amor en la conseguida escena final (asimismo rodada en los escenarios naturales de su Asturias querida)–, personajes algo estereotipados y cierto abuso de la sensiblería, es, sin duda, el *primero* de "esta España va bien"...: la España del Partido Popular.

Por último, su insólita y ambiciosa película batió récords de taquilla: 92.416.000 pesetas, en la segunda semana de estreno. Pero, al final, José Luis Garci no obtendría su segundo Oscar para el cine español.

Dos años después, Garci volvería a la pantalla grande con *Historia de un beso*; pues, durante una larga década (desde poco antes que llegara al gobierno el PP), el popular cineasta español se asomaba cada lunes a la pequeña pantalla de TVE (La2), con gran audiencia (programa que le quitarían después los dirigentes del PSOE). Y en el año 2002 volvería a deleitar a sus muchos seguidores con un otro melodrama romántico, que acaso despertaría tanta admiración como enfado.

Colega de José Luis Garci en mis tiempos de crítico (ambos compartimos durante años las páginas de la revista especializada *Cinestudio*, de Madrid), he sido un defensor de este cineasta y gran cinéfilo –especialmente manifiesta su amor por el cine americano–; pero no comparto el mismo entusiasmo ante la "Trilogía amorosa" que ha dado a luz como realizador. Puedo estar equivocado en mi juicio adverso sobre su última filmografía –más arriba lo calificamos incluso como "el director del Régimen"–; pues, sin insistir ahora en este tema, su presente obra me parece un tanto trasnochada. Un cine que difícilmente emociona ni dice demasiado al espectador actual. Me explicaré otra vez, dando la voz a otros dos colegas, uno a favor y otro en contra. Y que el lector, después de visionar el filme en cuestión, saque sus propias conclusiones.

La voluntad de expresión de José Luis Garci es obvia: «Todas mis reflexiones sobre el amor están contenidas en esta trilogía y expresadas a través de los ojos de un niño». Y sobre la utilización del color (recuérdese que *You're the One* era en blanco y negro, y ambientada en la inmediata posguerra) y acerca del contexto social, dijo: «Habrá una explosión de colorido en la parte situada en los años veinte, porque fue una época muy colorista, y una más fría, como de nieve, para los años cuarenta».

Historia de un beso (2002) se desarrolla entre dos fechas: 1949, con motivo de la muerte de un famoso escritor asturiano, nada adicto al sistema franquista, Blas de Otamendi (soberbio Alfredo Landa en su creación); y 1925, que evoca la vida de ese ilustre literato en su pueblo natal –Cerralbos del Sella–; todo ello contado a través de los ojos de su heredero, el sobrino Julio (Carlos Hipólito y Manuel Lozano, de niño), ahora profesor universitario en París, que desvelan la intimidad del entrañable Blas, reconocido escritor de la Generación del 98 –análogo a Pío Baroja–, librepensador y leal amigo de sus amigos, para quien la Literatura –afirma– «sólo trae soledad, dolor y frustración».

El punto culminante de su deambular nostálgico por el pasado es el amor: el segundo beso, producto del encuentro sentimental del protagonista con una dama extraña, en el balneario de aquella imaginada localidad de Asturias (personaje enigmático que encarna Ana Fernández, muy al gusto de la mujer liberada de los "felices 20"); los del primer beso de su sobrino con la prima; y el que ahora da Julio adulto a la joven maestra de la localidad (notable Beatriz Rico).

Cine carrinclón y literario donde los haya, con un ritmo deliberadamente pausado hasta la saciedad y una visión del amor –también en mi opinión– más irreal que verdadera –un sentimiento nada trascendente, que parece romperse si se lleva más allá de la pura idealización–, tremendamente romántico y exquisito de fondo, que ha despertado por igual pasiones e iras, una nueva "guerra" entre tirios y troyanos.

La defensa más rigurosa procede de uno de sus contertulios televisivos en *¡Qué grande es el cine!*, el antes citado fiscal y crítico cinematográfico Eduardo Torres-Dulce. Reproduzco parte de lo que escribió este teórico en el suplemento cultural de *ABC*:

> «*Historia de un beso* se cuenta por objetos, una bola de cristal, un libro, y por situaciones, una tertulia, un banquete. *You're the One* tenía el fulgor del relato clásico, mientras que *Historia de un beso* es mucho más moderna: sus trazos impresionistas, su estructura casi cubista, no aboga por contar, sino por reflexionar. *You're the One* era un poema y el talento de Garci al utilizar a Cole Porter tampoco era nada casual, mientras que *Historia de un beso* es muy Stendhal o muy Ortega y Gasset –no en vano pontificaron sobre el amor–, como también es muy Azorín porque extrae melancolía del paso del tiempo y es muy minuciosa y minimalista a la hora de encapsular la emoción y destilarla, tan azoriana como barojiana, por venturosamente digresiva.
>
> *Historia de un beso* es menos perfecta que *El Abuelo* pero, si se me permite decirlo, mucho más compleja. La trama henryjamesiana de la figura de la alfombra es sutil, como los silencios de Julián o del propio Otamendi. (...) Esta es una película puzzle, pero no coral. A Garci el teatro le fascina, y esos actores están sencillamente fabulosos, muy especialmente

Carlos Hipólito (Julián), eje conductor de nuestro punto de vista que ejecuta con la delicadeza de un orfebre.»[29]

Por otra parte, el sagaz crítico del suplemento de *La Vanguardia*, que firma como Dr. Maligno, en su sección de "Pífias y despropósitos", manifestaría un día antes que su colega madrileño:

«El cine de Garci puede no gustar, pero responde a una demanda social evidente y tiene un público fiel que conecta con su manera de explicar las cosas. De acuerdo. Pero yo, siento decirlo, no conecto. Ahora bien, viendo *Historia de un beso* me di cuenta que mi falta de sintonía *garciana* no era necesariamente producto de diferencias generacionales. Es simplemente que sus películas son un absoluto aburrimiento disfrazado de rigor formal. Porque sí, Garci mueve la cámara con elegancia; el problema es que la mueve sobre la nada. Y, está claro, entonces lo único que ofrece son bellas postales de época. (…) Garci es una persona lista y, si se trata de camuflar la más absoluta vacuidad (¿dónde están los personajes?, ¿dónde está la pasión?, ¿dónde está el cine?), él lo hará con unos cuantos recursos ideales para *épater* al personal y dejar claro que es enciclopédica e indiscutible su cultura. *Historia de un beso* es la película más irritantemente pedante que he visto en muchos años, plena de referencias cultistas más propias de un egocéntrico que de alguien que quiere compartir ideas y hacernos gozar de su sabiduría.»[30]

Oídas todas las campanas, la verdad es que a mí la segunda película de José Luis Garci –anunció que concluiría su "Trilogía amorosa" dentro de dos años– me parece una sentida evocación de los escritores de la Generación del 98. Pero poco más. Bien ambientada e interpretada, apenas hay análisis social ni un convincente estudio de mentalidades. Hay un apunte contextual muy ligero, sobre una historia romántica poblada de personajes entrañables, eso sí, que citan a Baroja, Azorín, Galdós, Ortega…, pero que apenas transmiten vida, alma ni entusiasmo al espectador. Pero que será aplaudida eminentemente por cierto sector de gran público mayor –gente de bastante edad asistía a la proyección–, que añora aquel cine de Hollywood que tanto ama este estimado y castizo realizador (nacido hace 60 años), enamorado de Asturias, patria querida, además de "hincha" del Sporting de Gijón y del Atlético de Madrid.

Sin embargo, los clásicos de la Meca del Cine eran obras artísticas de auténtica categoría, y la presente película –con perdón– no le llega a la suela de los talones a grandes como Ford, Capra o Hawks, ni a maestros como Michael Curtiz,

Leo McCarey, Douglas Sirk o Preston Sturges, por no citar a otros honorables artesanos del cine estadounidense.

Finalmente, la Academia de las Artes y las Ciencias Cinematográficas de España se pronunció a favor de *Los lunes al sol*, del joven Fernando León de Aranoa, quedando Garci como el gran perdedor en la gala de los Goya 2003. Con todo, esperemos que el popular cineasta madrileño concluya su nueva Trilogía, de manera que vuelva a mostrarnos ese buen director que es.

Y en el actual período socialista, José Luis Garci terminaría y estrenó dos películas: la que cierra su trilogía amorosa, *Tiovivo c. 1950* (2004); y la fallida *Ninette* (2005), basada en una célebre obra escénica de Miguel Mihura.

La primera es una pieza más notable. Se trata de otro retrato nostálgico de las clases populares del Madrid de la segunda posguerra –cuando nuestro realizador era un niño–, que el escritor Juan Manuel de Prada saludó en *ABC* como una obra maestra[31]. Después, la referida Academia Española la seleccionaría –junto con *La mala educación*, de Pedro Almodóvar, y *Mar adentro*, de Alejandro Amenábar– para optar al Oscar de Hollywood a la Mejor película extranjera. (Pero al final –como veremos en el próximo capítulo– fue la de Amenábar y se llevó la preciada estatuilla).

«Corrían malos tiempos, pero vistos a distancia quizá fueran los más nuestros». Con esta frase de Manuel Alcántara, José Luis Garci resume los diversos relatos de *Tiovivo*: el del mecánico que se desvivía por su hija, el cineasta argentino que veía con tristeza la pobreza de España, el conseje de banco que no sabía cómo impresionar a su familia, la viejecita que murió de avaricia, el torero de los salones de noche, el sacerdote que se debatía entre el amor humano y su vocación, el camarero que soñaba con ser actor, el falangista que se oponía a la censura franquista, el contable que quería aprender a bailar... Todo el Madrid de los años cincuenta, que Garci cierra con el baile de *Cheek to Cheek*, como antaño hiciera con el *Begin the Beguine* de la oscarizada *Volver a empezar*.

Aun así, no quiero concluir su *Tiovivo c. 1950* y la obra garciana de estos años con las palabras de un reconocido historiador de la España contemporánea, Gabriel Cardona:

> «Quizá sólo pueda clasificarse como verdadero cine del Partido Popular al dirigido por Garci. Y, con muchos reparos. Se trata de un director sensible y sabio, que trabaja con aplicación y nunca se permitiría una gamberrada. Hace cine para las conciencias tranquilas, con filmes amables, que patinan sobre el desventurado pretérito de este país, con un mensaje claro: "Lo pasado, pasado". Como si fuera el expositor de una serie de bellas postales, tras las que no hay nada. José Luis Garci es el creador de una culta cor-

tina de humo, rebuscada, literaria, encantadora. Astuto y confortablemente reaccionario, no acaba de gustar a los aznaristas sin complejos, que siempre prefieren más marcha. Una situación tan patética que, a pesar de sus méritos y de estar galardonado con un Oscar, no convirtió a Garci en la gloria fílmica del partido sino que le entregó un programa de televisión.»[32]

No es de extrañar, por tanto, que el Gabinete Zapatero le quitara enseguida su programa televisivo "¡Qué grande es el cine!", aunque fuera alegando que José Luis Garci es un fumador compulsivo... Pero muchos cinéfilos quedaron "huérfanos".

CAPÍTULO 17
Joven Cine español

Sin embargo, antes de terminar el siglo XX, un buen grupo de directores de cine españoles post-Almodóvar estrenaron diversas películas importantes, obras que cabe integrar en la generación que desde hace años vengo denominando Joven Cine español (JCE); un movimiento cinematográfico –nacido a mitad de los años noventa– que continúa esplendorosamente en el nuevo milenio que acabamos de iniciar. De ahí que recientemente Luis G. Berlanga declarara: «La nueva generación española de cineastas es un fenómeno muy positivo» (Granada, junio de 2001).

En una primera aproximación, podríamos decir que el JCE es el gran heredero de otra corriente cinematográfica, llamada Nuevo Cine español (NCE), nacida en los años sesenta del siglo que hemos dejado; aquella "nueva ola" de la España del Desarrollo –prácticamente paralela a los nuevos cines europeos (véase capítulo 8)–, que tuvo como pionero a Carlos Saura y su película *Los golfos* (1959) como paradigma.

No obstante, el principal historiador de este "fenómeno positivo", Carlos F. Heredero, lo discutiría así:

«Lo cierto es que el relevo profesional en marcha tiene pocos parentescos con aquel Nuevo Cine Español del que salieron Carlos Saura, Basilio Martín Patino, Mario Camus, Miguel Picazo, Francisco Regueiro, Manuel Summers, Jaime Camino, Angelino Fons o Antonio Eceiza, entre algunos otros, a comienzos de los años sesenta. No estamos ahora frente a ningún "movimiento" de naturaleza programática, y mucho menos teórica; ante ninguna bandera reivindicativa de carácter estético o narrativo; ante ninguna formación generacional que se aglutine en torno a un ideario cinematográfico común, como en aquel momento pudo ser –de manera más o menos difusa– el "realismo crítico".»[33]

También puede considerarse el JCE como continuador de la generación intermedia, surgida con Víctor Erice y Manuel Gutiérrez Aragón, y del cine marginal del tardofranquismo (Emilio Martínez-Lázaro, Jaime Chávarri, Ricardo Franco, Llorenç Soler) y, si me apuran, de aquella "movida" de la Transición democrática española, que tuvo a Pedro Almodóvar, Fernando Colomo, José Luis Cuerda y Fernando Trueba como cabezas de fila. O de cineastas tan inclasificables como Montxo Armendáriz, José Luis Garci, Bigas Luna, José Luis Borau y Ventura Pons.

Los grandes pioneros del JCE fueron –son– dos cineastas vascos, antes referidos: Julio Medem (*Vacas*, 1991; *La Ardilla Roja*, 1993) y Juanma Bajo Ulloa (*Alas de mariposa*, 1991; *La madre muerta*, 1993). Ambos abrieron los cauces a otros jóvenes realizadores que llegarían después; pues este movimiento empezó a cobrar fuerza y personalidad a partir de 1995, coincidiendo también con el auge de mujeres cineastas. Y las catalanas Isabel Coixet y Rosa Vergés serían sus cabezas de fila.[34]

Hoy sus películas, con sus directores/as e intérpretes, se asoman a las pantallas comerciales y han obtenido cierto fervor del público, sobre todo joven; no tanto cuantitativa –como luego veremos, por las cifras absolutas– como cualitativamente.

Un JCE que llamaría la atención del prestigioso diario económico *The Wall Street Journal*, a finales de 1997. Este rotativo neoyorquino –que en la edición europea dedicaba su portada a nuestro movimiento cinematográfico– reseñaba el incremento de 1.300.000 espectadores con respecto al año 1996 –lo que había convertido el mercado español en uno de los de más rápido crecimiento en toda Europa–, destacando la buena marcha de la producción autóctona, aunque llamaba la atención sobre los peligros que le amenazaban: los costes y un mercado limitado (39 millones de habitantes). Y se preguntaba a continuación: «¿Qué está pasando aquí?». Respondiendo el propio editorialista:

> «Sencillamente, la industria cinematográfica ha introducido criterios de empresa, produciendo películas que, para verlas, el espectador medio está dispuesto a pagar una entrada. (9-XII-1997).»

Y añadía que, si bien las pantallas seguían dominadas por los filmes norteamericanos –con un 65 por ciento del total de las entradas vendidas en España–, las más de 90 películas producidas en 1997 habían crecido en un 26 %, alcanzando los 55.000 millones de pesetas en la taquilla.

Fue, pues, a partir de 1996 cuando se produjo un cambio de línea política en el Estado español: el conservador Partido Popular vence en las elecciones generales de marzo y, al igual que en la última etapa de sus predecesores socialistas, necesita la colaboración del partido nacionalista catalán para gobernar.

Las nuevas propuestas del PP en materia cinematográfica –al frente de la Dirección General se nombra a un reconocido especialista, el antes citado José María Otero– van más dirigidas a una mejora de la industria española, buscando una mayor rentabilidad de las películas y continúa manteniéndose la ayuda a los directores jóvenes y a las óperas primas. Este fenómeno del JCE toma un fuerte empuje en la segunda mitad de los 90.

A lo largo de la pasada década, las cifras de esta renovación generacional –con la consiguiente aparición de nuevos estilos y temáticas– son las siguientes: 140 directores debutantes firman 125 películas, en un período de siete años, con una media de 14,7% de primeras películas sobre un total de 414 filmes producidos.

Asimismo, entre 1990 y 1998 encontramos a un total de 27 mujeres directoras, las cuales únicamente suponen el 17,08% del total de 158 debutantes; pero hasta esas fechas no se había producido un fenómeno similar en España, ya que hasta la década de los 80 no habían existido más que doce mujeres cineastas (algunas de la época de la República y la Dictadura franquista, como Rosario Pi y Ana Mariscal). Un fenómeno que ha ido incrementándose en los últimos años.

De ahí que en la década de los noventa que acabamos de dejar hasta la actualidad hayan seguido incorporándose nuevos nombres en la dirección cinematográfica. Incorporaciones que se nos presentan con un abanico plural y sólido, en cuanto a las aportaciones temáticas y estilísticas, de difícil clasificación.

Aun así, los jóvenes cineastas tienen muy pocas conexiones –insisto– con la generación del NCE de los sesenta; pues los directores actuales no pertenecen a ningún movimiento –o "nueva ola"–, de reivindicación práctica ni tampoco teórica. De hecho, su formación no se adscribe a ninguna escuela oficial –inexistente a principios de los años 90–; la mayoría han recibido una educación cinematográfica a través de centros privados o mediante la práctica de la realización de cortometrajes por cuenta propia.

Este conjunto de directores noveles se ha formado dentro de la era de la electrónica, con los nuevos códigos que provienen también del cómic, la publicidad, el videoclip, las series televisivas... Todo un universo creativo sentado en pilares interdisciplinares y multiformes: del Internet a la realidad virtual, propios de la comunicación sin fronteras inscrita en el concepto de globalización que nos amenaza o –mejor dicho– nos atenaza y es "contestado" mundialmente.

Este hecho comporta dos rupturas fundamentales. Por un lado, el monopolio o la preponderancia de la literatura como vía de recuperación de historias; y, por otro, la desvinculación de ataduras sociológicas y costumbristas –cuando no subrepticiamente políticas– que se han manifestado siempre en el cine español.

La incorporación, pues, de estos jóvenes realizadores comporta un profundo cambio en las temáticas y los estilos, fruto –insisto de nuevo– tanto de su formación como del propio contexto sociopolítico en que se inscribe el JCE. La mayoría de los nuevos directores/as no superan la media de 30 años de edad, hecho que conlleva que no han vivido la Guerra Civil ni la inmediata posguerra, tampoco tienen un claro conocimiento de la experiencia de la Dictadura y la represión o falta de libertad que ésta comportó. De ahí que la muerte del general Franco les sorprendiera a la inmensa mayoría en plena adolescencia. Contexto que explica el presentismo imperante en toda su filmografía, centrada en problemáticas individualistas, sentimentales o familiares, muy propias de la juventud contemporánea.

Las temáticas actuales ofrecen, pues, una radiografía social del país más sensibilizada hacia el individuo, abandonando la perspectiva del colectivo. Al mismo tiempo, el cuestionamiento sobre el panorama social y político, con una expresa voluntad de denuncia, está en proceso de regresión; ya que sólo aparece de forma colateral o mezclada con otros elementos del cine de género. *Nadie hablará de nosotras cuando hayamos muerto* (Agustín Díaz Yanes, 1995), *A ciegas* (Daniel Calparsoro, 1997), *Barrio* (Fernando León, 1998), entre otros contados títulos que antes hemos reseñado, serían ejemplos representativos de una excepción que confirma la regla.

Esta transformación temática, centrada en el presente y en el mundo urbano y en los conflictos sentimentales propios de toda relación personal, se realiza a través de un conjunto de personajes, cuya distribución resulta sorprendente. Ofreceré unos simples datos:[35]

Las mujeres continúan teniendo una presencia minoritaria, con el 38% frente al 62 % de los hombres; teniendo en cuenta que hay un 7,8 % que son prostitutas, un 4,5% interpretan a monjas, seguidas por un 3,4 % a dependientas, 1,5 % son profesoras y otro 1,5 % empresarias. Generalmente, dentro de la filmografía española las tareas mayoritariamente desarrolladas por mujeres son amas de casa y estudiantes. Y aparecen muy pocas mujeres maltratadas, a excepción de *Solas* (Benito Zambrano, 1998), *Sólo mía* (Balaguer, 2001) y *Te doy mis ojos* (Bollaín, 2003).

Mientras que en el panorama masculino, los cifras tampoco dejan de sorprender: un 4,6 % son empresarios, frente a un 2,5 % que interpretan a parados, un 4,05 % a policías, 3,8 % son médicos y 3 % profesores, aparte de una inmensa mayoría de estudiantes, que son los personajes favoritos de los guionistas. De igual forma, la representación de la clase media o media alta ocupa un 55,45; mientras la media baja un 19,2 % y la simplemente baja un 16,2 %. Pero apenas hay sindicalistas, "okupas" ni ONGs, y muy pocos inmigrantes.

Ante estas cifras, resulta bastante clara la posición de los jóvenes cineastas, que se sienten lejos de apriorismos políticos y sociales; pero esto no implica necesariamente una postura escapista ni alejada de unos parámetros próximos a la denuncia. Películas como *El día de la bestia* (Álex de la Iglesia, 1995), *Familia* (Fernando León, 1996), *Tesis* (1996) y *Abre los ojos* (1997), ambas de Alejandro Amenábar, entre otras, poseen una mirada ética sobre aspectos propios de la sociedad contemporánea.

Son filmes originales que reflejan inquietudes y fenómenos diversos, pero relacionados entre sí; como la televisión basura, el racismo, la xenofobia, la inmigración, el paro, las drogas, el sexo por teléfono, el aborto, la tolerancia en las relaciones de pareja, la homosexualidad, los nuevos roles desarrollados por hombres y mujeres, la necesidad de bucear en los secretos de familia, la incomunicación con los padres, la soledad física o emocional...

Por eso, el referido historiador Carlos F. Heredero, sintetizó así el JCE:

«La diferencia puede estar en que, efectivamente, a la hora de "tratar un tema" (...) la inmensa mayoría de estos cineastas adopta estrategias no sociologistas, huye como de la peste de la ilustración de cualquier tesis, se aleja de resortes explicativos, abomina de las pretensiones testimoniales en primer grado, no cree para nada que el cine pueda ayudar a transformar la sociedad y, quizás como consecuencia de todo ello, puede mirar alrededor suyo con mayor amplitud.»[36]

Formados en la más absoluta pluralidad y con un claro rechazo hacia las fórmulas más propias del realismo literario y de los cánones académicos de la Transición y primeros años de la Democracia, los jóvenes realizadores buscan hacer compatible la calidad artística con la comercialidad, a través de una novedosa combinación entre los géneros habituales del modelo americano y ciertas fórmulas tradicionales del cine español, como el costumbrismo, el drama familiar o la crónica negra. Muchos de estos directores/as buscan en la producción norteamericana la vitalidad y la acción combinada con la voluntad de explicar historias, la vuelta al relato más convencional.

El crítico Jordi Costa –el primero que estableció la etiqueta de JCE– comentaba que los resultados más estimulantes ofrecidos dentro de esta tendencia habían surgido cuando los nuevos cineastas asimilaron los moldes codificados por el cine americano, para utilizarlos al servicio de un discurso personal y transformar así la cara visible y el modelo hasta ahora tradicional del cine de autor.[37]

No obstante, dentro del actual panorama estilístico, podríamos dividir a los jóvenes directores/as en dos grandes grupos: aquellos más preocupados por la dimensión estética de su cine –Julio Médem y Alejandro Amenábar, por ejemplo– y que buscan por medio de las nuevas técnicas normas creativas de carácter innovador; y otros que ponen la imagen al servicio del relato, es decir, aquellos realizadores/as menos preocupados por el trabajo de la cámara o el montaje que por la consistencia del guión y la carga dramática de la historia (que, francamente, son la mayoría).

Pero esta renovación cinematográfica no sólo cabe apreciarla en el terreno de la dirección, sino también en la introducción de jóvenes actores y actrices y de todo un grupo de nuevos guionistas y técnicos especializados (directores de fotografía, montadores, músicos, directores artísticos y de *casting*).

Entre los artistas jóvenes cabe destacar la "estrella" más emblemática del JCE, Penélope Cruz, quien junto con el *latin lover* Antonio Banderas está prácticamente instalada en USA, así como los galanes Javier Bardem y Jordi Mollá, que también han comenzado a protagonizar películas en Hollywood; seguidos por Sergi López, que triunfó antes en Francia, Carmelo Gómez, Aitana Sánchez-Gijón, Eduardo Noriega, Ariadna Gil, Fele Martínez, Candela Peña, Juan Diego Botto, Silke, Paz Vega, Ernesto Alterio, la actriz-realizadora Iciar Bollaín y un sin fin de rostros conocidos y cada día más populares.

Y entre los segundos, destacan los guionistas y ahora también directores David Trueba (*La buena vida*, *Soldados de Salamina*) y Joaquín Oristrell (*Sin vergüenza*, *Los abajo firmantes*); los operadores Flavio Martínez Labiano, Carles Gusi o el reciente Premio Nacional de Cine, Javier Aguirresarobe; los compositores Alberto Iglesias y Bingen Mendizábal; los decoradores Ion Arretxe y Satur Idarreta; los montadores Nacho Ruiz Capillas y María Elena Sainz de Rozas, por no citar más.

De ahí que el JCE de los noventa y este principio de siglo se caracterice por una eclosión de nuevos directores, de técnicos y un contingente en aumento de actrices y actores que, si bien no forman parte de ningún movimiento específico, mantienen excelentes relaciones, desprovistas de rivalidades políticas, artísticas o de planteamientos culturales excluyentes, lo cual ha permitido crear una red de colaboraciones internas que enriquecen la filmografía española, aunque más bajo el punto de vista cualitativo que cuantitativo.

Decimos expresamente cualitativo y no tanto cuantitativo, porque uno de los aspectos más negativos del JCE está precisamente en los problemas de financiación y en su difícil aceptación por parte del gran público no intelectual. Me explicaré con la apoyatura de nuevas cifras.

Desde 1994, y durante la etapa del Gobierno del PP, considerado centrista-conservador –también el PSOE se ha acercado al centro (antes fue socialdemócrata)–, entraría en vigor una doble vía de protección destinada a fomentar las películas de los nuevos cineastas, entendiendo bajo este concepto hasta el tercer film realizado. Así, las subvenciones anticipadas quedaron restringidas a las películas calificadas de "especial calidad" y para los proyectos de los nuevos realizadores, hasta un máximo de 50 millones, estableciéndose de forma alternativa: para obtener la protección automática del 33 % sobre el coste del film, la recaudación mínima en taquilla debía de ser de 20 millones, siempre en el caso de las óperas primas.

Estas medidas, por tanto, facilitaron la ayuda económica a los largometrajes de los jóvenes cineastas, y que los productores españoles apostaran por nuevos nombres: desde Andrés Vicente Gómez (impulsor de Julio Médem, Álex de la Iglesia, Fernando Trueba), pasando por Gerardo Herrero (protector de Felipe Vega, Mariano Barroso, Salvador García Ruiz), o el grupo Sogetel (productora cinematográfica de El País), hasta Fernando Colomo (Daniel Calparsoro, Iciar Bollaín, Azucena Rodríguez, Agustí Vila) y José Luis Cuerda (el *producer* de Alejandro Amenábar).

Con todo, la asistencia del público a las salas es probablemente el aspecto más contradictorio de esta renovación generacional. Pues si, por un lado, se ha roto con una determinada imagen del cine español, cuestionándose los prejuicios de los espectadores; por otro, la cifra total y relativa de asistencia a las salas no permiten que se confirme claramente como un "fenómeno positivo", al menos cuantitativamente. Si en el período anterior –entre 1984 y 1989– el número de óperas primas fue del 15,08 % y la cuota de mercado alcanzó el 14,5 %, en el período 1990-1996 aumentaron los primeros largometrajes al 24,87 % pero la cuota de mercado bajó al 10,04 %.

Esta relación es absolutamente anómala, ya que con cada porcentaje ascendente de óperas primas producidas se da un descenso de espectadores de cine español. Aun así, no cabe concluir que con la aparición de los nuevos directores/as se produce una inevitable tendencia al descenso; hay que tener en cuenta otros factores estructurales, como el hecho de que la industria cinematográfica española está sometida al abusivo control que ejercen sobre el mercado las multinacionales estadounidenses. Por ejemplo, hasta finales de junio de 1997 se habían bloqueado para su estreno comercial nada menos que 36 películas de las 103 óperas primas realizadas entre 1990 y 1996. Y los nuevos datos que ofreció el Ministerio de Educación y Cultura (ICCA) en el 2000 fueron todavía más alarmantes: la cuota de mercado del cine español había bajado del 17 al 9% con respecto al primer semestre del año anterior, con un recaudación de 2.500 millones de pesetas menos que en ese mismo período de 1999.

Ante estas cifras, poco esperanzadoras para el rendimiento en taquilla del cine español actual, se llega a una conclusión –apuntada por José Luis Borau a mitad del año 2000–: la cuota de mercado está directamente relacionada con los éxitos puntuales y aislados de algunos filmes, con independencia de que éstos estén o no realizados por jóvenes cineastas. Si en 1995 aumentó el 4,24 % fue porque alcanzaron buenos rendimientos económicos cinco películas: las citadas *Two Much* (Fernando Trueba), *La flor de mi secreto* (Pedro Almodóvar), *La pasión turca* (Vicente Aranda), *Historias del Kronen* (Montxo Armendáriz) y la coproducción hispano-cubana *Guantanamera* (Tomás Gutiérrez Alea y Juan Carlos Tabío), que sobrepasaron la cifra de 700.000 espectadores; mientras las dos únicas películas de jóvenes realizadores que llegaron al medio millón de espectadores fueron *El día de la bestia* (Álex de la Iglesia) y *Boca a boca* (Gómez Pereira). Asimismo, el aumento señalado en el primer semestre del año 99 estaba relacionado con el éxito de *Todo sobre mi madre*, la "oscarizada" película de Almodóvar que lograría los 9.000 millones de pesetas de recaudación en las pantallas occidentales.

En definitiva, queda claro que no ha aumentado considerablemente el número de espectadores del cine español, pero sí ha variado sustancialmente la radiografía social del público interesado por las películas autóctonas.

De ahí que se pueda pensar que la incorporación de nuevos directores/as, con la consiguiente renovación de temáticas y estilos, ha facilitado la captación de una generación de público joven, con mucho menos prejuicio sobre la cinematografía nacional –antes la gente sencilla calificaba a las producciones autóctonas "españoladas"– que en épocas anteriores.

La corriente cinematográfica iniciada a finales del siglo XX, que se asoma al nuevo milenio con la esperanza de consolidar una renovación estética y temática –la cual estamos acuñando con el término de Joven Cine español–, viene a ser un reflejo de las inquietudes y los problemas de la sociedad de nuestros días. Ahora falta que el público responda tan bien en taquilla; como, por ejemplo, han respondido con las nuevas producciones de Santiago Segura, *Torrente 2. Misión en Marbella* (2001) –aunque éste se trate de un fenómeno más sociológico que artístico–, y de Javier Fesser, *La gran aventura de Mortadelo y Filemón* (2003), que han alcanzado la friolera cifra de 22.142.173 euros y 22.843.006 euros, respectivamente.

Asimismo, esta corriente ha contribuido a que cambie el concepto de cine español actual; cambio que se orienta hacia el intento de ofrecer películas que combinen la calidad y la comercialidad –al igual que en el resto de Europa–, pues los jóvenes cineastas españoles buscan el difícil equilibrio entre la atrayente narración de historias y el impacto visual.

Esta voluntad de expresión por parte de los nuevos realizadores/as, surgida desde una óptica circunscrita a la realidad en que se desarrolla, entiende no sólo

Lucía Bosé y Alberto Closas, en Muerte de un ciclista *(1955). Abajo, una fotografía promocional de la película.*

A la derecha, una escena de Calle Mayor *(1956), de J. A. Bardem.*

Bajo estas líneas, plano de El último cuplé *(1957), de Juan de Orduña.*

Sobre estas líneas, Manuel Alexandre, Cassen y Alfredo Landa en una escena de Atraco a las tres *(1962), de José María Forqué.*

A la izquierda, Fernando Rey en Viridiana *(1961), de Luis Buñuel.*

A la derecha, Luis García Berlanga durante el rodaje de El verdugo *(1963).*

Del rosa al amarillo (1963), de Manuel Summers.

Sobre estas líneas, Aurora Bautista y Carlos Estrada, en La tía Tula *(1964).*

A la izquierda, Irene Gutiérrez Caba en una escena de Tiempo de amor *(1964).*

Nueve cartas a Berta *(1965), de Basilio Martín Patino.*

Bajo estas líneas, Teresa Gimpera en Fata Morgana *(1965).*

Arriba, una escena de La caza *(1965), de Carlos Saura.*

Serena Vergano, protagonista de Noche de vino tinto *(1966).*

Plano de Dante no es únicamente severo *(1967), de Jacinto Esteva.*

Abajo, una escena de La prima Angélica *(1973), de Carlos Saura.*

Arriba, Ana Torrent *en una escena de* El espíritu de la colmena *(1973), de Víctor Erice.*

Sobre estas líneas, Fiorella Faltoyano y José Sacristán en Asignatura pendiente *(1977), de José Luis Garci.*

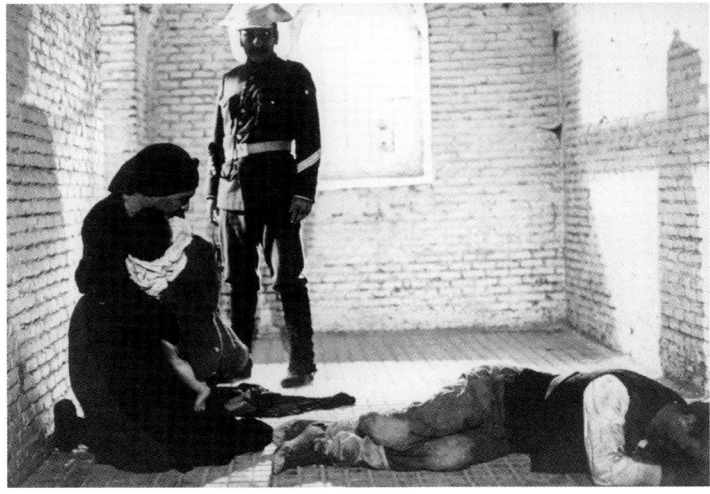

A la izquierda, El crimen de Cuenca *(1979), de Pilar Miró.*

Alfredo Landa en una escena de El crack *(1981), de José Luis Garci.*

A la derecha, Volver a empezar *(1982), el Oscar de José Luis Garci.*

Concha Velasco y José Sacristán en La colmena *(1982), de Mario Camus.*

Sobre estas líneas, una escena de La mitad del cielo *(1986), de Manuel Gutiérrez Aragón.*

El reparto de Mujeres al borde de un ataque de nervios *(1988), de Pedro Almodóvar.*

A la izquierda, Carmelo Gómez en una escena de Vacas (1991), *de Julio Medem.*

Bajo estas líneas, Emma Suárez en La ardilla roja (1992), *también de Medem.*

Arriba, Jorge Sanz y Maribel Verdú en una escena de Amantes *(1991)*, de Vicente Aranda.

A la izquierda, Vicente Aranda y Victoria Abril durante el rodaje de Intruso *(1993)*.

Pedro Almodóvar con los intérpretes principales de La flor de mi secreto *(1995).*

A la derecha, Fele Martínez, Eduardo Noriega y Ana Torrent en Tesis *(1995), de Alejandro Amenábar.*

Aitana Sánchez-Gijón en La camarera del Titanic *(1996), de Bigas Luna.*

A la izquierda, Fernando Fernán Gómez en El abuelo *(1998), de José Luis Garci.*

Bajo estas líneas, Antonio Giménez-Rico, Miguel Delibes y Teo Escamilla, durante el rodaje de Las ratas *(1997).*

Arriba, Loles León, Penélope Cruz y Rosa María Sardá en una escena de La niña de tus ojos *(1998), de Fernando Trueba.*

A la derecha, Javier Bardem en Mar adentro *(2004), de Alejandro Amenábar.*

el cine como medio artístico y de comunicación, sino también como retrato y crítica implícita de cuestiones vinculadas al momento en que se producen. *Las razones de mis amigos*, de Gerardo Herrero, o *El Bola*, de Achero Mañas (ambas del año 2000), son una clara muestra de ello.

El JCE se alimenta y desarrolla de forma paralela al contexto social. Los fenómenos sociales son, pues, la principal fuente de inspiración de las nuevas temáticas, las cuales están protagonizadas por nuevos agentes sociales.

Y de acuerdo con la época democrática que goza nuestro país –a pesar de la economía de mercado y el consumismo que envuelve a los ciudadanos españoles–, la crítica al régimen es casi impracticable. De hecho, en la actualidad, apenas se encuentran filmes que cuestionen el sistema político; ya que, en estos años de estabilidad, los conflictos que se generan no son producto de un descontento con un sistema poco participativo o solidario, sino, más bien, con las problemáticas que surgen dentro de todo marco democrático.

Esto coincide con la tendencia europea de explicar relatos próximos al entorno social, dentro de los diferentes géneros. Y por razones de productividad, los filmes y autores procuran fusionarse con las nuevas formas estilísticas más propias de la tradición del cine de Hollywood.

El JCE, además, posee un *handicap* que no ha podido superar: aparte de que nuestras pantallas están ocupadas por las producciones de las multinacionales USA, generalmente las películas españolas se estrenan en fechas adversas, lo cual dificulta su permanencia en cartel. Si a eso le añadimos la competencia y mayor aceptación del cine norteamericano, así como la falta de promoción publicitaria de los filmes nacionales –con campañas que se reducen a los medios de comunicación escritos–, nos explicaremos su escasa rentabilidad. Y cuando se da un gran éxito en la taquilla, se circunscribe a títulos de directores populares y reconocidos por el gran público o los cinéfilos (léase Álex de la Iglesia y Santiago Segura o, más primordialmente, Fernando León de Aranoa y Alejandro Amenábar, que han triunfado con *Los lunes al sol* y *Los Otros*); junto a cineastas de la generación precedente, como Almodóvar, Garci, José Luis Cuerda y Montxo Armendáriz.

En este orden de cosas, cabría señalar diversas constantes que he observado en el cine español actual. En mi opinión, son las siguientes: frescura, originalidad, temas cotidianos, sencillez, conexión con las situaciones y los sentimientos de la generación joven, espontaneidad formal, cierta amoralidad, ausencia de intereses políticos y pluralidad ideológica.

Por eso, Javier Fesser –uno de los representantes del JCE– manifestó en el Festival de Locarno '99:

«Somos un grupo de gente que estamos haciendo cine tratando de contar historias. No hacemos películas creyendo que vamos a salvar la humanidad con ellas.»

De ahí que el cronista de la revista *Cahiers du Cinéma* calificara a su film *El milagro de P. Tinto* (1998) como una «una muestra del vigor del último cine español, el más interesante, vivo e inquieto de Europa». Movimiento fílmico que obtendría el reconocimiento internacional con el galardón obtenido por uno de sus máximos representantes, como comentaremos a continuación.

En efecto, Alejandro Amenábar es el cineasta de moda. Ganador del Oscar de Hollywood al Mejor film de habla no inglesa y del Globo de Oro por *Mar adentro* (2004), este filme consiguió también los principales Goyas de la Academia Española, después de ganar dos premios en la *Mostra* de Venecia y sendos más de la Academia Europea del Cine, entre otros galardones nacionales e internacionales.

Famoso por sus tres largometrajes anteriores (*Tesis*, 1995; *Abre los ojos*, 1997; *Los Otros*, 2001), si algo destaca en la obra cinematográfica de este joven realizador español (nacido en Santiago de Chile en 1972, pero educado en Madrid) es la presencia constante, casi obsesiva, de la muerte. «La muerte es un tema recurrente en mis películas, pero si *The Others* era una visión de la familia desde el lado oscuro, desde la muerte, *Mar adentro* es una visión desde la vida, desde lo cotidiano, lo natural, desde un lado muy luminoso», manifestó.

Su cuarta película, la polémica *Mar adentro*, supone una vuelta de tuerca más en esa obsesión por controlar todos los aspectos de la realidad. La muerte es presentada aquí como parte de la vida, como algo sobre lo que se puede decidir y es elegida por Ramón Sampedro porque dice le hace más libre; cosa que –como escribe el filósofo Juan Pablo Serra– «es falsa, porque eso sólo le haría más autónomo, en su caso, para decidir que su vida *no es digna*, cuando en realidad la dignidad es algo que se posee y no que se decide. Pero es que la primera premisa –la muerte como parte de la vida– también es falsa, pues ya nos enseñó Wittgenstein en su *Tractatus* que la muerte *no es* un acontecimiento de la vida, *nadie vive de la muerte*».

Sin embargo, Amenábar afirma que «*Mar adentro* es o pretende ser, ante todo, un viaje a la vida y a la muerte. Un viaje a Galicia, al mar y al mundo interior de Ramón Sampedro». Lo que sí es verdad es que el tetrapléjico gallego ha sido encarnado de forma creíble por ese genial actor que se llama Javier Bardem –quien logra la mejor interpretación de su carrera–, con una gran carga emotiva y un rol lleno de simpatía desbordante; lo cual mitifica a una persona que, tras 28 años de enfermedad irreversible, buscó ayuda para acabar con su vida.

No nos corresponde aquí juzgar –en su día tampoco lo hizo la judicatura española– la decisión tomada por Ramón Sampedro. Y tampoco dictaminar aquí todos los aspectos éticos de su acto, ni los que tienen que ver con la dimensión trascendente de la vida y de la muerte. No obstante, como dijo un médico especialista, «no se trataba de eutanasia –si se entiende ésta en el sentido de precipitar el fin de la existencia para evitar sufrimientos–, sino de un suicidio asistido». (Poco después del estreno aparecería la amiga que le acercó el cianuro).

Aun así, hay que consignar la imagen atractiva que Alejandro Amenábar ha querido dar a su protagonista; pues no aparece como una persona sufriente que decide morir, sino como un ser alegre, sereno, "conquistador"..., enfrentado a la Justicia de toga, antipática e intransigente, y a una Iglesia autoritaria, que caricaturiza con un discurso casi surrealista. Pienso que esta postura creadora no beneficia a su tesis.

Asimismo, tampoco le beneficia el tono lacrimógeno con que concibe algunas escenas, llenas de emotividad y lirismo –convenientemente distribuidas a lo largo del relato–, que tienen un claro efecto en el ánimo del espectador. Un público que se siente arrastrado por las bellas imágenes de los escenarios naturales de Galicia –con impresionantes *travellings* aéreos– y la honda humanidad de los personajes, todos demasiado perfectos.

En este sentido, el mismo Amenábar reconoció su manipulación artística:

«Por motivos dramáticos, y para condensar en esas dos horas lo que fue la experiencia de Ramón, han aparecido personajes y han desaparecido otros. El personaje de Julia, por ejemplo, es un compendio de varias mujeres. Una de las cosas que más me sorprendió de Ramón es que se decía que tenía un harén de mujeres a su alrededor. Julia resume a las mujeres que se enamoraron de él cuando ya estaba tetrapléjico. Por otro lado, el sobrino, Javi, tiene que ver con el sobrino real, pero le hemos incorporado experiencias de las sobrinas. Esos cambios permiten que la narración sea más fluida y más efectiva.»

Mar adentro, sin duda, posee gran perfección formal, además de una partitura envolvente –música escrita por el propio Amenábar–, con una canción de Luz Casal que pretende transmitir un mensaje de vida y optimismo. Estamos, por tanto, ante una obra de notable categoría estética, no exenta de efectismos, que contiene un canto a la vida y también a la muerte. Sobre este último aspecto, Alejandro Amenábar se pronunciaría así: «Yo creo que sí hay un posicionamiento en la película, pero hemos querido que estén reflejadas las dos opciones. Pero yo sí, yo estoy a favor. Yo puedo entender a Ramón y me pongo a su lado». A tal fin, el realizador madrileño ha concebido una entrevista inventada entre un jesuita ficticio y Ramón Sampedro, que por maniquea resta credibilidad a su argumentación.

Obviamente, los más afectados son los propios tetrapléjicos que luchan por seguir viviendo, y todos aquellos que se ven limitados por una enfermedad irreversible, porque el film les transmite –a ellos y a quienes les cuidan– que la eutanasia puede ser una salida adecuada al sufrimiento que muchos sobrellevan con fortaleza.

Con todo, el público se lanzaría a ver la película. Y cuando por su dura temática, *Mar adentro* tendría que haber sido minoritaria, los autores consiguieron hacerla tremendamente comercial a base de soslayar el sufrimiento y manipular hábilmente la historia real. Mientras Amenábar, sacrificando el rigor, se justificaba diciendo: «Quería hacer un film de los que llegan al corazón de la gente». En efecto, incluso cautivaría a los miembros de la Academia de Hollywood.

No obstante, otros realizadores jóvenes se decantarían por la comedia, un género en auge en el JCE. Cerraré este último capítulo con el comentario crítico de la película de uno de estos nuevos autores: Gustavo Ron.

De original cabría calificar a *Mía Sarah* (2006), la insólita ópera prima de un realizador, que debuta en el largometraje con una propuesta audaz, contracorriente en el cine español actual. Es más, este primer largometraje destila poesía, surrealismo y magia, valores bastante ausentes en las pantallas de la generación fílmica del nuevo siglo.

Nacido en Madrid (1972), pero formado en Barcelona, Ron se licenció en Producción, Guión y Dirección en la famosa London International Film School hace una década. Allí aprendió el oficio –pues llevaba celuloide en la sangre– y comenzó a colaborar en tareas de producción y guión en películas españolas, francesas, alemanas y norteamericanas. Al mismo tiempo, realizó tres cortometrajes: *Confuso* (1996), *Mi tipo de chica* (1997) y *Por un beso* (1998), que ya demostraron su valía como autor. Después, entre otros trabajos –ya que cultiva también la composición musical y la poesía–, llegaría la dirección del documental *Venancio Blanco, el Vihuelista de Navalcarnero* (2004), hasta que consiguió la confianza de dos productores gallegos: Andrés Barbé (Formato) y Julio Fernández (Filmax). Y en el año 2005 se lanzaría finalmente al plató.

Me ha sorprendido muy positivamente este film. En primer lugar, por su tono optimista –el público sale feliz de la sala–, donde un sano pero no ingenuo sentido del humor preside todo el relato. Seguidamente, por su cuidada puesta en escena. Gustavo Ron sabe hacer cine de veras; compone las escenas con sumo cuidado y gran sensibilidad artística, además de lograr secuencias de enorme emotividad sin caer en el sentimentalismo ni en la concesión a la galería. Sobrio pero estimulante, divertido y lírico a la vez, este joven cineasta ha escrito con Edmon Roch un guión donde no sobra ni falta un plano, con unos diálogos bien medidos –cosa poco habitual en el cine español–, con una banda sonora de excepción y un diseño de producción –la ambientación y el vestuario también son de primera–, que se concreta en una planificación en cinemascope donde el colorido asimismo tiene un sentido dramático y hasta simbólico.

Pero la película no se queda en la mera estética; va muchos más allá. Veamos, si no, cómo la valoraría el exigente crítico Jerónimo José Martín, presidente del Círculo de Escritores Cinematográficos (CEC) y profesor de la ECAM:

«Cuesta un poco entrar en el audaz realismo mágico que propone Gustavo Ron. Pero, una vez dentro, se disfruta con pasión, tanto por su factura como por su fondo. Este último desarrolla un atractivo entramado de amores generosos, sutilmente abiertos a la trascendencia y cimentados en el respeto hacia la íntegra dignidad de los demás, sin reduccionismos hedonistas. Esto se articula en un guión abigarrado y en un riguroso trabajo de Ron como director de cámara y de actores. En la primera faceta, destaca su planificación esmerada y sustancial, en la que saca partido a la dirección artística, la fotografía y la música, todas ellas de alta calidad. Y, en cuanto a los actores, resultan especialmente chispeantes Diana Palazón, el joven Manuel Lozano y los inmensos Fernando Fernán Gómez y Phyllipa Law. Pero quizá el mérito mayor lo tiene Verónica Sánchez y Daniel Guzmán, que llenan de autenticidad su descarada trama romántica.»

Rodada en Coruña, Betanzos y Londres, *Mía Sarah* posee reminiscencias de viejos maestros, como Ernst Lubitsch, Frank Capra, Leo McCarey, Vittorio de Sica, Gene Kelly & Stanley Donen (*Cantando bajo la lluvia*), o de jóvenes como Alfonso Cuarón (*La princesita*), aunque con la personalidad propia de su autor. Un cineasta que está también genial –como ha quedado evidenciado por el comentario de mi colega– en la dirección de sus intérpretes, todos en "estado de gracia"; pues, desde la referida pareja protagonista, el simpático Daniel Guzmán y la encantadora Verónica Sánchez (muy a lo *Amélie*), hasta el magistral Fernán Gómez –me consta le gustó mucho el guión y por eso aceptó ese importante papel secundario (que obtuvo el Premio del CEC)–, nada chirría en el brillante reparto. Constatemos la voluntad de expresión de su joven autor:

«*Mía Sarah* es un homenaje a todos los que en algún momento de su vida han sentido la necesidad de contar sus historias, y lo han hecho; un homenaje al espíritu de los grandes abuelos que siempre tenían una historia original en su manga; un homenaje a los hombres y mujeres de espíritu burlón, aquellos que caminan por la vida de la mano del sentido del humor. Pero *Mía Sarah* es, sobre todo, una película dedicada a todos aquellos capaces de superar cualquier obstáculo para conseguir lo que aman.»

De ahí que el giro narrativo y la sorpresa final –no entendida por algunos críticos, quienes la han tachado de "blanca" y que no presenta ningún "malo"– hagan de *Mia Sarah* una de las películas más innovadoras y atrevidas de ese JCE del que tanto estamos necesitados para una renovación de nuestras pantallas comerciales. De momento, apuntemos su nombre: Gustavo Ron, ya que su ópera prima ha sido seleccionada para los festivales de Berlín, Mar del Plata, Manchester, Guadalajara (México), Tubingen, Amsterdam, Karlovy-Vary, Montreal, Río de Janeiro y San Francisco.

Estamos, por tanto, ante la esperanza de los jóvenes. Los nuevos aires de la Academia del Cine Español[38] –ahora presidida por Ángeles González-Sinde– así lo confirman.

FILMOGRAFÍA

Clave de abreviaturas.- P.: producción. Pr.: productor. D.: director. A.: argumento. Adapt.: adaptación. G.: guión. F.: fotografía. M.: música. Dec.: decorados. Vest.: vestuario. Mont.: montaje. Int.: intérpretes. min.: minutos.

1976

Asignatura pendiente. P.: José Luis Tafur P. C. D.: José Luis Garci. A. y G.: José Luis Garci y José María González Sinde. F.: Manuel Rojas. M.: Jesús Gluck, sobre temas de Thedorakis, Presley, Guthrie, Lynes, de la Calva y Arcusa. Mont.: Miguel González Sinde. Int.: José Sacristán, Fiorella Faltoyano, Antonio Gamero, Silvia Tortosa, Simón Andreu, Héctor Alterio, Covadonga Cadenas, Berta y Micaela Fraguas, María Casanova. Color - 109 min.

La ciutat cremada / La ciudad quemada. P.: Leo Films-P. C. Teide. D.: Antoni Ribas. A. y G.: Miquel Sanz y Antoni Ribas. F.: Teo Escamilla. M.: Manuel Valls Gorina. Dec.: José Massagué y Jordi Berenguer. Mont.: Ramon Quadreny. Int.: Xabier Elorriaga, Ángela Molina, Pau Garsaball, Jeannine Mestre, Montserrat Salvador, Francesc Casares, Adolfo Marsillach, José Luis López Vázquez, Ovidi Montllor, José Vivó, Núria Espert, Joan Manuel Serrat, Teresa Gimpera, Alfred Luchetti, Mary Santpere, Iván Tubau, Patty Shepard, Rafael Anglada. Color - 156 min.

Colorín, colorado. P.: Eco-Luis Megino. D.: José Luis García Sánchez. A. y G.: Juan Miguel Lamet. F.: Magí Torruella. M.: Víctor Manuel. Mont.: Eduardo Biurrun. Int.: José Sazatornil "Saza", Mary Carrillo, Teresa Rabal, Juan Diego, Fiorella Faltoyano, Antonio Gamero, María Massip. Color - 91 min.

El desencanto. P.: Elías Querejeta P. C. D.: Jaime Chávarri. A. y G.: Jaime Chávarri. F.: Teo Escamilla. M.: Franz Schubert. Mont.: José Salcedo. Int.: Felicidad Blanc, Leopoldo Panero, Juan Luis Panero, Moisés Panero. Blanco y negro - 97 min.

Las largas vacaciones del 36. P.: José Frade P. C. D.: Jaime Camino. A.: Jaime Camino. G.: Manuel Gutiérrez Aragón y Jaime Camino. F.: Fernando Arribas. M.: Xavier Montsalvatge. Mont.: Teresa Alcocer. Int.: Analía Gadé, Concha Velasco, Ismael Merlo, Ángela Molina, José Sacristán, Francisco Rabal, José Vivó, Charo Soriano, Vicente Parra. Color - 103 min.

Perros callejeros. P.: Profilms S. A.-Films Zodíaco. D.: José Antonio de la Loma. A. y G.: José Antonio de la Loma. F.: Francisco Sánchez. M.: Cam Española. Dec.: Ramón Ivars. Int.: Ángel Fernández, Miguel Hugal, Rocío Siska, Jesús Miguel Martínez, Víctor Petit, Frank Braña, César Sánchez. Color - 110 min.

1977

Caudillo. P.: Retasa P. C. D.: Basilio Martín Patino. A.: basado en la biografía de Francisco Franco Bahamonde. G.: Basilio Martín Patino. F.: Alfredo F. Mayo e imágenes de archivo. M.: canciones de la época y adaptaciones de Saeger, Heiler y Heden. Mont.: José Luis Peláez y Basilio Martín Patino. Int.: Francisco Franco y otros personajes históricos. Documental. Blanco y negro/Color - 109 min.

Los días del pasado. P.: Impala S. A. D.: Mario Camus. A. y G.: Mario Camús y Antonio Betancor. F.: Hans Burmann. M.: Antón García Abril. Dec.: Rafael Palmero. Mont.: Javier Morán. Int.: Marisol, Antonio Gades, Gustavo Berges, Antonio Iranzo, Fernando Sánchez Polack, Saturno Cerra, Juan Sala. Color - 116 min.

Elisa, vida mía. P.: Elías Querejeta P. C. D.: Carlos Saura. A. y G.: Carlos Saura. F.: Teo Escamilla. M.: Erik Satie, J. Philippe Rameau y anónimo del s. XV. Dec.: Antonio Belizón. Mont.: Pablo G. del Amo. Int.: Geraldine Chaplin, Fernando Rey, Isabel Mestres, Norman Briski, Joaquín Hinojosa, Ana Torrent. Color - 125 min.

La escopeta nacional. P.: Incine. D.: Luis G. Berlanga. A. y G.: Luis G. Berlanga y Rafael Azcona. F.: Carlos Suárez. Dec.: Rafael Palmero. Mont.: José Luis Matesanz. Int.: José Sazatornil "Saza", José Luis López Vázquez, Mónica Randall, Bárbara Rey, Maribel Ayuso, Conchita Montes, Antonio Ferrandis, Agustín González, Rafael Alonso, Luis Escobar, Rosanna Yanni, Andrés Mejuto. Color - 95 min.

La guerra de papá. P.: José Frade P. C. D.: Antonio Mercero. A.: basado en la novela de Miguel Delibes, *El príncipe destronado*. G.: Horacio Valcárcel y Antonio Mercero. F.: Manuel Rojas. M.: Phonorecord. Int.: Héctor Alterio, Lolo García, Teresa Gimpera, Queta Claver, Eugenio Chacón, Verónica Forqué, María Isbert, Vicente Parra, Fernando Chinarro, Beatriz Díez. Color - 97 min.

El puente. P.: Arte 7. D.: Juan Antonio Bardem. A.: según unos relatos de Daniel Sueiro. G.: Juan Antonio Bardem, Daniel Sueiro y Javier Palmero. F.: José Luis Alcaine. M.: José Nieto. Dec.: Wolfgang Burmann. Mont.: Eduardo Biurrun. Int.: Alfredo Landa, Simón Andreu, Josele Román, Victoria Abril, Francisco Algora, Mabel Escaño, Germán Cobos, Yelena Samarina. Color - 108 min.

Raza, el espíritu de Franco. P.: Septiembre P. C. Pr.: Gonzalo Herralde. D.: Gonzalo Herralde. A. y G.: Gonzalo Herralde y Román Gubern. F.: Tomás Pladevall y Enrique Guerner. M.: Manuel Parada. Int.: Pilar Franco Bahamonde y Alfredo Mayo. Blanco y negro/Color - 96 min.

Los restos del naufragio. P.: Aura-Incine-Monvel. D.: Ricardo Franco. A. y G.: Ricardo Franco. F.: Cecilio Paniagua. M.: David C. Thomas. Int.: Ricardo Franco, Ángela Molina, Fernando Fernán Gómez, Felicidad Blanc, Alfredo Mayo, Luis Ciges. Color - 100 min.

Tigres de papel. P.: La Salamandra P. C. D.: Fernando Colomo. A. y G.: Fernando Colomo. F.: Ángel Luis Fernández. M.: Tomaso Albinoni. Mont.: Miguel Ángel Santamaría. Int.: Miguel Arribas, Carmen Maura, Joaquín Hinojosa, Emma Cohen, Félix Rotaeta, Concha Gregori, Juan Lombardero, Amera Pastor, Guillermo Vallejo. Color - 93 min.

Las truchas. P.: Arándano. D.: José Luis García Sánchez. A.: José Luis García Sánchez. G.: Manuel Gutiérrez Aragón, José Luis García Sánchez y Luis Megino. F.: Magí Torruella. Música: Víctor Manuel. Mont.: Eduardo Biurrun. Intérpretes: Héctor Alterio, María Elena Flores, Roberto Font, Juan Jesús Valverde, José María Riera, Raúl Pazos, Yelena Samarina, Mary Carrillo. Color - 104 min.

La vieja memoria. P.: Profilmes. D.: Jaime Camino. A. y G.: Jaime Camino y Román Gubern. F.: Teo Escamilla, José Luis Sánchez, Francisco Sánchez e imágenes de archivo. M.: Xavier Montsalvatge. Mont.: Teresa Alcocer. Int.: Diego Abad de Santillán, Jaume Miravitlles, Eduardo de Guzmán, José María Gil Robles, Dolores Ibárruri, Raimundo Fernando Cuesta, Josep Tarradellas y otros personajes históricos. Documental. Blanco y negro/Color - 175 min.

1978

Bilbao. P.: Fígaro Films-Ona Films. Pr.: Pepón Coromina. D.: Bigas Luna. A. y G.: José Juan Bigas Luna. F.: Pedro Aznar. M.: Iceberg. Int.: María Martín, Àngel Jové, Isabel Pisano, Francisco Falcón, Pepita Monell, Jordi Torras, Marta Molins, Pep Castelló, Luis Plana, Clara Vergés, Betty Bigas Turá. Color - 86 min.

Un hombre llamado "Flor de Otoño". P.: José Frade P. C. D.: Pedro Olea. A.: José María Rodríguez Méndez y Rafael Azcona. G.: Pedro Olea y Rafael Azcona. F.: Fernando Arribas. M.: Carmelo Bernaola. Dec.: Antonio Cortés. Mont.: José Antonio Rojo. Int.: José Sacristán, Francisco Algora, Félix

Dafauce, Luis Ciges, María Álvarez, Carme Carbonell, María Elena Flores, Roberto Camardiel, Mimí Muñoz. Color - 106 min.

Ocaña, retrato intermitente. P.: P. C. Teide-Procesa. D.: Ventura Pons. A. y G.: Ventura Pons.F.: Lucho Poirot de la Torre. M.: Aureli Villa. Dec.: Miquel Sanchís. Mont.: Emilio Rodríguez y Velerie Sarmiento. Int.: José Pérez Ocaña, Camilo Cordero, Guillermo Nazaré, Paco de Alcoy. Color - 85 min.

L'orgia/La orgía. P.: Prozesa. Pr.: J. A. Pérez Giner. D.: Francesc Bellmunt. G.: Juanjo Puigcorbé y Francesc Bellmunt. F.: Tomàs Pladevall. Mont.: Anastasi Rinos. Int.: Juanjo Puigcorbé, Alícia Orozco, Francesc Albiol, Ricard Borràs, Mercè Molina, Josep María Loperena, Vicky Peña, Assumpta Serna, Carme Elias, Sílvia Munt. Color - 120 min.

Las palabras de Max. P.: Elías Querejeta P. C. D.: Emilio Martínez-Lázaro. A. y G.: Elías Querejeta y Emilio Martínez Lázaro. F.: Teo Escamilla. M.: Luis de Pablo. Dec.: Antonio Belizón. Mont.: Pablo G. del Amo. Int.: Ignacio Fernández, Myriam de Maeztu, Cecilia Villarreal, Gracia Querejeta, Héctor Alterio, María de la Riva, Raúl Sender. Color - 90 min.

Por qué perdimos la guerra. P.: Eguiluz Films-Luis Galindo. D.: Diego Santillán y Luis Galindo. G.: Diego Santillán. F.: Julio Bragada e imágenes de archivo. M. Mario Litwin y canciones populares. Mont.: José María García. Int.: Diego Abad de Santillán, Eduardo de Guzmán, Claudio Sánchez Albornoz, Julián Gorkin, Vicente Guarner, José Prat, Valentín Gómez "El Campesino", Josep Tarradellas, Rafael Alberti, Víctor Alba y otros personajes históricos. Blanco y negro/Color - 90 min.

Sonámbulos. P.: Profilmes. D.: Manuel Gutiérrez Aragón. A. y G.: Manuel Gutiérrez Aragón. F.: Teo Escamilla. M.: José Nieto. Mont.: José Salcedo. Int.: Ana Belén, María Rosa Salgado, Norman Brisky, Javier Delgado, José Luis Gómez, Lola Gaos, Laly Soldevila, Enriqueta Carballeira, José Manuel Cervino, Félix Rotaeta. Color - 96 min.

1979

Arrebato. P.: N. A. P. C. Pr.: Augusto M. Torres. D.: Iván Zulueta. G.: Iván Zulueta. F.: Ángel Luis Fernández. M.: Grupo Negativo e Iván Zulueta. Int.: Eusebio Poncela, Cecilia Roth, Wil-More, Marta Fernández-Muro, Carmen Giralt, Javi Ulacia, Luis Ciges. Color - 105 min.

Companys, procés a Catalunya / Companys, proceso a Cataluña. P.: P. C. Teide-La Llanterna Films-Prozesa. D.: Josep María Forn. A.: Ferran Llagostera, Antoni Freixas y Josep María Forn, basado en hechos históricos. G.: Antonio Freixas y Josep María Forn. F.: Cecilio Paniagua. M.: Manuel Valls Gorina. Dec.: Josep María Segarra y Josep M. Espada. Mont.: Emilio Rodríguez. Int.: Luis Iriondo, Marta Angelat, Montserrat Carulla, Xabier Elorriaga, Ovidi Montllor, Marta May, Pau Garsaball, Agustín González, Alfred Luchetti, Carles Velat, Jordi Serrat, Biel Moll, Color - 125 min.

El corazón del bosque. P.: Arándano. D.: Manuel Gutiérrez Aragón. A. y G.: Manuel Gutiérrez Aragón y Luis Megino. F.: Teo Escamilla. M.: Jaime Robles, Jesús Oriola, Pedro González y Vicente Martínez. Dec.: Félix Murcia. Mont.: José Salcedo. Int.: Norman Brisky, Ángela Molina, Luis Politti, Víctor Valverde, Santiago Ramos, Margarita Mas, Julio César Acera, Enesto Martín, Julián Navarro, Luis Pastor. Color - 108 min.

El crimen de Cuenca. P.: Incine-Jef Films. D.: Pilar Miró. A.: Juan Antonio Porto, basado en hechos reales. G.: Salvador Maldonado y Pilar Miró. F.: Hans Burmann. M.: Antón Garcpia Abril. Dec.: Fernando Sáenz. Mont.: José Luis Matesanz. Int.: Amparo Soler Leal, Héctor Alterio, Daniel Dicenta, Fernando Rey, José Manuel Cervino, Mary Carrillo, Francisco Casares, Eduardo Calvo, José Vivó, Félix Rotaeta, Pedro del Río. Color - 91 min.

Los fieles sirvientes. P.: Ogro Films-Imago-Cop. Nou. D.: Francesc Betriu. A.: Benet Rosell, Gustau Hernández y Francesc Betriu. G.: Gustau Hernández y Francesc Betriu. F.: Raúl Artigot. M.: Albert Sardà. Dec.: Ramon Ivars y Josep Rosell. Mont.: Margarida Bernet. Int.: Amparo Soler Leal, Francisco Algora, María Isbert, José Vivó, Pilar Bayona, Paloma Hurtado. Color - 102 min.

Ópera prima. P.: La Salamandra P. C. (España)/Les Films Molière (Francia). D.: Fernando Trueba. A. y G.: Fernando Trueba y Óscar Ladoire. F.: Ángel Luis Fernández. M.: Fernando Ember. Dec.:

Fernando Colombo. Mont.: Miguel Ángel Santamaría. Int.: Óscar Ladoire, Paula Molina, Antonio Resines, Marisa Paredes, Luis González Regueral, Kiti Manver, David Thomson. Color - 95 min.

Operación Ogro. P.: Sabre Films (España)/Vides Cinematografica (Italia)/Actions Films (Francia). Pr.: José Sámano. D.: Gillo Pontecorvo. A.: basado en hechos reales. G.: Ugo Pirro, Giorgio Arlario y Gillo Pontecorvo. F.: Marcello Gatti. M.: Ennio Morricone. Int.: José Sacristán, Ángela Molina, Gian María Volonté, Eusebio Poncela, Severio Marconi, Georges Staquet, Nicole García, Fedor Atkins. Color - 103 min.

El proceso de Burgos. P.: Cobra Films-Irrintzi Zinema. D.: Imanol Uribe. A.: basado en un hecho histórico. G.: Imanol Uribe. F.: Javier Aguirresarobe. M.: Hibai Rekondo. Mont.: Julio Peña. Int.: los 16 inculpados de ETA, en el sumario 31/69 del proceso de Burgos y algunos de sus abogados. Documental. Color - 134 min.

La quinta del porro. P.: Procoba Films 80. D.: Francesc Bellmunt. A. y G.: Miquel Sanz, Juanjo Puigcorbé, Arnau Viladerbó, R. L. Picón y Francesc Bellmunt. F.: Joan Minguell. M.: Josep María Duran. Dec.: Ramon Pou. Mont.: Ramon Quadreny. Int.: Álvaro de Luna, Joan Borrás, Pep Munné, Juan Manuel Montesinos, Carme Pérez, Assumpta Almirall, Ricard Borràs, Arnau Viladerbó, Fernando Rubio. Color - 111 min.

La Sabina. P.: El Imán (España)/Svenka Filmindustri (Suecia). Pr.: José Luis Borau. D.: José Luis Borau. A. y G.: José Luis Borau. F.: Lars-Goran Bjorne. M.: Paco de Lucía. Dec.: Wolfgang Burmann. Mont.: José Salcedo. Int.: Ángela Molina, John Finch, Carol Kane, Harriet Andersson, Simon Ward, Ovidi Montllor, Francisco Sánchez, Mary Carrillo, Luis Escobar, Paula Molina. Color - 118 min.

Siete días de enero. P.: Goya Films. D.: Juan Antonio Bardem. A. y G.: Gregorio Morán y Juan Antonio Bardem. F.: Leopoldo Villaseñor. M.: Nicolás Payrac. Dec.: Antonio de Miguel. Mont.: Guillermo Maldonado. Int.: Manuel Egea, Fernando Sánchez Polack, Virginia Mataix, José Manuel Cervino, Madeleine Robinson, Jacques François, Alberto Alonso. Color - 176 min.

La verdad sobre el caso Savolta. P.: P. C. Domingo Pedret (España)/NEF Diffusion (Francia)/Filmalpha (Italia). D.: Antonio Drove. A.: basado en la novela homónima de Eduardo Mendoza. G.: Antonio Drove y Antonio Larreta. F.: Gilberto Acevedo. M.: Egisto Macchi. Dec.: Luis Argüello. Int.: Charles Denner, José Luis López Vázquez, Ovidi Montllor, Omero Antonutti, Stefania Sandrelli, Ettore Manni, Alfredo Pea, Pau Garsaball, Alfred Luchetti, Florencio Calpe, Rogelio Ibáñez, Carla Cristi, Carlos Lucena, Rafael Anglada. Color - 122 min.

Las verdes praderas. P.: José Luis Tafur P. C. D.: José Luis Garci. A.: José Luis Garci. G.: José Luis Garci y José María González Sinde. F.: Fernando Arribas. M.: Beethoven. Mont.: Miguel González Sinde. Int.: Alfredo Landa, María Casanova, Carlos Larrañaga, Ángel Picazo, Irene Gutiérrez Caba, Pedro Díez del Corral. Color - 100 min.

1980

Deprisa, deprisa. P.: Elías Querejeta P. C.-Molem. D.: Carlos Saura. A. y G.: Carlos Saura. F.: Teo Escamilla. M.: canciones de Los Chunguitos, Lole y Manuel, Campuccino y La Marelu. Dec.: Antonio Belizón. Mont.: Pablo G. del Amo. Int.: José Antonio Valdelomar, Berta Socuéllamos, Jesús Arias, José María Hervás, Consuelo Pascual, María del Mar Serrano, Andrés Falcón, Alain Doutey, Suzy Hannier, Ives Arcanel. Color - 99 min.

Gary Cooper, que estás en los cielos. P.: Incine-Jef Films. Pr.: Pilar Miró. D.: Pilar Miró. A.: Pilar Miró. G.: Antonio Larreta y Pilar Miró. F.: Carlos Suárez. M.: Antón García Abril. Dec.: Fernando Sáenz. Mont.: Javier Morán. Int.: Mercedes Sampietro, John Finch, Carmen Maura, Víctor Valverde, Isabel Mestres, Agustín González, Mary Carrillo, Amparo Soler Leal, Fernando Delgado, Alicia Hermida, José Manuel Cervino. Color - 106 min.

Maravillas. P.: Arándano. D.: Manuel Gutiérrez Aragón. A. y G.: Luis Megino y Manuel Gutiérrez Aragón. F.: Teo Escamilla. M.: Nina Hagen, Malher e Ippolitov-Ivanov. Dec.: Félix Murcia. Mont.: José Salcedo. Int.: Fernando Fernán Gómez, Cristina Marcos, Quique San Francisco, Francisco Merino, Gerard Tichy, José Manuel Cervino, Juan Jesús Valverde, Leon Klimovsky, Eduardo Mac Gregor, Jorge Rigaud, Yolanda Medina. Color - 96 min.

El nido. P.: A. Punto E. L. D.: Jaime de Armiñán. A. y G.: Jaime de Armiñán. F.: Teo Escamilla. M.: Maxence Cantelobe, Haydn y anónimo del s. XVI. Dec.: Jean-Claude Hoerner. Mont.: José Luis Matesanz. Int.: Ana Torrent, Héctor Alterio, Luis Politti, Agustín González, Patricia Adriani, María Luisa Ponte, Ovidi Montllor, Mercedes Alonso, Luisa Rodrigo, Amparo Baró, Mauricio Calvo. Color - 107 min.

Pepi, Luci, Bom y otras chicas del montón. P.: Figaró Films. D.: Pedro Almodóvar. A. y G.: Pedro Almodóvar. F.: Francisco Femeninas. M.: Alaska y Los Pegamoides. Int.: Carmen Maura, Félix Rotaeta, Kiti Manver, Alaska. Color - 80 min.

... Y al tercer año, resucitó. P.: 5 Films. D.: Rafael Gil. A. y G.: Fernando Vizcaíno Casas, basado en su propia novela. F.: José F. Aguayo. M.: Gregorio García Segura. Dec.: Fernando Marquerie Jaramillo. Mont.: José Luis Matesanz. Int.: Antonio Garisa, Alfonso del Real, José Bódalo, Fernando Sancho, Mary Begoña, Florinda Chico, Francisco Cecilio, Isabel Luque, Juan Luis Galiardo, Manuel Alexandre, José Sancho. Color - 90 min.

1981

A contratiempo. P.: Ópera Films. D. Óscar Ladoire. A. y G.: Óscar Ladoire y Fernando Trueba. F.: Ángel Luis Fernández. M.: Arie Dzierlatka y J. A. Sánchez Ferlosio. Mont.: Miguel Ángel Santamaría. Int.: Óscar Ladoire, Mercedes Resino, Fernando Vivanco, Paco Lobo, Almudena Grandes, Juan Cueto, Rafael García Martos, Manolo Huete, Raúl Palacios, Carlos Boyero, Salvador Gómez-Calle. Color - 107 min.

El crack. P.: Nickel Odeón-Acuarius Films. D.: José Luis Garci. A. y G.: José Luis Garci y Horacio Valcárcel. F.: Manuel Rojas. M.: Jesús Gluck y Ugo Jürgens. Dec.: Félix Murcia. Mont.: Miguel González Sinde. Int.: Alfredo Landa, María Casanova, Manuel Tejada, Miguel Rellán, Raúl Fraire, Manuel Lorenzo, José Bódalo, Francisco Vidal, Mayrata O'Wisiedo. Color - 131 min.

La fuga de Segovia. P.: Frontera Films Irún. D.: Imanol Uribe. A.: basado en el libro de Ángel Amigo, *Operación Poncho*. G.: Imanol Uribe y Ángel Amigo. F.: Javier Aguirresarobe. M.: Xabier Lasa y Amaya Zubiria. Int.: Xabier Elorriaga, Mario Pardo, José María Muñoz, Ramón Balenciaga, Imanol Gaztelumendi, Ovidi Montllor, José Pedro Carrión, Virginia Mataix, Álex Angulo, Ramón Barea. Color - 115 min.

El timbaler del Bruc / La leyenda del tambor. P.: Nuevo Cine (España)/ Conacine (México). Pr.: Samuel Menkes. D.: Jordi Grau. A. y G.: Jordi Grau, Benito Alazraki y Luis Murillo, basados en la leyenda del tambor del Bruc. F.: Fernando Arribas. M.: Santi Arisa, sobre temas populares catalanes. Dec.: Eduardo Torre de la Fuente. Mont.: Mercedes Alonso. Int.: Andrés García, Mercedes Sampietro, Jorge Sanz, Alfredo Mayo, Diana Bracho, Vicente Parra, Guillermo Antón, Roberto Camardiel, Eduardo Bea, Antonio Canal. Color - 90 min.

1982

Antonieta. P.: Nuevo Cine (España)/Conacine (México)Gaumont (Francia). D.: Carlos Saura. A.: según la novela de Andrés Henestrosa. G.: Jean-Claude Carrière y Carlos Saura. F.: Teo Escamilla. M.: José Antonio Zabala y canciones de la época. Dec.: Kleomedes Stamatiades. Mont.: Pablo G. del Amo. Int.: Isabelle Adjani, Hanna Schygulla, Ignacio López-Tarso, Carlos Bracho, Gonzalo Vega, Héctor Alterio, Bruño Rey, Diana Bracho, Víctor Junco, Fernando Balzaretti, Víctor Alcocer, Narciso Busquets. Color - 104 min.

Colegas. P.: Ópalo Films. D.: Eloy de la Iglesia. A. y G.: Gonzalo Goicoechea y Eloy de la Iglesia. F.: Hans Burmann y Antonio Cuevas. M.: Miguel Botafogo y Antonio González Flores. Dec.: Juan Puerto. Mont.: José Salcedo. Int.: Antonio González Flores, Rosario González Flores, José Luis Manzano, José Manuel Cervino, Queta Ariel, José Luis Fernández Eguía, José Luis Márquez, Ricardo Casares, Quique San Francisco, Pedro Nieva, Isabel Perales. Color - 90 min.

La colmena. P.: Ágata Films-TVE. D.: Mario Camus. A.: según la novela de Camino José Cela. G.: José Luis Dibildos. F. Hans Burmann. M.: Antón García Abril. Dec.: Ramiro Gómez. Mont.: José María Biurrun. Int.: José Sacristán, Ana Belén, Concha Velasco, Charo López, José Luis López Vázquez, Fiorella Faltoyano, Francisco Rabal, Luis Escobar, Emilio Gutiérrez Caba, Victoria Abril, Francisco Algora, Rafael Alonso, José Bódalo, Mary Carrillo, Agustín González. Color - 112 min.

Demonios en el jardín. P.: Luis Megino P. C. D.: Manuel Gutiérrez Aragón. A. y G.: Luis Megino y Manuel Gutiérrez Aragón. F.: José Luis Alcaine. M.: Javier Iturralde. Dec.: Andrea d'Odorico. Mont.: José Salcedo. Int.: Ángela Molina, Ana Belén, Imanol Arias, Encarna Paso, Eusebio Lázaro, Francisco Merino, Álvaro Sánchez-Prieto, Pedro del Río, Luis Lemos, Amparo Ciment. Color - 100 min.

La plaça del Diamant / La plaza del Diamante. P.: Figaró Films-TVE. Pr.: Pepón Coromina. D.: Francesc Betriu. A.: basado en la novela de Mercè Rodoreda. G.: Francesc Betriu, Benet Rosell y Gustau Hernández. F.: Raúl Artigot. M.: Ramon Muntaner. Dec.: Josep Rosell. Mont.: Ernest Blasi. Int.: Sílvia Munt, Lluís Homar, Joaquim Cardona, Elisenda Ribas, Josep Minguell, Marta Molins, Lluís Juliá, Alfred Luchetti, Paca Gabaldón, Joan Ferrer, Rafael Anglada. Color - 110 min.

La revolta dels ocells / La rebelión de los pájaros. P.: Figaró Films. D.: Lluís J. Comerón. A. y G.: Lluís J. Comerón. F.: Jaume Peracaula. M.: Manuel Cubero. Dec.: Rosa Español. Mont.: Teresa Alcocer. Int.: Jorge Sanz, Assumpta Serna, Grupo Regaliz, Montserrat Carulla, Jaume Sorribas, Alfred Luchetti, Carles Lucena, Rafael Anglada, Carles Velat, Arianna Grañena, Josep Barba. Color - 92 min.

Valentina. P.: Ofelia Films-Kaktus P. C.-TVE. Pr.: Carlos Escobedo. D.: Antonio J. Betancor. A.: según la novela de Ramón J. Sender, *Crónica del alba*. G.: Lautaro Murúa, Antonio José Betancor, Carlos Escobedo y Javier Moro. F.: Juan Antonio Ruiz Anchía. Dec.: Félix Murcia. Mont.: Eduardo Biurrun. Int.: Jorge Sanz, Paloma Gómez, Anthony Quinn, Saturno Cerra, Marisa de Leza, Alfred Luchetti, Eusebio Poncela, Luis Ciges, Conchita de Leza, María Rubio, Emilio Forner, Concha Hidalgo, Antonio Carral. Color - 90 min.

Volver a empezar. P.: Nickel Odeón. D.: José Luis Garci. A. y G.: José Luis Garci y Ángel Llorente. F.: Fernando Navarrete. M.: Johann Pachelber, Jesús Gluck y Cole Porter. Dec.: Gil Parrondo. Mont.: Miguel González Sinde. Int.: Antonio Ferrandis, Encarna Paso, José Bódalo, Agustín González, Pablo Hoyos, Marta Fernández Muro. Color - 90 min.

1983

Bearn, o la sala de las muñecas. P.: Jef Films-Kaktus P. C. D.: Jaime Chávarri. A.: basado en la novela homónima de Llorenç Villalonga. G.: Salvador Maldonado. F.: Hans Burmann. M.: Francisco Guerrero. Dec.: Gil Parrondo. Mont.: José Luis Matesanz. Int.: Fernando Rey, Ángela Molina, Amparo Soler Leal, Imanol Arias, Alfredo Mayo, Juana Ginzo, Concha Bardem, William Layton, Eduardo Mac Gregor, Mateu Grau. Color - 123 min.

Las bicicletas son para el verano. P.: Incine-Jet Films. D.: Jaime Chávarri. A.: según la obra teatral de Fernando Fernán Gómez. G. Salvador Maldonado. F.: Miguel Ángel Trujillo. M.: Francisco Guerrero. Dec.: Gil Parrondo. Mont.: José Luis Matesanz. Int.: Agustín González, Amparo Soler Leal, Gabino Diego, Victoria Abril, Marisa Paredes, Alicia Hermida, Jorge de Juan, Imanol Arias, Guillermo Marín, Miguel Rellán, Emilio Gutiérrez Caba, Patricia Adriani. Color - 103 min.

Carmen. P.: Emiliano Piedra P. C. D.: Carlos Saura. A.: según la obra de Merimée-Bizet. G.: Carlos Saura y Antonio Gades. F.: Teo Escamilla. M.: Georges Bizet y Paco de Lucía. Dec.: Félix Murcia. Coreografía: Antonio Gades. Mont.: Pedro del Rey. Int.: Antonio Gades, Laura del Sol, Paco de Lucía, Cristina Hoyos, Juan Antonio Jiménez, José Yepes, Pepa Flores y el ballet de Antonio Gades. Color - 102 min.

La conquista de Albania. P.: Frontera Films Irún. D.: Alfonso Ungría. A.: basado en la crónica de Rubió i Lluch. G.: Alfonso Ungría, Arantxa Urretavizcaya y Ángel Amigo. F.: Alfredo F. Mayo. M.: Alberto Iglesias. Dec.: Wolfgang Burmann. Mont.: Julio Peña. Int.: Xabier Elorriaga, Klara Badiola,

Miguel Arribas, Chema Muñoz, Alicia Sánchez, Enaut Urrestarazu, William Layton, Paco Sanz, José María Tasso, Jesús Sastre, Ramón Barea. Color - 122 min.

Dinero negro. P.: Filmsclot. D.: Carlos Benpar. A.: según la novela de Jaume Fuster, *De mica en mica s'omple la pica*. G.: Carlos Benpar. F.: Roberto Giménez y Francesc Riba. M.: Joan Pineda. Dec.: José María Grau. Mont.: Emilio Ortiz. Int.: Pedro Gian, Francisco Piquer, Alfred Luchetti, Marta Padován, Conrado San Martín, Mir Ferry, Verónica Miriel, Luis G. Berlanga. Color - 115 min.

Epílogo. P.: Ditirambo Films. D.: Gonzalo Suárez. A.: Gonzalo Suárez. G.: Gonzalo Suárez, Miguel Ángel Barbero y Juan Potau. F.: Carlos Suárez. M. Juan José García Caffi. Dec.: Wolfgang Burmann. Mont.: Eduardo Biurrun. Int.: José Sacristán, Francisco Rabal, Charo López, Sandra Toral, Manuel Zarzo, Cyra Toledo, José Arranz, Chus Lampreave, Sonia Martínez, Manuel Calvo. Color - 91 min.

La línea del cielo. P.: La Salamandra P. C. D.: Fernando Colomo. A. y G.: Fernando Colomo. F.: Ángel Luis Fernández. M.: Manzanita. Mont.: Miguel Ángel Santamaría. Int.: Antonio Resines, Beatriz Pérez-Porro, Jaime Nos, Irene Stillman, Roy Hoffman, Patricia Cisarana, Whit Stillman, Peter Halley, Chitina Marín, Eric Weinman, Caroline Stewart. Color - 87 min.

La muerte de Mikel. P.: Aiete Films-José Esteban Alenda-Cobra. D.: Imanol Uribe. A. y G.: José Ángel Rebolledo e Imanol Uribe. F.: Javier Aguirresarobe. M.: Alberto Iglesias. Dec.: Eugenio Urdambide. Mont.: José Luis Peláez. Int.: Imanol Arias, Montserrat Salvador, Amaia Lasa, Fama, Ramón Barea, Juan María Seguès, Xabier Elorriaga, Alicia Sánchez, Daniel Dicenta. Color - 88 min.

El Sur. P.: Elías Querejeta P. C.(España)-Chloé Productions (Francia). D.: Víctor Erice. A.: basado en un relato de Adelaida García Morales. G.: Víctor Erice, Ángel Fernández Santos y José Luis López-Linares. F.: José Luis Alcaine. M.: Ravel, Schubert, Quintero y Granados. Dec.: Antonio Belizón. Mont.: Pablo G. del Amo. Int.: Omero Antonutti, Sonsoles Aranguren, Iciar Bollaín, Lola Cardona, Rafaela Aparicio, Germaine Montero, Aurora Climent, Francisco Merino, María Caro, José Vivó. Color - 94 min.

Truhanes. P.: P. E. Films. D.: Miguel Hermoso. A.: Manolo Marinero, Luis Ariño, Mario Camus, Miguel Hermoso y José Luis García Sánchez. G.: Miguel Hermoso. F.: Fernando Arribas. M.: José Nieto. Dec.: Antonio de Miguel. Mont.: Blanca Guillem. Int.: Francisco Rabal, Arturo Fernández, Isabel Mestres, Vicky Lagos, Rafael Díaz, Antonio Gamero, Alberto Fernández, Fernando Bilbao y Lola Flores. Color - 104 min.

1984

Los motivos de Berta. P.: P. C. Guerín. D.: José Luis Guerín. A. y G.: José Luis Guerín. F.: Gerardo Gormezano. M.: Schubert, interpretado por Jean-Louis Valero y Arielle Dombasle. Dec.: Andrés Sánchez Sanz y Fernando Cobo. Mont.: José Luis Guerín. Int.: Silvia Gracia, Arielle Dombasle, Iñaki Aierra, Rafael Díaz, Carmen Ávila, Raúl Freire, Juan Diego Botto, Cristina Bodelón, Luis Murcia, Sergio Oliver. Blanco y negro - 117 min.

¿Qué he hecho yo para merecer esto? P.: Kactus P. C.-Tesauro. D.: Pedro Almodóvar. A. y G.: Pedro Almodóvar. F.: Ángel Luis Fernández. M.: Bernardo Bonezzi. Dec.: Pin Morales y Román Arango. Mont.: José Salcedo. Int.: Carmen Maura, Verónica Forqué, Chus Lampreave, Kiti Manver, Luis Hostalot, Juan Martínez, Amparo Soler Leal, Emilio Gutiérrez Caba, Cecilia Roth, María del Carmen Rives. Color - 101 min.

Los santos inocentes. P.: Ganesh P. C.-TVE. D.: Mario Camus. A.: según la novela de Miguel Delibes. G.: Antonio Larreta, Manuel Matji y Mario Camus. F.: Hans Burmann. M.: Antón García Abril. Dec.: Rafael Palmero. Mont.: José María Biurrun. Int.: Alfredo Landa, Francisco Rabal, Terele Pávez, Juan Diego, Agustín González, Mary Carrillo, Maribel Martín, Ágata Lys, Juan Sánchez, Belén Ballesteros, José Guardiola, Susana Sánchez, Manuel Zarzo. Color - 107 min.

Sesión contínua. P.: Nickel Odeón. D.: José Luis Garci. A. y G.: José Luis Garci y Horacio Valcárcel. F.: Manuel Rojas. M.: Jesús Gluck. Dec.: Julio Esteban. Mont.: Miguel González Sinde. Int.: Adolfo Marsillach, Jesús Puente, José Bódalo, María Casanova, Encarna Paso, Víctor Valverde, Pablo Hoyos, Yolanda Ríos, Rafael Hernández, Diana Salcedo, Patricia Calot, Emma Suárez. Color - 115 min.

Stico. P.: Serva Films. D.: Jaime de Armiñán. A. y G.: Jaime de Armiñán y Fernando Fernán Gómez. F.: Teo Escamilla. M.: Alejandro Massó. Dec.: Antonio Cortés. Mont.: José Luis Matesanz. Int.: Fernando Fernán Gómez, Agustín González, Carmen Elías, Amparo Baró, Mercedes Lazcano, Manuel Zarzo, Beatriz Elorrieta, Manuel Torremocha, Toa Torán, Bárbara y Vanessa Escamilla, Manuel Galiana. Color - 109 min.

Tasio. P.: Elías Querejeta P. C. D.: Montxo Armendáriz. A. y G.: Montxo Armendáriz y Marisa Ibarra. F.: José Luis Alcaine. M.: Ángel Illarramendi. Dec.: Gerardo Vera. Mont.: Pablo G. del Amo. Int.: Patxi Bisquet, Amaia Lasa, Nacho Martínez, José María Asin, Paco Sagarzazu, Isidro José Solano, Francisco Hernández, Garikoitz Mendigutxia, Elena Uriz. Color - 96 min.

1985

La corte del Faraón. P.: Lince Films-TVE. D.: José Luis García Sánchez. A.: basado en la opereta de Guillermo Perrín y Antonio Palacios. G.: Rafael Azcona y José Luis García Sánchez. M.: Vicente Lleó. Dec.: Andrea D'Odorico. Mont.: Pablo G. del Amo. Int.: Ana Belén, Fernando Fernán Gómez, Antonio Banderas, Josema Yuste, Agustín González, Quique Camoiras, Juan Diego, Guillermo Montesinos, Antonio Gamero, María Luisa Ponte, José Luis López Vázquez, Luis Ciges. Color - 96 min.

Fuego eterno. P.: Aiete Films-José Esteban Alenda-Azkubia. D.: José Ángel Rebolledo. A. y G.: José Ángel Rebolledo, inspirado en una canción vasca del s. XVII. F.: Javier Aguirresarobe. M.: Alberto Iglesias. Dec.: Gerardo Vera. Efectos especiales: Reyes Abades. Mont.: María Elena Sainz de Rozas. Int.: Ángela Molina, Imanol Arias, François-Eric Gendron, Ovidi Montllor, Myriam de Maeztu, Montserrat Salvador, Juana Ginzo, Amaia Lasa, Juan Llanezas, Jaume Sorribas, Ramón Barea, Manuel de Blas. Color - 95 min.

La vaquilla. P.: Incine-Jet Films. D.: Luis G. Berlanga. A. y G.: Luis G. Berlanga y Rafael Azcona. F.: Carlos Suárez. M.: Miguel Asins Arbó. Dec.: Enrique Alarcón. Mont.: José Luis Matesanz. Int.: Alfredo Landa, José Sacristán, Guillermo Montesinos, Santiago Ramos, Amparo Soler Leal, Agustín González, Violeta Cela, Rafael Hernández, Ana Gracia, Adolfo Marsillach, Valentín Paredes, Juanjo Puigcorbé, Amelia de la Torre, Fernando Sancho, Carlos Trinchano, Antonio Gamero, Eduardo Calvo, María Luisa Ponte, Pedro Beltrán, Luis Ciges. Color - 122 min.

1986

Angoixa / Angustia. P.: Luna Films-Samba. Pr.: Pepón Coromina. D.: Bigas Luna. A. y G.: José Juan Bigas Luna. F.: Josep María Civit. M.: José María Pagán. Dec.: Felipe de Paco y Consol Tura. Mont.: Tom Sabin. Int.: Zelda Rubinstein, Michael Lerner, Talia Paul, Àngel Jové, Clara Pastor, Isabel García Lorca, Nat Baker, Edward Ledden. Color - 100 min.

El año de las luces. P.: Cía. Iberoamericana de TV. Pr.: Andrés Vicente Gómez. D.: Fernando Trueba. A.: basado en los recuerdos de Manolo Huete. G.: Rafael Azcona y Fernando Trueba. F.: Juan Amorós. M.: Francisco Guerrero y Ángel Muñoz Alonso. Dec.: Josep Rosell. Mont.: Carmen Frías. Int.: Jorge Sanz, Maribel Verdú, Verónica Forqué, Santiago Ramos, Manuel Alexandre, Violeta Cela, Chus Lampreave, Rafaela Aparicio, Lucas Martín, José Sazatornil "Saza". Color - 98 min.

El disputado voto del señor Cayo. P.: P. C. Penélope. D.: Antonio Giménez-Rico. A.: según la novela homónima de Miguel Delibes. G.: Antonio Giménez-Rico y Manuel Matji. F.: Alejandro Ulloa. Dec.: Rafael Palmero. Mont.: Miguel González Sinde. Int.: Francisco Rabal, Juan Luis Galiardo, Iñaki Miramón, Lydia Bosch, Eusebio Lázaro, Mari Paz Molinero, Gabriel Renom, Juan Jesús Valverde, Abel Vitón. Color - 98 min.

Dragón Rapide. P.: Tibidabo Films-TVE. D.: Jaime Camino. A. y G.: Jaime Camino y Román Gubern, inspirados en hechos reales. Asesor histórico: Ian Gibson. F.: Juan Amorós. M.: Xavier Montsalvatge. Dec.: Félix Murcia. Mont.: Teresa Alcocer. Int.: Juan Diego, Vicky Peña, Rafael Alonso, Miguel Molina, Manuel de Blas, Laura García Lorca, José Luis Pellicena, Pedro del Río, Santiago Ramos. Color - 103 min.

La guerra de los locos. P.: Xaloc P. C.. Pr.: José María Calleja. D.: Manuel Matji. A. y G.: Manuel

Matji, basado en hechos reales. F.: Federico Ribes. Dec.: Luis Vázquez. M.: José Nieto. Mont.: Nieves Martín. Int.: Álvaro de Luna, José Manuel Cervino, Juan Luis Galiardo, Pep Munné, Pedro Díez del Corral, Emilio Gutiérrez Caba, Maite Blasco, Alicia Sánchez, Francisco Algora, Emilio Laín, Patxi Catalá, Joan Potau, José Vivó, Luis Marín, Alberto Alonso. Color - 104 min.

La mitad del cielo. P.: Luis Megino P. C. D.: Manuel Gutiérrez Aragón. A. y G.: Manuel Gutiérrez Aragón y Luis Megino. F.: José Luis Alcaine. M.: Milladoiro. Dec.: Gerardo Vera. Mont.: José Salcedo. Int.: Ángela Molina, Fernando Fernán Gómez, Antonio Valero, Margarita Lozano, Nacho Martínez, Santiago Ramos, Carolina Silva, Francisco Merino, Mónica Molina, Enriqueta Carballeira, Mercedes Lezcano. Color - 124 min.

Puzzle. P.: ARC Interprod. D.: Lluís J. Comerón. A. y G.: Lluís J. Comerón. F.: Hans Burmann. M.: Jordi Doncos. Dec.: Josep M. Espada. Mont.: Emilio Rodríguez. Int.: Patxi Andión, Carmen Elías, Antonio Banderas, Héctor Alterio, Joan Miralles, Josep Minguell, Rafael Anglada, Montserrat Julió, Marta Molins. Color - 91 min.

Tiempo de silencio. P.: Lola Films-Morgana-TVE. D.: Vicente Aranda. A.: según la novela homónima de Luis Martín Santos. G.: Vicente Aranda y Antonio Rabinat. F.: Juan Amorós. M.: temas de "En er mundo", "Los campanilleros" y "Los nardos". Dec.: Josep Rosell. Mont.: Teresa Font. Int.: Imanol Arias, Victoria Abril, Juan Echanove, Charo López, Francisco Rabal, Joaquín Hinojosa, Francisco Algora, Queta Claver, Margarita Calahorra, Félix Rotaeta, Eduardo Mac Gregor, Juan José Otegui, María Isbert. Color - 111 min.

27 horas. P.: Elías Querejeta P. C. D.: Montxo Armendáriz. A. y G.: Montxo Armendáriz y Elías Querejeta. F.: Javier Aguirresarobe. M.: Imanol Larzábal, Ángel Illarmendi, Karlos Jiménez y Luis Mendo. Dec.: Iñigo Altolaguirre. Int.: Jon Donosti, Maribel Verdú, Martxelo Rubio, Antonio Banderas, Michel Duperrer, Josu Balbuena. Color - 90 min.

El viaje a ninguna parte. P.: Ganesh P. C. D.: Fernando Fernán Gómez. A. y G.: Fernando Fernán Gómez, según su propia novela. F.: José Luis Alcaine. M.: Pedro Iturralde. Dec.: Julio Esteban. Mont.: Pablo G. del Amo. Int.: José Sacristán, Fernando Fernán Gómez, Laura del Sol, Juan Diego, Nuria Gallardo, Gabino Diego, María Luisa Ponte, Queta Claver, Emma Cohen, Agustín González, Carlos Lemos, Miguel Rellán, Simón Andreu. Color - 132 min.

Werther. P.: Pilar Miró P. C.-TVE. D.: Pilar Miró. A.: sobre una libre interpretación de la obra de Goethe. G.: Pilar Miró y Mario Camus. F.: Hans Burmann. M.: Jules Massenet, Carreras y Davis. Dec.: Gil Parrondo y Fernando Sáez. Mont.: José Luis Matesanz. Int.: Mercedes Sampietro, Eusebio Poncela, Feodor Atkine, Mayrata O'Wisiedo, Luis Hostalot, Emilio Gutiérrez Caba, Ignacio del Amo. Color - 113 min.

1987

Asignatura aprobada. P.: Nickel Odeón. D.: José Luis Garci. A. y G.: José Luis Garci y Horacio Valcárcel. F.: Manuel Rojas. M.: Jesús Gluck. Dec.: Luis Vázquez. Mont.: Miguel González Sinde. Int.: Jesús Puente, Victoria Vera, Teresa Gimpera, Eduardo Hoyo, Pastor Serrador, Manuel Lorenzo, Santiago Amón, Juan Cueto, Pedro Infazón, Joaquín Carballino, Pablo Hoyo. Color - 94 min.

El bosque animado. P.: Classic Films Producción-TVE. D.: José Luis Cuerda. A.: adapt. de la novela homónima de Wenceslao Fernández Florez. G.: Rafael Azcona. F.: Javier Aguirresarobe. M.: José Nieto. Dec.: Félix Murcia. Mont.: Juan Ignacio San Mateo. Int.: Alfredo Landa, Fernando Valverde, Alejandra Grepi, Encarna Paso, Miguel Rellán, Luma Gómez, María Isbert, Paca Gabaldón, Luis Ciges, Antonio Gamero, Manuel Alexandre, Francisco Vidal, Alicia Sánchez, Amparo Baró, Alicia Hermida, Laura Cisneros, Fernando Rey. Color - 108 min.

Daniya, el jardí de l'harem / Daniya, el jardín del harén. P.: Imatco. D.: Carles Mira. A. y G.: Carles Mira. F.: Tomàs Pladevall. M.: Enric Murillo. Dec.: Isidre Prunés y Montserrat Amenós. Mont.: Emilio Rodríguez. Int.: Laura del Sol, Ramon Madaula, Marie-Christine Barrault, Fermí Reixach, Joan Monleón, Paco Casares, Montserrat Salvador, Paco Guijar, Rafael Díaz, Imelda Biajakuc, Conchita Oko, Francesca Piñón, Carles Fontseré, Bertí Tobias, Noel J. Sansom. Color - 97 min.

Espérame en el cielo. P.: B.M.G. Films. Pr.: José María Calleja. D.: Antonio Mercero. A.: Antonio Mercero. G.: Antonio Mercero, Horacio Valcárcel y Román Gubern. F.: Manuel Rojas. M.: Carmelo Bernaola. Dec.: Antonio Cortés. Mont.: Rosa G. Salgado. Int.: Pepe Soriano, Chus Lampreave, José Sazatornil "Saza", Manuel Codeso, Amparo Valle, José Luis Barceló, Francisco Cambres, Josefina Calatayud, Pedro Civera, Miguel de Grandy, Pedro del Río, Chari Moreno, Lorenzo Ramírez, Gabriel Latorre, Carmen Liaño, Pablo Hoyo. Color - 110 min.

El Lute, camina o revienta. P.: M. G. C.-Multivideo. Pr.: José María Cunillés e Isabel Mulá. D.: Vicente Aranda. A.: según la autobiografía de Eleuterio Sánchez. G.: Joaquim Jordá, Vicente Aranda y Eleuterio Sánchez. F.: José Luis Alcaine. M.: José Nieto. Dec.: Josep Rosell. Mont.: Teresa Font. Int.: Imanol Arias, Victoria Abril, Antonio Valero, Carlos Trinchano, Diana Peñalver, Raúl Freire, Margarita Calahorra, Manuel de Blas. Color - 101 min.

Madrid. P.: La Linterna Mágica-RTV Madrid. D.: Basilio Martín Patino. A. y G.: Basilio Martín Patino. F.: Augusto G. Balbuena. M.: Carmelo Bernaola y canciones populares. Dec.: Gonzalo Prieto Polo. Mont.: Juan Ignacio San Mateo. Int.: Rüdiger Vogler, Verónica Forqué, Ricardo Cantalapiedra, Luis Ciges, Antonio Gamero, María Luisa Ponte, Félix Dafauce, Ana Duato, Luis Barbero, Javier Sádaba, Manolo Huete, Borja Canto, Gregorio Nieto, Ricardo Solfa. Color - 114 min.

Mi general. P.: Figaró Films-TVE. P.: Jaime de Armiñán. A.: Fernando Fernán Gómez y Manuel Pilares. G.: Jaime de Armiñán, Fernando Fernán Gómez y Manuel Pilares. F.: Teo Escamilla. M.: Jordi Doncos. Dec.: Félix Murcia. Mont.: José Luis Matesanz. Int.: Fernando Rey, Héctor Alterio, Fernando Fernán Gómez, José Luis López Vázquez, Juanjo Puigcorbé, Rafael Alonso, Mónica Randall, Joaquín Kremel, Alfred Luchetti, Joan Borràs, Manuel Torremocha, Amparo Baró, Mercedes Alonso, Carmen Plate, José María Moratalla, Jaume Sorribas, Montserrat Julió. Color - 110 min.

El vent de l'illa / El viento de la isla. P.: Septimània Films-Gerrardo Gormezano P. C. D.: Gerardo Gormezano. A.: basado en las memorias de John Armstrong. G.: Gerardo Gormezano. F.: Xavier Gil. M.: Alessandro Marcello y temas de Telemann y Schumann. Dec.: Balter Gallart. Mont.: José Cano. Int.: Simón Cassel, Mara Truscana, Ona Planas, Anthony Pilley, Josep Costa, Màxim Pérez, Ñaco Nadal, Jaume Catures, Dominique Liaño, Laura Pons, Jim Eaton, Joan Villalonga, Josep Coll-Vilellas, Vicenç Andreu, Carme Coll, Jaume Mir Ferry. Color - 95 min.

La vida alegre. P.: El Catalejo P. C.-TVE. Pr.: Fernando Colomo. D.: Fernando Colomo. A. y G.: Fernando Colomo. F.: Javier G. Salmones. M.: Suburbano. Dec.: Manuel Jaén. Mont.: Miguel Ángel Santamaría. Int.: Verónica Forqué, Antonio Resines, Ana Obregón, Massiel, Miguel Rellán, Guillermo Montesinos, Rafaela Aparicio, Chus Lampreave, Alicia Sánchez, Gloria Muñoz, José Antonio Navarro, Javier Gurruchaga, Itziar Álvarez, El Gran Wyoming, Paloma Catalán, María Elena Flores. Color - 98 min.

1988

Esquilache. P.: José Sámano-Sabre Films. D.: Josefina Molina. A.: inspirado en la obra teatral de Antonio Buero Vallejo, *Un soñador para un pueblo*. G.: Joaquín Oristrell, Josefina Molina y José Sámano. F.: Juan Amorós. M.: José Nieto. Dec.: Ramiro Gómez y Javier Artiñano. Mont.: Pablo G. del Amo. Int.: Fernando Fernán Gómez, Ángela Molina, Amparo Rivelles, Adolfo Marsillach, Alberto Closas, José Luis López Vázquez, Ángel de Andrés, Fernando Valverde. Color - 105 min.

Mujeres al borde de un ataque de nervios. P.: El Deseo S. A.-Lauren Films. Pr.: Agustín Almodóvar. D.: Pedro Almodóvar. A. y G.: Pedro Almodóvar. F.: José Luis Alcaine. M.: Bernardo Bonezzi. Dec.: Félix Murcia. Mont.: José Salcedo. Intérpretes: Carmen Maura, Antonio Banderas, Julieta Serrano, Fernando Guillén, Rossy de Palma, María Barranco, Kiti Manver, Guillermo Montesinos, Loles León, Chus Lampreave, Yayo Calvo, Ángel de Andrés López, Juan Lombardero, José Antonio Navarro, Ana Leza, Imanol Uribe. Color - 90 min.

Remando el viento / Rowing with the Wind. P.: Cía. Iberoamericana de TV-Ditirambo Films (España)/Viking (Noruega). Pr.: Andrés Vicente Gómez. D.: Gonzalo Suárez. A.: episodios biográficos de Byron y Shelley. G.: Gonzalo Suárez. F.: Carlos Suárez. M.: Alejandro Massó. Dec.: Wolfgang Burmann. Mont.: José Salcedo. Int.: Hugh Grant, Lizzy McInnerny, Valentine Pelka, Elizabeth Hurley, José Luis Gómez, José Carlos Rivas, Josep María Pou, Virginia Mataix, Bibi Andersen, Renan Vibert, Terry Taplin, Kate McKenzie, Jolyon Baker. Color - 96 min.

Soldadito español. P.: Penélope P.C.-TVE. D.: Antonio Giménez-Rico. A. y G.: Rafael Azcona y Antonio Giménez-Rico. F.: Federico Ribes. M.: Carmelo Bernaola. Mont.: Miguel González Sinde. Int.: Francisco Bas, Maribel Verdú, Juan Luis Galiardo, María Garralón, Luis Escobar, Miguel Rellán, José Luis López Vázquez, María Luisa San José, Félix Rotaeta,, Color - 103 min.

1989

Capitán Escalaborns. P.: J. Gimeno Mayol. D.: Carlos Benpar. G.: Carlos Benpar, María Antonia Oliver y Luis Aller. F.: José Luis Galileo. M.: Josep Mas "Kitflus". Mont.: Emilio Ortiz. Int.: Juan Luis Galiardo, Ariadna Gil, Gunnel Lindblom, Iván Fernández, Manuel de Blas, José Conde, Carme Elias, Joan Crosas, Dan Forrest. Color - 123 min.

Las cosas del querer. P.: Lince Films-Productora Andaluza de Programas-TVE. Pr.: Luis Sanz. D.: Jaime Chávarri. A.: Antonio Larreta y Luis Irazábal. G.: Jaime Chávarri, Luis Irazábal, y Fernando Colomo. F.: Hans Burmann. M.: Gregorio García Segura. Dec.: Luisa Martí. Coreografía: Eduardo Montero. Mont.: Pedro del Rey. Int.: Ángela Molina, Ángel de Andrés López, Manuel Bandera, María Barranco, Amparo Baró, Mari Carmen Ramírez, Diana Peñalver, Santiago Ramos, Miguel Molina. Color - 103 min.

El mejor de los tiempos. P.: Central Producciones Audiovisuales-Antea Films. D.: Felipe Vega. G.: Felipe Vega e Ignacio Gutiérrez Solana. F.: José Luis López-Linares. M.: Bernardo Bonezzi. Mont.: Iván Aledo. Int.: Jorge de Juan, Iciar Bollain, Rafael Díaz, Rosario Flores, Carmen Bullejos, Gracián Quero, Jack Taylor. Color - 109 min.

Pont de Varsòvia. P.: Films 59. Pr.: Pere Portabella. D.: Pere Portabella. G.: Pere Portabella, Octavi Pellissa y Carles Santos. F.: Tomàs Pladevall. M.: Carles Santos. Dec.: Pep Duran. Mont.: Marisa Aguinaga. Int.: Paco Guijar, Carme Elias, Jordi Dauder, Ona Planas, Josep María Pou, Jaume Comas, Francesc Orella. Color - 100 min.

El sueño del mono loco / The Mad Monkey. P.: Cía. Iberoamericana Films de TV (España)/French Productions (Francia). Pr.: Andrés Vicente Gómez. D.: Fernando Trueba. A.: basado en la novela homónima de Christopher Frank. G.: Fernando Trueba, Manuel Matji y Menno Meyjes. F.: José Luis Alcaine. M.: Antoine Duhamel. Mont.: Carmen Frías. Int.: Jeff Goldblum, Miranda Richardson, Anémonne, Dexter Fletcher, Daniel Ceccaldi, Liza Walker. Color - 109 min.

1990

¡Ay, Carmela! P.: Cía. Iberoamericana Films de TV. Pr.: Andrés Vicente Gómez. D.: Carlos Saura. A.: según la obra teatral de José Sanchís Sinisterra. G.: Rafael Azcona y Carlos Saura. F.: José Luis Alcaine. M.: Alejandro Massó. Mont.: Pablo G. del Amo. Int.: Carmen Maura, Andrés Pajares, Gabino Diego, Maurizio de Razza, Edward Zentara. Color - 104 min.

Boom Boom. P.: Arsenal Films (España)/ Lamy Films (Bélgica). Pr.: Rosa Romero. D.: Rosa Vergés. G.: Rosa Vergés y Jordi Bertrán. F.: Josep María Civit. Mont.: Susana Rossberg y Marisa Aguinaga. Int.: Viktor Lazlo, Sergi Mateu, Fernando Guillén Cuervo, Angels Goñalons, Bernardette Lafont, Corado San Martín. Color - 92 min.

Cómo ser mujer y no morir en el intento. P.: Cía. Iberoamericana Films de TV-Atrium Prod.. Pr.: Andrés Vicente Gómez. D.: Ana Belén. A: Carmen Rico-Godoy, basado en su propia novela. G.: Carmen Rico-Godoy. F.: Juan Amorós. Mont.: Carmen Frías. Int.: Carmen Maura, Antonio Resines, Juanjo Puigcorbé, Carmen Conesa, Tina Sainz, Víctor García, Olalla Aguirre. Color - 89 min.

Despertaferro. P.: Equip Produccions (España)/Moran Films. (Alemania) Pr.: Isona Pasola. D.: Jordi Amorós. Directores de animación: Valentín Domenech, Josep Solís, Roberto García y Jorge Benedetti. G.: Carles Andreu y Benet Rossell. F.: Enric Ventura. M.: Carles Cases, Lluís Llach y La Trinca. Dibujos animados. Color - 70 min.

Yo soy ésa. P.: Ion Films. D.: Luis Sanz. G.: Luis Sanz. F.: Juan Amorós. M.: Luis Cobos. Mont.: Carmen Frías. Int.: Isabel Pantoja, José Coronado, Loles León, Juan Echanove, Juan Luis Galiardo, Alberto Alonso, Aurora Redondo, Elisa Matill, María Asquerino. Color - 102 min.

1991

Alas de mariposa. P.: Juanma Bajo Ulloa. D.: Juanma Bajo Ulloa. G.: Juanma y Eduardo Bajo Ulloa. F.: Aitor Montxola y Enric Davi. M.: Binge Mendizábal. Mont.: Pablo Blanco. Int.: Sílvia Munt, Fernando Valverde, Susana García, Laura Vaquero, Txema Blasco, Alberto Martín, Karra Elejalde, Rafael Martín, Olivia Sánchez, Carmen Ruiz del Corral, Txema Ocio, Eloy Beato, Antonio de Miguel, Cristina Barco, José María Escobar. Color - 93 min.

Amantes. P.: Pedro Costa P. C. D.: Vicente Aranda. G.: Álvaro el Amo, Carlos Pérez Merinero y Vicente Aranda. F.: José Luis Alcaine. M.: José Nieto. Mont.: Teresa Font. Int.: Jorge Sanz, Victoria Abril, Maribel Verdú, Enrique Cerro, Mabel Escaño, Alicia Agut, Gabriel Latorre, José Cerro, Saturnino García, Lucas Martín, Cosme Cortázar, Carmen Ibarra. Color - 110 min.

Beltenebros. P.: Iberoamericana (España)/Floradora Distributors (Holanda). D.: Pilar Miró. A.: basado en la novela de Antonio Muñoz Molina. G.: Mario Camus, Juan Antonio Porto y Pilar Miró. F.: Javier Aguirresarobe. M.: José Nieto. Int.: Terence Stamp, Patsy Kensit, José Luis Gómez, Geraldine James, Simón Andreu, John McEnery, Pedro Díez del Corral, Alexander Bardini, Jorge de Juan, Carlos Hipólito, Queta Claver, Felipe Vélez. Color - 147 min.

La noche más larga. P.: Cía. Iberoamericana Films de TV. Pr.: Andrés Vicente Gómez. D.: José Luis García Sánchez. A.: según el libro de Pedro J. Ramírez, "El año en que murió Franco". G.: José Luis García Sánchez y Carmen Rico-Godoy y Manuel Gutiérrez Aragón. F.: Fernando Arribas. M.: Alejandro Massó. Mont.: Pablo G del Amo. Int.: Juan Diego, Juan Echanove, Carmen Conesa, Gabino Diego, Fernando Guillén Cuervo, Alberto Alonso, Juan José Otegui. Color - 92 min.

El rey pasmado. P.: Imanol Uribe y Andrés Santana. D.: Imanol Uribe. A.: basado en la novela de Gonzalo Torrente Ballester, *Crónica del rey pasmado*. G.: Juan Potau y Gonzalo Torrente Malvido. F.: Hans Burmann. M.: José Nieto. Mont.: Teresa Font. Int.: Gabino Diego, María Barranco, Laura del Sol, Juan Diego, Fernando Fernán Gómez, Javier Gurruchaga, Joaquim de Almeida, Eusebio Poncela, Alejandra Grepi, Anne Roussel, Luis Barbero, Emma Cohen, Carmen Elías, Eulalia Ramón, José Soriano. Color - 110 min.

Tacones lejanos. P.: El Deseo S. A. Pr.: Agustín Almodóvar. D.: Pedro Almodóvar. G.: Pedro Almodóvar. F.: Alfredo Mayo. M.: Ryuichi Sakamoto. M.: José Salcedo. Intérpretes: Victoria Abril, Marisa Paredes, Miguel Bosé, Rocío Muñoz, Juan José Otegui, Eva Siba, Bibi Andersen, Pedro Díez del Corral, Ana Lizarán, Feodor Atkine, Mayrata O'Wisiedo, Cristina Marcos. Color - 113 min.

Vacas. P.: Sogetel-Idea. D.: Julio Medem. G.: Julio Medem y Michel Gaztambide. F.: Carles Gusi. M.: Alberto Iglesias. Mont.: María Elena Sainz de Rozas. Int.: Carmelo Gómez, Emma Suárez, Ana Torrent, Karra Elejalde, Klara Badiola, Txema Blasco, Kandido Uranda, Pilar Bardem, Miguel Ángel García, Ana Sánchez, Ramón Barea. Color - 97 min.

1992

Belle époque. P.: Fernando Trueba-Lola Films-Animatografo (España)/ French Production (Francia). D.: Fernando Trueba. A.: Rafael Azcona, José Luis García Sánchez y Fernando Trueba. G.: Rafael Azcona. F.: José Luis Alcaine. M.: Antonio Duhamel. Mont.: Carmen Frías. Int.: Jorge Sanz, Penélope Cruz, Miriam Díaz-Aroca, Ariadna Gil, Fernando Fernán Gómez, Gabino Diego, Maribel Verdú, Michel Galabru, Agustín González, Chus Lampreave, Mary Carmen Ramírez. Color - 108 min.

Una estación de paso. P.: Elías Querejeta P. C. D.: Gracia Querejeta. G.: Gracia Querejeta y Elías Querejeta. F.: Antonio Pueche. M.: Ángel Illarramendi. Mont.: Nacho Ruiz-Capillas. Int.: Omero Antonutti, Bibi Andersen, Joaquim de Almeida, Santiago Alonso, Luis Crespo, Carlos Arias. Color - 95 min.

Jamón, jamón. P.: Lola Films-Ovideo TV. D.: Bigas Luna. G.: Cuca Canales y José Juan Bigas Luna. F.: José Luis Alcaine. M.: Nicola Piovanni. Mont.: Teresa Font. Int.: Javier Bardem, Penélope Cruz, Stefania Sandrelli, Anna Galiena, Juan Diego, Jordi Mollá, Tomás Penco, Armando del Río, Diana Sassen, Chema Mazo, Nazaret Callao. Color - 94 min.

El maestro de esgrima. P.: Origen P. C.-Altube Filmeak. Pr.: Antonio Cardenal y Pedro Olea. D.: Pedro Olea. A.: basado en la novela homónima de Arturo Pérez-Reverte. G.: Antonio Larreta, Francisco Prada, Arturo Pérez-Reverte y Pedro Olea. F.: Alfredo Matas. M.: José Nieto. Dec.: Luis Vallés. Mont.: José Salcedo. Int.: Omero Antonutti, Assumpta Serna, Joaquim de Almeida, José Luis López Vázquez, Miguel Rellán, Alberto Closas, Elisa Matilla, Ramón Goyanes. Color - 88 min.

El sol del membrillo. P.: María Moreno P. C.-Euskal Media-Igeldo Zine Produkziak. D.: Víctor Erice. A. y G.: Antonio López y Víctor Erice. F.: Javier Aguirresarobe, Ángel Luis Fernández y José Luis López-Linares. M.: Pascual Gaigne. Mont.: Juan Ignacio San Mateo. Int.: Antonio López, María Moreno, Enrique Gran, José Carretero, María López, Elisa Ruiz, Carmen López, Amalia Avia, Lucio Muñoz, Esperanza Parada, Julio López Fernández. Color - 135 min.

1993

Los años oscuros. P.: P. C.-Euskal Media. Pr.: José María Lara Fernández D.: Arantxa Lazcano. G.: Arantxa Lazcano. F.: Flavio Martínez Labiano. M.: Iñaki Salvador. Dec.: Iñaki Eizaguirre. Mont.: Julia Juaniz. Int.: Eider Amilibua, Garazi Elorza, Klara Badiola, Carlos Panera, Amaia Basurto, Gorka Iruretagoyena, Amaia del Río, Asier Arriola, Nerea Arrizabalaga, Txema Blasco. Color - 92 min.

La Ardilla Roja. P.: Sogetel. Pr.: Fernando de Garcillán. D.: Julio Médem. G.: Julio Medem. F.: Gonzalo Fernández Berridi. M.: Alberto Iglesias. Dec.: Ricardo García Arrojo. Mont.: María Elena Sainz de Rozas. Int.: Emma Suárez, Nancho Novo, María Barranco, Karra Elejalde, Carmelo Gómez, Cristina Marcos, Mónica Molina, Ana Gracia, Elena Irureta. Color - 114 min.

Madregilda. P.: Tornasol-Marea Films (España)/Road Movies Dritte Produktionen (Alemania)/Gemini Films (Francia). Pr.: Gerardo Herrero. D.: Francisco Regueiro. G.: Ángel Fernández-Santos y Francisco Regueiro. F.: José Luiz López-Linares. M.: Jürgen Kneiper. Dec.: Luis Vallés. Mont.: Pedro del Rey. Int.: Juan Echanove, José Sacristán, Barbara Auer, Kamel Cherif, Coque Malla, Fernando Rey, Juan Luis Galiardo, Antonio Gamero, Lina Canalejas. Color - 108 min.

Monturiol, el senyor del mar / Monturiol, el señor del mar. P.: Fair Play Produccions-TV3. D.: Francesc Bellmunt. G.: Francesc Bellmunt, Ramon Barnils, Albert Mas-Griera y Xavier Moret. F.: Javier G. Salmones. M.: Manel Camp y Jordi Nogueras. Dec.: Josep Rosell. Mont.: Jordi Puig. Int.: Abel Folk, Jordi Bosch, Josep Montanyès, Elena Pérez-Llorca, Ramon Madaula, Artur Trias, Paco Morán, Xavier Elorriaga, Rosa Vila, Quim Lecina, Hristo Nenow, Mònica Graenzel. Color - 135 min.

El pájaro de la felicidad. P.: Central de Producciones Audiovisuales. Pr.: José Luis Olaizola M. y Rafael Díaz-Salgado. D.: Pilar Miró. A.: Mario Camus. G.: Marío Camus y Pilar Miró. F.: José Luis Alcaine. M.: Jordi Savall. Dec.: Félix Murcia. Mont.: José Luis Matesanz. Int.: Mercedes Sampietro, Aitana Sánchez-Gijón, José Sacristán, Carlos Hipólito, Luis Homar, Daniel Dicenta, María del Carmen Prendes, Jordi Torras, Asunción Balaguer, Ana Gracia. Color - 120 min.

Sombras en una batalla. P.: Cayo Largo Films. Pr.: Carlos Ramón. D.: Mario Camus. A. y G.: Mario Camus. F.: Manuel Velasco. M.: Sebastián Mariné. Dec.: Rafael Palmero y Carlos Dorremochea. Mont.: José María Biurrun. Int.: Carmen Maura, Joaquim de Almeida, Fernando Valverde, Sonia Martín, Ramón Langa, Francisco Fernández, Miguel Zúñiga, Felipe Vélez, Susana Forges, Isabel de Castro, Elisa Lisboa. Color - 100 min.

Todos a la cárcel. P.: Sogetel-Central de Producciones Audiovisuales-Antea Films. Pr.: José Luis Olaizola M., Fernando de Garcillán y Pepe Ferrándiz. D.: Luis G. Berlanga. G.: Jorge Berlanga y Luis G. Berlanga. F.: Alfredo Mayo. M.: Bernardo Fuste y Luis Mendo. Dec.: Rafael Palmero. Mont.: María Elena Sainz de Rozas. Int.: José Sazatornil "Saza", Antonio Resines, Amparo Soler Leal, Luis Ciges, Marta Fernández-Muro, Agustín González, Juan Luis Galiardo, Chus Lampreave, José Sancho, Guillermo Montesinos, Torrebruno, Francisco Maestro, Manuel Alexandre, José Luis Borau, Mónica Randall, José Luis López Vázquez. Color - 95 min.

1994

Alegre ma non troppo. P.: Fernando Colomo P. C. D.: Fernando Colomo. G.: Joaquín Oristrell y Fernando Colomo. F.: Javier G. Salmones. M.: Edmon Colomer. Dec.: Félix Rodríguez. Mont.: Miguel Ángel Santamaría. Int.: Pere Ponce, Penélope Cruz, Oscar Ladoire, Rosa María Sardá, Andoni Gracia, Nathalie Sereña, Jordi Mollá, Edmon Colomer. Color - 114 min.

Canción de cuna. P.: Nickel Odeón. Pr.: José Luis Garci. D.: José Luis Garci. A.: basado en la obra teatral de Gregorio Martínez Sierra. G.: José Luis Garci y Horacio Valcárcel. F.: Manuel Rojas. M.: Manuel Balboa. Dec.: Gil Parrondo. Mont.: Miguel González Sinde. Int.: Maribel Verdú, Fiorella Faltoyano, Alfredo Landa, Amparo Larrañaga, María Massip, Virginia Mateix, María Luisa Ponte, Diana Peñalver, Carmelo Gómez. Color - 102 min.

Días contados. P.: Aiete Films-Ariane Films-Sogepag. Pr.: Imanol Uribe y Andrés Santana. D.: Imanol Uribe. A.: según la novela de Juan Madrid. G.: Imanol Uribe. F.: Javier Aguirresarobe. Efectos especiales: Reyes Abades. M.: José Nieto. Dec.: Félix Murcia. Mont.: Teresa Font. Int.: Carmelo Gómez, Ruth Gabriel, Javier Bardem, Candela Peña, Karra Elejalde, Elvira Mínguez, Joseba Apaolaza, Pepón Nieto, Chacho Carreras. Color - 93 min.

Historias del Kronen. P.: Elías Querejeta P. C. (España)/Claude Ossard Productions (Francia)/Alert Film (Alemania). D.: Montxo Armendáriz. A.: basado en la novela homónima de José Ángel Mañas. G.: José Ángel Mañas y Montxo Armendáriz. F.: Alfredo Mayo. Dec.: Julio Esteban. Mont.: Rosario Sainz de Rozas. Int.: Juan Diego Botto, Jordi Mollá, Nuria Prims, Aitor Merino, Armando del Río, Diana Gálvez, Iñaki Méndez, Pilar Castro, Josep María Pou, Cayetana Guillén Cuervo, Elisabeth Page, Mercedes Sampietro, Andrés Falcón. Color - 95 min.

Justino, un asesino de la tercera edad. P.: José María Lara-Canal+ España. D.: La Cuadrilla (Luis Guridi y Santiago Aguilar). G.: Luis Guridi y Santiago Aguilar. F.: Flavio Martínez Labiano. M.: José Carlos Mac. Dec.: José Luis Arrizabalaga. Mont.: Cristina Otero. Int.: Saturnino García, Carlos Lucas, Alicia Hermida, Juanjo Puigcorbé, Carlos de Gabriel, Rosario Santesmases, Francisco Maestre, Fausto Talón, Vicky Lagos, Juana Cordera. Blanco y negro - 94 min.

La madre muerta. P.: Gaistezko Zinema. Pr.: Fernando Bauluz. D.: Juanma Bajo Ulloa. G.: Juanma y Eduardo Bajo Ulloa. F.: Javier Aguirresarobe. Efectos especiales: Hipólito Cantero. M.: Bingen Mendizábal. Dec.: Satur Idarreta. Mont.: Pablo Blanco. Int.: Karra Elejalde, Lío, Ana Álvarez, Silvia Marsó, Elena Irureta, Ramón Barea, Gregoria Mangas, Marisol Sáez. Color - 112 min.

Los peores años de nuestra vida. P.: Fernando Trueba P. C.-Kaplan-Cía. Iberoamericana Films de TV. D.: Emilio Martínez-Lázaro. G.: David Trueba. F.: José Luis López-Linares. M.: Michel Camilo. Dec.: Cristina Huete. Mont.: Iván Aledo. Int.: Gabino Diego, Ariadna Gil, Jorge Sanz, Agustín González, Maite Blasco, Jesús Bonilla, Carmen Elías, Ayanta Barilli, Torrebruno. Color - 105 min.

Todo es mentira. P.: Atrium Productions. Pr.: Enrique Cerezo y Carlos Vasallo. D.: Álvaro F. Armero. G.: Álvaro Fernández Armero. F.: Antonio Cuevas. M.: Coque Malla. Dec.: Juan Carlos Caro. Mont.: Iván Aledo. Int.: Penélope Cruz, Coque Malla, Jordi Mollá, Cristina Rosenvinge, Gustavo Salmerón, Irene Bau, Fernando Colomo, Mónica López, Ariadna Gil. Color - 91 min.

1995

Alma gitana. P.: Samarkanda-TVE. D.: Chus Gutiérrez. A.: basado en la obra Tino Lozano, *El bailaor*. G.: Antonio Conesa, Juan Vicente Córdoba, Joaquín Jordá y Chus Gutiérrez. F.: Arnaldo Catarini. M.: Adolfo Rivero y Peret. Int.: Amara Carmona, Pedro Alonso, Rafael Álvarez "El Brujo", Peret, Loles León, Saturnino García, Julieta Serrano, Sandra Ballesteros, Chelo Vázquez, Martxelo Rubio, Amparo Bengala. Color - 95 min.

Antártida. P.: Sogetel-Cía. Iberoamericana Films de TV-Oviedo. Pr.: Andrés Vicente Gómez, Fernando de Garcillán y Pepo Sol. D.: Manuel Huerga. G.: Francisco Casavella. F.: Javier Aguirresarobe. M.:

John Cale. Dec.: Jorge Déniz. Mont.: Ernest Blasi. Int.: Ariadna Gil, Carlos Fuentes, Francis Lorenzo, Walter Vidarte, José Manuel Lorenzo, Iñaki Aierra, Ángel de Andrés López, Juana Ginzo, Cristina Hoyos. John Cale, Beatriz Guevara. Color - 103 min.

Boca a boca. P.: Sogetel-Bocaboca Producciones-Star Line. Pr.: César Benítez, Joaquín Oristrell y Manuel Gómez Pereira. D.: Manuel Gómez Pereira. G.: Joaquín Oristrell, Naomi Wise, Juan Luis Iborra y Manuel Gómez Pereira. F.: Juan Amorós. M.: Bernardo Bonezzi. Dec.: Luis Vallés. Mont.: Guillermo Represa. Int.: Javier Bardem, Aitana Sánchez-Gijón, Josep María Flotats, María Barranco, Myriam Mézières, Jordi Bosch, Tres Hanley, San MacKenzie, Kiti Manver, Fernando Guillén Cuervo, Amparo Baró, Emilio Gutiérrez Caba, Asunción Balaguer, Germán Cobos. Color - 107 min.

Cosas que nunca te dije / Things I Never Told You. P.: Carbó Films (España)/Eddie Saeta (USA). Pr.: Dora Medrano y Javier Carbó. D.: Isabel Coixet. G.: Isabel Coixet. F.: Teresa Medina. M.: Alfonso Villalonga. Mont.: Kathryn Himoff. Int.: Lili Taylor, Andrew McCarthy, Alexis Arquette, Richard Edson, Debi Mazar, Leslie Mann, Seymour Cassel, Linda Ruth Goertz, Kathryn Hurd, Jennie Vaughn, Chanda Watts, Kathleen Edwards. Color - 96 min.

El día de la bestia. P.: Sogetel-Cía. Iberoamericana de TV-M.G. Pr.: Andrés Vicente Gómez. D.: Álex de la Iglesia. A. y G.: Jorge Guerricaechevarría y Álex de la Iglesia. F.: Flavio Martínez Labiano. M.: Battista Lena. Dec.: José Luis Arrizabalaga y Biaffra. Mont.: Teresa Font. Int.: Álex Angulo, Santiago Segura, Armando de Razza, Terele Pávez, Nathalie Seseña, María Grazia Cucinotta, Gianni Ippoliti, Saturnino García. Color - 103 min.

Flamenco. P.: Juan Lebrón P. C.-Sogepag. Pr.: Juan Lebrón. D.: Carlos Saura. G.: Carlos Saura. F.: Vittorio Storaro. M.: Isidro Muñoz. Dec.: Rafael Palmero. Mont.: Pablo G. del Amo. Int.: La Paquera de Jerez, Fernando de la Morena, Merche Esmeralda, Pepe de Lucía, Manolo Sanlúcar, Diego Carrasco, Joaquín Cortés, Mario Maya, Paco Toronjo, Antonio Toscano, Fernanda de Utrera, José Menese, María Pagés, Enrique Morente, José Mercé, Manuela Carrasco, Carmen Linares, Remedios Amaya, Aurora Vargas, Lole y Manuel, Rancapino y Chano Lobato, Matilde Coral, Paco de Lucía, Belén Maya, Manzanita y Ketama, Antonio Carmona. Color - 100 min.

La flor de mi secreto. P.: El Deseo S. A.-Ciby 2000. Pr.: Agustín Almodóvar y Esther García. D.: Pedro Almodóvar. A. y G.: Pedro Almodóvar. F.: Alfonso Beato. M.: Alberto Iglesias. Mont.: José Salcedo. Int.: Marisa Peredes, Juan Echanove, Carmen Elías, Rossy de Palma, Chus Lampreave, Imanol Arias, Joaquín Cortés, Manuela Vargas, Kiti Manver, Jordi Mollá, Nancho Novo, Gloria Muñoz. Color - 97 min.

Hola, ¿estás sola? P.: Fernando Colomo P. C.-La Iguana. Pr.: Fernando Colomo, Beatriz de la Gandara, Santiago García de Leaniz. D.: Iciar Bollaín. G.: Iciar Bollaín y Julio Médem. F.: Teo Delgado. M.: Bernardo Bonezzi. Dec.: Josune Lassa. Mont.: Ángel Fernández Zoido. Int.: Silke, Candela Peña, Arcadi Levin, Elena Irureta, Álex Angulo. Color - 90 min.

Nadie hablará de nosotras cuando hayamos muerto. P.: Flamenco Films-Xaloc-Cartel. Pr.: José Luis Escobar. Director: Agustín Díaz Yanes. Guión: Agustín Díaz Yanes. Fotografía: Francisco Femenía. M.: Bernardo Bonezzi. Decorados: Benjamín Fernández. Montaje: José Salcedo. Intérpretes: Victoria Abril, Federico Luppiu, Pilar Bardem, Ona Ofelia Murgía, Daniel Giménez Cacho, Ángel Alcázar, Saturnino García, Marta Aurea, Bruno Bichía, Guillermo Gil, Damián Bichía, María Asquerino, Fernando Delgado. Color - 104 min.

Tierra. P.: Sogetel. Pr.: Fernando de Garcillán y Manuel Lombardero. D.: Julio Médem. G.: Julio Médem. F.: Javier Aguirresarobe. M.: Alberto Iglesias. Dec.: Satur Idarreta. Int.: Carmelo Gómez, Emma Suárez, Silke, Karra Elejalde, Nancho Novo, Txema Blasco, Ana Sánchez, Juan José Suárez "Paquete", Ricardo Amador, César Vea, Pepe Viyuela, Alicia Agut. Color - 123 min.

Tesis. P.: Las Producciones del Escorpión. Pr.: José Luis Cuerda. D.: Alejandro Amenábar. A.: Alejandro Amenábar y Mateo Gil. G.: Alejandro Amenábar. F.: Hans Burmann. M.: Alejandro Amenábar y Mariano Marín. Dec.: Wolfgang Burmann. Mont.: María Elena Sainz de Rozas. Int.: Ana Torrent, Fele Martínez, Eduardo Noriega, Rosa Campillo, Xabier Elorriaga, Miguel Picazo, Nieves Herranz Cabrera. Color - 125 min.

Two Much. P.: Lola Films-Sogetel-Fernando Trueba P.C. Pr.: Andrés Vicente Gómez y Cristina Huete. D.: Fernando Trueba. A.: basado en la novela homónima de Donald Westlake. G.: Fernando y David Trueba. F.: José Luis Alcaine. M.: Michel Camilo. Int.: Antonio Banderas, Melanie Griffith, Daryl Hannah, Danny Aiello, Joan Cusack, Eli Wallach, Gabino Diego. Color - 117 min.

1996
Asaltar los cielos. P.: Cero en Conducta. Pr.: Frida Torresblanco, Víctor Andresco y Silvia Martínez. D.: Javier Rioyo y José Luis López-Linares. G.: Javier Rioyo. M.: Alberto Iglesias y Cuco Pérez. Mont.: Pablo Blanco y J. Fidel Collados. Documental. Blanco y negro/Color - 92 min.
Un assumpte intern / Asunto interno. P.: Diafragma. D.: Carles Balagué G.: Carles Balagué, Carlos Pérez Merinero y Ferran Alberich, basado en hechos reales. F.: Ángel Luis Fernández. M.: José María Pagán. Int.: Àlex Casanovas, Pepón Nieto, Emilio Gutiérrez Caba, Ágata Lys, Enric Arredondo, Sílvia Munt, Carlos Lucena, José María Cañete, Pepa López. Color - 100 min.
La buena vida. P.: Fernando Trueba P. C.-Kaplan (España)/Olmo Films (Francia)/L. Films-Academy Pictures (Italia). D.: David Trueba. G.: David Trueba. F.: William Lubtchansky. M.: Antoine Duhamel. Int.: Fernando Ramallo, Lucía Jiménez, Luis Cuenca, Vicky Peña, Jordi Bosch, Muntsa Alcañiz, Joel Joan, Isabel Otero, Alma Rosa. Color - 108 min.
Bwana. P.: Aurum Producciones-Cartel-Origen. D.: Imanol Uribe. A.: basado en la obra teatral de Ignacio del Moral, *La mirada del hombre oscuro*. G.: Imanol Uribe, Juan Potau y Paco Pino. F.: Javier Aguirresarobe. M.: José Nieto. Mont.: Teresa Font. Int.: Andrés Pajares, María Barranco, Emilio Buale, Alejandro Martínez, Andrea Granero, Miguel del Arco, Patricia López, Paul Berrondo, César Vea, José Quero, Rafael Yuste, Santiago Nang. Color - 85 min.
Un cos al bosc / Cuerpo en el bosque. P.: Sogedasa-Els Quatre Gats Audiovisuals-Films de l'Orient. D.: Joaquín Jordá. G.: Joaquín Jordá. F.: Carles Gusi. M.: Sergi Jordá. Int.: Rossy de Palma, Núria Prims, Ricard Borràs, Joan Masdeu, Lamin Cham, Julieta Serrano, Jaume Valls. Color - 91 min.
Éxtasis. P.: Tornasol Films. Pr.: Gerardo Herrero. D.: Mariano Barroso. G.: Joaquín Oristrell y Mariano Barroso. F.: Flavio Martínez. M.: Bingen Mendizábal y Kike Suárez Alba. Dec.: Ion Arretxe. Mont.: Fernando Pardo. Int.: Javier Bardem, Federico Luppi, Sílvia Munt, Daniel Guzmán, Leire Berrocal, Alfonso Lusson, Guillermo Rodríguez, Juan Díaz. Color - 93 min.
Familia. P.: Elías Querejeta P. C (España)/Albares Production (Francia)/ MGN (Portugal). D.: Fernando León. G.: Fernando León de Aranda. F.: Alfredo Mayo. Dec.: Soledad Seseña. Mont.: Nacho Ruiz-Capillas.. Int.: Juan Luis Galiardo, Amparo Muñoz, Ágata Lys, Elena Anaya, Chete Lera, Juan Querol, Raquel Rodrigo, André Falcon, Aníbal Carbonero, Béatrice Camurat. Color - 95 min.
Libertarias. P.: Sogetel-Lola Films. Pr.: Andrés Vicente Gómez. D.: Vicente Aranda. A.: José Luis Guarner y Vicente Aranda. G.: Antonio Rabinad y Vicente Aranda. F.: José Luis Alcaine y Juan Amorós. Música: José Nieto. Dec.: Josep Rosell. Mont.: Teresa Font. Int.: Ariadna Gil, Ana Belén, Victoria Abril, Miguel Bosé, Loles León, Jorge Sanz, Blanca Apilánez, Antonio Dechent, José Sancho, Laura Maña, Joan Crossas, Claudia Gravi, Héctor Colomé. Color - 120 min.
El perro del hortelano. P.: Enrique Cerezo-Lola Films-Cartel. D.: Pilar Miró. A.: basado en la comedia escénica de Lope de Vega. G.: Pilar Miró. F.: Javier Aguirresarobe. M.: José Nieto. Mont.: Pablo G. del Amo. Int.: Emma Suárez, Carmelo Gómez, Fernando Conde, Ana Duato, Miguel Rellán, Juan Gea, Ángel de Andrés. Color - 112 min.
El último viaje de Robert Rylands. P.: Elías Querejeta P. C.(España)/Jette Bonnevie (GB). D.: Gracia Querejeta. A.: inspirado en la novela de Javier Marías "Todas las almas". G.: Elías Querejeta y Gracia Querejeta. F.: Antonio Pueche. M.: Ángel Illarramendi. Dec.: Richard Field y Maiki Marín. Mont.: Nacho Ruiz-Capillas. Int.: Ben Cross, Cathy Underwood, Kenneth Colley, Gary Piquer, William Franklin, Perdita Weeks, Lalita Ahmed, Karl Collins, Maurice Denham. Color - 92 min.

1997
A ciegas. P.: Star Línea. D.: Daniel Calparsoro. G.: Daniel Calparsoro y Nicolás Méndez. F.: Gonzalo

Fernández Berridi. M.: Mario de Benito. Int.: Najwa Nimri, Alfredo Villa, Ramón Barea, Elena Irureta, Mariví Bilbao, Javier Nogueiras. Color - 90 min.

Abre los ojos. P.: Sogetel-Las Producciones del Escorpión/Les Films Alain Sarde-Lucky Red. Pr.: José Luis Cuerda. D.: Alejandro Amenábar. A. y G.: Alejandro Amenábar. F.: Hans Burmann. M.: Alejandro Amenábar y Mariano Marín. Dec.: Wolfgang Burmann. Mont.: María Elena Sainz de Rozas. Int.: Eduardo Noriega, Penélope Cruz, Najwa Nimri, Fele Martínez, Chete Lera, Gérard Barray. Color - 118 min.

La buena estrella. P.: Pedro Costa P. C.-Enrique Cerezo (España)/Mat Films (Francia) G. A. & A. (Italia). D.: Ricardo Franco. G.: Ricardo Franco y Ángeles González Sinde. F.: Tote Trenas. M.: Eva Gancedo. Dec.: Juan Botella. Mont.: Esperanza Cobos. Int.: Antonio Resines, Maribel Verdú, Jordi Mollà, Elvira Mínguez, Ramón Barea, Clara Sanchís. Color - 105 min.

La camarera del Titanic. P.: Mate Production-Tornasol Films S. A. (España)/ La Sept Cinéma-France 2 (Francia)/Cinema Rodeo Drive (Italia). Pr.: Mate Cantero, Yves Marmion y Daniel Toscan du Plantier. D.: Bigas Luna. G.: José Juan Bigas Luna y Cuca Canals. F.: Patrick Blossier. M.: Alberto Iglesias. Dec.: Walter Caprara y Bruno Cesari. Mont.: Kenout Peltier. Int.: Olivier Martínez, Aitana Sánchez-Gijón, Romane Bohringer, Salvador Madrid. Color - 99 min.

Carne trémula. P.: El Deseo-Ciby 2000 (España)/Hans France (Francia). Pr.: Agustín Almodóvar. D.: Pedro Almodóvar. A.: inspirado en la novela de Ruth Rendell, "Life Flesh". G.: Pedro Almodóvar y Ray Loriga. F.: Alfonso Beato. M.: Alberto Iglesias. Dec.: Antxon Gómez. Mont.: José Salcedo. Int.: Javier Bardem, Liberto Rabal, Francesca Neri, Ángela Molina, Pepe Sancho, Pilar Bardem, Penélope Cruz, María Pujalte, Ángel Angulo. Color - 99 min.

El color de las nubes. P.: Urbana Films. Pr.: Pilar Ruiz. D.: Mario Camus. A.: Mario Camus. G.: Miguel Rubio y Mario Camus. F.: Jaume Peracaula. M.: Sebastián Mariné. Dec.: Antonio Cortés. Mont.: José María Biurrun. Int.: Julia Gutiérrez Caba, Antonio Valero, Ana Duato, Pedro Barreján, José María Doménech, Simón Andreu, Adis Suljic, Ramón Langa, Manuel Zarzo, Miguel Arribas. Color - 115 min.

Cosas que dejé en La Habana. P.: Tornasol-Sogetel. Pr.: Gerardo Herrero. D.: Manuel Gutiérrez Aragón. G.: Senel Paz y Manuel Gutiérrez Aragón. F.: Teo Escamilla. M.: José María Vitier. Dec.: Miguel López Pelegrín. Mont.: José Salcedo. Int.: Jorge Perugorría, Violeta Rodríguez, Kiti Manver, Broselianda Hernández, Isabel Santos, Daisy Granados, Charo Soriano, Pepón Nieto, Luis Alberto García, Paco Merino. Color - 90 min.

Las ratas. P.: Teja Films. Pr.: Teo Escamilla. D.: Antonio Giménez-Rico. A.: basado en la novela homónima de Miguel Delibes. G.: Antonio Giménez-Rico. F.: Teo Escamilla. Dec.: Gumersindo Andrés. Mont.: Miguel González Sinde. Int.: Álvaro Monje, José Caride, Juan Jesús Valverde, Esperanza Alonso, Joaquín Hinojosa, Susi Sánchez, Luis Perezagua. Color - 97 min.

Territorio comanche. P.: Tornasol Films-B. G. M. Entertainment (España)/ Road Movies Dritte Produktionem (Alemania)/Blue Dahlia Production (Francia)/Kompel-AVH San Luis (Argentina). Pr.: Gerardo Herrero y Javier López Blanco. D.: Gerardo Herrero. A.: basado en la novela de Arturo Pérez-Reverte. G.: Salvador García y Arturo Pérez-Reverte. F.: Alfredo Mayo. M.: Ivan Wyszogrod. Dec.: Luis Vallés. Mont.: Carmen Frías. Int.: Imanol Arias, Carmelo Gómez, Cecilia Dopazo, Gaston Pauls, Bruno Tedeschini, Mirta Zecevic. Color - 90 min.

Secretos del corazón. P.: Aiete Films-Ariane (España)/ DMVB (Francia)/Fábrica de Imágenes (Portugal). Pr.: Imanol Uribe y Andrés Santana. D.: Montxo Armendáriz. G.: Montxo Armendáriz. F.: Javier Aguirresarobe. M.: Bingen Mendizábal. Mont.: Rori Sainz de Rozas. Int.: Andoni Erburu, Carmelo Gómez, Sílvia Munt, Charo López, Vicky Peña, Álvaro Nagore, Iñigo Garcés, Joan Vallès, Chete Lera, Joan Dalmau. Color - 109 min.

Tic Tac. P.: Avanti Films-TV3. Pr.: Victòria Borrás. D.: Rosa Vergés. G.: Edmon Roch y Rosa Vergés. F.: Tomàs Pladevall. M.: José María Pagán. Dec.: Rosa Ros. Coreografía: Marta Almirall y la compañía de ballet Roseland. Montaje: Raúl Román. Int.: Sergi Ruiz, Martí Milla, Laia Solís, Luciano Federico, Lluïsa Castell, Jordi Boixaderas, Carlota Soldevila, Arnau Vilardebó. Color - 80 min.

Tren de sombras. P.: Films 59-Grup Cinema Arts. Pr.: Pere Portabella y Héctor Faver. D.: José Luis Guerín. G.: José Luis Guerín. F.: Tomàs Pladevall. M.: Schönberg, Ravel, Offenbach y Albert Bover. Dec.: Rosa Ros e Isabel Caellas. Int.: Juliette Gaultier, Anne Céline Auché, Ivon Orvain, Céline Laurent, Anne Simone Mercier, Carles Romagosa, Lola Bresses. Color - 80 min.

1998

A los que aman. P.: Fernando de Garcillán, para Sogetel. D.: Isabel Coixet. G.: Isabel Coixet y Joan Potau. F.: Paco Femenía. M.: Alfonso Vilallonga. Dec.: Juan Botella. Mont.: Ernest Blasi. Int.: Julio Núñez, Olalla Moreno, Patxi Freytez, Mónica Bellucci, Christopher Thompson, Amanda García, Gary Piquer, Juan Manuel Chapiella, Albert Pla, Adrián Estinus, Mónica Gagon. Color - 97 min.

El abuelo. P.: Nickel Odeón. D.: José Luis Garci. A.: basado en la novela homónima de Benito Pérez Galdós. G.: José Luis Garci y Horacio Valcárcel. F.: Raúl Pérez Cubero. M.: Manuel Balboa. Dec.: Gil Parrondo. Mont.: Miguel González Sinde. Int.: Fernando Fernán Gómez, Cayetana Guillén Cuervo, Rafael Alonso, Agustín González, Cristina Cruz, Alicia Rozas, Fernando Guillén, María Massip, Francisco Algora, Emma Cohen, José Caride, Juan Calot, Antonio Valero. Color - 150 min.

Los amantes del Círculo Polar. P.: Alicia Produce-Bailando en la Luna, para Sogetel. Pr.: Fernando Bovaira y Enrique López Lavigne. D.: Julio Médem. G.: Julio Médem. F.: Kalo F. Berridi. M.: Alberto Iglesias. Dec.: Satu Idarreta. Mont.: Iván Aledo. Int.: Najwa Nimri, Fele Martínez, Nancho Novo, Maru Valdivieso, Peru Médem, Sara Valiente, Víctor Hugo Oliveira, Kristel Díaz, Pep Munné, Joost Siedhoff, Rosa Morales, Jaroslaw Bielski, Beate Jensen. Color - 97 min.

Los años bárbaros. P.: Beatriz de la Gándara-Fernando Colomo P. C., para Sogetel. D.: Fernando Colomo. A.: Nicolás Sánchez-Albornoz. G.: Carlos López, José Ángel Esteban y Fernando Colomo. F.: Néstor Calvo. M.: Juan Bardem. Dec.: Alain Bainee. Mont.: Miguel Ángel Santamaría. Int.: Jordi Mollá, Ernesto Alterio, Allison Smith, Hedy Burress, Juan Echanove, Samuel Le Biant, Josep María Pou, Pepón Nieto, Ana Rayo. Color - 120 min.

L'arbre de les ciceres / El árbol de las cerezas. P.: Oberon Cinematogràfica. Pr.: Antonio Chavarrías. D.: March Recha. G.: Marc Recha. F.: Miguel Llorens. M.: Toti Soler. Mont.: Ernest Blasi. Int.: Pere Ponce, Jordi Dauder, Diana Palazón. Isabel Rocatti, Berna Llobell, Blai Pascual, Pep Cortés, Miquel Àngel Romo, Raul Julve, Rosana Pastor. Color - 90 min.

Un banco en el parque. P.: Fernando Colomo P. C.-Alta Films. Pr.: Fernando Colomo. D.: Agustí Vila. G.: Agustí Vila. F.: David Omedes. M.: Ian Briton. Dec.: Sofía Pape. Mont.: Miguel Ángel Santamaría. Int.: Alex Brendemühl, Victoria Freire, Mónica López, Vicenta Ndongo, Ingrid Rubio, Rosana Pastor, Aitor Merino, Gary Piquer, Francesc Garrido. Color - 80 min.

Barrio. P.: Elías Querejeta P. C.-Mact Productions-M.G.N. Filmes, para Sogetel. Productor: Elías Querejeta. D.: Fernando León. G.: Fernando León de Aranoa. F.: Alfredo Mayo. M.: Hechos Contra el Decoro. Dec.: Soledad Seseña. Mont.: Nacho Ruiz Capillas. Int.: Críspulo Cabezas, Timy, Eloi Yebra, Marieta Orozco, Alicia Sánchez, Enrique Villén, Francisco Algora, Chete Lera, Claude Pascadel. Color - 105 min.

La hora de los valientes. P.: Enrique Cerezo. D.: Antonio Mercero. A.: Antonio Mercero. G.: Horacio Valcárcel y Antonio Mercero. F.: Jaume Peracaula. M.: Ningen Mendizábal. Dec.: Gil Parrondo. Mont.: Nacho Ruiz Capillas. Int.: Gabino Diego, Leonor Watling, Luis Cuenca, Adriana Ozores, Juan José Otegui, Ramón Langa, Josep María Pou. Color - 116 min.

Lluvia en los zapatos. P.: Esicma. Pr.: Juan Gordon. D.: María Ripoll. G.: Rafa Russo. F.: Javier Salmones. M.: Luis Mendo & Bernardo Fuster y Ángel Illarramendi. Dec.: Grant Hicks. Mont.: Nacho Ruiz Capillas. Int.: Douglas Henshall, Lena Heady, Penélope Cruz, Gustavo Salmerón, Charlotte Coleman, Eusebio Lázaro, Mark Strong, Neil Stuke, Elizabeth McGovern. Color - 96 min.

El milagro de P. Tinto. P.: Películas Pendelton, para Sogetel. Pr.: Luis Manso. D.: Javier Fesser. G.: Guillermo y Javier Fesser. F.: Javier Aguirresorabe. M.: Suso Saiz. Dec.: César Macarrón. Mont.: Guillermo Represa. Int.: Luis Ciges, Silvia Casanova, Pablo Pinedo, Javier Aller, Emilio Gavira, Carlos Soto, Janfri Topera. Color - 107 min.

La niña de tus ojos. P.: Cartel-Fernando Trueba P. C.-Lola Films. D.: Fernando Trueba. G.: Carlos López, Miguel Ángel Egea, David Trueba y Rafael Azcona. F.: Javier Aguirresarobe. M.: Antoine Duhamel. Dec.: Gerardo Vera y Juan Botella. Mont.: Carmen Frías. Int.: Penélope Cruz, Antonio Resines, Jorge Sanz, Loles León, Santiago Segura, Rosa María Sardá, Neus Asensi, Jesús Bonilla, Miroslav Taborsky, Johannes Silbershneider, Karel Dobry, Götz Otto, Heinz Rilling, María Barranco, Juan Luis Galiardo, Hanna Schygulla. Color - 121 min.

La primera noche de mi vida. P.: Alphaville. Pr.: Mariel Guiot. D.: Miguel Albadalejo. A.: Elvira Lindo. G.: Elvira Lindo y Miguel Albadalejo. F.: Alfonso Sanz Alduán. M.: Lucio Godoy. Dec.: Ángel Sarrión. Mont.: Ángel Hernández. Int.: Leonor Watling, Juanjo Martínez, Carlos Fuentes, Emilio Gutiérrez Caba, Mariola Fuentes, Manuel Zarzo, Roberto Hernández, María José Alfonso, Íñigo Garcés, Anna Lizaran, Adriana Ozores, Antonia San Juan. Color - 85 min.

Saïd. P.: Centre de Producció de la Imatge. Pr.: Ferran Llagostera. D.: Llorenç Soler. A.: basado en la novela de Josep Lorman, *L'aventura de Saïd*. G.: J. L. Roig y Llorenç Soler. F.: Xavier Camí. M.: Eduardo Arbide. Dec.: Gloria Martí. Mont.: Pere Abadal. Int.: Noufal Lhafi, Núria Prims, Marouan Mribti, Mercedes Sampietro, Agustín González, Jordi Dauder, Marisa Josa, Samir El Quchiri, Javier Nart, Luis Iriondo. Color - 101 min.

Solas. P.: Maestranza Films. Pr.: Antonio P. Pérez. D.: Benito Zambrano. A. y G.: Benito Zambrano. F.: Tote Trenas. M.: Antonio Meliveo. Dec.: Lala Obrero. Montaje: Benito Zambrano. Int.: María Galiana, Ana Fernández, Carlos Álvarez-Novoa, Antonio Dechent, Paco de Osca. Color -101 min.

El sudor de los ruiseñores. P.: Internacional TV Producciones S. L. Pr.: Juan Manuel Cotelo y Enrique Urdánoz. D.: Juan Manuel Cotelo. G.: Juan Manuel Cotelo. F.: Enrique Urdánoz. M.: Íñigo Pírfano y Rosana. Dec.: Alicia Otaegui. Mont.: Juan Manuel Cotelo y Susana Cabanas. Int.: Alexandru Agarici, Carlos Ysbert, María de Madeiros, Ana Joana Macaria, Manuel Monje, Berta Casals, Florina Atanasescu. Color - 117 min.

Tango (No me dejes nunca). P.: Argentina Sono Films & Alma Ata International Pictures (Argentina)/Terraplén Producciones-Adela Pictures-Deco Films (España). P.: Luis A. Scalella, Carlos A. Mentasti y Juan D. Codazzi. D.: Carlos Saura. G.: Carlos Saura. F.: Vittorio Storaro. M.: Lalo Schifrin. Escenografía: Emilio Basaldua. Coreógrafos: Juan Carlos Copes, Ana Mª Steckelman y Carlos Rivarola. Int.: Miguel Ángel Solá, Mía Maestro, Celia Narova, Juan Carlos Copes, Juan Luis Galiardo, Carlos Rivarola, Sandra Ballesteros, Oscar Cardoso Ocampo, Julio Bocca. Color - 115 min.

Torrente, el brazo tonto de la ley. Lola Films-Cartel. Pr.: Andrés Vicente Gómez y Marco Gómez. D.: Santiago Segura. G.: Santiago Segura. F.: Carles Gusi. M.: Roque Baños. Mont.: Fidel Collados. Int.: Santiago Segura, Javier Cámara, Tony Leblanc, Neus Asensi, Chus Lampreave, Manuel Manquiña, Espartaco Santoni, Julio Sanjuán, Jaime Barnatán, Darío Paso, Carlos Bardem, Cañita Brava, El Gran Wyoming, Poli Díaz. Color - 97 min.

1999

A propósito de Buñuel. P.: Arte (España)/Amaranda (México), para Cero en Conducta. Pr.: Laura Imperiale, Silvia Martínez, Juliette Buñuel y Jessica Berman. D.: José Luis López-Linares y Javier Rioyo. G.: Agustín Sánchez Vidal. F.: José Luis López-Linares. M.: Mauricio Villavecchia. Mont.: Fidel Collados. Narrador: José Sancho. Blanco y negro/Color - 103 min.

Cuando vuelvas a mi lado. P.: Elías Querejeta P. C., para Sogetel. D.: Gracia Querejeta. G.: Elías y Gracia Querejeta, con la colaboración de Manuel Gutiérrez Aragón. F.: Alfredo Mayo. M.: Ángel Illarramendi. Dec.: Llorenç Miquel. Mont.: Nacho Ruiz Capillas. Int.: Marta Belaústegui, Mercedes Sampietro, Adriana Ozores, Rosa Mariscal, Julieta Serrano, Jorge Perugorría, François Dunoyer, Ramón Barea, Giovanna Muñoz, Israel Rodríguez, José Ángel Egido. Color - 95 min.

Era outra vez / Érase otra vez. P.: Atlántico Films. Pr.: Pilar Sueiro. D.: Juan Pinzás. G.: Juan Pinzás. F.: Gerardo Moschioni y Tote Trenas. M.: Juan Sueiro. Mont.: María Lara. Int.: Monti Castineiras, Pilar Saavedra, Vicente de Souza, Mara Sánchez, Víctor Mosqueira, Isabel Vallejo, Marcos Orsi, Mimi Fuentes, Antón Reixa, Paul Naschy. Color - 93 min.

Flores de otro mundo. P.: La Iguana-Alta Films. D.: Iciar Bollaín. A. y G.: Julio Llamazares e Iciar Bollaín. F.: Teo Delgado. M.: Pascal Gaine. Dec.: Josune Lasa. Mont.: Ángel Hernández Zoilo. Int.: Lissette Mejía, Luis Tosar, Marilín Torres, José Sancho, Elena Irureta, Chete Lera, Amparo Valle, Rubén Ochandiano. Color - 105 min.

Goya en Burdeos. P.: Lolafilms (España/Italian International Films (Italia). Pr.: Andrés Vicente Gómez y Fulvio Lucsiano. D.: Carlos Saura. A.: basado en la vida de Francisco de Goya. G.: Carlos Saura. F.: Vittorio Storaro. M.: Roque Baños. Dec.: Pierre-Louis Thévenet. Mont.: Julia Juániz. Int.: Francisco Rabal, José Coronado, Maribel Verdú, Eulalia Ramón, Dafne Fernández, Josep María Pou, Saturnino García, Joaquín Climent, Cristina Espinosa, Carlos Hipólito, con la colaboración de "La Fura dels Baus". Color - 102 min.

La lengua de las mariposas. P.: Las Producciones del Escorpión-Grupo Voz, para Sogetel. D.: José Luis Cuerda. A.: basado en los relatos de Manuel Rivas, "Un saxo en la niebla", "La lengua de las mariposas" y "Carmina". G.: Rafael Azcona. F.: Javier Salmones. M.: Alejandro Amenábar. Dec.: Josep Rosell. Mont.: Nacho Ruiz Capillas. Int.: Fernando Fernán Gómez, Manuel Lozano, Uxía Blanco, Alexis de los Santos, Gonzalo Martín Uriarte, Guillermo Toledano. Color - 93 min.

Los sin nombre. P.: Joan Guinard P. C.-Sogedasa. Pr.: Joan Guinard y Julio Fernández. D.: Jaume Balagueró. A.: basado en la novela de Ramsey Campbell, "The Nameless". G.: Jaume Balagueró. F.: Xavier Giménez. M.: Carles Cases. Dec.: Matías Tikas. Mont.: Luis de la Madrid. Int.: Emma Vilarasau, Karra Elejalde, Jordi Dauder, Tristán Ulloa, Toni Sevilla, Pep Tosar, Carlos Lasarte, Brendan Price, Nuria Cano, Josep María Domènech. Color - 100 min.

Manolito Gafotas. P.: Sogedasa, para Filmax. Pr.: Julio Fernández. D.: Miguel Albadalejo. A.: Elvira Lindo, basado en sus programas radiofónicos. G.: Elvira Lindo y Miguel Albadalejo. F.: Alfonso Sanz Iduán. M.: Lucio Godoy. Dec.: Eduardo Cucatto. Mont.: Pablo Blanco. Int.: David Sánchez del Rey, Adriana Ozores, Roberto Álvarez, Antonio Gamero, Alejandro Martínez, Laura Calabuig. Color - 89 min.

Nadie conoce a nadie. P.: Maestranza Films, para Sogetel. Pr.: Antonio P. Pérez y Gustavo Ferrada. D.: Mateo Gil. A.: basado en la novela homónima de Juan Bonilla. G.: Mateo Gil. F.: Javier Salmones. M.: Alejandro Amenábar. Dec.: Javier Po. Mont.: Nacho Ruiz Capillas. Int.: Eduardo Noriega, Jordi Mollá, Natalia Verbeke, Paz Vega, Pedro Álvarez Osorio, Mauro Ribera, José Manuel Seda, Jesús Olmedo, Richard Henderson, Críspulo Cabezas, José Ramón Cadiñanos. Color - 108 min.

Todo sobre mi madre. P.: El Deseo (España)/Renn Productions-France 2 Cinéma (Francia). Pr.: Agustín Almodóvar. D.: Pedro Almodóvar. A. y G.: Pedro Almodóvar. F.: Alfonso Beato. M.: Alberto Iglesias. Dec.: Antxón Gómez. Mont.: José Salcedo. Int.: Cecilia Roth, Penélope Cruz, Marisa Paredes, Antonia San Juan, Candela Peña, Rosa María Sardá, Fernando Fernán Gómez, Toni Cantó, Fernando Guillén, Eloy Azorín, Carlos Lozano. Color - 99 min.

Yoyes. P.: C.I.P.I. Cinematográfica (España)/MACT Productions (Francia)/ Marvel Movies (Italia). D.: Helena Taberna. A.: basado en la vida de María Dolores González Catarain, alias "Yoyes". G.: Helena Taberna y Andrés Martorell. F.: Federico Rives. M.: Ángel Illarramendi. Mont.: Rori Sainz de Rozas. Int.: Ana Torrent, Ernesto Alterio, Ramón Langa, Florence Pernel, Iñaki Aierra, Isabel Ordaz, Juan Jesús Valverde. Color - 103 min.

2000

El Bola. P.: Teszela P. C. Pr.: José Antonio Félez. D.: Achero Mañas. G.: Achero Mañas. F.: Juan Carlos Gómez. M.: Eduardo Arbide. Dec.: Satur Idarreta. Mont.: Nacho Ruiz Capillas. Int.: Juan José Ballesta, Pablo Galán, Alberto Jiménez, Manuel Morón, Ana Wagener, Nieves de Medina, Gloria Muñoz, Javier Lago, Omar Muñoz, Soledad Osorio. Color - 88 min.

El cielo abierto. P.: Aurum Producciones. Pr.: Francisco Ramos y Fernando de Garcilán. D.: Miguel Albadalejo. A.: Elvira Lindo. G.: Miguel Albadalejo y Elvira Lindo. F.: Alfonso Sanz Alduan. M.: Lucio Godoy. Dec.: Eduardo Hidalgo. Mont.: Ángel Hernández Zoilo y Ascen Marchena. Int.: Sergi López, Mariola Fuentes, María José Alfonso, Emilio Gutiérrez Caba, Geli Albadalejo, Elvira Lindo,

Marcela Wallerstein, Javier Dorado, Antonia Sastre, Félix Álvarez, Violeta Sánchez, David Alcázar, Pilar Barroso. Color - 107 min.

La comunidad. P.: Lolafilms. Pr.: Andrés Vicente Gómez. D.: Álex de la Iglesia. G.: Jorge Guerricaechevarría y Álex de la Iglesia. F.: Kiko de la Roca. M.: Roque Baños. Dec.: José Luis Arrizabalaga. Mont.: Alejandro Lázaro. Int.: Carmen Maura, Terele Pávez, Emilio Gutiérrez Caba, Paca Gabaldón, María Asquerino, Sancho Gracia, Kiti Manver, Jesús Bonilla, Marta Fernández Muro, Eduardo Antuña, Roberto Perdomo, Ane Gabarain, Enrique Villén, Manuel Tejada. Color - 106 min.

Leo. P.: El Imán. Pr.: José Luis Borau. D.: José Luis Borau. A.: G.: José Luis Borau. F.: Tomás Pladevall. M.: Álvaro de Cárdenas. Dec.: Víctor Molero. Mont.: José Salcedo. Int.: Iciar Bollaín, Javier Batanero, Valeri Jevlinski, Rosana Pastor, Luis Tosar, Charo Soriano, José Gómez, Jorge Bosch, Carlos Kaniowsky, Encarna Breis. Color - 86 min.

Obra maestra. P.: Fernando Trueba P. C.-Buenavida Producciones. Pr.: Cristina Huete. D.: David Trueba. G.: David Trueba. F.: Javier Aguirresarobe. M.: Roque Baños. Dec.: Cristina Mampaso. Mont.: Pablo G. del Amo. Int.: Ariadna Gil, Santiago Segura, Pablo Carbonell, Loles León, Luis Cuenca, Jesús Bonilla, Joserra Cadiñanos, Manolo Codeso, Ana María Barbany, Concha Redondo, Anabel Labrador. Color - 115 min.

El otro barrio. P.: Lolafilms. Pr.: Gerardo Herrero y Javier López Blanco. D.: Salvador García Ruiz. A.: basado en la novela homónima de Elvira Lindo. G.: Salvador García Ruiz. F.: Teo Delgado. M.: Pascal Gaigne. Dec.: Federico García Cambero. Mont.: Carmen Frías. Int.: Álex Casanovas, Jorge Alcázar, Alberto Ferreiro, Pepa Pedroche, Mónica López, Empar Ferrer, Guillermo Toledo, Joaquín Climent. Color - 130 min.

El portero. P.: Lolafilms Pr.: Andrés Vicente Gómez. D.: Gonzalo Suárez. A.: basado en un cuento de Manuel Hidalgo. G.: Gonzalo Suárez y Manuel Hidalgo. F.: Carlos Suárez. M.: Carles Cases. Dec.: Wolfgang Burmann. Mont.: Juan Carlos Arroyo. Int.: Carmelo Gómez, Maribel Verdú, Roberto Álvarez, Eduard Fernández, Antonio Resines, Elvira Mínguez, Abel Vitón, Adrián Ramírez, Andoni Gracia, Julio Vélez. Color - 86 min.

Las razones de mis amigos. P.: Tornasol Films Pr.: Gerardo Herrero y Javier López Blanco. D.: Gerardo Herrero. A.: basado en la novela "La conquista del aire", de Belén Gopedi. G.: Ángeles González-Sinde. F.: Alfredo F. Mayo. M.: Lucio Godoy. Dec.: Gabriel Carrascal. Mont.: Carmen Frías. Int.: Marta Belaústegui, Joel Juan, Sergi Calleja, Lola Dueñas, José Tomé, Ana Duato. Color - 105 min.

El viaje de Arián. P.: Montjuïc Entertainment. Pr.: Ángel Blasco. D.: Eduard Bosch. G.: Eduard Jordi Gasull y Patxi Amezcua. F.: Xavier Gil. M.: Joan Valent. Dec.: Yasmina Valls. Mont.: Javier Naya y Eduard Bosch. Int.: Ingrid Rubio, Abel Folk, Sílvia Munt, Txema Blasco, Paul Berraondo, Carlos Manuel Díaz, Laia Marull, Alfonsa Rosso, Josep Molina, Santiago Ibáñez. Color - 103 min.

You're the One (Una historia de entonces). P.: Nickel Odeon 2. D.: José Luis Garci. A. y G.: José Luis Garci y Horacio Valcárcel. F.: Raúl Pérez Cubero. M.: Pablo Cervantes. Dec.: Gil Parrondo. Mont.: Miguel González Sinde. Int.: Lydia Bosch, Ana Fernández, Julia Gutiérrez Caba, Manuel Lozano, Iñaki Miramón, Juan Diego, Jesús Puente, Fernando Guillén, Marisa de Leza, Carlos Hipólito. Blanco y negro - 122 min.

2001

Anita no perd el tren / Anita no pierde en tren. P.: Els Films de la Rambla, S. A. Pr.: Ventura Pons. D.: Ventura Pons. A.: basado en "Bones obres", de Lluís-Anton Baulenas. G.: Ventura Pons y Lluís-Anton Baulenas. F.: Mario Montero. M.: Carles Cases. Dec.: Bello Torras. Mont.: Pere Abadal. Int.: Rosa María Sardá, José Coronado, María Barranco, Jordi Dauder, Roger Coma, Albert Forner, Mercé Aránega, Josep Julien, Santi Sans. Color - 90 min.

En construcción. P.: Ovideo TV (España)/Are France (Francia). Pr.: D.: José Luis Guerín. G.: José Luis Guerín. F.: Alex Gaultier. Sonido: Amanda Villavieja. Mont.: Mercedes Álvarez, Núria Esquerra y José Luis Guerín. Int.: Antonio Atar, Juana Rodríguez, Iván Guzmán, Juan López, Santiago Segade, Abel Azizi El Mountassir. Color - 125 min.

En la ciudad sin límites. P.: Zebra Producciones (España)/Patagonik Film Group (Argentina). Pr.: Antonio Saura y José Nolla. D.: Antonio Hernández. G.: Antonio Hernández. F.: Unax Mendia. M.: Víctor Retes. Dec.: Gabriel Carrascal. Mont.: Javier Laffaille. Int.: Fernando Fernán Gómez, Leonardo Sbaraglia, Geraldine Chaplin, Ana Fernández, Álex Casanovas, Adriana Ozores, Roberto Álvarez, Leticia Brédice, Mónica Estarreado. Color - 120 min.

El florido pensil. P.: World Entertainment-Buena Vista Internacional. D.: Juan José Porto. A.: basado en el libro homónimo de Andrés Sopeña. G.: Juan José Porto, Roberto Vera y Roberto Oltra. F.: Fernando Arribas. M.: Jesús Gluck y Álvaro Zapata. Mont.: Miguel Ángel Santamaría. Int.: Daniel Rubio, Fernando Guillén, David Sánchez, Gran Wyoming, Alberto Tena, Emilio Gutiérrez Caba, Chus Lampreave, Fernando Guillén Cuervo, Natalia Dicenta, Valentín Paredes. Color - 95 min.

Intacto. P.: Sogecine-Tenerife Film. Pr.: Fernando Bovaira y Enrique López Lavigne. D.: Juan Carlos Fesnadillo. G.: Andrés Koppel y Juan Carlos Fesnadillo. F.: Xavier Giménez. M.: Lucio Godoy. Dec.: César Macarrón. Mont.: Nacho Ruiz Capillas. Int.: Leonardo Sbaraglia, Eusebio Poncela, Mónica López, Antonio Dechent, Max von Sydow. Color - 109 min.

Juana la Loca. P.: Enrique Cerezo P. C. Pr.: Enrique Cerezo. D.: Vicente Aranda A.: inspirada en la pieza de Tamayo y Baus, "La locura de amor". G.: Vicente Aranda y Antonio Larreta. F.: Paco Femenía. M.: José Nieto. Dec.: Josep Rosell. Mont.: Teresa Font. Int.: Pilar López de Ayala, Daniele Liotti, Rosana Pastor, Giulianno Gemma, Roberto Álvarez, Guillermo Toledo, Susy Sánchez, Manuela Arcuri, Eloy Azorín. Color - min.

Los niños de Rusia / Els nens de Rússia. P.: Tibidabo Films. Pr.: Jaime Camino. D.: Jaime Camino. A.: idea de Román Gubern. G.: Jaime Camino. Asesora histórica: Dolores Cabra. F.: M. Ardanaz, A. Olmo y R. Solís. M.: Albert Guinovart y Luis Claret. Mont..: Núria Esquerra.: Int.: 18 "niños" supervivientes (evacuados entre los 8 y los 14 años), la tutora Esperanza Rodríguez y el ex agente del KGB Oleg Nechiporenko. Color/Blanco y negro - 94 min.

Los Otros / The Others. P.: Sogecine-Las Producciones del Escorpión (España)/Cruise-Wagner (USA). Pr.: José Luis Cuerda, Fernando Bovaira, Sunmin Park, Tom Cruise y Paula Wagner. D.: Alejandro Amenábar. G.: Alejandro Amenábar. F.: Javier Aguirresarobe. M.: Alejandro Amenábar. Dec.: Benjamín Fernández. Mont.: Nacho Ruiz Capillas. Int.: Nicole Kidman, Fionnula Flanagan, Alakina Mann, James Bentley, Christopher Eccleston, Ric Sykes, Elaine Cassidy, Renée Ashersonm Keith Allen, Alexander Vince, Michelle Fairley. Color - 103 min.

Pau i el seu germà / Pau y su hermano. P.: Pr.: Oberon Cinematográfica (España-Francia). Pr..: Antonio Chavarrías y Jacques Bidou. D.: Marc Recha. G.: Marc Recha, con la colaboración de Joaquín Jordá. F.: Hélène Louvart.M.: Geronación, Xavier Turull, Fred Vilmar, Toni Xuclà y El Gitano. Mont.: Ernest Blasi. Int.: David Selvas, Alicia Orozco, Nathalie Boutafeu, Marieta Orozco, Luis Hostalot, Juan Marquez, David Recha. Color - 110 min.

Silencio roto. P.: Oria Films. Pr.: Puy Oria y Montxo Armendáriz. D.: Montxo Armendáriz. G.: Montxo Armendáriz. F.: Guillermo Navarro. M.: Pascal Gaigne. Dec.: Julio Esteban. Mont.: Rori Sainz de Rozas. Int.: Lucía Jiménez, Juan Diego Botto, Mercedes Sampietro, Álvaro de Luna, María Botto, Rubén Ochandiano, Andoni Erburu, María Vázquez, Pepo Oliva, Joseba Apaolaza, Ramón Barea, Asunción Balaguer, Alicia Sánchez, Joan Dalmau. Color - 110 min.

Sin noticias de Dios. P.: Flamenco Films-Tornasol-Cartel (España)/DMVB Eyescreen (Francia-Italia)/Ensueño Films (México). Pr.: Eduardo Gil Casas, Gerardo Herrero y Eduardo Campoy. D.: Agustín Díaz Yanes. G.: Agustín Díaz Yanes. F.: Paco Femenia. M.: Bernardo Bonezzi. Dec.: Javier Fernández. Mont.: José Salcedo. Int.: Penélope Cruz, Victoria Abril, Demián Bichir, Fanny Ardant, Gael García Bernal, Emilio Gutiérrez Caba, Cristina Marcos, Juan Echanove, Bruno Bichir, Gemma Jones, Elena Anaya, Peter McDonald. Color - 122 min.

Sólo mía. P.: Star Line Productions. Pr.: Juan Alexander. D.: Javier Balaguer. G.: Álvaro García Mohedano y Javier Balaguer. F.: Juan Molina. Dec.: Cristina Mampaso. Mont.: Guillermo Represa. Int.: Sergi López, Paz Vega, Elvira Mínguez, Alberto Jiménez, María José Alfonso, Beatriz Bergamín, Asunción Balaguer, Luis Hostalot, Borja Elgea, Ginés García Millán. Color - 103 min.

Torrente 2: Misión en Marbella. P.: Amiguetes Entertainment, S. L.-Lola Films. Pr.: Juan Dakas y Andrés Vicente Gómez. D.: Santiago Segura. G.: Santiago Segura. F.: Guillermo Cranillo. M.: Roque Baños. Dec.: J. L. Arrizabalaga y Biaffra. Mont.: Fidel Collados. Int.: Santiago Segura, Gabino Diego, Tony Leblanc, Inés Sastre, José Luis Moreno. Color - 99 min.

2002
El alquimista impaciente. P.: Continental Producciones-Cartel-Tornasol Films (España)/ Patagonik Film Group (Argentina). Pr.: Gerardo Herrero, Eduardo Campoy, Pancho Casal y Pablo Bossi. D.: Patricia Ferreira. A.: basado en la novela homónima de Lorenzo Silva. G.: Patricia Ferreira y Enrique Jiménez. F.: Marcelo Camorino. M.: Javier Navarrete. Dec.: Rafael Palmero. Mont.: Carmen Frías. Int.: Ingrid Rubio, Roberto Enríquez, Chete Lera, Adriana Ozores, Miguel Ángel Solá, Jordi Dauder, Mariana Santángelo, Nacho Vidal, Josep Linuesa, Miguel Zúñiga. Color - 110 min.

El caballero Don Quijote. P.: Gonafilm. Pr.: Juan Gona y José Luis Jiménez. D.: Manuel Gutiérrez Aragón. A.: basado en la obra de Miguel de Cervantes. G.: Manuel Gutierrez Aragón. F.: José Luis Alcaine. M.: José Nieto. Dec.: Félix Murcia. Vest.: Gerardo Vera. Mont.: José Salcedo. Int: Juan Luis Galiardo, Carlos Iglesias, José Luis Torrijos, Víctor Clavijo, Santiago Ramos, Kiti Manver, María Isasi, Manuel Alexandre, Marta Etura, Joaquín Hinojosa, Emma Suárez, Juan Diego Botto, Juan Luis Alcobendas, Manuel Manquiña. Paco Merino, Fernando Guillén Cuervo. Color - 123 min.

La caja 507. P.: Sogecine-Iberrota Films. Pr.: Fernando Bovaira y Gustavo Ferrada. D.: Enrique Urbizu. G.: Enrique Urbizu y Michel Gaztambide. F.: Carles Gusi. M.: Mario de Benito. Dec.: Ana Alvargonzález. Mont.: Ángel Hernández Zoido. Int.: Antonio Resines, José Coronado, Goya Toledo, Dafne Fernández, Miriam Montilla, Juan Fernández, Sancho Gracia. Color - 112 min.

Darkness. P.: Castelado Producciones, para Fantastic Factory. Pr.: Julio Fernández y Brian Yuzna. D.: Jaume Balagueró. G.: Jaume Balagueró y Fernando de Felipe. F.: Xavier Giménez. M.: Carles Cases. Dec.: Llorenç Miquel. Mont.: Luis de la Madrid. Int.: Anna Paquin, Iain Glen, Lena Olin, Giancarlo Giannini, Fele Martínez, Fermí Reixach, Stephan Enquist. Color - 102 min.

El embrujo de Shanghai. P.: Lolafilms. Pr.: Andrés Vicente Gómez y Cristina Huete. D.: Fernando Trueba. A.: basado en la novela homónima de Juan Marsé. G.: Fernando Trueba. F.: José Luis López-Linares. Música: Antoine Duhamel. Decorados: Salvador Parra. Vest.: Lala Huete. Mont: Carmen Frías. Int.: Ariadna Gil, Eduard Fernández, Fernando Fernán Gómez, Antonio Resines, Fernando Tielve, Aida Folch, Rosa María Sardá, Jorge Sanz, Juan José Ballesta, Cristina Dilla, Feodor Atkine, Götz Otto, Joan Borrás, Antonio Dechent, Pep Cortés. Color/Blanco y negro - 122 min.

La gran aventura de Mortadelo y Filemón. P.: Sogepaq. D.: Javier Fesser. A.: basado en el cómic de Francisco Ibáñez. G.: Javier y Guillermo Fesser. F.: Xavi Giménez. M.: Rafael Arnau y Mario Gosálvez. Dec.: César Macarrón. Mont.: Iván Aledo/El Igloo. Int.: Benito Pocino, Pepe Viyuela, Dominique Pinon, Paco Agarzazu, María Isbert, Janfri Topera, Berta Ojea. Color - 105 min.

Guerreros. P.: Sogecine. Pr.: Fernando Bovaira y Enrique López Lavigne. D.: Daniel Calparsoro. G.: Daniel Calparsoro y Juan Cavestany. F.: Josep María Civit. M.: Najwajean. Dec.: Juan Botella. Mont.: Julia Juaniz. Int.: Eloy Azorín, Eduardo Noriega, Rubén Ochandiano, Carla Pérez, Jordi Vilches, Roger Casamajor, Iñaki Font, Sandra Wahlbeck, Olivier Sitruk. Color - 95 min.

Hable con ella. P.: El Deseo-Pedro Costa, P. C. Pr.: Agustín Almodóvar y Pedro Costa. D.: Pedro Almodóvar. G.: Pedro Almodóvar. F.: Javier Aguirresarobe. M.: Alberto Iglesias. Dec.: Antxon Gómez. Vest.: Sonia Grande. Mont.: José Salcedo. Int.: Javier Cámara, Darío Gandinetti, Rosario Flores, Eleonor Watling, Geraldine Chaplin, Mariola Fuentes, con la colaboración de Pina Bausch, Malou Airaudo y Caetano Veloso, junto a la aparición de Loles León, Cecilia Roth, Marisa Paredes, Martirio y Chus Lampreave (no acreditados). Color - 114 min.

Historia de un beso. P.: Nickel Odeon 2-Enrique Cerezo P. C. Pr.: José Luis Garci. D.: José Luis Garci. G.: José Luis Garci y Horario Valcárcel. F.: Raúl Pérez Cubero. M.: Pablo Cervantes. Dec.: Gil Parrondo. Mont.: Miguel González-Sinde. Int.: Alfredo Landa, Ana Fernández, Carlos Hipólito, Manuel Lozano, Tina Sainz, Agustín González, Paco Algora, Beatriz Rico. Color - 102 min.

Los lunes al sol. P.: Elías Querejeta P. C.-Mediapro, para Sogepaq. Pr.: Elías Querejeta y Jaume Roures. D.: Fernando León. G.: Fernando León de Aranoa e Ignacio del Moral. F.: Alfredo F. Mayo. M.: Lucio Godoy. Dec.: Julio Esteban. Mont.: Naco Ruiz Capillas. Int.: Javier Bardem, Luis Tosar, José Ángel Egido, Celso Bugallo, Joaquín Climent, Enrique Villén, Nieve de Medina, Aida Folch, Laura Domínguez, Serge Riaboukine, Fernando Tejero, Andrés Lima. Color - 113 min.
800 balas. P.: Pánico Films, para Lolafilms. Pr.: Álex de la Iglesia y Juanma Pagazaurtandua. D.: Álex de la Iglesia. G.: Jorge Guerricaechevarría y Álex de la Iglesia. F.: Flavio Martínez Labiano. M.: Roque Baños. Dec.: Paco Delgado. Mont.: Alejandro Lázaro. Int.: Sancho Gracia, Ángel de Andrés López, Carmen Maura, Luis Castro, Eusebio Poncela, Terele Pávez, Manuel Tafallé, Enrique Martínez, Ramón Barea, Eduardo Gómez, Luciano Federico. Color - 126 min.
El otro lado de la cama. P.: Impala-Telespan 2000. Pr.: Tomás Cimadevilla y José Sainz de Vicuña. D.: Emilio Martínez-Lázaro. G.: David Serrano y Emilio Martínez-Lázaro. F.: Juan Molina. M.: Roque Baños. Coreografía: Pedro Berdayes. Dec.: Julio Torrecilla. Mont.: Ángel Hernández Zoilo. Int.: Ernesto Alterio, Natalia Verbeke, Guillermo Toledo, Paz Vega, Alberto San Juan, María Esteve, Ramón Barea. Color - 112 min.
La playa de los galgos. P.: Urbana Films. Pr.: Pilar Ruiz. D.: Mario Camus. G.: Mario Camus. F.: Jaume Peracaula. M.: Sebastián Mariné. Dec.: Rafael Palmero. Mont.: José María Biurrun. Int.: Carmelo Gómez, Claudia Gerini, Miguel Ángel Solá, Ingrid Rubio, Gustavo Salmerón. Color - 133 min.
Poniente. P.: Amboto P. C-Olmo Films. Pr.: Ana Huete e Iñaki Gil. D.: Chus Gutiérrez. G.: Chus Gutiérrez, con la colaboración de Iciar Bollaín. F.: Carles Gusi. M.: Tao Gutiérrez y Ángel Luis Samos. Dec.: Víctor Molero. Mont.: Fernando Pardo. Int.: Cuca Escribano, José Coronado, Antonio Dechent, Mariola Fuentes, Alfonsa Rosso, Marouane Mribti, Antonio de la Torre, Farid Fatmi, Idilio Cardoso. Color - 95 min.
Rencor. P.: Icónica-Zebra Producciones-Alta Films-Trivisión. Pr.: Ximo Pérez y Enrique González Macho. D.: Miguel Albadalejo. G.: Miguel Albadalejo. F.: Alfonso Sanz Alduan. M.: Lucio Godoy. Dec.: Pepón Sigler. Vest.: Silvia García-Bravo. Mont.: Pablo Blanco. Int.: Lolita, Jorge Perugorría, Elena Anaya, Mar Regueras, Geli Albadalejo, Jorge Alcázar, Roman Lucknar, Noé Alcázar, Roberto Hernández. Color - 105 min.
Smoking Room. P.: Ovideo TV-El Sindicato-DeA Planeta. D.: Julio Wallovits y Roger Gual. Guión: J. P. Wallovits y Roger Gual. F.: Cobi Migliora. Dec.: Quim Roy. Mont.: David Gallart. Int.: Eduard Fernández, Juan Diego, Antonio Dechent, Francesc Orella, Chete Lera, Manuel Morón, Francesc Garrido, Ulises Dumont, Vicky Peña, Juan Loriente, Pep Molina. Color - 91 min.
El viaje de Carol. P.: Aiete-Ariane Films, para Sogecine. Pr.: Andrés Santana y Fernando Bovaira. D.: Imanol Uribe. A.: basado en la novela "A boca de noche", de Ángel García Roldán, G.: Andrés Santana, Ángel G. Roldán e Imanol Uribe. F.: Gonzalo F. Berridi. M.: Bingen Mendizábal. Dec.: Alain Bainée. Mont.: Teresa Font. Int.: Clara Lago, Juan José Ballesta, Rosa María Sardà, María Barranco, Álvaro de Luna, Carmelo Gómez, Lucina Gil, Ben Temple, Luna McGill, Ana Villa. Color - 104 min.

2003
Días de fútbol. P.: Telespan 2000. Pr.: Tomás Cimadevilla. D.: David Serrano. G.: David Serrano. F.: Kiko de la Rica. M.: Miguel Malla. Dec.: Beatriz San Juan. Vest.: Mar Alonso. Mont.: Rori Sainz de Rozas. Int.: Alberto San Juan, Ernesto Alterio, Natalia Verbeke, Pere Ponce, Fernando Tejero, Roberto Álamo, Luis Bermejo, Nathalie Poza, María Esteve, Lola Dueñas, Pilar Castro, Diego Martín, Eva Santolaria, Daniel Ruiperez, Pepo Oliva. Color - 118 min.
La flaqueza del bolchevique. P.: Rioja Audiovisual S. L. Pr.: José Antonio Romero. D.: Manuel Martín Cuenca. A.: basado en la novela homónima de Lorenzo Silva. G.: Manuel Martín Cuenca y Lorenzo Silva. F.: Alfonso Parra. M.: Roque Baños. Dec.: Pilar Revuelta. Vest.: Eva Arretxe. Mont.: Ángel Hernández Zoido. Int.: Luis Tosar, Mar Regueras, María Valverde, Nathalie Poza, Manolo Solo, Yolanda Serrano, Rubén Ochandiano, Jordi Dauder, Enriqueta Carballeira. Color - 99 min.
Las horas del día. P.: Fresdeval Films-In Vitro Films. Pr.: Jaime Rosales y Ricard Figueras. D.: Jaime

Rosales. G.: Jaime Rosales y Enric Rufas. F.: Óscar Durán. Dec.: Leo Casamitjana. Vest.: Magda Cruellas. Mont.: Nino Martínez. Int.: Àlex Brendemühl, Ágata Roca, María Antonia Martínez, Vicente Romero, Pape Monsoriu, Irene Belza, Anna Sahun, Isabel Rocati. Color -101 min.

Hotel Danubio. P.: Enrique Cerezo P. C.-Nickel Odeon-PC 29. Pr.: José Luis Garci y Juan Carmona. D.: Antonio Giménez-Rico. A.: basado en una historia de Carlos Blanco. G.: Antonio Giménez-Rico. F.: Raúl Pérez Cubero. M.: Pablo Cervantes. Dec.: Gil Parrondo. Vest.: Montse Sancho y Lourdes de Orduña. Mont.: Miguel González-Sinde. Int.: Santiago Ramos, Carmen Morales, Mariola Fuentes, José Sazatornil "Saza", Juan Jesús Valverde, Iñaki Marimón, Fedra Lorente, José Caride, María Asquerino, Antonio Gamero. Color - 96 min.

Les mans buides / Las manos vacías. P.: Eddie Saeta-JBA Producción (España)/Arte France Cinéma-FMB 2 Films (Francia). Pr.: Xavi Ferrer y Artur Kubak. D.: Marc Recha. G.: Marc Recha, con la colaboración de Mireia Vidal y Nadine Lamari. F.: Hélène Louvard. M.: canciones de Dominique A. Dec.: Alain-Pascal Housiaux y Patrick Dechesne. Vest.: Monic Parelle. Mont.: Ernest Blasi. Int.: Olivier Gourmet, Eduardo Noriega, Jeremie Lippmann, Dominique Marcas, Jeanne Favre, Sebastián Viala, Eulàlia Ramon, Mireille Perrier, Mireia Ros, Luis Hostalot, David Recha. Color - 130 min.

Mi vida sin mí / My Life without Me. P.: El Deseo (España)/Milestones Productions Inc. (Canadá). Pr.: Esther García y Gordon McLennan. D.: Isabel Coixet. A.: basado en el cuento de Nanci Kincaid. G.: Isabel Coixet. F.: Jean-Claude Larrieu. M.: Alfonso de Villalonga. Dec.: Shelley Bolton. Vest.: Katia Stano. Mont.: Lisa Jane Robison. Int.: Sarah Polley, Amanda Plummer, Scott Speedman, Leonor Watling, Alfred Molina, Deborah Harry, María de Madeiros Mark Ruffalo, Sonja Bennett, Jessica Amlee. Color - 107 min.

El misterio Galíndez. P.: Tornasol Films-Ensueño Films (España)/Greenpoint (GB)/ ICAIC (Cuba)/DMVB Films-Storie S.R.L. (Francia)/ Madragoa Produçao de Filmes (Portugal) /Continental Producciones (Italia). Pr.: Gerardo Herrero, Javier López Blanco, Mariela Besuievsky y Teddy Villalba. D.: Gerardo Herrero. A.: basado en la novela "Galíndez", de Manuel Vázquez Montalbán. G.: Luis Marías, con la colaboración de Rafael Azcona y Ángeles González-Sinde. F.: Alfredo Mayo. M.: Patrick Doyle. Dec.: Luis Vallés y Wolfgang Burmann. Vest.: Lena Mossum. Mont.: Carmen Frías. Int.: Eduard Fernández, Harvey Keitel, Saffron Burrows, Guillermo Toledo, Reynaldo Miravalles, Joel Angelillo, Jorge Ali, John Furey, Hugo Reyes, Chete Lera, Jacqueline Arenal, Enrique Almirante. Color - 124 min.

Planta 4ª. P.: Bocaboca Producciones. Pr.: César Benítez. D.: Antonio Mercero. A.: basado en la obra teatral de Albert Espinosa, "Los Pelones". G.: Antonio Mercero, Albert Espinosa e Ignacio del Moral. F.: Raúl Pérez Fogón. M.: Manuel Villalta. Dec.: Carlos de Dorremochea. Vest.: Ariela Labra. Mont.: José María Biurrun. Int.: Juan José Ballesta, Luis Ángel Priego, Gorka Moreno, Alejandro Zafra, Marco Martínez, Maite Jauregui, Marcos Cedillo, Diana Palazón. Color - 100 min.

Soldados de Salamina. P.: Fernando Trueba P. C., para Lolafilms. Pr.: Fernando Trueba y Andrés Vicente Gómez. D.: David Trueba. A.: basado en la novela homónima de Javier Cercas. G.: David Trueba. F.: Javier Aguirresarobe. Sonido: Jorge Ruiz. Dec.: Salvador Parra. Vest.: Lala Huete. Mont.: David Trueba. Int.: Ariadna Gil, Ramon Fonseré, Joan Dalmau, María Botto, Diego Luna, Alberto Ferreiro, Luis Cuenca, Lluís X. Villanueva, Ana Labordeta. Color - 112 min.

La suerte dormida. P.: Tornasol Films. Pr.: Gerardo Herrero, Javier López Blanco y Mariela Besuievsky. D.: Ángeles González-Sinde. G.: Belén Gopegui y Ángeles González-Sinde. F.: Antonio Calvache. M.: Miguel Malla. Dec.: Carlos Bodelón. Vest.: Patricia Monné. Mont.: Fernando Pardo. Int.: Adriana Ozores, Félix Gómez, Pepe Soriano, Carlos Kaniowsky, Fanny de Castro, Chavi Martín, Antonio Muñoz de Mesa, Joaquín Climent, Francesc Orella, Ana Wagener. Color - 110 min.

La vida que te espera. P.: Tornasol Films-Continental Producciones-Televisión de Galicia. Pr.: Gerardo Herrero y Pancho Casal. D.: Manuel Gutiérrez Aragón. G.: Ángeles González-Sinde y Manuel Gutiérrez Aragón. F.: Gonzalo Berridi. M.: Xavier Capellas. Dec.: Félix Murcia. Vest: Estíbaliz Markiegi. Mont.: José Salcedo. Int.: Juan Diego, Marta Etura, Luis Tosar, Clara Lago, Celso Bugallo. Víctor Clavijo. Rei Chao, Rosa Álvarez. Color - 111 min.

2004

El cielo gira. P.: José María Lara P. C.-Alokatu S. L. Pr.: José María Lara. D.: Mercedes Álvarez. G.: Mercedes Álvarez y Arturo Redín. F.: Alberto Rodríguez. Sonido: Aurelio Martínez y Amanda Villavieja. Mont.: Sol López y Guadalupe Pérez. Documental. Color - 110 min.

Cineastas contra magnates. P.: Films Kilimanjaro. Pr.: Carlos Benpar. D.: Carlos Benpar. G.: Ferran Alberich y Carlos Benpar. F.: Tomàs Pladevall y Xavier Camí. M.: Xavier Oró y Pep Solórzano. Dec.: Josep Rosell. Mont.: Manu de la Reina. Conductora: Marta Belmonte. Documental. Color - 100 min.

Cosas que hacen que la vida valga la pena. P.: Bocaboca Producciones. Director: Manuel Gómez Pereira. G.: Joaquín Oristrell y Yolanda García Serrano. F.: Juan Amorós. M.: Bingen Mendizábal. Dec.: Josep Rosell. Vest.: Margaret Watty. Mont.: José Salcedo. Int.: Ana Belén, Eduard Fernández, José Sacristán, María Pujalte, Rosario Pardo, Fernando Colomo, Carlos Kaniowsky. Color - 90 min.

Frágil. P.: Frágil Zinema. Pr.: Juanma Bajo Ulloa y Fernando Victoria de Lecea. D.: Juanma Bajo Ulloa. G.: Juanma Bajo Ulloa. F.: Unax Mendía. M.: Bingen Mendizábal. Dec.: Satur Idarreta. Vest.: Sabine Daigeler. Mont.: Pablo Blanco. Int.: Muriel, Julio Perillán, Lidia Navarro, Imma Colomer, Tomás Álvarez, Kandido Uranga, Alan Griffin, Paul Vincent Black, Fernando Albizu. Color - 110 min.

Habana Blues. P.: Maestranza Films (España)/ICAIC (Cuba)/Pyramide Productions (Francia). Pr.: Antonio P. Pérez, Camilo Vives y Fabienne Vonier. D.: Benito Zambrano. G.: Benito Zambrano y Ernesto Chao. F.: Jean-Claude Larrieu. Dec.: Juan García y Alain Ortiz. Vest.: Vladimir Cuenca. Mont.: Fernando Pardo. Int.: Alberto Joel García Osorio, Roberto Sanmartín, Yailene Sierra, Tomás Cao Uriza, Zenia Marabal, Marta Calvó, Roger Pera, Julie Ladagnous. Color - 115 min.

Iris. P.: Solida. Pr.: Quique Camín. D.: Rosa Vergés. G.: Jordi Barrachina y Rosa Vergés. F.: Mario Montero. M.: Mauricio Villavecchia. Dec.: Sylvia Steinbrecht. Vest.: María Araujo. Mont.: Frank Gutiérrez. Int.: Silke, Ana Torrent, Ginés García Millán, Nacho Fresneda, Martirio, María Cordero, Fermí Reixach, Miquel Gelabert, Mercè Pons, Paca Gabaldón, Abel Folk. Color - 99 min.

El Lobo. P.: Castelao Producciones-Mundo Ficción. Pr.: Julio Fernández y Melchor Miralles. D.: Miguel Courtois. G.: Antonio Onetti. F.: Néstor Calvo. M.: Francesc Gener. Dec.: Luis Vallés. Vest.: Pedro Moreno y Victoria Velázquez. Mont.: Guillermo S. Maldonado. Int.: Eduardo Noriega, José Coronado, Mélanie Doutey, Silvia Abascal, Santiago Ramos, Jorge Sanz, Patrick Bruel, Manuel Zarzo. Color - 125 min.

Mar adentro. P.: Sogecine-Himenoptero, para Sogepag. Pr.: Fernando Bovaira y Alejandro Amenábar. D.: Alejandro Amenábar. G.: Alejandro Amenábar y Mateo Gil. F.: Javier Aguirresarobe. M.: Alejandro Amenábar. Dec.: Benjamín Fernández. Vest.: Sonia Grande. Int.: Javier Bardem, Belén Rueda, Lola Dueñas, Mabel Rivera, Celso Bugallo, Clara Segura, Joan Dalmau, Alberto Jiménez, Francesc Garrido, Tomás Novas, Josep María Pou. Color - 125 min.

Tiovivo c. 1950. P.: Nickel Odeon 2. Pr.: José Luis Garci. D.: José Luis Garci. G.: José Luis Garci y Horacio Valcárcel. F.: Raúl Pérez Cubero. M.: Pablo Cervantes. Dec.: Julián Mateos y Gil Parrondo. Vest.: Lourdes de Orduña. Mont.: José Luis Garci. Int.: Miguel Ángel Solá, Alfredo Landa, Fernando Fernán Gómez, Agustín González, Aurora Bautista, Elsa Pataky, Andrés Pajares, Carlos Hipólito, Miguel Rellán, Ana Fernández, Fernando Guillén Cuervo, Blanca Oteyza, Josep María Pou, Iñaki Miramón, Antonio Dechent, Andrea Tenuta. Color - 150 min.

2005

El calentito. P.: Estudios Piccaso-Telespan 2000. Pr.: Tomás Cimadevilla. D.: Chus Gutiérrez. G.: Chus Gutiérrez y Juan Carlos Rubio. F.: Kiko de la Rica. M.: Tao Gutiérrez. Vest.: Estíbaliz Markiegi. Mont.: Nacho Ruiz Capillas. Int.: Verónica Sánchez, Juan Sanz, Macarena Gómez, Jordi Vilches, Nuria González, Lluvia Rojo, Nilo Mur, Antonio Dechent, Aityor Merino. Color - 90 min.

Frágiles. P.: Castelao Producciones-Future Films. Pr.: Julio Fernández y Joan Ginard. D.: Jaume Balagueró. G.: Jaume Balagueró y Jordi Galcerán. F.: Xavi Giménez. M.: Roque Baños. Dec.: Alain Bainée. Vest.: Patricia Monné. Mont.: Jaume Martí. Int.: Calista Flockhart, Richard Roxburgh, Elena Anaya, Gemma Jones, Yasmin Murphy, Michel Pennington, Daniel Ortiz. Color - 93 min.

Heroína. P.: Tornasol Films-Continental Producciones. Pr.: Josean Gómez y Gerardo Herrero. D.: Gerardo Herrero. G.: Ángeles González Sinde. F.: Alfredo F. Mayo. M.: Lucio Godoy. Vest.: Estíbaliz Markiegi. Mont.: Carmen Frías. Int.: Adriana Ozores, Javier Pereira, Carlos Blanco, María Bouzas, Mercedes Castro, Rosa Álvarez, Camila Bossa, Miguel Bua, César Cambeiro. Color - 100 min.

Malas temporadas. P.: Iberrota Films. Pr.: Fernando Victoria de Lecea y Pedro Zaratiegui. D.: Manuel Martín Cuenca. G.: Alejandro Hernández y Manuel Martín Cuenca. F.: David Carretero. M.: Pedro Barbadillo. Dec.: Víctor Molero. Vest.: Josune Lasa. Mont.: Ángel Hernández Zoido. Int.: Javier Cámara, Leonor Watling Nathalie Poza, Eman Zor Oña, Fernando Echebarría, Gonzalo Pedrosa, Pere Arquillué, Raquel Vega. Color - 115 min.

El Método. P.: Alquimia Cinema-Tornasol Films (España)/Arena Film (Argentina)/Cattleya (Italia). Pr.: Francisco Ramos y Gerardo Herrero. D.: Marcelo Piñeyro. A.: basado en la obra teatral "El método Grönholm", de Jordi Galcerán Ferrer. G.: Mateo Gil y Marcelo Piñeyro. F.: Alfredo Mayo. Vest.: Verónica Toledo. Mont.: Iván Aledo. Int.: Eduardo Noriega, Nawja Nimri, Eduard Fernández, Pablo Echarri, Ernesto Alterio, Carmelo Gómez, Adriana Ozores, Natalia Verbeke. Color - 120 min.

Obaba. P.: Oria Films (España)/Pandora Film (Alemania). Pr.: Puy Oria, Montxo Armendáriz y Kart Baumgartner. D.: Montxo Armendáriz. A.: basado en la novela "Obabakoak", de Bernardo Atxaga. G.: Montxo Armendáriz. F.: Javier Aguirresarobe. Dec.: Julio Esteban y Julio Torrecilla. Mont.: Rori Sáinz de Rozas. Int.: Pilar López de Ayala, Juan Diego Botto, Bárbara Lennie, Eduard Fernández, Peter Lohmeyer, Héctor Colomé, Pepa López, Txema Blasco, Iñaki Irastorza. Color - 107 min.

Pasos. P.: Didac Films-Igeldo Kominikazioa-Malquina Producciones. Pr.: Pedro Costa y Ángel Amigo. D.: Federico Luppi. G.: Susana Hornos. F.: Hans Burmann. Dec.: Ion Arretxe. Vest.: Eva Arretxe. Mont.: Guillermo S. Maldonado. Int.: Ana Fernández, Alberto Jiménez, Susana Hornos, Ginés García Millán, Eva Cobo, Jordi Dauder, Fabián Vena, Pilar Rodríguez. Color -110 min.

Princesas. P.: Mediapro-Reposado Producciones. Pr.: Jaume Roures y Fernando León de Aranoa. D.: Fernando León de Aranoa. G.: Fernando León de Aranoa. F.: Ramiro Civita. M.: Manu Chao y Alfonso Vilallonga. Dec.: Llorenç Miquel. Vest.: Sabina Daigeler. Mont.: Nacho Ruiz Capillas. Int.: Candela Peña, Micaela Nevárez, Marina Cordera, Llum Barrera, Violeta Pérez, Mónica van Campen, Flora Álvarez, María Ballesteros, Luis Callejo. Color -113 min.

Reinas. P.: Sogefilms. D.: Manuel Gómez Pereira. G.: Joaquín Oristrell, Yolanda García Serrano y Manuel Gómez Pereira. F.: Juan Amorós. M.: Bingen Mendizábal. Dec.: Bárbara Pérez Solero. Vest.: Paco Delgado. Mont.: José Salcedo. Int.: Carmen Maura, Marisa Paredes, Mercedes Sampietro, Verónica Forqué, Betiana Blum. Gustavo Salmerón, Unax Ugalde, Hugo Silva, Daniel Hendler, Paco León, Raúl Jiménez, Tito Valverde, Lluís Homar, Jorge Perugorría. Color - 107 min.

Remake. P.: Ovideo. Pr.: Pablo Bossi y Antoni Camín. D.: Roger Gual. G.: Roger Gual y Javier Calvo. F.: Cobi Migliora. M.: Guillermo Scott Herren. Dec.: Stephane Casrpinelli. Mont.: Alberto del Toro. Int.: Juan Diego, Sílvia Munt, Eusebio Poncela, Mercedes Morán, Mario Paolucci, Gustavo Salmerón, Alex Brendemühl, Marta Etura, Juan Navarro. Color - 90 min.

7 vírgenes. P.: Tesela P. C.-La Zanfoña Producciones. P.: José Antonio Félez y Gervasio Iglesias. D.: Alberto Rodríguez. G.: Rafael Cobos y Alberto Rodríguez. F.: Alex Catalán. M.: Julio de la Rosa. Dec.: Javier González. Vest.: Fernando García. Mont.: J. Manuel G. Moyano. Int.: Juan José Ballesta, Jesús Carroza, Antonio Dechent, Loles León, Muriel, Paz Padilla, Alba Rodríguez, Vicente Romero, Maite Sandoval, Ana Wegener. Color - 86 min.

Tapas. Tusitala P. C.-Castelao Producciones-El Terrat. Pr.: Luisa Matienzo y Julio Fernández. D.: José Corbacho y Juan Cruz. G.: José Corbacho y Juan Cruz. F.: Guillermo Granillo. M.: Pablo Sala. Dec.: Mireia Carles. Vest.: Toni Martín. Mont.: David Gallart. Int.: Ángel de Andrés, María Galiana, Elvira Mínguez, Ruben Ochandiano, Alberto de Mendoza, Darío Paso, Alberto Jo Lee, Amparo Moreno, Ana Barrachina, Pilar Arcas. Color - 94 min.

Veinte años no es nada. P.: Ovideo-Notro Films. Pr.: Jordi Balló y Antoni y Quique Camín. D.: Joaquín Jordá. G.: Joaquín Jordá y Laia Manresa. F.: Carles Gusi. Sonido: Dani Fontrodona y Jordi Bonet. Mont.: Núria Ezquerra. Int.: trabajadores de Numax. Documental. Color - 117 min.

La vida secreta de las palabras. P.: El Deseo. Pr.: Esther García y Agustín Almodóvar. D.: Isabel Coixet. G.: Isabel Coixet. F.: Jean-Claude Larrieu. Dec.: Pierre-François Limbosch. Vest.: Tatiana Hernández. Sonido: Aitor Berenguer. Mont.: Irene Blecua. Int.: Sarah Polley, Tim Robbins, Javier Cámara, Sverre Anker Ousdal, Steven Mackintosh, Eddie Marsan, Julie Christie, Daniel Mays, Dean Lennox Kelly, Danny Cunningham, Emmanuel Idowu, Leonor Watling. Color - 122 min.

Vida y color. P.: Bausan Films-IMVAL Producciones. Pr.: Loris Omedes y Gaizka Urresti. D.: Santiago Tabernero. G.: Santiago Tabernero. F.: José Luis Alcaine. M.: Matthew Herbert. Vest.: Pepe Reyes. Mont.: José Salcedo. Int.: Junio Valverde, Silvia Abascal, Joan Dalmau, Ana Wegener, Miguel Ángel Silvestre, Andrés Lima, Carmen Machi, Nadia de Santiago, Adolfo Fernández, Natalia Abascal. Color - 90 min.

2006

Alatriste. P.: Estudios Picasso Fábrica de Ficción-Origen Producción, NBC Universal Global. D.: Agustín Díaz Yanes. A.: basado en las novelas de Arturo Pérez-Reverte. G.: Agustín Díaz Yanes. F.: Paco Femenía. M.: Roque Baños. Coreografía: Bob Anderson. Dec.: Fermín Fernández. Vest.: Francesca Sartori. Mont.: José Salcedo. Int.: Viggo Mortensen, Javier Cámara, Juan Echanove, Elena Anaya, Antonio Dechent, Blanca Portillo, Eduardo Noriega, Ariadna Gil, Enrico LoVerso, Eduard Fernández, Unax Ugalde, Cristina Marcos, Francesc Garrido, Pilar Bardem. Color - 147 min.

AzulOscuroCasiNegro. P.: Tesela P. C. Pr.: José Antonio Félez. D. y G.: Daniel Sánchez Arévalo. F.: Juan Carlos Gómez. M.: Pascal Gaigne. Dec.: Federico García Cambero. Vest.: Nereida Bonmatí. Mont.: Nacho Ruiz Capillas. Int.: Quim Gutiérrez, Marta Etura, Antonio de la Torre, Héctor Colomé, Raúl Arévalo, Eva Pallarés, Manuel Morón, Ana Wegener. Color - 106 min.

La bicicleta. Pr.: Wanda Visión-Índigo Media-Fénix P.C. Pr.: José María Morales, Emilio Oviedo y Francisco Lázaro. D.: Sigfrid Monleón. G.: Martín Román y Sigfrid Monleón. F.: Alfonso Parra. Dec.: Rafael Jannone. Int.: Bárbara Lennie, Sancho Gracia, Pilar Bardem, José Miguel Sánchez, Javier Pereira, Alberto Ferreiro, Juan José Otegui, Albert Forner, Carlos Bardem, Rosana Pastor. Color - 93 min.

Bienvenido a casa. P.: Fernando Trueba, P. C. Pr.: Fernando Trueba. D.: David Trueba. G.: David Trueba. F.: Juan Molina. M.: Andrés Calamaro y Javier Limón. Dec.: Clara Notari. Vest.: Lena Mossum. Mont.: Manuel Huete. Int.: Pilar López de Ayala, Alejo Sauras, Ariadna Gil, Juan Echanove, Jorge Sanz, Julián Villagrán, Concha Velasco, Santiago Segura. Color - 115 min.

Un Franco, 14 pesetas. P.: Drive Cine-Adivina Prod.-TVG. Pr.: Mario Pedraza y Susana Maceiras. D.: Carlos Iglesias. G.: Carlos Iglesias. F.: Tote Trenas. M.: Mario de Benito. Dec.: Enrique Fayanás. Vest.: José M. de Cossío. Mont.: Luisma del Valle. Int.: Carlos Iglesias, Nieve de Medina, Javier Gutiérrez, Isabel Blanco, Iván Martín, Tim Frederic Quast, Eloísa Vargas, Aldo Sebastianelli, Ángela del Salto. Color -105 min.

GAL. P.: Canal Mundo Ficción. D: Miguel Courtois. A.: basado en el libro de Pedro J. Ramírez. G.: Antonio Onetti. F.: Carlos Suárez. M.: Francesc Gener. Dec.: Llorenç Miquel. Vest.: Eva y Asun Arretxe. Mont.: Guillermo S. Maldonado. Int.: Jordi Mollá, Natalia Verbeke, Tomás del Estal, Ana Álvarez, Abel Folk, Mercè Llorens, Jordi Rebellón, Miguel Hermoso, José Ángel Egido, Juan Gea, José Coronado. Color - 111 min.

El laberinto del fauno. P.: Estudios Picasso Fábrica de Ficción (España)/ Tequila Gang (México). Pr.: Guillermo del Toro, Alfonso Cuarón, Álvaro Agustín, Berta Navarro y Frida Torresblanco. D.: Guillermo del Toro. G.: Guillermo de Toro. F.: Guillermo Navarro. Efectos especiales: Reyes Abades. M.: Javier Navarrete. Dec.: Eugenio Caballero. Vest.: Lala Huete. Mont.: Bernat Vilaplana. Int.: Sergi López, Maribel Verdú, Ivana Baquero, Ariadna Gil, Álex Angulo, Doug Jone, César Bea, Manuel Solo, Roger Casamayor. Color - 112 min.

Mía Sarah. P.: Formato-Castelao Producciones-Capitán Pictures. Pr.: Andrés Barbé, Julio Fernández y Álvaro Ron. D.: Gustavo Ron. G.: Gustavo Ron y Edmon Roch. F.: David Carretero. M.: César Benito. Dec.: Curru Garabal. Vest.: Margaret Watty. Mont.: Juan Sánchez. Int.: Daniel Guzmán,

Verónica Sánchez, Fernando Fernán Gómez, Manuel Lozano, Diana Palazón, Phyllida Law, Manuel Milián, Víctor Mosqueira. Color - 104 min.

La noche de los girasoles. P.: Alta Films. Pr.: Enrique González Macho. D.: Jorge Sánchez-Cabezudo. G.: Jorge Sánchez-Cabezudo. F.: Ángel Iguacel. M.: Krishna Levy. Dec.: Diego Madiño y Alberto Sánchez-Cabezudo. Mont.: Pedro Ribeiro. Int.: Carmelo Gómez, Judith Diakhate, Celso Bugallo, Mariano Alameda. Vicente Romero, Manuel Morón, Walde Vidarte, Cesáreo Esteban, Fernando Sánchez-Cabezudo. Color - 123 min.

Salvador (Puig Antich). P.: Mediapro (España)/Future Films (GB). Pr.: Jaume Roures. D.: Manuel Huerga. A.: según el libro de Francesc Escribano, "Cuenta atrás: historia de Salvador Puig Antich". G.: Lluís Arcarazo. F.: David Omedes. M.: Lluís Llach. Dec.: Antxón Gómez. Mont.: Aixalà y Santy Borricón. Int.: Daniel Brühl, Leonor Watling, Leonardo Sbaraglia, Ingrid Rubio, Tristán Ulloa, Joel Joan, Mercedes Sampietro. Color - 138 min.

El taxista ful. P.: Zip Films-Televisió de Catalunya. Pr.: Jordi Rediu y Norbert Llarás. D.: Jo Sol. G.: Jo Sol (Jordi Solé). F.: Afra Rigamonti. M.: Jalea Real, Lhasa y 99 Posse. Dec.: Afra Rigamonti. Mont.: Sergio Dies. Int.: Pepe Rovira, Marc Sempere, Marcos Rovira "Makoki", Santiago López Petit, Vicente Escolar, Miguel Ángel Lapuyade, Francesc Arnau, Jonás Lapuyade, Antoni Laparra. Color - 87 min.

Tu vida en 65'. P.: Alquimia Cinema-Messidor Films. D.: María Ripoll. A. y G.: Albert Espinosa, basado en su propia obra teatral. F.: José Luis Alcaine. Dec.: Isaac Racine. Mont.: Irene Blecua. Int.: Javier Pereira, Oriol Vila, Marc Rodríguez, Tamara Arias, Núria Gago, Andrés Gertrudis, Irene Montalá. Color - 85 min.

Volver. P.: El Deseo. Pr.: Esther García y Agustín Almodóvar. D.: Pedro Almodóvar. G.: Pedro Almodóvar. F.: José Luis Alcaine. M.: Alberto Iglesias. Dec.: Salvador Parra. Vest.: Bina Daigeler. Mont.: José Salcedo. Int.: Penélope Cruz, Carmen Maura, Lola Dueñas, Blanca Portillo, Yohana Cobo, Chus Lampreave, Antonio de la Torre, Carlos Blanco, María Isabel Díaz, Yolanda Ramos. Color - 120 min.

Yo soy la Juani. P.: Media Films-El Virgili. Pr.: Luis del Val y Bigas Luna. D.: Bigas Luna. G.: Carmen Chaves Gastaldo y Bigas Luna. F.: Albert Pascual. M.: Facto Delafé, Horta & Petruchelli, Ángel Dust y Miquel Marin. Dec.: Chu Uroz. Vest.: Ana Herce. Mont.: Jaume Martí. Int.: Verónica Echegui, Dani Martin, Laya Martí, Gorka Lasaosa, José Chaves, Mercedes Hoyos, Marcos Campos. Color - 90 min.

CRONOLOGÍA

1976
8 enero. Muere Chu En-Lai.
Febrero. Campaña en China contra Deng Chiaoping.
España se retira del Sahara.
Italia: Gobierno del democristiano Aldo Moro.
24 marzo. Golpe de Estado militar contra Isabel Perón; el general Videla, presidente de Argentina.
España: Referéndum y reforma democrática; legalización de partidos políticos.
3 julio. Adolfo Suárez es nombrado presidente del Gobierno español.
9 septiembre. Fallecimiento de Mao Tse-Tung.
11 septiembre. Primera "Diada" nacionalista, en Cataluña.
2 noviembre. Jimmy Carter, elegido presidente USA.
El hombre de mármol, de Andrzej Wajda;
Todos los hombres del presidente, de Alan J. Pakula.

1977
7 enero. "Carta 77": un grupo de intelectuales checoslovacos exige que el Gobierno respete los derechos humanos.
9 febrero. España restablece relaciones diplomáticas con la URSS, Checoslovaquia y Hungría.
9 abril. El Gobierno español legaliza el PC.
15 junio. Primeras elecciones generales en España: victoria del partido centrista UCD, liderado por Adolfo Suárez.
22 julio. Es rehabilitado el líder chino Deng Chiaoping.
23 octubre. Regreso del presidente de la Generalitat catalana, Josep Tarradellas.
Incremento de las acciones terroristas de ETA.
Vicente Aleixandre, premio Nobel de Literatura.
El amigo americano, de Wim Wenders;
Annie Hall, de Woody Allen.

1978
Italia: secuestro y asesinato de Aldo Moro; Pertini, nuevo presidente.
Mayo. Se inicia el conflicto entre Vietnam y China.
Agosto. Muere el papa Pablo VI; su sucesor, Juan Pablo I, fallece al mes de ser elegido.
USA: autonomía para los archipiélagos Carolina y Marshall.
Crisis del régimen del Sha, en Irán.
6 septiembre. Comienzan las conversaciones en Camp David, para lograr la paz entre Egipto e Israel.
16 octubre. El cardenal polaco Karol Woytila, sube al Pontificado con el nombre
de Juan Pablo II.

6 diciembre. Se aprueba en referéndum la nueva Constitución española.
16 diciembre. Establecimiento de relaciones diplomáticas entre USA y China.
Sonata de Otoño, de Ingmar Bergman;
El cazador, de Michael Cimino.

1979
Enero. Invasión vietnamita de Camboya.
España: USA retira el armamento nuclear.
Febrero. Se proclama la República Islámica, en Irán.
26 marzo. Washington: firma del tratado de paz egipto-israelí.
Gran Bretaña: triunfo conservador de Margaret Thatcher.
Implantación de la Unidad Monetaria Europea (ecu).
Elecciones generales en España: nueva victoria del centrista UCD.
Estatutos de Cataluña y del País Vasco.
17 julio. Nicaragua: cae el presidente Somoza; se inicia la revolución sandinista.
Noviembre. Estudiantes islámicos reclaman la extradición del Sha: toman la Embajada USA en Teherán.
Diciembre. Golpe de Estado en Afganistán: las tropas soviéticas invaden el país.
Apocalypse now, de Francis Coppola;
Kramer contra Kramer, de Robert Benton.

1980
24 marzo. Es asesinado el arzobispo Romero, en El Salvador.
22 abril. El Comité Olímpico norteamericano aprueba el boicot a los JJ. OO. a celebrar en Moscú; 58 países se sumarán al boicot.
25 abril. Fracasa la operación USA para rescatar los rehenes en su Embajada de Teherán.
La princesa Beatriz, reina de Holanda.
4 mayo. Muere Tito, presidente de Yugoslavia.
Rhodesia se convierte en Zimbabwe.
Septiembre. Inicio de la guerra entre Irak e Irán.
Polonia: fundación del sindicato democrático *Solidarnoc* ("Solidaridad").
4 noviembre. Ronald Reagan, nuevo presidente USA.
Gente corriente, de Robert Redford;
Toro salvaje, de Martin Scorsese.

1981
1 enero. Grecia, décimo miembro de la CEE.
20 enero. Liberación de los rehenes norteamericanos en Teherán.
23 febrero. Intento de golpe de Estado en España.
El centrista Calvo Sotelo sucede a Adolfo Suárez, como presidente del Gobierno español.
27 marzo. Éxito de la huelga general convocada por el sindicato polaco "Solidaridad".
12 abril. Nave espacial Columbia.
10 mayo. El socialista Mitterrand, presidente de Francia.
13 mayo. Atentado contra el papa Juan Pablo II.
6 octubre. Asesinato de Sadat, presidente Egipcio; le sucede Mubarak.
Carros de fuego, de Hugh Hudson;
El hombre de hierro, de Wajda.

1982
Tensiones entre Yugoslavia y Albania.
Abril. Estalla la Guerra de las Malvinas, entre Gran Bretaña y Argentina.

24 abril. Egipto recupera pacíficamente la península del Sinaí.
Junio. El Ejército israelí invade el sur del Líbano, para destruir las fuerzas palestinas radicadas en el país.
25 julio. La OLP reconoce el derecho a la existencia del Estado de Israel.
Septiembre. Deng Chiaoping desplaza al sucesor de Mao, Hua Guofeng, y se convierte en el dirigente de la República Popular China.
28 octubre. Nuevas elecciones generales en España: victoria del Partido Socialista (PSOE); Felipe González forma nuevo Gobierno.
Noviembre. Muere Breznev; le sucede Andropov.
Visita de Juan Pablo II a España.
31 diciembre. El general Jaruzelski deroga la ley marcial en Polonia.
Danton, de Wajda;
Gandhi, de Richard Attenborough.

1983
Enero-febro. España: los socialistas despenalizan el aborto y expropian Rumasa.
Marzo. Triunfo del democristiano Helmut Kohl en la RFA.
23 marzo. "La Guerra de las galaxias": proyecto norteamericano de defensa estratégica.
Tropas francesas en Líbano; atentados en Beirut contra fuerzas de pacificación.
Manifestaciones antinucleares y antibélicas en Europa.
Lech Walesa, líder de "Solidaridad", premio Nobel de la Paz.
Gran Bretaña: nueva victoria electoral de la Thatcher.
USA envía tropas a Nicaragua.
Israel: dimisión de Beguin; le sucede Shamir.
25 octubre. Intervención USA en la isla de Granada.
23 noviembre. Ruptura de negociaciones entre USA y URSS: despliegue de euromisiles en Europa.
Muere el pintor Joan Miró.
Nostalgia, de Andrei Tarkovsky;
Y la nave va, de Federico Fellini.

1984
Acuerdo hispano-británico sobre Gibraltar.
Febrero. URSS: muerte de Andropov; le sucede Chernenko.
Apertura económica de China.
Reconciliación del Japón y Corea del Sur.
17 junio. Elecciones al Parlamento Europeo.
12 octubre. Thatcher, ilesa de un atentado del IRA.
La sequía agrava la situación de Etiopía.
6 noviembre. Reelección de Ronald Reagan como presidente USA.
Récord de subida del dólar.
Documento de la Santa Sede sobre la "Teología de la Liberación".
Muere Enrico Berlinguer, el líder comunista italiano.
Fallece el historiador español Claudio Sánchez Albornoz.
Asesinato de Indira Gandhi.
Pasaje a la India, de David Lean;
Amadeus, de Milos Forman.

1985
Marzo. Muere Chernenko; Mijail Gorbachov, nuevo secretario general del PCUS: se inicia la "perestroika" soviética.
8 mayo. Ronald Reagan visita España.

12 junio. Ingreso de España en la CEE.
Octubre. Portugal: victoria electoral del socialdemócrata Cavaco Silva.
Golpes terroristas, en Oriente Medio.
Noviembre. Cumbre en Ginebra: Reagan-Gorbachov.
Una habitación con vistas, de James Ivory;
Memorias de África, de Sydney Pollack.

1986
Enero. Jornada Mundial de Oración por la Paz.
Febrero. Suecia: asesinato del presidente, Olof Palme.
26 febrero. Filipinas: derrocada la dictadura de Marcos; Corazón Aquino, en el poder.
Marzo. Francia: Chirac vence en las elecciones legislativas.
26 abril. Catástrofe nuclear en Chernobil.
Junio. España: nuevo triunfo electoral del PSOE. Negociaciones con Estados Unidos sobre la reducción de efectivos militares.
Octubre. Reykjavik: nueva cumbre Reagan-Gorbachov.
Noviembre. Escándalo por la venta de armas USA a Israel.
16 diciembre. Las autoridades soviéticas liberan al disidente Andrei Sajarov
Sacrificio, de Tarkovsky;
Platoon, de Oliver Stone.

1987
Documento de la Santa Sede sobre bioética.
29 mayo. Aterriza en la plaza Roja de Moscú un piloto alemán, Mathias Rust, que burla el sistema defensivo soviético.
El Pacto de Varsovia propone a la OTAN negociar el desmantelamiento
simultáneo de misiles.
2 junio. Tercer triunfo electoral de Margaret Thatcher.
En España, los socialistas ganan también las elecciones municipales.
Avanza la "perestroika" en la URSS.
Julio. Muere el poeta Gerardo Diego.
20 julio. La ONU exige el fin de la guerra Irak-Irán.
7 agosto. Documento de Esquipulas para Centroamérica.
8 diciembre. Washington: primer Acuerdo de Desarme Reagan-Gorbachov.
El festín de Babette, de Gabriel Axel;
La familia, de Ettore Scola.

1988
28 febrero. Violentos disturbios en la república soviética de Azerbaiyán, por problemas étnicos y nacionalistas.
François Mitterrand, reelegido presidente de Francia.
Revueltas nacionalistas en Yugoslavia; pugna entre serbios y eslovacos.
Mayo. Reagan visita la Unión Soviética. Nueva cumbre de sus presidentes en Moscú.
Carlos Salinas de Gortari, presidente de México.
Alto el fuego en la guerra Irak-Irán.
Reunión en Argel del Consejo Nacional Palestino: Arafat proclama el Estado Palestino.
Elecciones generales en Israel: vence la coalición conservadora *Likud*, de Isaac Shamir.
Carlos Andrés Pérez, presidente de Venezuela.
Elecciones democráticas en Pakistán, tras 15 años de dictadura: victoria del partido socialdemócrata PPP, liderado por Bhutto.

Armenia: grave terremoto, con decenas de miles de muertos.
España: fusiones bancarias; visita de la reina de Inglaterra, Isabel II.
8 noviembre. George Bush, elegido presidente USA.
9 diciembre. La CEE establece efectuar la unión económica y monetaria a partir de 1990.
14 diciembre. Huelga general contra la política económica del Gobierno español.
Paisaje en la niebla, de Theo Angelopoulos;
Rain Man, de Barry Levinson.

1989
Muere Hirohito, emperador del Japón; le sucede su hijo, Ackihito.
Comienza la retirada de los 40.000 soldados cubanos, en Angola.
23 enero. Muere Salvador Dalí.
3 febrero. Golpe militar en Paraguay: derroca al dictador Stroessner; el general golpista Andrés Rodríguez, nuevo presidente.
15 febrero. Las tropas soviéticas abandonan definitivamente Afganistán.
Marzo-abril. El Politburó polaco legaliza el sindicato "Solidaridad".
Junio. Polonia: primeras elecciones parlamentarias después de la II Guerra Mundial; triunfa *Solidarnosc* allí donde presenta candidatos.
Septiembre. Hungría abre sus fronteras con Austria: huida de miles de alemanes orientales hacia el Oeste.
9 noviembre. Caída del Muro de Berlín.
24 noviembre. Checoslovaquia: "Revolución de Terciopelo"; grandes manifestaciones populares que obligan a la dimisión de los dirigentes comunistas.
4 diciembre. Cumbre en Malta: los presidentes de USA y URSS, George Bush y Mijail Gorbachov, anuncian un progresivo desarme y dan por finalizada la Guerra Fría.
Cinema Paradiso, de Giuseppe Tornatore;
Mi pie izquierdo, de Jim Sheridam.
Camilo José Cela, premio Nobel de Literatura.

1990
15 febrero. Cartagena de Indias: Cumbre entre USA, Colombia, Perú y Bolivia: se comprometen a coordinar esfuerzos contra el tráfico de drogas.
25 febrero. Nicaragua: Violeta Chamorro gana las elecciones presidenciales y legislativas.
Junio. Triunfo electoral del Frente Islámico de Salvación, en las elecciones municipales argelinas.
España: bloque parlamentario del PSOE, con los partidos nacionalistas de Catalunya y Euskadi.
Agosto. Estalla la Guerra del Golfo Pérsico.
15 agosto. Gorbachov expone ante los presidentes de las 15 repúblicas soviéticas su plan de transición hacia la economía de mercado.
Noviembre. Carta de París: firmada por 34 jefes de Estado, para la constitución de una Nueva Europa.
27 noviembre. John Major, nuevo líder del Partido Conservador, toma el relevo a Margaret Thatcher.
3 diciembre. El Congreso de Diputados de Rusia restablece la propiedad privada de la tierra.
La voz de la luna, de Fellini;
Bailando con lobos, de Kevin Costner.
Muere Dámaso Alonso.

1991
Enero. Tras el ultimátum para que Irak abandone Kuwait, las fuerzas aéreas de la Coalición Internacional comienzan sus ataques sobre objetivos iraquíes.
20 febrero. Grandes disturbios en Tirana: el Gobierno comunista promete elecciones legislativas en Albania (que se celebran en marzo).

3 abril. Concluye la Guerra del Golfo Pérsico.
12 junio. Boris Yeltsin, elegido presidente de Rusia por sufagio universal.
25 junio. Proclamación de la independencia de Eslovenia y Croacia.
1 julio. También se disuelve el Pacto de Varsovia.
25 julio. El pleno del PCUS renuncia al marxismo-leninismo.
29 julio. Rusia reconoce la independencia de Lituania.
18-21 agosto. Tentativa de golpe de Estado, en Moscú, liderado en ausencia de Gorbachov; Boris Yeltsin encabeza la resistencia al golpe.
Proclaman la independencia Estonia, Letonia, Ucrania, Bielorrusia, Azerbaiján, Uzbekistán, Kirguizistán y Moldavia.
8 diciembre. Minsk: los presidentes de Rusia, Ucracia y Bielorrusia proclaman el fin de la URSS y crean la CEI (Comunidad de Estados Independientes).
Barton Fink, de Joel Coen;
El silencio de los corderos, de Jonathan Demme.

1992
7 febrero. Se firma en Maastricht (Holanda) el Tratado de la Unión Europea.
20 abril. Inauguración de la Exposición Universal de Sevilla.
25 julio. Apertura de los JJ. OO. en Barcelona.
13 agosto. Ante el recrudecimiento del conflicto en la ex-Yugoslavia, el Consejo de Seguridad de la ONU autoriza la protección militar de las acciones humanitarias y condena "la limpieza étnica".
20 septiembre. Francia: tras un apasionado debate, se aprueba en referédum el tratado de Maastricht.
3 noviembre. El demócrata Bill Clinton, elegido nuevo presidente USA.
31 diciembre. Checoslovaquia: fin del Estado federal: nacen la República Checa y Eslovaquia.
Regreso a Howards End, de Ivory;
Tres colores: Azul, de Krzysztof Kieslowski.

1993
1 enero. Entra en vigor el Mercado Único Europeo.
19 febrero. La Fuerza de Protección de las Naciones Unidas autorizada a recurrir a las armas para garantizar la seguridad en el conflicto yugoslavo.
28 marzo. Francia: victoria de las derechas en las elecciones legislativas.
8 abril. Admisión de Macedonia en la ONU, con el nombre de ex-República Yugoslava de Macedonia.
25 abril. En el referéndum que Boris Yeltsin había organizado por sorpresa el 20 de marzo, una mayoría de rusos le otorgan su confianza.
6 junio. España: se adelantan las elecciones generales; el PSOE no alcanza la mayoría absoluta.
31 julio. Fallece el rey Balbuino, de Bélgica.
31 agosto. Venezuela: Carlos Andrés Pérez, destituido como presidente del país.
Septiembre. Washington: reconocimiento mutuo de Israel y la OLP.
11 diciembre. Chile: el demócrata Eduardo Frei, elegido presidente de la República; sustituye al general Pinochet.
La lista de Schindler, de Steven Spielberg;
Lo que queda del día, de Ivory.
Fallece Don Juan de Borbón.

1994
1 enero. México: ofensiva de las fuerzas insurrectas del Ejército Zapatista de Liberación Nacional, en Chiapas.
3 febrero. El presidente Clinton anuncia el levantamiento del embargo comercial contra Vietnam, establecido en 1975.

9 febrero. Ultimátum de la OTAN a los serbios de Bosnia, que será aceptado.
Abril. Primeras elecciones multirraciales en la República Sudafricana: victoria del ACN.
9 mayo. Sudáfrica: la Asamblea Nacional elige al líder Nelson Mandela como presidente.
Junio. El PP, partido conservador español, vence en las elecciones europeas.
21 agosto. México: el nuevo candidato del PRI, Ernesdo Zedillo, gana las elecciones presidenciales.
31 agosto. Irlanda del Norte: tras las negociaciones entre el Sinn Féin y el Gobierno británico, el IRA anuncia un alto el fuego total e incondicional.
7 noviembre. La Haya: primera sesión del Tribunal Penal Internacional, para juzgar a los criminales de guerra de la ex-Yugoslavia.
8 noviembre. Los republicanos ganan las elecciones legislativas USA: por primera vez en 40 años, este partido es mayoritario en ambas cámaras, con un presidente del partido demócrata al frente del país.
Lamerica, de Gianni Amelio;
Les rendez-vous de París, de Éric Rohmer.

1995
1 enero. Con el ingreso de Suecia, Austria y Finlandia, la UE cuenta con quince miembros.
13 enero. Italia: Lamberto Dini designado para formar gobierno.
Letonia se convierte en el 34 país miembro del Consejo de Europa; Rusia vio rechazada su candidatura por la guerra con Chechenia.
19 abril. Atentado de ETA al líder del PP, José María Aznar: sale ileso.
Comienza la crisis del Gobierno español por casos de corrupción que denuncia el periódico radical *El Mundo*; estalla también el caso del grupo antiterrorista GAL.
4-7 agosto. Guerra de los Balcanes: ofensiva del Ejército croata, en Bosnia-Herzegovina.
30 octubre. Canadá: referéndum sobre la soberanía de Quebec: "no" por escasa mayoría.
6 noviembre. El Tribunal Penal Internacional para la ex-Yugoslavia inculpa a los dos disidentes serbios de Bosnia, Karadzic y Mladic, de genocidio y crímenes contra la Humanidad.
15 noviembre. Francia: el primer ministro, Alain Juppé, presenta un plan de reforma de la Seguridad Social; se suscitarán huelgas que paralizan el país.
19 noviembre. El ex comunista Aleksander Kwasniewski, elegido presidente de Polonia.
La mirada de Ulises, de Angelopoulos;
Sentido y sensibilidad, de Ang Lee.

1996
8 enero. Muere François Mitterrant.
Febrero. Nuevos asesinatos de ETA: un millón de ciudadanos se manifiesta en Madrid.
9 febrero. Atentado del IRA en Londres: rompe la tregua anunciada.
24 febrero. Conflicto USA-Cuba: la aviación cubana derriba a dos aviones pilotados por exiliados en Estados Unidos; Washington anuncia el refuerzo del embargo económico.
3 marzo. Nuevas elecciones generales en España: gana el Partido Popular (PP).
8 mayo. República Sudafricana: la nueva Constitución es aprobada por el Parlamento.
23 junio. Grecia: fallece el ex primer ministro socialista, Andreas Papandreu.
Rusia: Boris Yeltsin gana las elecciones presidenciales.
Noviembre. USA: Bill Clinton también renueva su mandato presidencial.
Jerusalén, de Bille August.;
Secretos y mentiras, de Mike Leigh.
Fallece el bailarín Antonio.

1997
El líder socialista Felipe González dimite como secretario general del PSOE; le sucede el socialdemócrata Joaquín Almunia.

Gran Bretaña: los laboristas ganan las elecciones; Tony Blair, nuevo *premier*.
Irlanda del Norte: el IRA declara una nueva tregua.
El partido socialista, liderado por Lionel Jospin, triunfa en las elecciones francesas.
México: el PRI pierde las elecciones municipales.
1 julio. Tras 156 años de colonización, Gran Bretaña devuelve Hong-Kong a China.
Manifestaciones contra ETA en toda España; los terroristas "ejecutan" al concejal secuestrado, Miguel Ángel Blanco –miembro del PP– pese a las críticas y la indignación de los partidos democráticos.
Varios antiguos países del Este y Bálticos, admitidos en la OTAN.
Septiembre. Muere la Madre Teresa de Calcuta.
Irlanda del Norte: alto en fuego del IRA
Viaje al principio del mundo, de Manoel de Oliveira;
Titanic, de James Cameron;
La cortina de humo, de Barry Levinson.

1998
Enero. Juan Pablo II visita Cuba: histórico encuentro con Fidel Castro.
Se reactiva la Guerra de los Balcanes: los serbios atacan Kosovo (Albania).
22 marzo. Tras el pacto de Viernes Santo en Irlanda del Norte, los ciudadanos del Ulster votan sí al referéndum de paz. Se establece un nuevo Gobierno autónomo, pese a la resistencia de algunos sectores.
Junio. Recrudecimiento de las acciones de ETA: otro concejal del País Vasco, asesinado.
Julio. Suspensión del diario *Egin*, detención de sus dirigentes.
Sentencia por el caso Marey: el Tribunal Supremo establece penas para sus responsables (algunos del grupo antiterrorista GAL); el ex ministro socialista, José Barrionuevo, y el antiguo secretario de Estado para la Seguridad, Rafael Vera, condenados a 10 años de prisión.
7 agosto. Masacre antinorteamericana: estallan dos coches-bomba ante las embajadas USA de Kenia y Tanzania.
15 agosto. El autodenominado IRA Auténtico comete otro atentado en el Ulster: mueren 28 personas, dos españolas. (Después, declarará un alto el fuego total).
18 agosto. Asediado por el caso Lewinsky, Bill Clinton declara ante el Gran Jurado y pide disculpas por TV; los ciudadanos norteamericanos quieren que continúe como presidente.
16 septiembre. ETA declara una tregua indefinida: alto el fuego total y unilateral del grupo terrorista.
27 septiembre. Elecciones generales e Alemania: el socialdemócrata Schröder derrota al democristiano Kohl. Aquél tendrá que gobernar en coalición con Los Verdes.
La vida es bella, de Roberto Benigni;
Salvar al soldado Ryan, de Steven Spielberg.

1999
La guerra de los Balcanes toma carácter alarmante. Tras la represión de Kosovo por los serbios, fuerzas de la OTAN intervienen con bombardeos sistemáticos.
Se inician negociaciones entre ETA y el Gobierno del PP.
Julio. Se rompen las negociaciones para establecer un Gobierno bilateral en el Ulster.
Septiembre. Serie de atentados islamistas en Moscú.
Aumenta el conflicto bélico entre Rusia y Chechenia.
28 noviembre. ETA anuncia el final de la tregua; consternación en el país.
Muere el poeta Rafael Alberti.
2 diciembre. Hito histórico en Irlanda del Norte: se nombra un Gobierno autónomo en el Ulster, con participación de católicos y protestantes en el nuevo gabinete.
19 diciembre. En plena crisis de Chechenia, Rusia celebra elecciones legislativas; el primer ministro Vladimir Putin encabeza, con el antiguo PCUS, la Duma.
31 diciembre. Dimisión de Boris Yelsin como presidente de Rusia.

La delgada línea roja, de Terrence Malick;
Matrix, de los hermanos Wachowski;
Hoy empieza todo, de Bertrand Tavernier.

2000
18 enero. El ex canciller alemán Kohl abandona la presidencia honoraria de su partido por el escándalo de la financiación ilegal del CDU.
21 enero. Primer atentado tras la tregua de ETA: asesinan con un coche-bomba en Madrid al teniente coronel del Ejército de Tierra, Pedro Antonio Blanco.
22 febrero. Otro atentado mortal de ETA en España: muere en Vitoria Fernando Buesa.
2 marzo. Augusto Pinochet abandona Gran Bretaña y regresa a su país. Aunque se alegan razones de salud, el juez Guzmán lo procesará a continuación.
Marzo-julio. Sucesión de asesinatos de ETA.
22 julio. José Luis Rodríguez Zapatero, nuevo secretario general del PSOE.
14 agosto. El submarino nuclear ruso "Kursk", con 118 tripulantes a bordo, se hunde en el mar de Barents, tras sufrir dos explosiones; morirán todos.
28 octubre. Kosovo celebra elecciones.
7-11 noviembre. La policía detiene a los comandos "Madrid" y "Vizcaya".
21 noviembre. Es asesinato por ETA el ex ministro socialista Ernest Lluch.
Gladiator, de Ridley Scott;
Bailar en la oscuridad, de Lars von Trier;
Traffic, de Steven Soderbergh;
El camino a casa, de Zhang Yimou;
El emperador y el asesino, de Chen Kaige.

2001
26 enero. India: miles de personas mueren en el estado de Gujarata a causa de un terremoto.
14 marzo. Primer caso de res infectada con el mal de las "vacas locas" en el País Vasco.
31 marzo. Milosevic es detenido tras cumplir el ultimátum USA.
6 mayo. ETA asesina al presidente del PP aragonés, Manuel Giménez Abad.
2 junio. El príncipe heredero de Nepal asesina a los reyes del país y después se suicida.
4 junio. Alejandro Toledo, nuevo presidente del Perú.
11 septiembre. Nueva York: se produce el mayor atentado de la historia. Dos aviones comerciales, secuestrados por integristas, se estrellan contra las Torres Gemelas, que poco después se hundirían estruendosamente, en el World Trade Center de Manhattan, produciendo miles de víctimas; un tercero se estrella contra el Pentágono, en Washington. Se atribuye al grupo terrorista "Al Qaida".
12 septiembre. El presidente Bush anuncia una gran represalia: la Operación que al principio denomina "Justicia Infinita".
8 octubre. USA comienza la guerra contra el regimen talibán de Afganistán.
Israel: el general Ariel Sharon, líder del partido nacionalista Likud, obtiene la mayoría en las elecciones y se convierte en el primer ministro del país.
Bulgaria: el ex rey Simeón II es elegido primer ministro.
Muere Pedro Laín Entralgo.
El hombre que nunca estuvo allí, de los hermanos Coen;
La inglesa y el Duque, de Éric Rohmer;
Una mente maravillosa, de Ron Howard.

2002
12 febrero. La Haya: comienza el juicio contra el ex presidente yugoslavo Slobodan Milosevic.
21 abril. Venezuela: un golpe de Estado despoja al presidente Hugo Chávez del poder; pero 47 horas des-

pués, este dirigente retoma el mando del país.
11 julio. Conflicto político entre España y Marruecos: un pelotón de gendarmes marroquíes ocupa la isla de Perejil. Cinco días más tarde, el Ejército español toma por sorpresa este islote deshabitado.
18 julio. Coche-bomba frente a una casa-cuartel en Santa Pola: mueren dos personas.
21 julio. El gigante WorldCom regista la mayor quiebra de la historia USA.
16 septiembre. Cae la cúpula de ETA: detenidos los dirigentes Juan Antonio Olarra y Ainhoa Múgica.
12 octubre. Indonesia: atentado de "Al Qaida" contra una discoteca en la turística isla de Bali.
13 noviembre. Tragedia del "Prestige". El litoral español sufre una marea negra sin precedentes.
4 diciembre. Argentina levanta el denominado "corralito", restricciones que pesaban sobre los depósitos bancarios de los ciudadanos en bancos y cajas de ahorros.
Mueren el escritor Camilo José Cela, el artista Eduardo Chillida y el maestro Carmelo Bernaola.
Woody Allen recibe en Oviedo el Premio Príncipe de Asturias de las Artes.
Camino a la Perdición, de Sam Mendes;
El pianista, de Roman Polanski.

2003

1 febrero. El trasbordador espacial Columbia se desintegra en Texas y mueren siete astronautas a bordo.
4 febrero. La República Federal de Yugoslavia deja de existir oficialmente y da paso al estado de Serbia-Montenegro.
14 febrero. Corea: las dos Coreas abren por primera vez en cincuenta años su frontera terrestre.
16 marzo. El presidente Bush se reúne en las Azores con sus dos principales aliados: el *premier* británico, Tony Blair, y el presidente español, José María Aznar, para lanzar un ultimátum a Hussein.
20 marzo. Empieza la guerra en Irak.
9 abril. Cae Bagdad.
12 mayo. Arabia Saudí: un triple atentado suicida causa 35 muertos y cerca de 200 heridos. El 9 de noviembre se repite otro atentado; ambos son reivindicados por "Al Qaida".
25 mayo. Néstor Kirchner asume la presidencia de Argentina.
2662 militares españoles, que regresaban tras cuatro meses de misión en Afganistán, mueren al estrellarse en Turquía el avión que les transportaba ("Yak-42").
3 septiembre. El primer Gobierno Transitorio post-Saddam presta juramento.
10 septiembre. Suecia: Anna Lindh, ministra de Relaciones Exteriores, es apuñalada a muerte por un desconocido en un centro comercial de Estocolmo.
29 noviembre. Irak: siete agentes del servicio secreto (CNI) mueren en un atentado cerca de Bagdad.
7 diciembre. Rusia: triunfo masivo del partido de Vladimir Putin, y de sus aliados nacionalistas, en las elecciones legislativas del país.
13 diciembre. Fracasa la cumbre de la UE sobre la Constitución europea.
Mystic River, de Clint Eastwood;
Las horas, de Stephen Daldry.

2004

11 marzo. Gran atentado terrorista en Madrid: 192 muertos y numerosos heridos. Tras unas horas de confusión, se descubre a un comando de "Al Qaida" como brazo ejecutor.
14 marzo. Elecciones generales en España: el PSOE alcanza la mayoría.
1 mayo. Se integran en la UE diez nuevos países: Chipre, Chequia, Eslovaquia, Eslovenia, Estonia, Hungría, Letonia, Lituania, Malta y Polonia.
22 mayo. El heredero del trono español, príncipe Felipe de Borbón, se casa con Leticia Ortiz.
Agosto. Juegos Olímpicos en Atenas.
1-3 septiembre. Secuestro masivo en un colegio de Beslán (Rusia), que se salda con más de 300 muertos.
29 octubre. Los jefes de Gobierno de la UE firman en Roma el Tratado por el que se establece una Constitución para Europa.

26 diciembre. En Indonesia se produce el terremoto más devastador de los últimos 40 años: más de dos mil personas muertas y miles de desaparecidos.
Fallecimiento del académico español Fernando Lázaro Carreter, y del bailarín Antonio Gades.
Million Dollar Baby, de Clint Eastwood;
Las llaves de casa, de Gianni Amelio.

2005
20 febrero. Los españoles aprueban en referéndum la nueva Constitución europea.
2 abril. Fallece el Papa Juan Pablo II. Su funeral es el más concurrido de toda la historia.
19 abril. El cardenal alemán Joseph Ratzinger es elegido Papa: toma el nombre de Benedicto XVI.
29 mayo. Francia no ratifica en referéndum la Constitución europea; igual ocurre en los Países Bajos.
Julio. Londres es elegido sede de los JJ.OO del año 2012, superando a París y Madrid.
7 julio. Atentado terrorista: una cadena de explosiones en el metro y en tres autobuses de Londres siembra el terror: fallecen 56 personas, con más de 700 heridos. "Al Qaida" anume la responsabilidad.
28 julio. El IRA anuncia formalmente el cese de la lucha armada.
29 agosto. El huracán Katrina toca tierra estadounidense y produce cuantiosos daños en Louisiana, Mississippi, Alabama, Tennessee y Florida: más de mil fallecidos.
31 agosto. Otras mil personas mueren en una estampida sobre el puente de Al-Ayma, en Bagdad, cuando intentaban huir de una supuesta alarma terrorista.
31 octubre. Nace Leonor de Borbón, hija de los futuros reyes de España, los príncipes Felipe y Leticia.
18 diciembre. Elecciones presidenciales en Bolivia: gana el candidato del MAS (Movimiento al Socialismo), el indígena Evo Morales.
Fallecen los filósofos españoles Julián Marías y Antonio Millán-Puelles.
Cinderella Man, de Ron Howard;
Crash, de Paul Higgis.

2006
Febrero. ETA anuncia un alto el fuego permanente. Esperanzas de acabar con el terrorismo en España.
1 mayo. Millones de inmigrantes hispanos se manifiestan en USA, para defender los derechos de los "sin papeles".
Evo Morales, tras la cumbre con Fidel Castro y Hugo Chávez, nacionaliza los hidrocarburos en Bolivia.
8-9 julio. Primer viaje del nuevo Papa a España: en Valencia, Benedicto XVI clausura ante un millón y medio de personas el V Encuentro Mundial de las Familias.
Agosto. Alto el fuego en Líbano. La ONU despliega un ejército de pacificación.
10 octubre. El Sinn Fein acepta la propuesta de Tony Blair y Bertie Ahern para restablecer el autogobierno en Irlanda del Norte, mientras el IRA decomisa definitivamente las armas.
28 noviembre. Viaje histórico del Papa Benedicto XVI a Turquía, que establece lazos no sólo con la Iglesia ortodoxa sino con el mundo islámico y la comunidad musulmana.
Diciembre. Hugo Chávez gana de nuevo las elecciones en Venezuela.
10 diciembre. Muere el ex presidente Augusto Pinochet.
30 diciembre. Es ejecutado en Bagdad el destituido presidente de Irak: Saddam Hussein.
Gravísimo atentado en el aeropuerto de Barajas. El Gobierno suspende las negociaciones con ETA.
United 93, de Paul Greengrass;
Copying Beethoven, de Agniezska Holland;
The Queen, de Stephen Frears;
Banderas de nuestros padres/Cartas desde Iwo-Jima, de Clint Eastwood.

APÉNDICES

LA CENSURA EN EL CINE ESPAÑOL (1912-1977)
Por Rafael de España

En todos los países la censura ha sido (y en algunos lo sigue siendo) un factor condicionante habitual de la producción cinematográfica. Lo que la ha hecho destacable en España es que durante una época –1939-1975– en la cual el cine mundial alcanzó su grado más alto de madurez y al mismo tiempo de libertad en la exposición de ideas y situaciones, las circunstancias políticas de este país impusieron unas rígidas limitaciones de fondo y forma cada vez más reñidas con lo que era habitual en otros países. Otra peculiaridad hispánica –que parece dar la razón a los que consideran nuestro país como la tierra de los contrastes y enfrentamientos radicales– es que, al morir Franco, la censura se va relajando hasta desaparecer completamente, y el cine español se convierte en uno de los más libres del mundo, afrontando los temas más atrevidos con inusitada franqueza.

De todos modos, la censura cinematográfica en España no fue un invento del general Franco. Para ser exactos, la primera normativa oficial al respecto se promulgó en 1912[1], siendo una iniciativa casi exclusiva de la Junta de Protección a la Infancia, preocupada porque, según palabras del Ministro de Gobernación, «se ha comprobado en muchos casos que actos criminosos ejecutados por niños o adolescentes les habían sido sugeridos por el espectáculo de diversas escenas policiales o terroríficas». De hecho toda la reglamentación iba dirigida a esa supuesta influencia nefasta sobre la juventud, y el único punto relacionado con la moral pública era uno que prohibía «la exhibición *privada* de películas pornográficas», curioso tanto por indicar la existencia de un mercado de este tipo de productos como por reconocer que era una intromisión en actividades de ámbito privado.

Otros decretos siguieron a éste, algunos ya no tan centrados en la protección a la infancia pero todos caracterizados por una completa imprecisión sobre cuáles eran las imágenes y conceptos objeto de censura; esta situación, por cierto, persistirá durante muchos años, concretamente hasta la publicación en 1963 de las primeras normas de censura propiamente dichas. De todas formas, durante el periodo del mudo los censores no van a tener que preocuparse mucho con el cine español, no sólo por su débil infraestructura técnica y artística sino por el talante fuertemente conservador de la sociedad de la época. Recordemos que el cine de otros países también era muy comedido en el plano moral y social: las películas soviéticas, por ejemplo, encontraban serias dificultades para exhibirse en los países «capitalistas»; la presentación medianamente explícita de escenas sexuales era tabú, y sólo en condiciones especiales algunos cineastas se arriesgaban a introducir algún fugaz desnudo. En una película alemana de 1922, *Lukrezia Borgia* (Richard Oswald), el Papa Borgia, Alejandro VI, pasaba de *padre* de Lucrecia y César a *tío*, y además los hermanos se convertían en primos: esto es una de las muchas pruebas de la existencia de mecanismos de control moral en todos los cines del mundo, que lógicamente en España se veían incrementados por la influencia de la Iglesia Católica y el atraso cultural. La dictadura del general Primo de Rivera (1923-1930) fue especialmente sensible a prohibir la difusión de cualquier producto que cuestionara los valores tradicionales.

Durante este periodo la principal actividad de los censores se centró en las películas extranjeras, muy especialmente aquellas que mostraban una imagen peyorativa de España. La versión americana de la novela de Vicente Blasco Ibáñez *Sangre y arena* (*Blood and Sand*, 1922, Fred Niblo) causó tal indignación que algunas escenas tuvieron que ser remontadas para hacer más aceptable la ambientación, insertando planos filmados ex-profeso en Madrid[2]. Casos similares se dieron –en forma de cortes o simple prohibición– con otras cintas de temática hispánica como *Rosa de Flandes* (*Les Opprimés*, 1922, Henry Roussel), *Carlos und Elizabeth* (1924, Richard Oswald), *The Spaniard* (1925, Raoul Walsh), *Valencia* (1926, Dimitri Buchowetzki) o *Dos amantes* (*Two Lovers*, 1928, Fred Niblo)[3].

El primer caso de prohibición que se registra en el cine español es el del serial *La herencia del diablo* (1917, Domingo Ceret), y es muy significativo porque el motivo de la sanción fue muy diferente a los habituales en estos casos. La película fue estrenada en Barcelona el 18 de febrero de 1918, y a los pocos días fue retirada del local por orden gubernativa debido a una denuncia presentada por el político Adolfo Marsillach, molesto porque los guionistas habían puesto su nombre al malvado de la intriga. Este incidente resulta algo absurdo hoy en día, pues el productor siempre podía alegar que la coincidencia de nombres no era intencionada, y de todas formas con rehacer los rótulos todo el mundo tendría que quedar satisfecho. Parece que se llegó a un arreglo y la cinta continuó explotándose al cabo de un tiempo, pero para las no muy firmes economías de la empresa productora, la barcelonesa Studio Films, supuso un serio quebranto económico. Para prevenir nuevas incidencias como ésta, el gobernador civil de Barcelona emitió una orden prohibiendo que se pusiera a los personajes de las películas «nombres conocidos o que puedan confundirse con ellos»[4].

Este asunto indica a las claras algo que ya hemos apuntado anteriormente: si las películas españolas desafiaban en algo a la censura no era en los apartados habituales de sexo, violencia o rebeldía social. La atonía del cine español propiciaba que los cineastas con inquietudes fueran a filmar al extranjero: Benito Perojo, por ejemplo, se fue a París para trabajar con unos medios técnicos inexistentes en España. Pero otras veces lo que se buscaba era una mayor libertad de expresión; el caso más evidente es el de Luis Buñuel, que rodó en Francia dos clásicos del surrealismo, *Un perro andaluz* (*Un chien andalou*, 1929) y *La Edad de Oro* (*L'Âge d'or*, 1930), que no hubieran sido admitidos por la muy timorata sociedad española.

La proclamación de la República en abril de 1931 trae aires de renovación a este espíritu estancado en el pasado, pero el cine no lo refleja. Aunque de gran parte de las películas de esta época no se conserva copia[5], lo que puede verse en la actualidad sigue las mismas pautas ideológicas y morales de la década anterior: el grueso lo forman comedias costumbristas de ambientación regionalista, que reproducen la mentalidad tradicional española de los últimos cien años sin la menor voluntad de transgresión. Un detalle significativo es que cuando el «revolucionario» Buñuel vuelve a España, como productor ejecutivo de la empresa Filmófono, no intenta en ningún momento seguir con sus experimentos parisinos y se dedica a «lo seguro»: adaptaciones de éxitos teatrales con el popular cantante Angelillo a la cabeza del reparto.

Aunque Angelillo, como Buñuel, era hombre de izquierdas y tuvo que exilarse después de la guerra, ninguna de las películas en que participó trasluce una ideología que vaya más allá del simple populismo. Y es que el cine español de los años republicanos intentaba por encima de todo la conexión con el público, algo que hasta entonces no se había conseguido: y en la España de la época, un cine popular tenía inevitablemente que defender (o por lo menos no ofender) los valores morales establecidos, ya que por mucho que en la calle ardieran las iglesias, amplias capas de la población seguían aferradas a esos conceptos, por convicción o por interés. Que así lo asumiera un intelectual sin prejuicios morales e ideológicos como Buñuel es la demostración palpable.

La censura de la República, que se mostraba abierta con las cintas extranjeras, autorizando algunas francamente conflictivas como *Die Dreigroschenoper* (1931, G. W. Pabst)[6] o *Éxtasis* (*Ekstase / Symphonie der Liebe*, 1932, Gustav Machaty), seguía sin tener el menor problema con los productos nacionales. No fue hasta 1939 en que, al ser sometidos nuevamente a revisión por los vencedores de la Guerra Civil, nos enteramos de que algunos de estos films contenían escenas «inconvenientes», ya que varios de ellos debieron sufrir amputaciones para poder continuar su explotación. Un caso especialmente pintoresco es el de *Una morena y una rubia* (1933, José Buchs), ya que la película se ha perdido y lo único que se conserva ¡son precisamente los fragmentos cortados por el censor![7]

Durante el periodo bélico, ambos bandos siguen utilizando la censura, aunque de forma distinta. En la zona republicana la industria del cine fue colectivizada y cada película refleja el control ideológico del grupo político que la patrocina; hay que decir que los más entusiastas fueron los anarquistas, que a través del SIE (Sindicato de la Industria del Espectáculo) se atrevieron con films de ficción de cierta envergadura entre los que no faltan comedias... por supuesto, en versión «libertaria». Entre los sublevados la censura fue mucho más uniforme, aunque el hecho de existir dos organismos competentes, en Sevilla y en Burgos, dio pie a extrañas diferencias de criterio en lo que respecta a films de ficción extranjeros[8].

Con el triunfo de las armas franquistas el Estado decide por primera vez en la Historia intervenir en la producción de películas, aunque sea de una forma indirecta. Los ejemplos de Alemania, Italia y la Unión Soviética demuestran que el arte fílmico es un fiel reflejo de la mentalidad colectiva de un país, y se toman medidas destinadas a 1) mejorar el nivel industrial y 2) controlar el mensaje ideológico de los films. A tal fin se funda algo que hasta ahora no existía: una Junta de Censura. Esta junta, formada en fecha tan temprana como el 10 de diciembre de 1937, se dedicará en un primer momento a eliminar de films terminados y en proyecto todo aquello que atente contra los valores morales preconizados por el nuevo estado. ¿Y cuáles son los valores de este Nuevo Estado? Desde luego, son cualquier cosa menos nuevos: Patria, Religión, Familia. Cierto que la ayuda nazi-fascista a Franco durante la contienda y la influencia de la Falange propició durante un tiempo cierta condescendencia hacia ideas más radicales de *Imperio* y *Raza*, pero cuando en 1942 la escena bélica comienza a ser desfavorable para el Eje estos devaneos son rápidamente archivados: en 1945, por ejemplo, el saludo romano es abolido oficialmente.

El papel de la Censura en este terreno es básico: aunque entre 1939 y 1945 se exhibe un considerable número de films alemanes, los más agresivos ideológicamente, como *Jud Süß* (1940, Veit Harlan) o *Ohm Krüger* (1941, Hans Steinhoff), sólo son autorizados para «funciones especiales» vetadas al gran público. De los films antisemitas, por ejemplo, sólo se autoriza la exhibición de uno de los menos venenosos, *Roberto y Bertrán* (*Robert und Bertram*, 1939, Hans H. Zerlett)[9]. El caso de *El zorro de Glenarvon* (*Der Fuchs von Glenarvon*, 1940, Max W. Kimmich) es más complejo: como ataca el Imperialismo británico a base de exaltar el independentismo irlandés, se prohíbe su pase en Cataluña y el País Vasco para evitar asociaciones de ideas entre el público[10].

Al hablar de la censura durante el periodo 1939-75 debemos hacer dos tipos de distinciones: una de índole temática y otra temporal. Con la primera nos referimos a aquellos grandes apartados que conforman las orientaciones ideológicas de la junta: el religioso, el moral y el político. La segunda clasificación va imbricada a la primera, y se refiere al hecho de que el talante de los censores con respecto a lo que se puede o no se puede permitir varía con los años y la evolución de la sociedad española: un ejemplo sería el ya citado de la actitud hacia el nazifascismo, que pasa de una ambigua simpatía a un rechazo no menos disimulado, y otro sería la relativa relajación en asuntos de moral sexual que tendrá lugar en 1963.

El primer periodo sería el comprendido entre el fin de la guerra y 1951, año en que se crea el Ministerio de Información y Turismo y la Dirección General de Cinematografía y Teatro. En estos años persiste la situación de anteguerra, agravada por la feroz represión que el nuevo régimen ha puesto en marcha: a los cineastas no se les pasa por la cabeza la posibilidad de realizar obras que puedan molestar a la sociedad, es decir, a los organismos políticos que la representan; al contrario, demuestran especial énfasis en apoyar la ideología en vigor.

Pero, sorprendentemente, cintas que se habían hecho con vistas a agradar a las autoridades resulta que obtenían el efecto opuesto: citemos dos ejemplos de películas que evocaban la reciente contienda desde una óptica totalmente favorable a los vencedores. *El crucero Baleares* (1941, Enrique del Campo) era un homenaje al buque hundido por la Marina republicana en uno de sus escasos éxitos: fue aprobada por la Censura y anunciada para su estreno en Madrid el 12 de abril, pero cuando las autoridades de Marina la vieron en un pase privado decidieron su prohibición absoluta, considerando que el asunto no estaba tratado con la seriedad que requería. *Rojo y negro* (1942, Carlos Arévalo), ambientada en el Madrid en guerra, presenta un comunista que se enamora de una falangista de la «Quinta Columna»: cuando ésta es ajusticiada por los «rojos», el muchacho les echa en cara su maldad, reniega de sus ideas y es también ejecutado. En este caso la película se llegó a estrenar, pero a los pocos días fue retirada de circulación y no se volvió a ver más: al parecer la relación amorosa fue considerada poco ortodoxa, o quizá molestó la representación en pantalla de falangistas en una época en que empezaban a ser arrinconados[11]. Lo que sí está claro es que en lo que a la Guerra Civil se refiere, en enero de 1942 se había estrenado *Raza* de José Luis Sáenz de Heredia, que como el guión era del propio Francisco Franco iba a ser el «modelo» de toda película sobre el tema y, desde luego, no podía permitirse competencia.

Los incidentes de *El crucero Baleares* y *Rojo y negro* ponen de relieve algo que muchos ideólogos del Régimen sentían: la falta de una normativa concreta que especificara los límites de lo permitido. Como ya hemos dicho antes e insistiremos más adelante, esta imprecisión se mantuvo hasta los años 60 sin más quejas que las de algunas raras voces que reclamaban un «código» como el hollywoodiano de la MPAA (el llamado «Código Hays»). De una de estas opiniones ha quedado constancia en los medios: la alusión en uno de los primeros números de *Primer Plano* (7 de julio 1946) a una «conferencia comentada» a cargo de Francisco Ortiz Muñoz, vicepresidente de la comisión de censura, sobre la necesidad de instaurar unas normas copiadas de las de la industria norteamericana. Conviene advertir que, aparte del esforzado Sr. Ortiz, nadie hacía mucho énfasis en esta cuestión porque, en el fondo, todos sabían que no podía haber normas sino la simple decisión puntual del censor o jerarquía de turno.

En estos años tiene lugar una iniciativa que va a ser una forma sobreañadida de censura indirecta: las normas de protección al cine. Esencialmente se trataba de dar una calificación a las películas en función de su calidad: primera, segunda y tercera, a las que después se añadió otra superior, la del «Interés Nacional» (el equivalente al *Film der Nation* del cine nazi, en cuyos *prädikaten* se inspiraba esta normativa). Las cintas clasificadas de Interés Nacional o primera categoría tenían derecho a sustanciosas compensaciones económicas, lo cual no era más que una forma de orientar ideológicamente la producción, ya que las mejores clasificaciones iban para aquellos films cuyo mensaje fuera más acorde con los del gobierno.

El reajuste ministerial que se produce en 1951 pone los medios de comunicación en manos del nuevo Ministro de Información y Turismo, el ultraconservador Gabriel Arias Salgado. Uno de sus objetivos principales va a ser la moralidad de las películas, centrada en dos puntos básicos: exaltación de la Religión y bloqueo absoluto a todo lo relacionado con el sexo. En consecuencia, una gran parte de las películas españolas de los años cincuenta incluirán un sacerdote entre los personajes principales, mientras que el único aliciente frívolo lo constituirán las «folklóricas», término genérico para definir un grupo de actrices-cantantes de físico agraciado a las que se permitía aportar un discreto erotismo a base de escotes y gestos insinuantes: Carmen Sevilla consiguió incluso cierta popularidad en Francia, pero la principal estrella internacional de estos años y principal mito erótico del cine español fue sin duda Sara Montiel, que con *El último cuplé* (1957, Juan de Orduña) obtuvo un abrumador éxito de taquilla[12]. Pero fuera de la insinuación y algunos atrevimientos rápidamente compensados por un mensaje moralizador, estaba claro que en el terreno erótico no había forma de igualar los niveles cada vez más permisivos de los demás cines europeos, por lo que algunos productores comenzaron a finales de los cincuenta a realizar «dobles versiones» de sus películas, una sin escenas censurables para el territorio nacional y otra para el extranjero con las actrices menos vestidas. El productor-director catalán Ignacio F. Iquino se convirtió enseguida en el principal especialista en estas maniobras, que la Administración consentía bajo mano porque suponían entrada de divisas[13].

Descartado por completo el erotismo, las únicas posibilidades de transgresión estaban en el apartado socio-político, que daba más posibilidades para engañar a los censores o, por lo menos, no darles pie a una reacción desfavorable. El primer incidente de este tipo tuvo lugar con *Surcos* (1951, J.A. Nieves Conde), una visión francamente dura del Madrid de posguerra que puede considerarse el primer intento (y prácticamente único) del cine español por asumir los postulados críticos del neorrealismo italiano; la intriga incluía situaciones y personajes de dudosa moralidad y además dejaba un crimen impune. El responsable de la autorización de *Surcos* fue el recién nombrado Director General de Cinematografía, José María García Escudero, que incluso llegó a concederle la clasificación de Interés Nacional; todo esto irritó profundamente a los sectores más reaccionarios, que no cejaron hasta lograr el cese de García Escudero. De todas formas no se revocó el permiso de exhibición a la película, ya que su mensaje de denuncia social era compartido por la facción más «progresista» de la Falange, a la que el realizador pertenecía. El siguiente desafío a la política censora del franquismo vino con las películas de J. A. Bardem, realizador adscrito al clandestino Partido Comunista de España. *Muerte de un ciclista* (1955) se ve en la actualidad como un áspero alegato contra la alta burguesía de la época y no se entiende como los censores no se dieron cuenta de su tremenda carga crítica; el hecho de que se limitaran a poner objeciones a las escenas amorosas denota su escasa formación intelectual y su mezquina obsesión por el sexo, pero sobre todo revela un ingenuo desconocimiento de la capacidad dialéctica de la izquierda.

La falta de preparación de los censores fue haciéndose cada vez más acusada, incluso en aspectos que se supone tenían que dominar, como el religioso. En 1961 Buñuel vuelve a España y rueda sin apenas problemas *Viridiana*. La película pasa censura sin ninguna objeción, se presenta al Festival de Cannes y gana la *Palme d'Or*: el entonces Director de Cinematografía, Muñoz Fontán, recoge el premio contentísimo por lo que supone un gran éxito internacional del cine español. El día siguiente llega el jarro de agua fría: un editorial de *L'Osservatore Romano* carga contra el film y contra el muy católico gobierno español que ha permitido semejante ataque a los principios de la Iglesia: ¡los censores, consternados, se enteran ahora de que han autorizado una película blasfema, que ridiculiza la caridad cristiana y en una secuencia llega a hacer escarnio de la Santa Cena! Inmediatamente Muñoz Fontán es destituido y se prohíbe no sólo la exhibición de la película, sino también cualquier alusión en la prensa[14].

En julio de 1962 Franco formó un nuevo gobierno, y la cartera de Información y Turismo fue a parar a Manuel Fraga Iribarne, bajo cuyo mandato se potenció la infraestructura turística española a fin de convertir el país en el principal destino de vacaciones de la Europa occidental. Como inevitablemente esto conllevaba una cierta «modernización mental» a fin de sintonizar un poco con la mentalidad de países más avanzados en todos los sentidos, se decidió también flexibilizar la censura cinematográfica. Al frente de la Dirección General se puso a aquel García Escudero que había sido defenestrado hacía diez años por excesivamente «abierto» y se procedió a la elaboración de un auténtico Código de Censura que estipulara claramente las prohibiciones. La intención era buena, pero los resultados no brillaron a gran altura: de entrada, las normas eran de una hipócrita ambigüedad, especialmente (como no) en lo tocante al sexo. En ningún momento se prohibía explícitamente el desnudo, y a cambio había el eufemístico párrafo 11 que avisaba enigmáticamente: «Se respetará la intimidad del amor conyugal, prohibiendo las imágenes y escenas que la ofendan»[15]. En este apartado hay que dejar constancia de la insólita curiosidad que supone la autorización sin ningún reparo de *Diferente* (1961) de Luis M. Delgado y Alfredo Alaria, un panegírico de la homosexualidad sin parangón en el cine europeo de la época y que sólo tiene explicación, primero, por la habilidad desarrollada por los cineastas españoles para «encriptar» mensajes, y segundo por la suficiencia de los censores, incapaces de suponer que alguien pueda abordar temas que para ellos son innombrables.

La nueva mentalidad censora sirvió, paradójicamente, para que las películas sufrieran más cortes y alteraciones que nunca, ya que creaban una sensación de libertad que luego resultaba totalmente falsa. Otra situación contradictoria vino dada por el propósito de García Escudero de fomentar un cine de calidad para presentar a los Festivales. El cine de este tipo que se hacía en el extranjero estaba cada vez más reñido con los criterios de la censura española, por lo que la Administración tenía que hacer el papel de Dr Jekyll y Mr Hyde: dejar cierto margen a los cineastas de cara al exterior, pero al mismo tiempo mantener afiladas las tijeras para que el público nacional no se llevara impresiones erróneas. La participación en festivales ponía al gobierno en situaciones comprometidas: el caso de *El verdugo* (1963, Luis García Berlanga) fue uno de los más sonados, ya que siendo un alegato en clave de farsa contra la pena de muerte, fue presentada en Venecia justo después de que el Gobierno español hubiera ajusticiado a dos militantes antifranquistas. Prohibir la exhibición de la película –que ya había pasado censura con catorce cortes[16]– hubiera dañado la imagen de «apertura» que el franquismo quería dar, por lo que García Escudero tuvo que presionar al Gobierno italiano para que reprimiera en lo posible cualquier tipo de manifestación antiespañola paralela a su presentación.

Esta situación esquizofrénica de libertad para fuera y represión para dentro tuvo su principal exponente en el realizador Carlos Saura y el productor Elías Querejeta, que hasta el fin del franquismo jugaron con notable éxito la carta de los festivales internacionales con obras que desafiaban en mayor o menor grado la represión censora, pero que al mismo tiempo permitían al franquismo «desmentir» las acusaciones propagadas por los medios sobre falta de libertad de expresión en España. Como este juego llevaba implícito casi siempre la concesión de algún premio (que muchas veces era más político que estrictamente cinematográfico, todo hay que decirlo), al Gobierno le convenía tolerarlo, no sólo por razones de prestigio sino porque suponía la exportación del film y consiguiente entrada de divisas. Carlos Saura ganó durante estos años un importante prestigio internacional, apoyado en gran parte en su talento artístico, pero también –no podemos negarlo– en su condición de adalid de la militancia antifranquista. En 1974, aprovechando una nueva relajación de la censura por el propio desgaste del régimen, Saura levantó una gran controversia con *La prima Angélica* (1973), que por su visión ferozmente crítica del bando vencedor en la Guerra Civil sufrió los ataques de los grupos más integristas, que llegaron a incendiar el vestíbulo de un cine de Barcelona donde se proyectaba. A pesar de todo –signo de los tiempos–, no fue prohibido... ¡y por supuesto, tuvo su premio en Cannes![17]

La muerte de Franco desencadenó una rápida liberalización del país. En el cine esto se tradujo, primero, en una mayor tolerancia hacia asuntos relacionados con el sexo (el desnudo fue por fin oficialmente admitido en 1975), y paulatinamente van desvaneciéndose los tabúes en todos los apartados hasta llegar al Real Decreto de 11 de noviembre de 1977 de regulación de actividades cinematográficas, en el que desaparece cualquier referencia a un organismo censor[18]. A partir de ahora los cineastas españoles van a poder expresarse con una libertad que deja atónitos a los públicos extranjeros y que incluso le van a crear problemas de censura en determinados países, justo al revés de los que pasaba hasta el momento. Cierto que los fantasmas del pasado harán alguna aparición esporádica, como en el caso de *El crimen de Cuenca* (1979), un duro ataque a la Guardia Civil a cargo de una de las pocas mujeres directoras de nuestro cine, Pilar Miró. Presionado por altos cargos del Ejército, el gobierno de centro-derecha de Adolfo Suárez secuestra la película y permite que la realizadora sea sometida a un juicio militar. Afortunadamente en 1980 se reforma el Código de Justicia Militar y el asunto es pasado a los tribunales civiles, que en marzo de 1981 la absuelven de toda culpa. Esta sentencia refleja el rechazo de la sociedad española a los sectores más intransigentes de la institución castrense, cuyo último y desesperado intento por volver al status quo anterior había tenido lugar el 23 de febrero de 1981 con el asalto a las Cortes perpetrado por un destacamento de la Guardia Civil, con lo que esta institución confirmaba inconscientemente la imagen negativa que de ellos daba *El crimen de Cuenca*[19].

[Artículo publicado originalmente en alemán, con el título de «Zensur im spanischen Film», en Kritische Berichte, *núm. 4, 1995, pp. 40-48. Revisado por su propio autor, añadiendo sólo las últimas referencias bibliográficas.]*

II
CONCLUSIONES DE LAS CONVERSACIONES DE SALAMANCA (1955)

I. INFORME SOBRE LA SITUACIÓN ACTUAL DE NUESTRA CINEMATOGRAFÍA

El cine español actual es:
   1. Políticamente ineficaz
   2. Socialmente falso
   3. Intelectualmente ínfimo
   4. Estéticamente nulo
   5. Industrialmente raquítico.

II. CONTENIDO DE NUESTRO CINE

Reunidos en Salamanca y en su Universidad, con motivo de las Primeras Conversaciones Cinematográficas Nacionales, «creemos que nuestro cine debe adquirir una personalidad nacional, creando películas que reflejen la situación del hombre español y su realidad» en épocas pasadas y, sobre todo, en nuestros días.

III. OBSTÁCULOS DE NUESTRO CINE

1º Necesidad de que el Estado formule y realice una política congruente con sus auténticos principios y no con los de su actuación –hasta ahora, en lo que al cine se refiere– se desprende, e impulse a un cine que los sirva y sea estéticamente valioso.

2º Que la ayuda económica al cine español se efectúe sobre un cine con calidad artística o con interés nacional.

3º Hay que dar mayor autoridad jurídica que determine con claridad los asuntos y temas inabordables, y que tenga la suficiente amplitud para dar posibilidades a un cine que afronte temas importantes. Este Código se aplicará a todas las películas –sea cual fuere su procedencia– que se proyecten en el territorio nacional y colonias. Tanto en la redacción de este Código como en su aplicación, deben participar representantes de la profesión cinematográfica. Sólo la Iglesia docente debe resolver los problemas morales. El dictamen de la precensura debe ser inamovible en el campo que abarque y el de la censura propiamente dicha debe ser inamovible, sin que haya posibilidad de intervenciones posteriores de cualquier tipo de Organismos y Organizaciones. Que exista un sistema legal de recursos que permita recurrir contra las disposiciones de la censura.

IV. EL ACTUAL DERECHO CINEMATOGRÁFICO ESPAÑOL

1º Hay que revisar nuestro Derecho cinematográfico, virtualmente inexistente.
2º La pluralidad de organismos con jurisdicción sobre el cine es un fuerte inconveniente para la eficacia de su actuación.
3º Hay que dar mayor autoridad jurídica al Sindicato Nacional del Espectáculo.
4º Las empresas productoras y su régimen legal: necesidad de la exigencia de la profesionalidad.
5º Problemas contractuales: el contrato de "dirección" y de "interpretación", y sus deficiencias en la práctica actual.
6º La coproducción y la censura como problemas jurídicos.
7º Los derechos de autor en el cine. Hacer una legislación positiva que defienda al autor y al director de la película y la integridad de su obra.
8º Incluir al director-realizador dentro de la reglamentación laboral para que tengan cabida sus problemas jurídicos en las Magistraturas de Trabajo.

V. PROBLEMAS ECONÓMICOS

1º La protección económica del Estado al cine español es necesaria.
2º El actual sistema de protección no ha satisfecho debidamente su finalidad, como lo demuestra el que no ha conseguido la consolidación de una industria cinematográfica estable.
3º Debe conseguirse la completa unificación, en torno al Ministerio de Información y Turismo, de organismos que actualmente comparten la regulación

de la Industria cinematográfica, con intervención de todos ellos en el organismo central y reservándose el Ministerio de Comercio y el Sindicato Nacional de Espectáculo exclusivamente las funciones que por razón de su finalidad le son privativas.

4º Es imprescindible separar la protección al cine nacional de la importación de su natural competidor, el cine extranjero, incluyendo en los presupuestos del Estado la cantidad a que ascienda dicha protección, con independencia de las cantidades que ingresan en el Tesoro por cánones y permisos de importación y doblaje.

5º Los créditos previos a la producción deberán concederse preferentemente a los productores nuevos, con las suficientes garantías, pero sin exigir previamente el rodaje de una película, excluyéndose de ellos a los productores que posean o deban poseer una industria consolidada.

6º Las ayudas a las películas realizadas deben fundarse en la calidad de las mismas, apreciada por una Junta constituida de manera que, por el número de sus miembros y su frecuente variación, se evite toda posible presión o arbitrariedad. Debe mantenerse la limitación de dicha ayuda, de modo que se limite a una parte del costo de la película.

7º En la actualidad, la ayuda se concede mediante la entrega en metálico a los productores de la cantidad a que asciende o del equivalente en permisos de importación y de doblaje, valor oficialmente fijado, transferible libremente a los distribuidores. Se estima imprescindible la adopción de un criterio uniforme, considerándose que el primero de los citados evita las perturbadoras complicaciones que entraña la práctica.

8º Debe asegurarse la distribución de las películas nacionales imponiéndolas a las distribuidoras en el porcentaje que, según las necesidades, se fije.

9º El Estado debe estimar la creación y ayudar al funcionamiento de alguna organización dedicada a la distribución del cine español en el extranjero.

10º Como medio superior de protección, se debe ir hacia la reducción o exención de impuestos en los locales durante el período de exhibición de películas nacionales, considerando que el cine, más que una industria, es arte, y no hay ninguna razón para no extender al cine el privilegio que disfruta el teatro.

11º Se debe ir a la restricción paulatina del doblaje, mediante reducción de los permisos correspondientes, en la medida necesaria para acostumbrar al público.

12º Debe fomentarse el cine en 16 mm, que puede ampliar considerablemente nuestro mercado interior.

13º Deben ser escrupulosamente reguladas las coproducciones para asegurar la efectiva ampliación de nuestro mercado y una razonable participación de nuestra industria.

14º Debe establecerse una radical distinción entre el cine meramente comercial y el cine que por sus cualidades artísticas o sus valores religiosos, nacionales o sociales, merezca una protección especial, aunque debe dispensarse esta protección a diversos films comerciales que posean méritos artísticos.

15º Por lo antes expuesto, los premios cinematográficos, que deberían ampliarse considerablemente, deberán premiar exclusivamente la calidad artística.

16º Por la misma razón, las Declaraciones de interés nacional, cuyos beneficios deben incrementarse considerablemente, se deben reservar a las películas con valores que las justifiquen.

17º La protección de los estudios cinematográficos debe realizarse no mediante la concesión de permisos, sino dándoseles las facilidades máximas para la obtención de la maquinaria necesaria.

VI. NECESIDAD DE UNA CRÍTICA

1º Necesitamos una crítica honesta y libre, que tenga presente los principios fundamentales, éticos, estéticos y sociales que rigen el cine como arte de nuestro tiempo.

2º Sugerimos a los responsables de las publicaciones españolas la selección, para la función crítica, de hombres inteligentes, honrados y formados en los principios aludidos en la conclusión primera.

3º Solicitamos de la Dirección General de Prensa que se vele por la dignidad de la función crítica de la Prensa; impidiendo de modo tajante y absoluto la confusión entre crítica y publicidad. Solicitamos que la Ley de Prensa en estudio adopte claramente esta distinción.

4º Para velar por la realización de estas funciones y la limpieza de la crítica, sugerimos la creación de una Asociación de Críticos Cinematográficos independiente, a los que corresponderán, entre otras, las siguientes funciones:

a) Defensa del cine español.

b) Defensa corporativa de los críticos españoles. La Asociación velará para que ningún crítico, por el ejercicio honesto y libre de su función, pueda ser objeto de coacciones y represalias de cualquier índole.

c) Exigencias de la libertad de expresión en orden a la crítica.

d) Exigencia de una formación e información profesional, que podría lograrse a través del Instituto de Investigaciones y Experiencias Cinematográficas [I. I. E. C.], de la Escuela de Periodismo, de cursillos especiales o por cualquier otro procedimiento, de tal modo que, en la designación de las personas que han de ejercer funciones críticas, se tengan siempre presentes estos valores de formación. Y a tal efecto se propondría a la Dirección General de Prensa la creación, como formal especialidad periodística, la de la crítica cinematográfica.

e) La vigilancia, por último, de la ética profesional para garantizar en todo momento el noble desempeño de nuestra misión, exigiéndonos a nosotros mismos la imposibilidad de que la función crítica pueda ser como instrumento personal, en propio provecho.

VII. EXTENSIÓN CINEMATOGRÁFICA

1º Creación de la Federación Nacional de Cine-Clubs.
2º Supresión de la censura para los Cine-Clubs.
3º Creación del Club del Libro.
4º Creación de Círculo Cinematográfico Español, que comprendería, además de los órganos anteriormente propuestos, a los profesionales del cine, todos ellos en agrupación voluntaria.

VIII. FORMACIÓN PROFESIONAL

1º El I. I. E. C. debe ser la fuente principal de técnicos y artistas de que se nutra la industria cinematográfica española.
2º El I. I. E. C. debe ofrecer las máximas garantías para que los graduados del mismo, «por el hecho de serlo», tengan capacidad técnica suficiente para desempeñar sus cargos correspondientes en el equipo técnico y artístico de las películas.
3º Para la consecución de estas garantías son indispensables las siguientes condiciones:
A) Una ayuda estatal suficiente, que habrá de resolver los problemas de material con que el I. I. E. C. se encuentra en la actualidad.
B) Desvinculación del I. I. E. C. de la Escuela Especial de Ingenieros Industriales.
C) Profesorado competente, elegido por vía contractual, en cuyo nombramiento intervendrá de modo activo el voto de los propios alumnos del centro. [La Asamblea recoge un voto de censura, por parte de los alumnos del I. I. E. C., asistentes a estas Conversaciones, con respecto al actual desarrollo de las enseñanzas del mismo].
D) Exigencia de una máxima rigurosidad en los exámenes de ingreso al I. I. E. C., en función de los méritos del aspirante, sin que se precise, para efectuar

dicho ingreso, la posesión de determinados títulos académicos.

E) Confección y revisión de un plan de estudios suficientemente extenso y completo para permitir la formación eficiente de los alumnos. Dicho programa debe incluir una línea clara ideológica, encauzada por el sentido determinado por las presentes Conversaciones.

F) Intensificación de las prácticas en todos sus aspectos y que dichas prácticas sean realizadas con todos los medios propios del cine profesional.

G) Integración provisional de todos los alumnos del segundo y tercer curso del I. I. E. C. en películas profesionales, en calidad de técnicos adjunto, para ir capacitándoles en el desarrollo práctico de sus tareas posteriores.

4º Integración definitiva del I. I. E. C. al mismo Ministerio a que pertenezca la Dirección General de Cinematografía y Teatro.

5º El graduado del I. I. E. C., una vez conseguido su diploma, en las condiciones exigidas en puntos anteriores y, por tanto, en posesión de los conocimientos teóricos y prácticos necesarios, deberá obtener automáticamente el carnet sindical que le permita el libre ejercicio de su profesión.

IX. CINE DOCUMENTAL

1º Nuestro cine documental debe adquirir una personalidad nacional, creando películas que cumplan una función social y reflejen la situación del hombre español, sus ideas, sus conflictos y su realidad en nuestros días.

2º Solicitar la derogación de la legislación vigente, que concede el monopolio de realización de noticiarios a la entidad "Noticiarios y Documentales NO-DO", así como de aquella que hace obligatoria su exhibición, y el establecimiento, por tanto, de un régimen de libre concurrencia debidamente garantizado y que asegure la libertad de inclusión, por parte del Estado, de un porcentaje de determinadas noticias de interés público para la nación.

3º Solicitar la exclusión de la entidad "Noticiarios y Documentales NO-DO", en todos los trámites precisos y previos a la extensión del "cartón de rodaje" –con que se autoriza actualmente la rehabilitación de films documentales y de cortometrajes–, así como de los concernientes a la clasificación y concesión de premios.

4º Dispensar al cine documental y de cortometraje los beneficios siguientes:

a) Obligatoriedad de proyectar un documental español en cada programa compuesto por una o dos películas largas.

b) Esta obligatoriedad será independiente de la proyección de noticiarios de actualidad.

c) Se entiende por documental español, el rodado íntegramente por equipos y técnicos españoles.

d) Inclusión del cine documental y de cortometraje en el disfrute de cuantos beneficios sean otorgados al cine de largometraje y que no se encuentren incluidos en los anteriores apartados.

X. APORTACIÓN DE NUESTROS INTELECTUALES

La Universidad española debe estar presente en el quehacer cinematográfico de nuestro cine y de sus aulas debe salir un contingente importante de vocaciones. Para ello y en espera del tiempo en que este arte sea incorporado a las enseñanzas universitarias debidamente, proponemos:

1º Creación de una cátedra de filmología en la Universidad de Salamanca, en la que se organicen lecciones a cargo de las más autorizadas personalidades españolas y del extranjero.

2º Que las universidades españolas protejan de una forma más eficaz las actividades cinematográficas de los universitarios, tales como Cine-Clubs, y en particular la organización de cursillos universitarios sobre cine.

3º Estudiar la posibilidad de que nuestras universidades puedan crear por sí mismas films de arte, científicos y experimentales.

4º Que el Sindicato Español Universitario dote becas suficientes que permitan la debida formación profesional en los principales centros españoles o extranjeros de aquellas vocaciones universitarias que demuestren su capacidad hacia el arte de nuestro tiempo.

En la Universidad de Salamanca, a 19 de mayo de 1955.

[Conclusiones transcritas de la revista Arcinema, *núm. 42 (1955), monográfico titulado "Así se desarrollaron día a día las Primeras Conversaciones Cinematográficas Nacionales", dirigido por J. A. Soler Carreras, único crítico catalán que participó en Salamanca.]*

III
CUADROS ESTADÍSTICOS

1. PRODUCCIÓN DE LA ESPAÑA REPUBLICANA (1936-1938)

	1936	1937	1938
CNT-FAI	22	55	12
Partido Comunista	12	37	16
Gobierno republicano	1	16	12
Generalitat de Catalunya *	5	14	9
Ediciones Antifascistas		5	17
Socorro Rojo	3	10	
Estado Mayor Central (Valencia)		8	3
Grupos de Ejército		8	1
Izquierda Republicana		2	
Gobierno vasco		2	

Fuente: Elaboración propia, al igual que los dos cuadros siguientes.

(*) La productora de la Generalitat, Laya Films, realizó además unos 108 noticiarios durante la Guerra Civil. Tampoco se incluyen las cifras de los noticiarios del PCE (*Por todo el mundo*) ni de la CNT (*España gráfica*).

Las cifras globales más aproximadas –según el libro de Alfonso del Amo (ed.), *Catálogo general del cine de la Guerra Civil*, Madrid, Cátedra/Filmoteca Española, 1965– son 66 películas en 1936, 210 en 1937, 80 en 1938 y 4 en 1939.

2. PRODUCCIÓN DE LA ESPAÑA NACIONAL (1936-1939)

	1936	1937	1938	1939
Falange Española	1	2	1	5
Departamento Nacional de Cine		1	6	5
Alta Comisaría en Marruecos	1	2		
Requeté	1	1		
Estado Mayor Central (Burgos)			1	1
Films Patria		4		

Como en el primer cuadro, no se computan los números de *Noticiario Español*. Por tanto, las cifras globales –también según el cit. libro de Alfonso del Amo– son 11 películas en 1936, 25 en 1937, 22 en 1938 y 35 en 1939.

3. PRODUCCIÓN EXTRANJERA SOBRE LA GUERRA CIVIL

	1936	1937	1938	1939
Gran Bretaña	2	13	16	1
Italia	3	4	3	4
Francia	2	3	2	2
Alemania		1	4	1
URSS	2	2	1	1
USA	1	5	4	
México			1	1
Portugal			2	
Holanda			1	

Pueden completarse estas cifras con la numerosa producción posterior sobre el conflicto bélico español. Cfr. Magí Crusells, *La Guerra Civil española: Cine y propaganda*, Barcelona, Ariel, 2003, cap. 8 y Anexo.

4. LARGOMETRAJES ESPAÑOLES (NACIONALES Y COPRODUCCIONES) REALIZADOS DURANTE EL PERÍODO 1939-1975

	Españoles	Coproduciones	Totales
1939	10	3	13
1940	18	6	24
1941	31	0	31
1942	50	2	52
1943	44	3	47
1944	33	1	34
1945	31	1	32
1946	34	4	38
1947	45	4	49
1948	44	1	45
1949	38	0	38
1950	56	2	58
1951	36	5	41
1952	34	9	43
1953	48	7	55
1954	56	13	69
1955	51	8	59
1956	54	22	76
1957	50	22	72
1958	51	24	75
1959	51	17	68
1960	53	18	73
1961	72	19	91
1962	64	24	88
1963	59	55	114
1964	63	65	128
1965	53	98	151
1966	67	97	164
1967	55	70	125
1968	51	66	117
1969	84	39	123
1970	58	47	105

(Continuación)

	Españoles	Coproducciones	Totales
1971	54	53	107
1972	54	50	104
1973	73	45	118
1974	71	41	112
1975	89	21	110

Fuente: Elaboración propia.

Nótese que hay diferencias con otros cuatros; es obvio que las diversas fuentes no coinciden en algunos datos anuales.

5. LA PROTECCIÓN OFICIAL AL CINE ESPAÑOL (1942-1950)

	Volúmen crédito concedido	Films con crédito	Promedio
1942	2.309.808 Ptas.	10	230.980
1943	1.830.218	4	457.554
1944	8.692.660	20	434.633
1945	8.607.146	28	307.398
1946	15.655.781	29	539.854
1947	26.750.523	52	514.854
1948	26.085.700	36	724.602
1949	27.577.500	32	861.796
1950	32.290.928	31	1.041.642

Fuente: Santiago Pozo, La industria del cine en España, *Universidad de Barcelona, 1984, p. 58, en base a las cifras de V. López García et al.,* La industria de producción de películas en España, *Madrid 1955, p. 35.*

6. GÉNERO DE PELÍCULAS EN LA POSGUERRA (1939-1950)

Dramas	58
Melodramas	13
Comedias	55
Comedias dramáticas	66
Comedias sentimentales	83
Comedias de época	19
Musicales	22
Folclóricas	21
Policíacas	31
Históricas	20
Bélicas y espionaje	18
Aventuras	15
Religiosas	7
Taurinas	6
Deportivas	3
Infantiles	3
Dibujos animados	3

Fuente: José Enrique Monterde, "El cine de la autarquía (1939-1950)", en R. Gubern et al., Historia del cine español, Madrid, Cátedra, 1995, p. 230.

7. LA PROTECCIÓN OFICIAL AL CINE ESPAÑOL (1951-1960)

	Volúmen crédito concedido	Films con crédito	Promedio
1951	13.905.000	12	1.158.750
1952	13.949.440	11	1.268.131
1953	25.443.800	29	877.372
1954	51.780.000	40	1.294.500
1955	23.151.564	27	857.465
1956	13.198.000	18	733.222
1957	30.357.500	30	1.011.917

(Continuación)

	Volúmen crédito concedido	Films con crédito	Promedio
1958	34.915.500	30	1.163.916
1959	40.870.833	32	1.277.213
1960	47.762.167	38	1.256.899

Fuente: S. Pozo, La industria del cine en España, *cit.*, *p. 99, a partir del* Anuario español de cine 1968, *Sindicato Nacional del Espectáculo, p. 165.*

8. PELÍCULAS REALIZADAS EN ESPAÑA DURANTE LA ETAPA GARCÍA ESCUDERO (1962-1967)

	Españolas	Coproducciones	Totales
1962	64	24	88
1963	59	55	144
1964	63	65	128
1965	53	98	151
1966	67	97	164
1967	55	70	125
TOTAL	361	409	770

Fuente: Ministerio de Cultura.

9. DIRECTORES ESPAÑOLES DE LARGOMETRAJES QUE DEBUTARON ENTRE 1959 Y 1970

Año	Nº
1959	6
1960	2
1961	0
1962	6
1963	13
1964	11
1965	11
1966	8
1967	12
1968	5
1969	12
1970	4

Fuente: A. M. Torres, Cine español, años 60, Barcelona, Anagrama. 1973, p. 113.

Son un total de 90 directores, de los que sólo 40 realizaron más de dos filmes.

10. PRODUCTORES MENORES QUE RECIBIERON EL "INTERÉS ESPECIAL" (1965-1971)

	Películas producidas	Calificadas con interés especial	Rendimientos (miles) hasta XII-1972	Protección Percibida (miles)
Elías Querejeta P.C.	10	10	60.506 Ptas.	34.004 Ptas.
Eco Films	5	3	77.360	15.237
Hersua Interfilms	3	3	1.370	14.900
Films-Contacto	5	5	6.673	10.200
Rovira-Beleta P.C.	2	2	6.885	9.458
Surco Films	3	2	22.883	8.859
Tibidabo Films	2	2	17.884	7.850
X-Film	3	2	6.080	6.888

(Continuación)

	Películas producidas	Calificadas con interés especial	Rendimientos (miles) hasta XII-1972	Protección Percibida (miles)
Profilmes	2	2	4.145 Ptas.	5.094 Ptas.
Mota Films	3	2	11.547	3.532
Ismael González P.C.	3	2	638	2.880

Fuente: VV.AA. *7 trabajos de base sobre el cine español, Valencia, Fernando Torres, 1975, p. 42,* a partir de los datos proporcionados por la Dirección General de Espectáculos, en Datos informativos Cinematográficos, años 1965-1972, Ministerio de Información y Turismo, 1974.

11. RENDIMIENTO EN TAQUILLA DE LAS PELÍCULAS DEL NUEVO CINE ESPAÑOL ENTRE 1965 Y 1970

Fortunata y Jacinta (Angelino Fons, 1969)	21.533.394 ptas.
El juego de la oca (Manuel Summers, 1965)	20.708.920
Peppermint frappé (Carlos Saura, 1967)	13.917.451
La madriguera (Saura, 1969)	10.837.144
Mañana será otro día (Jaime Camino, 1967)	10.716.198
Nueve cartas a Berta (Basilio M. Patino, 1965)	9.877.776
La piel quemada (Josep María Forn, 1966)	8.281.764
Una historia de amor (Jordi Grau, 1966)	7.234.685
La caza (Saura, 1965)	6.154.575
La busca (Fons, 1966)	6.089.393
El arte de vivir (Julio Diamante, 1965)	4.567.413
Oscuros sueños de agosto (Miguel Picazo, 1967)	4.401.270
Stres es tres tres (Saura, 1968)	3.706.433
Los desafíos (Guerín-Hill, Egea y Erice)	3.426.125
Si volvemos a vernos (Francisco Regueiro, 1967)	3.229.281
Amador (Regueiro, 1965)	3.014.533
Las crueles (Vicente Aranda, 1969)	2.738.689
España otra vez (Camino, 1968)	2.650.033

Del amor y otras soledades (Patino, 1969) 2.618.858
El último sábado (Pere Balañá, 1966) 2.469.681
Juguetes rotos (Summers, 1966) 2.143.944
De cuerpo presente (Antonio Eceiza, 1965) 2.076.007
Cada vez que... (Carlos Durán, 1967) 1.722.241
Último encuentro (Eceiza, 1966) 1.567.743
Fata Morgana (Aranda, 1965) 1.515.522
Historia de una chica sola (Grau, 1969) 1.418.736
Acteón (Grau, 1965) 1.382.154

Fuente: A. M. Torres, Cine español, años sesenta, *cit., pp. 120-122.*

Nótese que algunos títulos pertenecen a la Escuela de Barcelona. Inferiores al millón de pesetas están las siguientes películas: *El extraño caso del Dr. Fausto* (Gonzalo Suárez) *Dante no es únicamente severo* (Jacinto Esteva-Grewe y Joaquín Jordá), *Ditirambo* (Suárez), *Nocturno 29* (Pere Portabella), *Después del diluvio* (Esteva-Grewe) y *Tinto con amor* (Francisco Montolío), según el Control de Taquilla.

12. RECAUDACIÓN Y ESPECTADORES DESDE 1966 A 1969

í

	Recaudación global (millones pts)	Recaudación cine español (millones pts)	Total espectadores (millones)	Espectadores películas españolas (millones)
1966	5.752	1.289	403	101
1967	6.146	1.668	393	118
1968	6.200	1.700	396	124
1969	6.409	2.100	364	114

Fuente: Ministerio de Cultura.

13. LA CRISIS DEL CINE ESPAÑOL SEGÚN EL CONTROL DE TAQUILLA

	Espectadores en films (mill.)		Recaudación de films (mill.)	
	Españolas	Extranjeras	Españolas	Extranjeras
1970	110	220	1.960	4.630
1971	97	198	2.148	5.213
1972	95	200	2.400	5.885
1973	85	192	2.541	6.430
1974	81	181	2.921	7.297
1975	78	176	3.727	9.244

Fuente: Dirección General de Cinematografía, Boletín informativo del Control de Taquilla, *Ministerio de Cultura, 1975, vol. I; y revista* Cine y más, *núm. 19-20, junio-julio 1982, p. 29.*

14. LARGOMETRAJES ESPAÑOLES (NACIONALES Y COPRODUCCIONES) REALIZADOS DURANTE EL PERÍODO 1976-1991

	Españoles	Coproducciones	Totales
1976	89	18	107
1977	98	27	125
1978	74	30	104
1979	56	31	87
1980	82	36	118
1981	92	45	137
1982	118	28	146
1983	81	18	99
1984	63	12	75
1985	68	12	80
1986	49	11	60

(Continuación)

	Españoles	Coproducciones	Totales
1987	62	7	69
1988	54	9	63
1989	43	5	48
1990	27	20	47
1991	46	18	64

Fuente: ICAA

15. RECAUDACIÓN Y ESPECTADORES DESDE 1976 A 1991

	Recaudación global (millones pts)	Recaudación cine español (millones pts)	Total espectadores (millones)	Espectadores películas españolas (millones)
1976	14.262	4.171	249	76
1977	15.934	4.742	211	65
1978	20.824	4.519	220	51
1979	22.418	3.650	200	35
1980	22.560	4.553	175	36
1981	26.112	5.672	173	38
1982	27.358	6.221	155	36
1983	28.640	5.845	141	30
1984	26.526	5.567	118	26
1985	25.296	4.108	101	17
1986	24.355	3.026	87	11
1987	25.529	3.657	85	12
1988	23.109	2.574	69	8
1989	27.947	2.079	78	6
1990	28.262	2.938	78	8
1991	30.956	3.401	79	8

Fuente: Ministerio de Cultura, datos elaborados a partir de los facilitados por la SGAE.

16. LAS DIEZ MEJORES PELÍCULAS DEL CINE ESPAÑOL SEGÚN LOS HISTORIADORES ESPECIALIZADOS

1. *El espíritu de la colmena* (1973), de Víctor Erice
2. *El verdugo* (1963), de Luis G. Berlanga
3. *Viridiana* (1961), de Luis Buñuel
4. *¡Bienvenido, Míster Marshall!* (1952), de Berlanga
5. *Plácido* (1961), de Berlanga
6. *El Sur* (1983), de Erice
7. *El extraño viaje* (1964), de Fernando Fernán Gómez
8. *La verbena de la Paloma* (1935), de Benito Perojo
9. *Calle Mayor* (1956), de Juan Antonio Bardem
10. *El sol del membrillo* (1992), de Erice

Fuente: Procedente de la votación realizada por los participantes del VI Congreso de la Asociación Española de Historiadores del Cine (AEHC), titulado Cien años de cine español, *celebrado en la Universidad Autónoma de Barcelona, en diciembre de 1995.*

17. LAS DIEZ PELÍCULAS MÁS POPULARES DEL CINE ESPAÑOL SEGÚN EL PÚBLICO (HASTA 1968)

1. *La ciudad no es para mí* (Pedro Lazaga, 1965)
2. *La tía Tula* (Miguel Picazo, 1964)
3. *Estambul 65* (Isasi, 1965)
4. *El juego de la oca* (Manuel Summers, 1965)
5. *El último cuplé* (Juan de Orduña, 1957)
6. *Del rosa al amarillo* (Summers, 1963)
7. *La niña de luto* (Summers, 1964)
8. *Cabriola* (Mel Ferrer, 1965)
9. *Jandro* (Julio Coll, 1964)
10. *El verdugo* (Berlanga, 1963)

Fuente: Instituto de Opinión Pública, Estudio sobre la situación del cine en España, *Madrid, 1968.*

18. LAS DIEZ PELÍCULAS MÁS COMERCIALES DEL CINE ESPAÑOL (HASTA DICIEMBRE DE 1973)

		Recaudación (Ptas.)
1.	*No desearás al vecino del 5º* (Ramón Fernández, 1970)	113.753.055
2.	*Adiós, cigüeña, adiós* (Summers, 1971)	96.481.337
3.	*La Residencia* (Narciso Ibáñez Serrador, 1969)	91.506.048
4.	*Experiencia prematrimonial* (Pedro Masó, 1972)	89.208.490
5.	*La muerte tenía un precio* (Sergio Leone, 1965)*	86.746.559
6.	*La ciudad no es para mí* (Lazaga, 1965)	71.347.167
7.	*La casa de las palomas* (Claudio Guerín-Hill, 1971)	64.850.756
8.	*Las leandras* (Eugenio Martín, 1969)	64.007.264
9.	*Las Vegas, 500 millones* (Antonio Isasi)	62.946.222
10.	*Trasplante a la italiana* (Steno, 1970)*	61.137.385

Fuente: Ministerio de Cultura. (*) Coproducción italiana

19. LOS 10 FILMES ESPAÑOLES MÁS TAQUILLEROS EN 2001

	Espectadores	Recaudación (Ptas.)
1. *Los Otros* (Alejandro Amenábar)	6.081.341	4.318.506.391
2. *Torrente 2. Misión en Marbella* (S. Segura)	5.274.730	3.652.982.815
3. *Juana la Loca* (Vicente Aranda)	1.506.864	1.109.865.733
4. *Lucía y el sexo* (Julio Medem)	1.181.618	837.188.561
5. *No te fallaré* (Manuel Ríos)	776.063	523.343.163
6. *El espinazo del diablo* (Guillermo del Toro)	700.479	493.012.196
7. *El Bola* (Achero Mañas)	639.549	428.806.571
8. *Tuno negro* (P. L. Barbero y V. J. Martín)	565.597	374.321.525
9. *Gente pez* (Jorge Iglesias)	550.419	368.159.124
10. *Sin noticias de Dios* (Agustín Díaz Yanes)	461.923	354.270.388

Fuente: ICAA. Nótese como –a excepción del veterano Aranda y el mexicano Del Toro– todas son películas de autores del Joven Cine español.

20. CINEASTAS DEBUTANTES ENTRE 1990 Y 2001

	Nº Óperas primas	Nº cineastas	Mujeres directoras
1990	14	14	(1)
1991	13	14	(1)
1992	14	15	(3)
1993	10	10	(2)
1994	9	11	(1)
1995	13	13	(4)
1996	26	36	(10)
1997	21	24	(2)
1998	20	22	(4)
1999	22	23	(1)
2000	40	32	(3)
2001	33	37	(1)
TOTAL	225	251	(33)

Fuente: Carlos F. Heredero y Antonio Santamarina, Semillas de futuro. Cine español 1990-2001, *Madrid, Sociedad Estatal España Nuevo Milenio, 2002, pp. 48 y 199-200.*

21. RECAUDACIÓN DE PELÍCULAS ESPAÑOLAS Y EXTRANJERAS EN EL PERÍODO 1996-2004

	Películas españolas (euros)	Películas extranjeras (euros)
1996	32.547.589	308.839.232
1997	46.686.686	313.175.905
1998	51.084.047	378.722.609
1999	69.341.094	426.518.350
2000	53.748.065	482.584.528
2001	110.182.724	506.245.569

(Continuación)

	Películas españolas (euros)	Películas extranjeras (euros)
2002	85.470.879	540.433.585
2003	100.861.602	538.569.582
2004	92.801.779	598.205.141

Fuente: ICCA y José María Otero, *¿Por qué se va al cine?* Huesca, Instituto de Estudios Altoaragoneses/Festival de Cine de Huesca, 2005, pp. 192-193.

22. EVOLUCIÓN CINEMATOGRÁFICA DEL PERÍODO DEL PARTIDO POPULAR

	1996	1997	1998	1999	2000	2001	2002	2003
PRODUCCIÓN								
Películas españolas	66	55	46	44	64	66	80	68
Coproducciones	25	25	19	38	34	40	57	42
Totales	91	80	65	82	98	106	137	110
DISTRIBUCIÓN (en salas)								
Películas españolas	266	260	270	236	288	339	350	411
Películas extranjeras.	1.294	1.317	1.403	1.417	1.430	1,492	1.527	1.505
EXHIBICIÓN (recaud. mill. euros)*								
Películas españolas								
Películas extranjeras	31,55	46,69	51,08	69,34	53,74	110,18	85,47	100,86
(Continuación)	308,84	313,18	378,72	426,52	482,58	506,24	540,43	538,56

	1996	1997	1998	1999	2000	2001	2002	2003
ESPECTADORES (en millones)*								
Películas españolas	10,3	13,9	14,1	18,1	13,4	26,2	19,02	21,73
Películas extranjeras	96,3	93,1	105,7	113,2	121,9	120,6	121,69	115,74
CUOTA DE MERCADO (% sobre recaudación)								
Cine español	9,33	13,17	12	14,35	10,03	17,87	13,66	15,77
Cine USA	78,92	69,05	79,52	64,22	82,7	62,21	66,07	67,24
Cine UE (+ España)	21,08	30,95	20,48	33,26	17,27	31,55	26,46	25,56

Fuente: ICCA.

(*) Hay que señalar que los datos de recaudación y espectadores de años previos a 2003 han sufrido modificaciones respecto a las ediciones anteriores por haberse incorporado más información. (Cfr. base de datos de películas: www.mcu.es/cine) y mi libro *La Pantalla Popular. El cine español durante el Gobierno de la derecha (1996-2003)*, Madrid, Akal, 2005.

NOTAS

PRIMERA PARTE

[1] Cfr. J.-C. Seguin, *Historia del Cine Español*, Madrid, Acento, 1995, pp. 7-8.

[2] Vid. también, en este sentido, las declaraciones del mismo Gimeno a Fernando Castán, en la revista *Primer Plano*, núm. 253 (19-VIII-1945), recogidas por Pascual Cebollada en "La llegada del cinematógrafo a Madrid", en J. A. Saiz Viadero (coord.), *La llegada del cinematógrafo a España*. Santander, Consejería de Cultura y Deporte del Gobierno de Cantabria, 1998, pp. 146-147; y el testimonio de José Blasco, *Zaragoza y sus espectáculos. Los que fueron y los que son. Casi dos siglos de curiosa historia 1764-1945*, Zaragoza, El Noticiero, 1945, p. 29, cit. por Jon Letamendi y Jean-Claude Seguin, *La cuna fantasma del cine español*, Barcelona, SIMS, 1998, p. 50, la más reciente investigación sobre los orígenes de nuestro cine.

[3] Rectificación que ofrece el especialista Julio Pérez Perucha, en su cap. "Narración de un aciago destino (1896-1930)", en Román Gubern et al., *Historia del cine español*, Madrid, Cátedra, 1995, p. 25.

[4] J. Letamendi y J.-C. Seguin, *Los orígenes del cine en Álava y sus pioneros*, San Sebastián, Filmoteca Vasca, 1997.

[5] J. M. Caparrós Lera (ed.), *Memorias de dos pioneros. Francisco Elías/Fructuós Gelabert*, Barcelona, CILEH, 1992, p. 112.

[6] Por eso, me parece una tozudez –permítaseme– la celebración oficial que se realizó en Zaragoza, el 11-12 de octubre de 1996, reivindicando una fecha que las últimas investigaciones han demostrado errónea; rodando incluso una película análoga a la célebre *Salida de Misa de 12*... y otorgando medallas y emitiendo sellos conmemorativos del film de Gimeno (que continúan escribiéndolo con J).

Para este debatido tema, cfr. el revelador libro de J. Letamendi, *Aportaciones a los orígenes del cine español*, Barcelona, Royal Books, 1996. Vid. también Juan Carlos de la Madrid (coord.), *Primeros tiempos del Cinematógrafo en España*, Gijón, Ayuntamiento/Universidad, 1996; el capítulo de los mismos Jon Letamendi y Jean-Claude Seguin, "Los orígenes del cine español", en R. Gubern (coord.), *Un siglo de cine español*, Madrid, Cuadernos de la Academia, 1997, pp. 13-22; el artículo de Eduard Huelin, "*Riña en un café*, de Fructuós Gelabert, un siglo después", en *Film-Historia*, vol. VII, núm. 3 (octubre 1997), pp. 220-227; y el prefacio de *Cine Español. Una historia por autonomías, II*. Barcelona: PPU/Centro de Investigaciones Film-Historia, 1998, pp. 9-10.

A fin de clarificar mejor las fechas del nacimiento de nuestro cine, vid. el citado libro de Jon Letamendi y Jean-Claude Seguin, *La cuna fantasma del cine español*, donde se afirman dos precedentes a Gelabert: los documentales *La chala o una juerga en la huerta de Valencia* y *Comparsa de enanos de Valencia*, rodados por un exhibidor llamado Manuel Galindo, entre diciembre de 1896 y marzo de 1897, y el noticiario *Desfile del regimiento de Castillejos*, registrado el mes de marzo de 1897 y atribuido al también exhibidor Francico Iranzo. (Cfr. *Op. cit.*, p. 166).

Polémica que queda prácticamente cerrada con la reciente y fundamental obra del historiador Emilio C. García Fernández, *El cine español entre 1896 y 1939*, Barcelona, Ariel, 2002, cap. I. y, sobre todo, con el revelador estudio de los referidos J. Letamendi y J.-C. Seguin, *Los orígenes del cine en Cataluña*, Barcelona-San Sebastián, Generalitat de Catalunya/Filmoteca Vasca, 2005, que sitúan el rodaje del hasta ayer considerado primer film argumental español, *Riña en un café*, a 1899.

[7] Un estudio prácticamente definitivo sobre este gran pionero ha sido realizado por Juan Gabriel Tha-

rrats, *Los 500 films de Segundo de Chomón*, Zaragoza, Prensas Universitarias, 1988.

[8] P. González López, *Història del cinema a Catalunya, I. L'època del cinema mut, 1896-1931*, Barcelona, Llar del Llibre, 1986, p. 28 (la traducción al castellano es mía). Vid., también, su capítulo "El cine mudo en Barcelona", en R. Gubern (coord.), *Un siglo del cine español*, cit., pp. 23-45.

[9] Cfr. Georges Sadoul, *Diccionario del Cine, I. Cineastas*, Madrid. Istmo, 1977, ed. esp. a cargo de M. Porter-Moix et al., p. 306.

[10] Vid. J. Romaguera i Ramió, *Magí Murià, periodista i cineasta. "Memòries d'un exiliat, 1939-1948"*, Lleida. Pagès, 2002.

[11] Cfr. Rafael de España, *Las sombras del Encuentro. España y América: cuatro siglos de Historia a través del Cine*, Badajoz, Diputación de Badajoz, 2002, pp. 53-60.

[12] J. A. Cabero, *Historia de la cinematografía española (1896-1948)*, Madrid, Gráficas Cinema, 1949, p. 123.

[13] M. Porter-Moix y M. T. Ros Vilella, *Història del Cinema Català, 1895-1968*, Barcelona, Tàber, 1969, p. 149 (la traducción también es mía). Vid., asimismo, la versión actualizada del primer autor, *Història del Cinema a Catalunya (1895-1990)*, Barcelona, Departament de Cultura de la Generalitat de Catalunya, 1992.

[14] Un estudio, asimismo definitivo sobre este autor, cabe encontrarlo en Román Gubern, *Benito Perojo. Pionerismo y supervivencia*, Madrid, Filmoteca Española, 1994.

[15] F. Méndez-Leite, *Historia del cine español, I*, Madrid, Rialp, 1965, p. 192. Vid. también el ensayo de Eloy Martín Corrales et al. *Memorias del Cine. Melilla, Ceuta y el norte de Marruecos*, Melilla, Publicaciones de la Ciudad Autónoma de Melilla, 1999.

[16] P. González López, *Op. cit.*, pp. 125-126.

[17] Cfr. Ricardo Muñoz Suay, voz "España", en *Enciclopedia ilustrada del cine, I*, Barcelona, Labor, 1969, p. 428.

[18] Sobre este importante autor –ideólogo también del fascismo en España–, cfr. Rafael Utrera, "Cuatro secuencias sobre el cineasta Ernesto Giménez Caballero", en *Anthropos*, núm. 84, mayo 1988, pp. 46-50. Vid. asimismo Román Gubern. *Proyector de Luna. La Generación del 98 y el cine*, Barcelona, Anagrama, 1999.

[19] J. M. García Escudero, *La historia del cine español en 100 palabras y otros escritos*, Salamanca, Cineclub del SEU, 1954, p. 12.

SEGUNDA PARTE

[1] Sobre este tema, vid. el libro básico de J. B. Heinik y R. G. Dickson *Cita en Hollywood. Antología de las películas norteamericanas habladas en español* Bilbao, Mensajero, 1990.

[2] Cfr. Rafael Utrera, *Modernismo y 98 frente a cinematógrafo*, Sevilla, Universidad de Sevilla, 1981.

[3] Sobre este importante autor, véase la asimismo definitiva obra de José Luis Borau *El caballero D'Arrast*, San Sebastián, Festival Internacional de Cine, 1990.

[4] Término acuñado por Imperio Argentina y Sebastiá Gasch. Cfr. J. M. Caparrós Lera, *Arte y política en el cine de la República (1931-1939)*, Barcelona, Siete y media/Universidad de Barcelona, 1981, pp. 235 y 329.

[5] Roger Mortimore, "El cine de la República en la Guerra Civil", en *Historia Internacional*, num. 12, 1976, pp. 34-40.

[6] Dos libros claves han aparecido sobre este periodo tras mi 1ª ed.: R. Álvarez y R. Sala, *El cine en la España Nacional (1936-1939)*, Bilbao, Mensajero, 2000; y E. Díez Puertas, *El montaje del franquismo. La política cinematográfica de las fuerzas sublevadas*, Barcelona, Laertes, 2002.

[7] Vid. C. Fernández Cuenca, *La guerra de España y el cine, I*, Madrid, Editora Nacional, 1972.

[8] Cfr. la reciente obra, prácticamente definitiva, de los especialistas Rafael R. Tranche y V. Sánchez-Biosca *NO-DO. El tiempo y la memoria*, Madrid, Filmoteca Española/ Cátedra, 2001.

[9] Véase al respecto Raymond Borde, "La Guerre d'Espagne vue par Hollywood. Sur trois films commerciaux", en *Les Cahiers de la Cinémathèque*, num. 21 (1977), pp. 68-71.

Cfr. también las recientes obras básicas del especialista Magí Crusells, *La Guerra Civil española: Cine y propaganda*, Barcelona, Ariel, 2003; y *Las Brigadas Internacionales en la pantalla*, Ciudad Real, Universidad de Castilla La Mancha, 2001.

[10] R. Gubern, *Cine español en el exilio (1936-1939)*, Barcelona, Lumen, 1976, p. 215.

[11] Luis Gómez Mesa, *La literatura española en el cine nacional, 1907-1977 (Documentación y crítica)*, Madrid, Filmoteca Nacional de España, 1978, p. 52.

[12] A. Castro, *El cine español en el banquillo*, Valencia, Fernando Torres, 1974, p. 370. Vid, asimismo, para la manipulación sufrida por este film, J. M. Caparrós Lera, *Estudios sobre el cine español del franquismo (1941-1964)*, Valladolid, Fancy, 2000, cap. I. Cfr. también E. Huelin, "La imagen de la mujer en la película *Raza*", en *Film-Historia*, vol. VII, núm. 1, 1997, pp. 51-57.

[13] Cfr. Introducción de Antonio Castro, *Op. Cit.*, p. 12.

[14] F. Vizcaíno Casas, *Historia y anécdota del cine español*, Madrid, Adra, 1976, pp. 71, 72.

[15] Diego Galán, "El cine político español", en VV. AA., *Siete trabajos de base sobre el cine español*, Valencia, Fernando Torres, 1975, p. 90.

[16] F. Méndez Leite, *Historia del cine español*, II, pp. 21, 22.

[17] Vid. el estudio monográfico de Félix Fanés *Cifesa. La antorcha de los éxitos*, Valencia Institución Alfonso El Magnánimo, 1982.

[18] Fernando Vizcaíno Casas, *Op. cit.*, p. 105.

[19] D. Galán, *Op. cit.*, pp. 93, 94 y 96. También, tras mi primera edición, ha aparecido otro libro fundamental sobre este periodo de posguerra: J. L. Castro de Paz, *Un cinema herido. Los turbios años cuarenta en el cine español (1939-1950)*, Barcelona, Paidós, 2002.

[20] J. L. Guarner, voz "Surcos", en *Enciclopedia ilustrada del cine*, II, Barcelona, Labor, 1970, p. 304. Vid. también su obra *Treinta años de cine en España*, Barcelona, Kairós, 1971.

[21] Jean Mitry, *Diccionario del cine*, Barcelona, Plaza & Janés, 1970, p. 39, adaptación española de Ángel Falquina.

[22] F. Vizcaíno Casas, *Op. cit.*, p. 127.

[23] Sobre este tema, que no puedo tratar en la síntesis que supone un manual, cfr. el artículo del entonces productor Fernando Lázaro "La coproducción: fórmula económica de la industria cinematográfica", en *Documentos cinematográficos*, núm. 5, octubre de 1960, pp. 21-40. Asimismo, en esos años llegaría a España el magnate Samuel Bronston, que dio a luz una importante serie de películas históricas. Vid. el documentado volumen de Jesús García de Dueñas *El Imperio Bronston*. Madrid-Valencia: Imán/Filmoteca de la Generalitat valenciana, 2000.
Al mismo tiempo, en Almería y en los estudios Balcázar de Esplugues de Llobregat se rodaban innumerables *spaghetti-westerns*. Cfr. el reciente libro de Rafael de España y Salvador Juan i Babot *Balcázar Producciones Cinematográficas: más allá de Esplugas City*, Barcelona, Universitat de Barcelona, 2005.
Sobre este popular subgénero, vid. también la obra de Rafael de España *Breve historia del western mediterráneo*, Barcelona, Glénat, 2002. Una coproducción con Italia, *La muerte tenía un precio* (Sergio Leone, 1965), rindió cerca de 87 millones de pesetas hasta 1973. Mientras que, en ese mismo año 65, el español Emiliano Piedra coproduciría *Campanadas a medianoche*, de Orson Welles.

[24] J. M. García Escudero, *Cine social*, Madrid, Taurus, 1958, p. 276.

[25] Román Gubern y Domènec Font, *Un cine para el cadalso. 40 años de censura cinematográfica en España*, Barcelona, Euros, 1975, p. 91.

[26] Sobre este autor, cfr. Carlos Benpar, *Rovira-Beleta. El cine y el cineasta*, Barcelona, Laertes, 2001. Y acerca del género policiaco español, Ramon Espelt, *Ficció criminal a Barcelona 1950-1963*, Barcelona, Laertes, 1998. Para un documentado estudio de la década de los cincuenta, vid. C. F. Heredero, *Las huellas del tiempo. Cine español 1951-1960*. Madrid, Valencia: ICAA/Filmoteca de la Generalitat Valenciana, 1994.

[27] Cfr. la reseña coetánea de Enrique Ibañez, en *Documentos Cinematográficos*, núm. 2, julio 1960, pp. 63, 64.

TERCERA PARTE

[1] F. Vizcaíno Casas, *Historia y anécdota del cine español*, cit., pp. 149-150. Sobre la política de este Director General, vid. J. M. García Escudero, *Una política para el cine español*, Madrid, Editora Nacional, 1967, libro que reconstruye su pensamiento –junto con su valiosa obra *Cine español*, Madrid, Rialp, 1962– y declaraciones de la persona "responsable" de esta etapa moderna. Cfr. también *La primera apertura. Diario de un director general*, Barcelona, Planeta, 1978.

[2] Tras su muerte, cfr. la valoración crítica de Esteve Riambau, "García Escudero", en *Avui* (19-V-2002), p. 56. Vid. asimismo el último libro de memorias de José María García Escudero, *Mis siete vidas. De las brigadas anarquistas al juez del 23-F*, Barcelona, Planeta, 1995, donde asimismo habla de su gestión cinematográfica.

[3] J. M. García Escudero, *Vamos a hablar de cine*, Madrid-Barcelona, Alianza/Salvat, 1970, p. 154.

[4] M. Villegas López. *El Nuevo Cine Español. Problemática (1951-1967)*, San Sebastián, Festival Internacional del Cine, 1967, p. 53; importante monografía coetánea sobre la "nueva ola" española.
Con todo, recientemente ha visto la luz el estudio más completo sobre este movimiento: Carlos F. Heredero y José E. Monterde (eds.) *Los "nuevos cines" en España. Ilusiones y desencantos de los años sesenta*. Valencia-Gijón: Filmoteca de la Generalitat Valenciana/Festival de Cine de Gijón, 2003. Vid. también, para una panorámica de la época, el libro de Santos Zunzunegui, *Los felices sesenta. Aventuras y desventuras del cine español (1959-1971)*, Barcelona, Paidós, 2005.

[5] Cfr. respuesta a la encuesta de Joaquín Jordá, en Augusto M. Torres, *Cine español, años sesenta*. Barcelona: Anagrama, 1963, pp. 62-63.

[6] Para una revisión crítica del NCE, vid. Óscar de Julián, *De Salamanca a ninguna parte. Diálogos con el Nuevo Cine Español*, Salamanca: Junta de Castilla-León, 2002; textos completos de las entrevistas del documental dirigido por Chema de la Peña.

[7] Cfr. también mi artículo coetáneo "Notas para el Nuevo Cine Español", en *Pantallas y Escenarios*, núm. 83, Zaragoza (junio 1968), pp. s. n.

[8] N. Alcover et al. *El cine y la gente: Aspectos sociales en el cine*, Madrid, UNED, 1976, p. 209. Expresa la misma idea la obra básica de Santiago Pozo, *La industria del cine en España. Legislación y aspectos económicos (1896-1979)*, Barcelona, Universidad de Barcelona, 1984, donde se incluyen testimonios personales de algunos protagonistas.

[9] A. Castro, *El cine español en el banquillo*, cit., pp. 16-17.

[10] Respuesta a la encuesta de J. Jordá, en A. M. Torres, *Op. cit.*, p. 90.

[11] J. M. García Escudero, *Vamos a hablar de cine*, cit., p. 154.

[12] Los siguientes puntos fueron establecidos por el cineasta Carlos Durán, en Joaquín Jordá, "La Escuela de Barcelona a través de Carlos Durán", en *Nuestro Cine*, núm. 61 (1967), p. 37. Una crítica a las contradicciones de tales premisas puede verse en Antonio Castro, *Op. cit.*, p. 18.

[13] Cit. por J. M. Caparrós Lera, *El cine español bajo el régimen de Franco (1936-1975)*, Barcelona, Universidad de Barcelona, 1983, p. 47. Para una visión coetánea, cfr. mi artículo "Introducción a la Escuela de Barcelona", en *Pantallas y Escenarios*, núm. 79 (febrero 1968).
Y para un análisis más distanciado y con mayor perspectiva histórica, vid. E. Riambau y M. Torreiro, *Temps era temps. El cinema de l'Escola de Barcelona i el seu entorn*, Barcelona, Departament de Cultura de la Generalitat, 1993 (ed. esp.: *La Escuela de Barcelona y el cine de la "gauche divine"*, Barcelona, Anagrama, 1999).

[14] A. Castro, *Op. cit.*, p. 20.

[15] Cfr. "El testimonio de Lorenzo Soler", en J. M. Caparrós Lera, *El cine español bajo el régimen de Franco*, cit., pp. 82-83, dentro del capítulo sobre el cine marginal en España.

[16] Castro, *Op cit.*, p. 20. No obstante, para una panorámica más completa de este movimiento, vid. la reciente obra de Joaquim Romaguera y Lorenç Soler, *Historia crítica y documentada del cine independiente en España, 1955-1975*, Barcelona, Laertes, 2006.

[17] *Idem*, p. 17. Elías Querejeta P. C. recibió 34 millones de subvención del Estado. Y las diez películas producidas entre 1963-1971, todas obtuvieron la referida calificación de "interés especial". Ver el

cuadro estadístico publicado en VV.AA., *7 trabajos de base sobre el cine español*, Valencia, Fernando Torres, 1975, p. 42.

[18] H. J. Rodríguez, "Elías Querejeta: un toque de distinción", *ABCD las Artes y las Letras*, 23 septiembre 2006, pp. 48-49.

[19] Cfr. declaraciones a A. Castro, *Op. cit.*, p. 398, reproducidas en mi diccionario *100 grandes directores de cine*, Madrid, Alianza, 1994, p. 280.

[20] Siguiendo las teorías del filósofo Jesús Arellano, *Seis cuestiones para el hombre nuevo*, Granada, Universidad, 1968, que se extiende en lo que denomina "moral inmoral burguesa" –asimismo presente en la obra sauriana–, el cual viene a decir en este ensayo que la "sociedad-hecha" permite al "hombre nuevo" actuar y protestar en el terreno sociopolítico y cultural en la misma medida –al menos se puede establecer cierto paralelismo– en que la sociedad cortesana permitía a los bufones "decir las verdades". De ahí que le "pague" –digamos ahora subvenciones– y entre a formar parte del establishment y la cultura de la sociedad-hecha, sirviendo de diversión, mofa o escape, pero sin apenas eficacia crítica.

[21] Para un estudio pormenorizado de ambos cineastas, vid. los libros básicos de J. Hernández Les, *El cine de Elías Querejeta, un productor singular*, Bilbao, Mensajero, 1986; y J. Angulo, C. F. Heredero y J. L. Rebordinos, *Elías Querejeta. La producción como discurso*, San Sebastián, Filmoteca Vasca, 1996, para el productor. Y las monografías de Enrique Brasó, *Carlos Saura*, Madrid, Taller de Ediciones JB, 1974; Manuel Hidalgo, *Carlos Saura*, Madrid, JC, 1981; Agustín Sánchez Vidal, *El cine de Carlos Saura*, Zaragoza, Caja de Ahorros La Inmaculada, 1988; y Alberto Sánchez Millán, *Carlos Saura*, Huesca, Festival de Cine, 1991.

[22] Hilario J. Rodríguez, en su artículo del suplemento cultural de *ABC*, añadiría a su citada valoración crítica: "Aunque la película de Fernando Méndez-Leite deja clara la importancia de Querejeta en la historia del cine español de los últimos cuarenta años, durante los que no sólo supo apoyar películas de calidad sino que además consiguió que muchas de ellas se convirtiesen en auténticos éxitos de taquilla, hace referencia a sus enemistades, sus filias y encontronazos, su ocasional prepotencia o su incapacidad para mostrar arrepentimiento con respecto a ninguna de sus decisiones, por discutible que hubiera sido". (*Op. cit.*, p. 49).

[23] *Nuevo Diario*, 7 febrero 1970.

[24] Cit. por Carlos Losada, "El asombro al alcance de todos los españoles (sobre la actual crisis del cine español)", en *Cinestudio*, núm. 83, marzo 1970, p. 14.

CUARTA PARTE

[1] Cfr. *Mundo Diario*, 5 mayo 1979.

[2] Vid. J. M. Caparrós Lera, *El cine español de la democracia. De la muerte de Franco al "cambio" socialista (1975-1989)*, Barcelona, Anthropos, 1992, p. 163.
Para otra valoración crítica de este tiempo contemporáneo, vid. asimismo Casimiro Torreiro, "Del tardofranquismo a la democracia (1969-1982)", pp. 341-397; y Esteve Riambau, "La década 'socialista' (1982-1992)", pp. 399-447, en R. Gubern et al., *Historia del cine español*, Madrid, Cátedra, 1995.

[3] *Fotogramas*, núm. 1.725, diciembre 1986, p. 15.

[4] Cfr. Diego Muñoz, "Representantes de todos los sectores debaten en Madrid la problemática del cine español", en *La Vanguardia*, 7 mayo 1986.

[5] Vid., en este sentido, el libro del antiguo corresponsal en España de *Variety*, Peter Besas, *Behind the Spanish Lens. Spanish Cinema under Fascism and Democracy*, Denver, Arden Press, 1985.

[6] *La Vanguardia*, 11 diciembre 1993.

[7] Valga recordar, con todo, que las películas franquistas sobre nuestra contienda bélica o la Guerra de Marruecos –léase *Raza, Harka, ¡A mí la Legión!...*– eran también en buena parte tediosas.

[8] A. Sánchez-Tabernero y S. Zunzunegui, "La política audiovisual europea", en *Situación*, núm. 3, 1994, pp. 53-77, monográfico dedicado a la industria cinematográfica.

[9] J. L. Guarner, *Muerte y transfiguración. Historia del cine americano III (Hollywood, 1960-1992)*, Barcelona, Laertes, 1993, p. 244.

[10] M. Ormaetxea, "Revolución tecnológica en la industria del cine", en *Gaceta de los Negocios*, 8 abril 1994.

[11] Cfr. su artículo "¿Todo va bien?", en *El Mundo (Anuario 1998)*, pp. 374-375.

[12] *El Mundo*, 29 julio 1997.

[13] *Boletín de la Academia de las Artes y las Ciencias Cinematográficas de España*, núm. 27, agosto-septiembre 1997, pp. 1 y 5.

[14] Síntesis del Decreto ofrecida por Ramon Suñé, "El Govern preveé que todos los cines proyecten películas en catalán", en *La Vanguardia*, 16 junio 1998.

[15] F. Bellmunt, "Elogio del cine mudo", en *La Vanguardia*, 6 julio 1998. Finalmente, el proyecto de Decreto fue retirado por el mismo Gobierno catalán.

[16] Cfr. Magda Bandera, "Las licencias de doblaje desaparecerán y se crea la figura del coproductor financiero", *La Vanguardia*, 28 julio 1998.

[17] M. Martín Ferrand, "La crisis del cine español", *ABC*, 22 diciembre 2002, p. 12.

[18] Vid. el documentado artículo de los profesores J. M. Álvarez Manzoncillo y J. López Villanueva, "Informe del año: El cine español de 2002: la crisis que viene", en *Academia*, núm. 33, pp. 46-63.

[19] Cfr. L. Bonet Mojica, "Los directores son los mitos", en *100 películas míticas*. Barcelona: Biblioteca de La Vanguardia, 1986, p. 208.

[20] J. Orellana, "Pedro Almodóvar. La ley del deseo", en A. Fijo (ed.) *Breve encuentro. Estudios sobre 20 directores de cine contemporáneo*, Madrid, CieDossat, 2004, p. 139-147.

[21] J. E. Monterde, *Veinte años de cine español (1973-1992). Un cine bajo la paradoja*, Barcelona, Paidós, 1993, pp. 196-197.

[22] Cfr. L. Bonet Mojica, "Evas al desnudo", en *La Vanguardia*, 18 abril 1999.

[23] J. Orellana, *Op. cit.*, pp. 146-147.

[24] Vid. *La moral religiosa y el cine español de la transición*. Universidad de Granada, 2004.

[25] Pedro Almodóvar emparenta su filme con *Perdición* (*Double Indemnity*, 1944), el gran clásico de Billy Wilder.

[26] Vid. su libro clásico *Historia contemporánea y cine*, Barcelona, Ariel, 2000 (2ª ed.).

[27] Declaraciones al periódico económico *Expansión*, 11 noviembre 2000.

[28] Cfr. "Melodrama de posguerra con guiños cómplices", en *La Vanguardia*, 31 octubre 2000.

[29] E. Torres-Dulce, "El puzzle de amor", en *Blanco y Negro Cultural*, núm. 562, 2 noviembre 2002, p. 42.

[30] Cfr. "Garci, l'home del passat", en *Què fem?*, 1 noviembre 2002, p. 17; la traducción del catalán es mía.

[31] Vid. también su entrevista en *El Semanal*, 3 octubre 2004, pp. 26-31, donde José Luis Garci declaró: "No soy de derechas. Sólo soy alguien que dice la verdad".

[32] Cfr. prólogo, en J. M. Caparrós Lera, *La Pantalla Popular. El cine español durante el Gobierno de la derecha (1996-2003)*, Madrid, Akal, 2005, p. 8. No obstante, el programa ya lo obtuvo en la última etapa de la presidencia de Felipe González.

[33] C. F. Heredero, *20 nuevos directores del cine español*, Madrid, Alianza, 1999, p. 15. Recientemente, ha visto la luz un libro clave para el estudio del JCE: Hilario J. Rodríguez (coord.), *Miradas para un nuevo milenio. Fragmentos para una historia futura del cine español*, Alcalá de Henares-Madrid: Festival de Cine de Alcalá/Comunidad de Madrid, 2006, donde asimismo hay un valioso "Diccionario de directores", original Israel de Francisco y José Martín Velázquez, pp. 425-488.

[34] Cfr., asimismo, C. F. Heredero, *La mitad del cielo. Directoras españolas de los años 90*, Málaga, Festival de Cine Español, 1998.

[35] He utilizado como fuentes para este capítulo los referidos libros de Carlos F. Heredero, así como su otra obra fundamental sobre el JCE: *Espejo de miradas. Entrevistas con nuevos directores del cine español de los años noventa*, Madrid, 27 Festival de Cine de Alcalá de Henares, 1997; y la revista *Acade-

mia, núm. 17, enero 1997; núm. 21, enero 1998; núm. 25, enero 1999.

36 *20 nuevos directores del cine español*, cit., p. 21. Posteriormente, el mismo teórico del JCE ha publicado un revelador libro de edición sobre el tema: C. F. Heredero y A. Santamarina, *Semillas de futuro. Cine español 1990-2001*, Madrid, Sociedad Estatal España Nuevo Milenio, 2002. Cfr., en este volumen, el documentado artículo de José Enrique Monterde, "La industria cinematográfica española de los años noventa", pp. 87-127.

37 J. Costa, "Joven cine español. La renovación incesante", *Gaztemaniak Zinema*, núm. 1, marzo 1997. Recientemente, el profesor Francisco Javier Zubiaur ya consolidaría esta denominación, en el apartado "El Joven Cine Español" de su *Historia del cine y de otros medios audiovisuales*, Pamplona, EUNSA, 2005, pp. 533-535, citándome explícitamente en la nota 14.

38 E. Rodríguez Marchante, "Los premios Goya y el año I", en *ABC*, 30 enero 2007, p. 3.

APÉNDICES

1 Real Orden del 27.11.1912, publicada en la *Gaceta de Madrid* el 28, anexos, pp. 351 y ss.

2 Carlos Fernández Cuenca, *Toros y toreros en la pantalla* (San Sebastián: XI Festival Internacional de Cine, 1963), p. 67.

3 Estos incidentes continuaron durante la República: en 1935 el Gobierno español elevó una protesta a la Paramount por la forma grotesca y denigrante con que se presentaba a España en la película de Josef von Sternberg *The Devil Is a Woman*.

4 Citado en Fernando Méndez Leite, *Historia del cine español* (Madrid: Rialp, 1965), vol. I, p. 162.

5 Sobre el cine de esta época hay dos estudios fundamentales, que a pesar de estar publicados hace años siguen siendo de consulta obligada: *El cine sonoro en la II República [1929-1936]* de Román Gubern (Barcelona: Lumen, 1977) y *Arte y Política en el cine de la República [1931-1939]* de J. M. Caparrós Lera (Barcelona: Ed. Siete y Medio / Universidad de Barcelona, 1981). También es de utilidad *Cine español de la República* de Manuel Rotellar (San Sebastián: XXV Festival Internacional de Cine, 1977).

6 Como era habitual en estas coproducciones germano-francesas, en España se exhibió la versión francesa: *L'Opéra de quat'sous* (con el título *La comedia de la vida*).

7 Estos fragmentos, en los que se puede ver unas coristas ligeras de ropa y una breve escena de bañera en que se sugiere –*sólo se sugiere*– el desnudo de la actriz, han sido incluidos en la serie documental de TVE *Imágenes prohibidas* (1994, dir. Vicente Romero)

8 Sobre la gestación del aparato censor franquista en la guerra y la inmediata posguerra es de consulta obligada el reciente estudio de Emeterio Diez Puertas *El montaje del franquismo. La política cinematográfica de las fuerzas sublevadas* (Barcelona: Laertes, 2002).

9 Sobre la cuestión del antisemitismo, *vid.* Rafael de España, «Antisemitismo en el cine español», *Film-Historia* vol. I, n° 2, pp. 89-102 (1991). Unos años más tarde la censura cambió sustancialmente los diálogos del film americano *La barrera invisible* (*Gentleman's Agreement*, 1947, dir. Elia Kazan) por considerarlo una apología del judaísmo. El historiador británico K. R. M. Short comenta el caso con bastante propiedad, pero se equivoca diciendo que la película fue prohibida: «Hollywood fights Antisemitism, 1945-1947», en K. R. M. Short (ed.), *Feature Films as History* (Londres: Croom Helm, 1981), pp. 157-189.

10 Citado por Teodoro González Ballesteros, *Aspectos jurídicos de la censura cinematográfica en España* (Madrid: Universidad Complutense, 1981), p. 223. Sobre la acogida en España de los films nazis puede consultarse Rafael de España, *El cine de Goebbels* (Barcelona: Ariel, 2000; reed. 2002), *passim*.

11 Para más información sobre los supuestos problemas administrativos generados por estos dos films, remito al lector al artículo de Juan A. Martínez Bretón, «*El crucero Baleares*, un caso atípico de la censura franquista», en *De Dalí a Hitchcock. Los caminos en el cine: Actas del V Congreso de la AEHC*, La Coruña-Santiago de Compostela: Centro Galego de Artes da Imaxe, 1995, pp. 137-154; y al de Alberto Elena, «¿Quién prohibió *Rojo y negro*?», en *Secuencias*, núm. 7, octubre 1997, pp. 61-78.

12 Para ser exactos, Sara Montiel no entraría con propiedad en el apartado de «folklóricas» ya que su espe-

cialidad no era la canción andaluza. Daniel Pineda Novo, *Las folklóricas y el cine* (Huelva: Festival de Cine Iberoamericano, 1991).

[13] A veces ocurrían incidentes que ponían en entredicho a los censores. Cuando la boda real entre Balduino de Bélgica y Fabiola en Bruselas, algunos miembros de la delegación española fueron a un cine cercano a ver una película «picante» titulada *La Reine du strip-tease*. Su sorpresa fue mayúscula cuando vieron que era la versión «export» de un film español de Iquino, *Juventud a la intemperie* (1961). Declaraciones del propio director al diario *Tele/Exprés*, 1 de febrero 1978.

[14] El asunto *Viridana* es de una cierta complejidad, pues por una serie de circunstancias la película siguió explotándose internacionalmente como producción mexicana y no fue hasta bien entrados los setenta que el gobierno español la consideró como nacional. Sobre los avatares administrativos de *Viridiana*, véase Emeterio Diez Puertas, «Las coproducciones ofensivas», en *Cuadernos de la Academia nº 5: Los límites de la frontera. La coproducción en el cine español* (Madrid: Academia de las Artes y las Ciencias de España, 1999), pp. 167-180.

[15] Las normas fueron publicadas en el *Boletín Oficial del Estado* de 8.3.1963, anexos, p 422 y ss. Una consecuencia de esta reforma fue la autorización de varios films extranjeros que estaban prohibidos, si bien en este apartado la política de supresiones y modificaciones vigente se incrementó hasta extremos descabellados, con miles de anécdotas que ya han sido recogidas en libros como el de Román Gubern, *La censura. Función política y ordenamiento jurídico bajo el franquismo* (Barcelona: Península, 1980).

[16] Reconocido por el propio José M. García Escudero, *Una política para el cine español* (Madrid: Editora Nacional, 1967), p.57.

[17] Sobre este asunto *vid*. Diego Galán, *Venturas y desventuras de* La prima Angélica (Valencia: Fernando Torres, 1974).

[18] Publicado en el *Boletín Oficial del Estado* de 1.12.1977, anexos, pp. 482 y ss.

[19] Los malos ratos pasados por Miró fueron recompensados por el gran éxito comercial de la película, estrenada con gran expectación en agosto de 1981, y su ulterior nombramiento como responsable de la Dirección de Cinematografía en 1982, tras el triunfo electoral del PSOE. Sobre *El crimen de Cuenca* y su entorno, *vid*. Juan Antonio Pérez Millán, *Pilar Miró - directora de cine* (Valladolid: XXXVII Semana Internacional del Cine, 1992), pp. 125-154.

BIBLIOGRAFÍA

BIBLIOGRAFÍA GENERAL

AGUILAR, C. *Guía del cine*. Madrid: Cátedra, 2004.
AGUILAR, C.; GENOVER, J. *El cine español en sus intérpretes*. Madrid: Verdoux, 1992.
— *Las estrellas de nuestro cine. 500 bio-filmografías de intérpretes españoles*. Madrid: Alianza, 1996.
ALBA, R. (dir.) *Cine y libros en España. Cine español para el extranjero* (Catálogo). Madrid: Poliforma, 1997.
ALONSO BARAHONA, F. *Biografía del Cine Español*. Barcelona: CILEH, 1992.
AMITRANO, A. *El cortometraje en España. Una larga historia de ficciones breves*. Valencia: Fundación Municipal de Cine/Mostra de Valencia, 1998.
ARAGÓN, M. R. *Bibliografía cinematográfica española*. Madrid: Dirección General de Cinematografía, 1956.
ARANDA, J. F. *Cinema de vanguardia en España*. Lisboa: Guimaraes, 1954.
ARCONADA, A.; VELAYOS, T. *Rodajes al borde de un ataque de nervios. El cine español se confiesa*. Madrid: T & B, 2006.
ASENJO, F. *Índice del cine español*. Madrid: JC, 1998.
ÁVILA, A. *Historia del doblaje cinematográfico*. Barcelona: CIMS, 1997.
BARROSO, M. A.; GIL-DELGADO, F. *Cine español en cien películas*. Madrid: Jaguar, 2002.
BESAS, P. *Behind the Spanish Lens. Spanish Cinema under Fascism and Democracy*. Denver, Colorado: Arden Press, 1985.
BONET, E.; PALACIO, M. (eds.) *Práctica fílmica y vanguardia artística en España, 1925-1981*. Madrid: Universidad Complutense, 1983.
BORAU, J. L. (dir.) *Diccionario del Cine Español*. Madrid: Alianza/Academia de las Artes y las Ciencias Cinematográficas de España, 1998.
CABERO, J. A. *Historia de la cinematografía española (1896-1948)*. Madrid: Gráficas Cinema, 1949.
CALVO, F. *La evolución de la banda sonora en España*. Alcalá de Henares: Festival de Cine, 1986.
CAMPORESI, V. *Para grandes y chicos. El cine al alcance de todos los españoles*. Madrid: Adirce, 1994.
CANDEL, J. M. *Historia del dibujo animado español*. Murcia: Filmoteca Regional, 1993.
CAPARRÓS LERA, J. M. *Historia crítica del cine español (Desde 1897 hasta hoy)*. Barcelona: Ariel, 1999.
— *El cine español bajo el régimen de Franco (1936-1975)*. Barcelona: Universidad de Barcelona, l983.
— "Síntesis histórica del cine español", cap. IV en *Introducción a la historia del arte cinematográfico*. Madrid: Rialp, 1990, pp. 211-273.
— *El cine*, cap. en *Historia General de España y América*, tomo XIX-1, Madrid: Rialp, 1992, pp. 643-673.
— "El cine español", en *Historia 16*, núm. 234 (1995): 97-109; especial "Cien años de Cine".
— (coord.) "Luis Gómez Mesa. Historia del Cine Español", en *Anthropos*, núm. 58 (1986), monográfico.
CAPARRÓS-LERA, J. M.; ESPAÑA, R. de. *The Spanish Cinema: An Historical Approach*. Barcelona: Film-Historia, 1987.
CAPARRÓS LERA, J. M.; CRUSELLS, M.; ESPAÑA, R. de. *Las grandes películas del cine español*. Madrid: JC, 2007.
CASTRO, A. *El cine español en el banquillo*. Valencia: Fernando Torres, 1974.
CASTRO DE PAZ, J. L.; PÉREZ PERUCHA, J.; ZUNZUNEGUI, S. (eds.) *La nueva memoria. Historia(s) del cine español (1939-2000)*. La Coruña: Vía Láctea, 2005.
CEBOLLADA, P.; RUBIO GIL, L. *Enciclopedia del cine español. Cronología*. Barcelona: Ediciones del Serbal, 1996, 2 vols.
CERÓN GÓMEZ, J. F. *Años de corto*. Lorca: Primavera Cinematográfica de Lorca, 2002.
DELGADO CASADO, J. *La bibliografía cinematográfica española. Aproximación histórica*. Madrid: Arco, 1993.

DIEZ PUERTAS, E. *Historia del movimiento obrero en la industria española del cine (1931-1999)*. Valencia: Filmoteca de la Generalitat Valenciana/RTVV, 2001.
— *Historia social del cine en España*. Madrid: Fundamentos, 2003
D'LUGO, M. *Guide to the Cinema in Spain*. Westport, CT: Greenwood, 1997.
ELLWOOD, S. M. "Spanish Newsreels 1943-1975: the image of Franco regime", en *Historical Journal of Film, Radio and Television*, vol. 7, núm. 3 (1987): 225-239.
ESPAÑA, R. de. *Dictionary of Spanish and Portuguese Film-Makers and Films*. Wiltshire, UK: Flicks Books/Westport, CT: Greenwood Press, 1994.
— *De La Mancha a la pantalla. Aventuras cinematográficas del ingenioso hidalgo*. México-Barcelona: Universidad Autónoma de Zacatecas/Universidad de Barcelona, 2006-2007.
— "El cine es sueño. El difícil paso a la pantalla de los autores del Siglo de Oro", en *Studi Ispanici* (2003): 35-50.
— "Images of the Spanish Civil War in Spanish Feature Films 1939-1985", en *Historical Journal of Film, Radio and Television*, vol. 6, núm. 2 (1986): 223-236.
FALQUINA, A. et al. *Treinta años de cine (1945-1975)*. (XXX Aniversario del Círculo de Escritores Cinematográficos). Madrid: CEC/Club Urbis, 1975.
FALQUINA, A.; PORTO, J. J. *El cine español en premios 1941-1972*. Madrid: Editora Nacional, l974.
FANÉS, F. *Kurze Geschichte des Spanischen Films*. Frankfurt: Kommunales Kino, 1978.
FERNÁNDEZ CUENCA, C. *Historia anecdótica del cinema*. Madrid: CIAP, 1930.
— *Historia del Cine*. Madrid: Afrodisio Aguado, 1948-50, 3 vols.
— *30 años de documental de arte en España (Filmografía y estudio)*. Madrid: Escuela Oficial de Cinematografía, 1967.
FONT, D. *Del azul al verde. El cine español durante el franquismo*. Barcelona: Avance, 1976.
FREIXAS, R.; BASSA, J. *Diccionario personal y transferible de directores de cine español*. Madrid: Jaguar, 2006.
GALÁN, D. *Memorias del Cine Español*. Madrid: Tele-Radio, 1981.
GARCÍA DE DUEÑAS, J.; GOROSTIZA, J. (coords.) *Los estudios cinematográfios españoles.*. Madrid: Cuadernos de la Academia, 2001, núm. 10.
GARCÍA ESCUDERO, J. M. *Cine español*. Madrid: Rialp, 1962.
— *La historia en cien palabras del cine español y otros escritos*. Salamanca: Cine Club del SEU, 1954.
— "Cine español", cap. en *Vamos a hablar de cine*. Madrid: Planeta-Alianza, 1972, pp. 145-187.
GARCÍA FERNÁNDEZ, E. C. *Historia ilustrada del cine español (1896-1985)*. Barcelona: Planeta, 1985.
— *El cine español: una propuesta didáctica*. Barcelona: CILEH, 1992.
— (coord.) *Memoria viva del cine español*. Madrid: Cuadernos de la Academia, 1998, núm. 3.
— (ed.) "Historia y cine", en *Cuadernos de Historia Contemporánea*, núm 23 (2001): 11-157 (dossier).
GARCÍA FERNÁNDEZ, E. C.; SÁNCHEZ, S. *Guía Histórica del Cine, 1895-2001*. Madrid: Complutense, 2002.
GARCÍA MAROTO, E. *Aventuras y desventuras del cine español*. Barcelona: Plaza & Janés, 1988.
GASCA, L. *Un siglo de Cine Español*. Barcelona: Planeta, 1998.
GÓMEZ MESA, L. *La literatura española en el cine nacional, 1907-1977 (Documentación y crítica)*. Madrid: Filmoteca Nacional, 1978.
— "Historia del cine español (Repaso sucinto)", en VERDONE, M. *Historia del cine*. Madrid: Xa'Faro, 1954, pp. 93-121.
GOROSTIZA, J. *Directores artísticos del cine español*. Madrid: Cátedra/Filmoteca Española, 1997.
GUARNER, J. L. *Treinta años de cine en España*. Barcelona: Kairós, 1971.
GUBERN, R. et al. *Historia del cine español*. Madrid: Cátedra, 2004 (4ª ed.).
— (coord.) *Un siglo de cine español*. Madrid: Cuadernos de la Academia, 1997, núm. 1
HEREDERO, C. F. *La pesadilla roja del general Franco. El discurso anticomunista en el cine español de la dictadura*. San Sebastián: Festival Internacional del Cine, 1996.
— *El lenguaje de la luz. Entrevistas con directores de fotografía del cine español*. Alcalá de Henares: Festival de Cine, 1994.
— (ed.) *Huellas de luz: Películas para un Centenario*. Madrid: Diorama, 1995.
— (coord.) *La imprenta dinámica. Literatura española en el cine español*. Madrid: Cuadernos de la Academia, 2002, núm. 11-12.
HERNÁNDEZ, M.; REVUELTA, M. *30 años de cine al alcance de todos los españoles*. Bilbao: Zero, 1976.
HIGGINBOTHAM, V. *Spanish Film under Franco*. Austin: University of Texas Press, 1988.
HOPEWELL, J. *Out of the Past. Spanish Cinema after Franco*. Londres: British Film Inst., 1986.

KINDER, M. *Blood Cinema. The Reconstruction of National Identity in Spain.* Berkeley: University of California Press, 1993.
LARRAZ, E. *Le cinéma espagnol, des origenes à nos jours.* París: Cerf, 1986.
LÁZARO-REBOLL, A.; WILLIS, A. (eds.) *Spanish Popular Cinema,* Manchester: Manchester University Press, 2004.
LETAMENDI, J.; SEGUIN, J.-C. *La cuna fantasma del cine español.* Barcelona: CIMS, 1998.
LLINÁS, F. (ed.) *Diccionario de directores de fotografía del cine español.* Madrid: ICAA/Filmoteca Esp., 1989.
— *Cortometraje independiente español.* Bilbao: Certamen Internacional de Cine Documental y Cortometraje, 1986.
LLORENS, A. *El cine negro español.* Valladolid: Seminci, 1988.
LÓPEZ, J. L. *Diccionario de películas españolas.* Madrid: JC, 2000.
LÓPEZ CLEMENTE, J. *Cine documental español.* Madrid: Rialp, 1960.
LUQUI, J.; DE LOS HOYOS, I. et al. *30 años de diseño gráfico en el cine español.* Barcelona: ERISA, 1987.
MANZANERA. M. *Cine de animación en España: largometrajes 1945-1985.* Murcia: Universidad de Murcia, 1992.
MARSH, S. *Popular Spanish Film Tunder Franco.* Nueva York: Palgrave Macmillan, 2005.
MARTÍN-MÁRQUEZ, S. *Feminist Discourse & Spanish Cinema.* Oxford: Oxford University Press, 1999.
MATTIEU, J. A. "Las inmigraciones de cineastas españoles", en *Cuadernos Hispanoamericanos,* núm. 473-474 (1995): 693-708.
MEDINA, P. et al. (eds.) *Historia del cortometraje español.* Alcalá de Henares: Festival Internacional de Cortometrajes, 1996.
MÉNDEZ-LEITE, F. *Historia del cine español.* Madrid: Rialp, 1965, 2 vols.
— *45 años de cinema español.* Madrid: Bailly Baillière, 1941.
MÉNDEZ-LEITE SERRANO, F. *Historia del Cine Español en 100 películas.* Madrid: Guía del Ocio, 1986.
MERINO, A. *Diccionario de directores del cine español.* Madrid: JC, 1994.
MONCHO AGUIRRE, J. de M. *Cine y literatura. La adaptación literaria en el cine español.* Valencia: Filmoteca de la Generalitat Valenciana, 1986.
— *Cine Español 1941-1981.* Huelva: Festival de Cine Iberoamericano, 1982.
MONTERDE, J. E. (coord.) *Ficciones históricas. El cine histórico en España.* Madrid: Cuadernos de la Academia, 1999, núm. 6.
MORA, C. J. "Cinema", en KERN, R. W. (ed.) *Historical Dictionary of Modern Spain 1700-1988.* Nueva York: Greenwood Press, 1990, pp. 141-143.
— "The Odissey of Spanish Cinema", en *New Orleans Review,* vol. 14, núm. 1 (1987): 7-20.
MORTIMORE, R. "The Cinema of Franco", en PHILLIPS, B. *Swastika-cinema of Oppression.* Londres: Lorrimer, 1966, pp. 68-83; y en FURHAMMAR, L.; F. SAKSSON, F. *Politics and Film.* Londres: Studio Vista, 1971, pp. 47-56.
MUÑOZ SUAY, R. "España", voz en *Enciclopedia ilustrada del cine,* Barcelona: Labor, 1969, Vol. I.
PABLO, S. de (ed.) "Cine e historia", en *Historia Contemporánea,* núm. 22 (2001): 7-231 (dossier).
PARANAGUA, P. A. "España", voz en PASSEK, J.-L. (dir.) *Diccionario del Cine.* Madrid: Rialp, 1991.
PAZ, Mª A. "The Spanish Remember: moving attendance during the Franco dictatorship, 1943-1975", *Historical Journal of Film, Radio and Television,* vol. 23, núm. 4 (2003): 357-374.
PELAZ, J.-V.; RUEDA, J. C. (eds.) *Ver cine. Los públicos cinematográficos en el siglo XX.* Madrid: Rialp, 2002.
PÉREZ BASTÍAS, L.; ALONSO BARAHONA, F. *Las mentiras sobre el cine español.* Barcelona: Royal, 1995.
PÉREZ GÓMEZ, A. A.; MONTALBÁN, J. L. M. *Cine español (195l-1978). Diccionario de directores.* Bilbao: Mensajero, 1979.
PÉREZ MERINERO, C. y D. *Cine español: una reinterpretación.* Barcelona: Anagrama, 1976.
PÉREZ PERUCHA, J. *Mestizajes. Realizadores extranjeros en el cine español, 1913-1973.* Valencia: Mostra de Cinema Mediterrani, 1990.
— *Les empremtes de la memòria. Catàleg d'imatges (1905-1945).* Valencia: Generalitat Valenciana, 1989.
— (ed.) *Antología crítica del cine español (1906-1995). Flor en la sombra.* Madrid: Cátedra/Filmoteca Esp., 1997.
PINA, L. de; MATOS-CRUZ, José de. *Panorama do Cinema Espanhol 1896-1986.* Lisboa: Cinemateca Portuguesa, 1986.
PINEDA, D. *Las folklóricas y el cine.* Huelva: Festival de Cine Iberoamericano, 1991.
PORTER-MOIX, M. *Història del cinema a Catalunya (1895-1990).* Barcelona: Departament de Cultura de la Generalitat de Catalunya, 1992.

QUESADA, L. *La novela española y el cine*. Madrid: JC, 1986.
RIAMBAU, E. *Ricardo Muñoz Suay. Una vida en sombras*. Barcelona-Valencia: Tusquets/ Institut Valencià de Cinematografia, 2007.
RIAMBAU, E.; TORREIRO, C. *Guionistas en el cine español. Quimeras, picarescas y pluriempleo*. Madrid: Cátedra/Filmoteca Española, l998.
RÍOS CARRATALÁ, J. A. *Lo sainetesco en el cine*. Alicante: Universidad, 1997.
RODRÍGUEZ, S. *El NO-DO, catecismo social de una época*. Madrid: Complutense, 1999.
RODRÍGUEZ GORDILLO, P. *Cine infantil y juvenil (Datos para una historia del cine para menores en España)*. Madrid: Ministerio de Cultura, 1977.
ROMAGUERA RAMIÓ, J. *Diccionario Filmográfico Universal-I. Directores de España, Portugal y Latinoamérica*. Barcelona: Laertes, 1994.
— *Historia del Cine Documental de largometraje en el Estado español*. Bilbao: Filmoteca Vasca/Festival de Cine de Bilbao, 1990.
ROMÁN, M. *Los Cómicos. Vida y anécdota de los actores españoles más populares del siglo*. Barcelona: Royal, 1995-96, 11 vols.
ROTELLAR, M. *Dibujo animado español*. San Sebastián: Festival Internacional del Cine, 1981.
RUBIO, R. (coord.) *Catálogo del cine español*. Madrid: Ministerio de Asuntos Exteriores, 1985.
SAINZ, S. *Historia del cine fantástico español (De Segundo de Chomón a Bigas Luna)*. Tarragona: Eltigraf, 1990.
SÁNCHEZ, J. R. et al. *50 años de Cine Español*. Madrid: Ministerio de Cultura, 1985.
SÁNCHEZ NORIEGA, J. L. *Historia del Cine. Teoría y géneros cinematográficos, fotografía y televisión*. Madrid: Alianza, 2002.
SCHWARTZ, R. *Spanish Film Directors 1950-1985: 21 Profiles*. Metuchen, New Jersey: Scarecrow Press, 1986.
— *The Great Spanish Films: 1950-1990*. Metuchen, N. J.: Scarecrow Press, 1991.
SEGUIN, J.-C. *Historia del Cine Español*. Madrid: Acento, 1995.
STONE, R. *Spanish Cinema*. Essex: Pearson Education Ltd., 2002.
TAIBO, P. I. *Un cine para un imperio. Películas en la España de Franco*. Madrid: Oberon, 2002.
TOLEDO, T. (ed.) *Made in Spanish*. San Sebastián: Filmoteca Española/Festival Internacional de San Sebastián, 1997.
TORRELLA, J. *Crónica y análisis del cine amateur español*. Madrid: Rialp, 1965.
TORRES, A. M. *Diccionario del cine español*. Madrid: Espasa Calpe, 1994 (2ª ed. aumentada, 1999).
— *El cine español en 119 películas*. Madrid: Alianza, 1997.
— (ed.) *Cine Español 1896-1988*. Madrid: Ministerio de Cultura, 1989.
TRANCHE, R. R.; SÁNCHEZ BIOSCA, V. *NO-DO. El tiempo y la memoria*. Madrid: Filmoteca Española/Cátedra, 2001.
TRIANA-TORIBIO, N. *Spanish Nacional Cinema*. Londres: Routledge, 2003.
URRUTIA, J. *Influencia del cine en la poesía española*. Cáceres: Universidad de Extremadura, 1978.
UTRERA, R. *Escritores y cinema en España: un acercamiento histórico*. Madrid: JC, 1985.
— *Literatura cinematográfica. Cinematografía literaria*. Sevilla: Alfar, 1987.
— "El concepto de cine nacional. Hacia otra Historia del Cine Español", en *Comunicación*, núm. 3 (2005).
VEGA, F. (ed.) *Quién es quién en el teatro y en el cine español e hispanoamericano*, Barcelona: CILEH, 1990.
VERDERA FRANCO, L. *Lo militar en el cine español*. Madrid: Ministerio de Defensa, 1995.
VERDONE, M. *Gli intellectuali e il cinema*. Roma: Bianco e Nero, 1952.
VILLALBA, S.; BONILLA, J. J. *Diccionario de actores secundarios*. Madrid: JC, 1995.
VINSAM, E.; VECCHIA, A. della. *Uno sguardo sul cinema spagnolo. Degli anni del franquismo ai nostri giorni*. Milán: Arcipielago, 1991.
VIVAR, H.; ROSA, E. de la. *Breve historia del cine de animación en España*. Teruel: Animateruel, 1994.
VIZCAÍNO CASAS, F. *Historia y anécdota del cine español*. Madrid: Adra, 1976.
— *Diccionario del cine español (1896-1965)*. Madrid: Editora Nacional, 1966.
— *La cinematografía española*. Madrid: Publicaciones españolas, 1970.
VV. AA. *40 anni di cinema spagnolo. Testi i documenti*. Pesaro: Mostra Internazionale del Nuovo Cinema, 1977.
— *Cine Español 1896-1983*. Madrid: Ministerio de Cultura, 1984.
— "Cinema i història de l'Estat espagnol", en *L'Avenc*, núm. 43 (1982): 19-40.
— "Le cinéma a l'Espagne franquista 1939-1975", en *Les Cahiers de la Cinémathèque*, núm. 38/39 (1984).
— "El cine", en *Poesía*, núm. 22 (1985), monográfico.
— *El cine español, desde Salamanca (1955-1995)*. Salamanca: Junta de Castilla y León, 1996.

— *Tiempos de cine español*. San Sebastián: Patronato Municipal/Filmoteca Vasca, 1990.
— *Las Vanguardias artísticas en la historia del cine español*. San Sebastián: Filmoteca Vasca/AEHC, 1991.
— *Trece años de cine español. Fichas de todas las películas españolas del período 1983-1995*. Madrid: Edice, 1995.
— *De Dalí a Hitchcock. Los caminos en el cine* (Actas V Congreso de la AEHC). La Coruña: Centro Galego de Artes da Imaxe, 1995.
— "Franco en el cine español", en *Film-Historia*, vol. V, núm. 2-3 (1995): 147-207 (dossier).
— "Cine. Cien años en España", en *La Vanguardia Magazine* (12-V-1996), monográfico.
— "Un siglo de cine español", en *Historia y Vida*, Extra núm. 83 (1996).
— "Tras el sueño. Actas del Centenario (VI Congreso de la AEHC)", en *Cuadernos de la Academia*, núm. 2 (1998), monográfico.
— "Los límites de la fronteras: las coproducciones en el cine español", en *Cuadernos de la Academia*, núm. 5 (1999), monográfico.
— "Spain", en *Cinemania*. CD-ROM (Microsoft Corp., 1992-1994), 4 pp. de texto en inglés.
— *Enciclopedia del cine español. Cien años de cine*. CD-ROM. Madrid: Micronet/ICAA, 1996.
YRAOLA, A. (comp.) *Historia Contemporánea de España y Cine*. Madrid: Universidad Autónoma de Madrid, 1996.
ZUNZUNEGUI, S. *Historias de España. De qué hablamos cuando hablamos del cine español*. Valencia: Filmoteca de la Genetalitat Valenciana, 2002.
ZÚÑIGA, A. *Una historia del cine*. Barcelona: Destino, 1948, 2 vols.

Autonomías:
AGUILÓ, C. *Josep Truyol. Fotògraf i cineasta, 1868-1949*. Palma de Mallorca: Miquel Font, 1987.
AGUILÓ, C.; PÉREZ DE MENDIOLA, J. A. (coords.) *Cent anys de cinema a les Illes*. Palma de Mallorca: "Sa Nostra" Obra Social i Cultural, 1995.
AGULLÓ, M. (ed.). *El Cinematógrafo en Madrid (1896-1960)*. Madrid: Museo Municipal, 1986.
ALEGRE, S.; CAPARRÓS LERA, J. M.; CRUSELLS, M. et al. *El cine en Cataluña. Una aproximación histórica*. Barcelona: PPU/Centro de Investigaciones Film-Historia, 1993.
AMAR RODRÍGUEZ, V. M. *El cine en Cádiz durante la Guerra Civil española*. Cádiz: Publicaciones de la Universidad de Cádiz/Quorum Libros, 1999.
ANSOLA GONZÁLEZ, T. *Del Taller a la Fábrica de Sueños. El cine en una ciudad industrial: Barakaldo (1904-1937)*. Bilbao: Universidad del País Vasco, 2002.
BALLESTEROS TORRES, P. *Alcalá y el cine: una aproximación al desarrollo cinematográfico de la ciudad*. Alcalá de Henares: Festival de Cine de Alcalá de Henares, 1995.
BALLÓ, J.; ESPELT, R.; LORENTE, J. *Cinema Català 1975-1986*. Barcelona: Columna, 1990.
BARRIENTOS BUENO, M. *Antonio de la Rosa, empresario pionero del cinematógrafo en Sevilla (1902-1907)*. Sevilla: Facultad de Comunicación, 2003.
BELLAPART ROIG, J. *El nostre cinema: Introducció a la Història del Cinema a Torroella de Montgrí (1895-1995)*. Torroella de Montgrí: Ajuntament, 1995.
BERNABÉ, B.; MALLOL, J. M. *Història del cinema a Tarragona. Cinemes. Biografies. Pellícules...* Tarragona: Ed. de los Autores, 1997.
BRUACH, A. *Terrassa: la cultura del nostre segle (Cinema, teatre i música)*. Barcelona: Publicacions de l'Abadia de Montserrat, 1993.
CABO VILLAVERDE, X. L. *Espectáculos precinematográficos en Galicia. Das sombras chinescas os panoramas*. Pontevedra: Xociviga, 1990.
— *Cinematógrafos de Compostela 1900-1986*. La Coruña: Xunta de Galicia/CGAI, 1992.
— et. al. (coords.) *Diccionario do Cine en Galicia (1896-2000)*. Coruña: Xunta de Galicia, 2002.
CALAF, A.; FONT, D.; LÓPEZ, R. *El cinema a Terrassa, 1897-1997*. Terrassa: Comissió del Centenari del Cinema/Ajuntament, 1997.
CÁNOVAS BELCHI, J. T.; CERÓN GÓMEZ, J. F. *Murcianos en el cine*. Murcia: Obra Cultural de la Caja Murcia, 1990.
CAÑADA, A. *El cine en Pamplona durante la II República y la Guerra Civil (1931-1939)*. Pamplona: Gobierno de Navarra, 2005.
CAPARRÓS LERA, J. M. "Cataluña y su historia, en la pantalla", en *Cuadernos de Historia Contemporánea*, núm. 23 (2001): 103-124.
— "Ayer y hoy del nonato cine catalán", en *Nuestro Tiempo*, núm. 216 (1972): 82-95.

— (coord.) *Cine Español. Una historia por autonomías*. Barcelona: PPU/Centro de Investigaciones Film-Historia, 1996-1998, 2 vols.

CAPARRÓS LERA, J. M.; BIADIU, R. *Petita història del cinema de la Generalitat (1932-1939)*. Mataró: Robrenyo, 1978.

CAPARRÓS LERA, J. M.; CARNER-RIBALTA, J.; DELGADO, B. *El cinema educatiu i la seva incidència a Catalunya (Dels orígens a 1939)*. Barcelona: ICE/PPU, 1988.

CAPARRÓS MASEGODA, L.; FERNÁNDEZ MAÑAS, I.; SOLER VIZCAÍNO, J. *La producción cinematográfica en Almería: 1951-1975*. Almería: Instituto de Estudios Almerienses/ Diputación, 1997.

CASTRO DE PAZ, J. L.; FOLGAR DE LA CALLE, J. M. *José Sellier: La Coruña y los orígenes del cine en España*. La Coruña: Vía Láctea, 1996.

CENTRO DE INVESTIGACIONES SOCIOECONÓMICAS (CISE). *Euskal Zinema/Cine vasco/Barque Cinema: 1881-1989*. San Sebastián-Vitoria: Filmoteca Vasca/Departamento de Cultura y Turismo, 1990.

CERÓN GÓMEZ, J. F.; MARTÍNEZ GONZÁLEZ, J. *El cine en Lorca*. Lorca: Universidad de Murcia/Primavera Cinematográfica de Lorca, 1999.

CLAVER ESTEBAN, J. M. *El cine en Aragón durante la Guerra Civil*. Zaragoza: Servicio de Acción Cultural del Ayuntamiento, 1997.

— *El cine en Andalucía durante la Guerra Civil*. Sevilla: Fundación Blas Infante, 2000.

CLOPAS BATLLE, I. *Historia de la fotografia i el cinema a Martorell*. Martorell: Club Cine-Foto, 1990.

COLMENA, E. *La historia de Andalucía en la pantalla*. Córdoba: Filmoteca de Andalucía, 2000.

— *La vuelta al cine en 80 Sevillas. Una selección de "Lumière en Sierpes"*. Sevilla: Promotora Andaluza de Programas, 1992.

COLOMER AMAT, E. *Saló Imperial, un cinema històric a Sabadell*. Sabadell: Societat cinematogràfica del Saló Imperial, 1995.

COLÓN, C. *Los comienzos el cinematógrafo en Sevilla: 1896-1928*. Sevilla: Servicio de Publicaciones, 1981.

— *El cine en Sevilla: 1929-1950. De la Exposición y la llegada del sonoro a la postguerra*. Sevilla: Ayuntamiento de Sevilla, 1983.

— *Sevilla: ciudad de deseo (De Pierre Louÿs a Joseph von Sternberg)*. Sevilla: Productora Andaluza de Progr., 1993.

COMAS, A. *Diccionari de llargmetratges. El cinema a Catalunya durant la Segona República, la Guerra Civil i el franquisme (1930-1975)*. Valls: Cossetània, 2005.

— *Diccionari de llargmetratges. El cinema a Catalunya després del franquisme (1975-2003)*. Valls: Cossetània, 2003.

CONGRÉS DE CULTURA CATALANA. *Ponències: Cinema*. Barcelona: CCC, 1978.

CRESPO, A. *Historia de los primeros cine-clubs de la ciudad de Murcia*. Murcia: Caja de Ahorros de Murcia, 1995.

CUSACHS, M. *El cinema a Malgrat de Mar (1904-1997)*. Malgrat de Mar: Ajuntament, 1997.

CUSACHS, M.; SIVILLA, J. *El cinema a Mataró (1897-1939). De la Llanterna Màgica al cinema sonor*. Mataró: Caixa d'Estalvis Laietana, 1994.

DELGADO, J. F. *Andalucía y el Cine del 75 al 92*. Sevilla: El Carro de la Nieve, 1992.

— *El cine*. Sevilla: Grupo Andaluz de Ediciones Repiso-Lorenzo, 1981.

DÍAZ-PLAJA, G. *Una Cultura de Cinema. Introducció a una estètica del film*. Barcelona: La Revista, 1930.

FERNÁNDEZ MUÑOZ, A. L. *Arquitectura teatral en Madrid. Del Corral de Comedias al cinematógrafo*. Madrid: El Avapiés, 1989.

FERNÁNDEZ SÁNCHEZ, M. C. *Hacia un cine andaluz*. Algeciras: Bahía, 1986.

FOLGAR DE LA CALLE, J. M. *El espectáculo cinematográfico en Galicia (1896-1920)*. Santiago de Compostela: Universidad de Santiago, 1987.

FOLGAR DE LA CALLE, J. M.; LETAMENDI, J. *Imaxes o Centenario. O Cine en Galicia*. Santiago de Compostela: Xunta de Galicia/Centro Galego de Artes de Imaxe, 1997.

FRANCIA, I. *Salamanca de cine*. Salamanca: Caja Duero, 2000.

GARCÍA FERNÁNDEZ, E. C. *Historia del cine en Galicia (1896-1984)*. Coruña: Voz de Galicia, 1985.

— *Ávila y el cine. Historia, documentos y filmografía*. Ávila: Institución "Gran Duque de Alba" de la Diputación Provincial de Ávila, 1995, 2 vols.

GARCÍA RODRIGO, J.; LÓPEZ ZARNOZA, J. F. *La aventura del cine, 1897-1995 (Albacete, en el centenario del séptimo arte)*. Albacete: Diputación de Albacete, 1995.

GARÓFANO, R. *El cinematógrafo en Cádiz. Una sociología de la imagen (1896-1930)*. Cádiz: Fundación Municipal de Cultura, 1986.

— *Crónica social del cine en Cádiz*: Cádiz: Quorum Libros, 1996.
GENERALITAT DE CATALUNYA. *Catalan Films & Television: 1985-1986 a 1995-1996*. Barcelona: Departament de Cultura, 1986-1996, 11 catálogos.
GÓMEZ, M. (coord.) *El cinema amateur al Prat*. El Prat de Llobregat: Regidoria de Cultura de l'Ajuntament del Prat, 1994.
GONZÁLEZ ÁLVAREZ, M. *Documentos para a Historia do Cine en Galicia: 1970-1990*. La Coruña: Xunta de Galicia/CGAI, 1992.
GONZÁLEZ GARCÍA, F. *Castilla y León en el cine*. Salamanca: Filmoteca de Castilla y León, 1998.
GONZÁLEZ LÓPEZ, P. "Els intel.lectuals catalans i el cinema: 1896-1923", en *L'Avenc*, núm. 79 (1985): 40-68 (dossier).
GIFREU, J. *Sistema i polítiques de la comunicació a Catalunya: premsa, ràdio, televisió i cinema 1970-1980*. Barcelona: L'Avenc, 1983.
GRAHIT GRAU, J. *El cine en Gerona*. Barcelona: Fénix, 1943.
GRAU, M. *Historia del cine en Segovia (desde los comienzos hasta la implantación del sonoro)*. Segovia: Instituto "Diego de Colmenares", 1962.
GUTIÉRREZ, J. M. "Euskal Zinea. Cine Vasco", en *Revista Internacional de los Estudios Vascos*, XXXIX-2 (1994): 277-295.
HERNÁNDEZ RUIZ, J.; PÉREZ RUBIO, P. *Cineastas aragoneses*. Zaragoza: Ayuntamiento de Zaragoza, 1992.
— *Diccionario de aragoneses en el cine y el video (1896-1994)*. Zaragoza: Mira, 1994.
HUESO MONTÓN, A. L. *La exhibición cinematográfica en La Coruña 1940-1989*. La Coruña: Diputación Provincial, 1992.
— *Fontes e documentos sobre cine en Galicia nos arquivos da Administración Central*. A Coruña: Xunta de Galicia/CGAI, 1992.
— *Catálogo dos fondos cinematográficos nos arquivos públicos galegos*. Santiago de Compostela: Xunta de Galicia, 1990.
HUESO MONTÓN, A. L.; FOLGAR DE LA CALLE, J. M. (dirs.) *Filmografía Galega. Longametraxes de ficción*. Santiago de Compostela: Xunta de Galicia/Centro Ramón Piñeiro, 1998.
— *Filmografía Galega. Curtametraxes*. Santiago de Compostela: Xunta de Galicia/Centro Ramón Piñeiro, 2002.
JIMÉNEZ LOSANTOS, E. (ed.) *València "late". l: Imagen cinematográfica*. Valencia: Generalitat Val., 1988.
JONES, D. E.; CORBELLA, J. M. (eds.) *La Indústria Àudio-Visual de Ficció a Catalunya: producció i comercialització*. Barcelona: Centre d'Investigació de la Comunicació, 1989.
JORGE ALONSO, A.; MAYA RETAMAR, R. de la. *La exhibición cinematográfica en Andalucía*. Córdoba: Filmoteca/Junta de Andalucía, 1998.
JOSÉ SOLSONA, C. *El sector cinematogràfic a Catalunya. Una aproximació quantitativa. I: Exhibició, II: Producció i Distribució*. Barcelona: Alba/Mas Sardà, 1984, 2 vols.
— *Tendències d'exhibició cinematogràfica a Catalunya*. Barcelona: Institut del Cinema Català, 1987.
— *El cinemes de Catalunya. Evolució Municipal i Comarcal*. Barcelona: ICC, 1994.
JURADO ARROYO, R. *Los inicios del cinematógrafo en Córdoba (1896-1936)*. Córdoba: Filmoteca de Andalucía, 1997.
LAHOZ RODRIGO, J. I.; ORTIZ VILLETA, A. (eds.) *Historia del cine valenciano*. Valencia: Levante, 1991.
LARA GARCÍA, M. P. *Historia de los cines malagueños (Desde los orígenes hasta 1946)*. Málaga: Diputación Provincial, 1988.
LARRAÑAGA, K.; CALVO, E. *Lo Vasco en el cine (Las películas)*. San Sebastián: Filmoteca Vasca, 1997.
LÓPEZ ECHEVARRIETA, A. *Cine vasco: ¿realidad o ficción? (Época muda)*. Bilbao: Mensajero, 1982.
— *Cine vasco: de ayer a hoy (Época sonora)*. Bilbao: Mensajero, 1985.
— *Vascos en el cine*. Bilbao: Mensajero, 1988.
— *El cine en Vizcaya*. Bilbao: Caja de Ahorros Vizcaína, 1977.
— *Biskaia, plató de cine*. Bilbao: BBK, 1995.
— *Los cines de Bilbao*. San Sebastián: Filmoteca Vasca, 2000.
LORENZO BEVAENTE, J. B. *El cine en Asturias*. Gijón: Mases, 1984.
MACHETTI, S. *El pre-cinema a Lleida (Cultura i espectacles precinematogràfics i el seu públic entre 1845 i 1896)*. Lleida: Pagès Editors, 1995.
MADARIAGA ATEKA, J. *Los inicios del cine y la fotografía en Navarra (1840-1940)*. Pamplona: Departamento de Cultura del Gobierno de Navarra, 1988.

— *Los orígenes del cine en Euskal Herria*. Bilbao: BBK/UPV, 1995.
MÁRQUEZ ÚBEDA, J. *Almería, plató de cine*. Almería: Instituto de Estudios Almerienses/Diputación de Almería, 1999.
MARTÍ, D.; MEDALLA, J. *El cinema a la vila d'Arbúcies*. Arbúcies: Museu Etnològic del Montseny/Llibres del Segle, 1998.
MARTÍN, L.; SAINZ, P. *El Cinematógrafo (1896-1919)*. Valladolid: Obra Cultural de la Caja de Ahorros Popular, 1986.
MARTÍN CORRALES, E. et al. *Memorias del Cine. Melilla, Ceuta y el norte de Marruecos*. Melilla: Publicaciones de la Ciudad Autónoma de Melilla, 1999.
MARTÍN JIMÉNEZ, I. *El espectáculo cinematográfico en Maó, 1897-1942*. Maó: Institut d'Estudis Menorquins, 1997.
— *El espectáculo cinematográfico en Valladolid (1920-1932)*. Valladolid: Junta de Castilla y León/Seminci, 1997.
MARTÍNEZ, B. *Córdoba en el cine*. Córdoba: Diputación de Córdoba, 1991.
MARTÍNEZ BRETÓN, J. A. *La denominada "Escuela de Barcelona"*. Madrid: Universidad Complutense, 1984.
MARTÍNEZ HERRANZ, A. *Los cines de Zaragoza 1939-1975*. Zaragoza: Alzar, 2005.
MIGUEL, C. de; REBOLLEDO, J. A.; MARÍN, F. *Ilusión y realidad. La aventura del cine vasco en los años 80*. San Sebastián: Filmoteca Vasca, 1999.
MINGUET BATLLORI, J. M. *Cinema, modernitat i advantguarda (1920-1936)*. Barcelona: Eliseu Climent, 2000.
MORA, C. J. "Spain's Cinema of 'the Autonomies'", en *New Orleans Review*, vol. 13, núm. 1 (1986).
MORENO BETETA, M. J. *Prensa, radio y cine en Ciudad Real durante la II República*. Ciudad Real: Área de Cultura de la Diputación de Ciudad Real, 1987.
MUÑOZ ZIELINSKI, M. *Inicios del espectáculo cinematográfico en la región murciana (1896-1907)*. Murcia: Academia Alfonso X el Sabio, 1985.
MUNSÓ CABUS, J. *Els cinemes de Barcelona*. Barcelona: Proa/Ajuntament de Barcelona, 1995.
OLID, M. (ed.) *Cortometrajes andaluces (Fichero)*. Granada: Filmoteca de Andalucía, 1993.
OLTRA, R. *Seixanta anys de cinema català (1930-1990)*. Barcelona: Fundació Institut del Cinema Català. 1991.
OLIVELLA FERRAN, A. *Història del Cinema a Vilafranca (1898-Anys 80's)*. Vilafranca del Penedès: Ajuntament, 1989.
PABLO, S. de. *Cien años de cine en el País Vasco (1896-1995)*. Vitoria: Diputación Foral de Álava, 1996.
— "La identidad navarra a través del cine durante la Guerra Civil", en *Mito y realidad en la historia, II*. Pamplona: SEHN, 1998.
— "El terrorismo a través del cine: un análisis de las relaciones entre cine, historia y sociedad en el País Vasco", en *Comunicación y Sociedad*, vol. XI, núm. 2 (1998): 177-200.
— (ed.) *Los cineastas. Historia del cine en Euskal Herria 1896-1998*. Bilbao: Fundación Sancho el Sabio/Caja Vital Kutxa, 1998.
PACO, J. del (ed.) *La Escuela de Barcelona*. Murcia: Semana de Cine Español/Filmoteca Regional, 1991.
PAGOLA, M. *Bilbao y el cine*. Bilbao: Área de Cultura y Turismo del Ayunt. de Bilbao, 1990.
PÉREZ PENA, A. *O cine da posguerra en Santiago (1939-1944)*. Santiago de Compostela: Xunta de Galicia, 1985.
PÉREZ PERUCHA, J. (ed.) *Madrid y el Cine*. Madrid: Ayuntamiento/Filmoteca Española, 1984.
PÉREZ RUBIO, P.; HERNÁNDEZ RUIZ, J. *Aragón detrás de la cámara*. Zaragoza: Heraldo de Aragón, 1990.
PLATERO, C. *El cine en Canarias*. Las Palmas de Gran Canaria: Edirca, 1981.
PORTER-MOIX, M.; ROS VILELLA, M. T. *Història del Cinema Català (1896-1968)*. Barcelona: Tàber, 1969.
— et al. *Breu història del cinema primitiu a Catalunya*. Barcelona: Robrenyo, 1977.
RIAMBAU, E. *Paisatge abans de la batalla. El cinema a Catalunya, 1896-1939*. Barcelona: Llibres de l'Index, 1994.
RIAMBAU, E.; TORREIRO, C. *Temps era temps. El cinema de l'Escola de Barcelona i el seu entorn*. Barcelona: Departament de Cultura de la Generalitat de Catalunya, 1992.
RODRÍGUEZ, Mª P. *Entre el cine y el terrorismo. Mundos en conflicto: aproximaciones al cine vasco de los noventa*. San Sebastián: Universidad de Deusto/Filmoteca Vasca, 2002.
ROLDÁN LARRETA, C. *El cine en el País Vasco. De "Ama Lur (1968) a "Airbag" (1997)*. San Sebastián: Sociedad de Estudios Vascos, 1999.

ROMAGUERA RAMIÓ, J. *Silenci, rodem! La història del cinema a les comarques de Girona*. Girona: Ajuntament, 2005.
— (dir.) *Diccionari del cinema a Catalunya*. Barcelona: Enciclopedia Catalana/Filmoteca de la Generalitat, 2004.
— *Quan el cinema començà a parlar en català (1927-1934)*. Barcelona: Fundació Institut del Cinema Català, 1992.
— "Presència cinematogràfica catalana a les Amèriques", en *L'Avenç*, núm. 168 (1993): 38-43.
— "Del I Encuentro de l'AHCEE al V Congreso de l'AECH: L'evolució del estudis cinematogràfics 'autonòmics' i/o 'nacionals' i el major interès pel 'local' (Bibliografia)", en *Treballs de Comunicació*, núm. 6 (1995): 71-88.
— (ed.) *Catàleg de films disponibles parlats o retolats en català 1982, 1987*. Barcelona: Departament de Cultura de la Genelitat de Catalunya, 1983-1989, 2 vols.
— *Converses de cinema a Catalunya. Història i conclusions*. Barcelona: Caixa de Barcelona, 1981.
— *Jornades sobre el Patrimoni Cinematogràfic de Catalunya*. Barcelona: Societat Catalana de Comunicació, 1996.
ROMAGUERA RAMIÓ, J.; ALDAZÁBAL, P. (eds.) "Hora actual del cine de las Autonomías del Estado Español", en *Cinematógrafo*, núm. 2 (1990).
ROTELLAR, M. *Cine aragonés*. Zaragoza: Cine-Club Saracosta, 1970.
— *Aragoneses en el cine español*. Zaragoza: Ayuntamiento de Zaragoza, 1971.
— *Aragoneses en el cine 3*. Zaragoza: Ayuntamiento, 1972.
— *Aragón en el cine 4*. Zaragoza: Ayuntamiento, 1973.
RUIZ ROJO, J. A. *90 años de cine en Guadalajara (1897-1987)*. Guadalajara: Cine-Club Alcarreño, 1987.
SADA, J. M. *Cinematógrafos donostiarras*. San Sebastián: Filmoteca Vasca, 1991.
SAIZ VIADERO, J. R. *El cine de los realizadores cántabros*. Santander: Consejería de Cultura del Gobierno de Cantabria, 1983.
SALA CORTÉS, E. *Notes per a una història del cinema a Granollers*. Granollers: Centre d'Estudis/Associació Cultural, 1960.
SÁNCHEZ ALARCÓN, I.; FERNÁNDEZ PARADAS, M. *El cine en Málaga durante la transición política*, Málaga: Diputación de Málaga (CEDMA), 2006
SÁNCHEZ MILLÁN, A. *Cine amateur e independiente en Aragón*. Zaragoza: Gandaya/Cine-Club Zaragoza, 1987.
SÁNCHEZ NORIEGA, J. L. *Cine en Cantabia. Las películas de Mario Camus y los rodajes en Comillas*. Santander: Tantín, 1994.
SÁNCHEZ SALAS, B. *1896-1955: Del Cinematógrafo al Cinemascope. Primera vuelta de manivela para una historia del cine en La Rioja*. Logroño: Consejería de Cultura del Gobierno de La Rioja, 1990.
— *100 Años Luz. El tiempo cinematográfico en La Rioja*. Logroño: Cultural Rioja/Ibercaja, 1995.
SBERT, C.-M. *El cinema a les Balears des de 1896*. Palma de Mallorca: Documenta Balear, 2001.
SEOANE, L. *O cine e a fotografia* (ed: Lino Braxe y Xavier Seoane). La Coruña: Xunta de Galicia/CGAI, 1994.
TORIL, N.; GARCÉS, O. *El cinema a l'Hospitalet: De l'espectacle de fira a la multisala*. Hospitalet de Llobregat: Centre d'Estudis de l'Hospitalet, 1996.
TORRELLA, J. *Rodatges de postguerra a Barcelona. Un recorregut pels estudis de cinema*. Barcelona: Fundació Institut del Cinema Català, 1991.
— *Introducció i desenvolupament del cinema a Sabadell: 1897-1936*. Sabadell: Fundació Bosch i Cardellach. 1980.
TORRELLA, J.; BEORLEGUI, A. *Sabadell, un segle de cinema*. Sabadell: Fundació Amics de les Arts i de les Lletres de Sabadell, 1996.
URSAIN, J. M. *Hacia un cine vasco*. San Sebastián: Filmoteca Vasca, 1985.
— *El cine y los vascos*. San Sebastián: Filmoteca Vasca/Sociedad de Estudios Vascos, 1986.
UTRERA, R. *Las rutas del Cine en Andalucía*. Sevilla: Fundación Juan Manuel Lara, 2005.
— *Andalucía, un siglo de fascinación. Homenaje a Basilio Martín Patino*. Sanlúcar de Barrameda (Cádiz): Pedro Romero/Eihceroa, 2006.
— *Film Dalp Nazarí. Productoras andaluzas*. Córdoba: Filmoteca de Andalucía, 2000.
— (ed.) *Imágenes cinematográficas de Sevilla*. Sevilla: Padilla, 1997.
UTRERA, R.; DELGADO, J. F. (eds.) *Cine en Andalucía: un informe*. Sevilla: Argantoño/Eds. Andaluzas, 1980.
UTRERA, R.; DELGADO, J. F.; BOLLAIN, J. S. *El cine en Andalucía: identidad y mestizaje*. Córdoba: Filmoteca de Andalucía, 1993.
UTRERA, R.; OLID, M. *El cortometraje andaluz en la democracia (1976-1992)*. Sevilla: Promotora Andaluza

de Programas, 1993.
VERA NICOLÁS, P. *Empresa y exhibición cinematográfica en Murcia (1895-1939)*. Murcia: Real Academia Alfonso X el Sabio, 1991.
VV. AA. "Barcelona, ciutat de cinema", en *Barcelona, Metròpolis Mediterrània*. Barcelona: Ajuntament de Barcelona, 1988, (Cuaderno central, núm. 6).
— "Cine catalán", en *Nuestro Cine*, núm. 61 (1967): 8-43.
— "El cinema a Catalunya, 1891-1939", en *L'Avenc*, núm. 11 (1978): 17-48.
— *Euskal Zinema / Cine vasco 1981-1989*. San Sebastián: Filmoteca Vasca/Gobierno Vasco, 1990.
— *Cinematògraf. La historiografia cinematogràfica a Catalunya* (I Jornades sobre Recerques Cinematogràfiques), núm. 1 (2ª època). Barcelona: Societat Catalana de Comunicació, 1993.
— *Cinematògraf. Infrastructures industials del cinema a Catalunya* (II Jornades sobre Recerques Cinematogràfiques), núm. 2 (2ª època). Barcelona: Societat Catalana de Comunicació, 1994.
— "Cinéma Catalan", en *Les Cahiers de la Cinémathèque*, núm. 29 (1979): 161-172 (dossier).
— "En torno al cine catalán", en *Cinema 2002*, núm. 38 (1978): 28-80.
— Història de la Catalunya cinematogràfica, en *Cinematògraf*. Barcelona: Federació Catalana de Cine-Clubs, 1985-88, 4 vols.
— "Cine en Cataluña", en *Nosferatu. Revista de Cine*, núm. 9 (1992), monográfico.
— "La Gran Guerra en el cine catalán", en *Film-Historia*, vol. IV, núm. 3 (1994): 149-208 (dossier).
— *Historia del cine valenciano*. Valencia: Levante/Prensa Valenciana, 1991.
— "Alicante, cien años de cine", en *Canelobre*, núm. 35-36 (1997), monográfico.
— *Bibliografia catalana de la comunicació 1896-1996*. Barcelona: Departament de la Presidència de la Generalitat de Catalunya, 1997.
— *De Madrid al cine (Una pantalla capital)*. Madrid: Centro Cultural de la Villa-Ayuntamiento de Madrid, 2003.
ZUNZUNEGUI, S. *El cine en el País Vasco*. Bilbao: Diputación Foral de Vizcaya, 1985.
— *El cine en el País Vasco: la aventura de una cinematografía periférica*. Murcia: Filmoteca Regional, 1986.

PRIMERA PARTE (1896-1930)

BAROJA, R. *Arte, cine y ametralladora* (ed. de Pío Caro Baroja). Madrid: Cátedra, 1990.
BERBEL, M.; CORNELLAS, P.; GRASET, J. *Cicle Cinema Espanyol 1897/1939* (Dossier I). Sabadell: Cine Club Sabadell, 1982.
BLASCO, R. *Introducció a la història del cine valencià*. Valencia: Ajuntament de València, 1981.
BORAO, J. E. "Elementos para un análisis del cine español de los años veinte", en *D'Art*, núm. 11 (1985).
CAPARRÓS LERA, J. M. "El cine mudo", cap. en *Historia General de España y América*, t. XVI-1, Madrid: Rialp, 1986, pp.155-160.
— (ed.) *Memorias de dos pioneros: Francisco Elías/Fructuós Gelabert*. Barcelona: Centro de Investigaciones literarias españolas e Hispanoamericanas, año 1992.
CAPARRÓS LERA, J. M.; CRUSELLS, M. "La presència de cineastes catalans a Espanya (1899-1929)", en PÉREZ PICAZO, Mª T. et al. (eds.) *Els catalans a Espanya, 1760-1914 (Actes del Congrés)*. Valencia-Barcelona: Afers/Universitat de Barcelona, 1996, pp. 341-349.
CARRANQUE DE RÍOS, A. *Cinematógrafo* (Novela). Madrid: Espasa-Calpe, 1936.
CEBOLLADA, P. *Segundo de Chomón*. Teruel: Instituto Municipal de Estudios Turolenses, 1986.
DELGADO, F. *Recuerdos del pasado*. Madrid: Circe, 1941.
ESCALERA, M. de la. *Cuando el cine rompió a hablar*. Madrid: Taurus, 1971.
ESPAÑA, Rafael de. *Las sombra del Encuentro. España y América: cuatro siglos de Historia a través del Cine*. Badajoz: Diputación de Badajoz, 2002.
FALQUINA, A. *Vida y filmografía de Fructuoso Gelabert*. Madrid: CEC/Club Urbis, 1974.
FERNÁNDEZ CUENCA, C. *Promio, Jimeno y los primeros pasos del cine en España*. Madrid: Filmoteca Nacional, 1959.
— *Fructuoso Gelabert, fundador de la cinematografía española*. Madrid: Filmoteca Nacional, 1957.
— *Segundo de Chomón (Maestro de la fantasía y de la técnica)*. Madrid: Editora Nacional, 1972.
— *Gloria y tristeza de José Buchs*. Madrid: Filmoteca Nacional, 1973.
— *La obra de José Buchs*. Madrid: CEC, 1949.
— *La obra de Benito Perojo*. Madrid: CEC, 1949.
— *La obra de Fernando Delgado*. Madrid: CEC, 1949.

GARCÍA FERNÁNDEZ, E. C. *El cine español entre 1896 y 1939*. Barcelona: Ariel, 2002.
— (coord.) *El paso del mudo al sonoro en el cine español*. Madrid: Complutense/AEHC, 1993, Vol. I.
GIL, R. *Recuerdo y presencia de Eusebio F. Ardavín*. San Sebastián: Festival Internacional de Cine, 1965.
GÓNZALEZ LÓPEZ, P. *Història del cinema a Catalunya. I: L'època del cinema mut, 1896-1931*. Barcelona: Llar del Llibre, l986.
— *Els anys daurats del cinema clàssic a Barcelona 1906-1923*. Barcelona: Institut del Teatre/Ed. 62, 1987.
GONZÁLEZ LÓPEZ, P.; CÁNOVAS BELCHI, J. T. *Catálogo del cine español. Vol. F2: Películas de ficción, 1921-1930*. Madrid: Ministerio de Cultura/ICAA, 1993.
GUBERN, R. *Benito Perojo. Pionerismo y supervivencia*. Madrid: Filmoteca Española/ICAA, 1994.
— *Proyector de Luna. La Generación del 27 y el cine*. Barcelona: Anagrama, 1999.
— "L'Avant-Garde cinématographique en Espagne 1926-1930", en *Les Cahiers de la Cinémathèque*, Núm. 30/31 (1981): 155-162.
HUELIN, E. "*Riña en un café* (1897), de Fructuós Gelabert, un siglo después", en *Film-Historia*, vol. VII, núm. 3 (1997): 220-227.
ITUARTE, L.; LETAMENDI, J. *Los inicios del cine desde los espectáculos precinematográficos hasta 1917*. Barcelona: Serbal, 2002.
LASA, J. F. de. *Aquell primer cinema català. Els germans Baños*. Barcelona: Departament de Cultura de la Generalitat de Catalunya, 1996.
— *El món de Fructuós Gelabert*. Barcelona: Departament de Cultura de la Generalitat de Catalunya, 1989.
— *Los hermanos Baños, toda una etapa de la historia del cine barcelonés*. Madrid: Filmoteca Nacional, 1975.
LETAMENDI, J. *Aportaciones a los orígenes del cine español*. Barcelona: Royal Books, 1996.
LETAMENDI, J.; SEGUIN, J.-C. *Los orígenes del cine en Cataluña*. Barcelona-San Sebastián: Generalitat de Catalunya/Filmoteca Vasca, 2005.
— *Los orígenes del cine en Álava y sus pioneros*. San Sebastián: Filmoteca Vasca, 1997.
MADRID, J. C. de la (coord.) *Primeros pasos del Cinematógrafo en España*. Gijón: Ayuntamiento/ Universidad, 1996.
MARTÍN CORRALES, E. "El cine español y las guerras de Marruecos", en *Hispania*, Vol. LV/2, Núm. 190 (1995): 693-708.
MARTÍNEZ, J. *Los primeros veinticinco años de cine en Madrid (1896-1920)*. Madrid: Ministerio de Cultura, 1993.
MARTÍNEZ DE LA RIVA, R. *El lienzo de plata* (Ensayos cinematográficos). Madrid: Mundo Latino, 1927.
MINGUET, J. M.; PÉREZ PERUCHA, J. (editores) *El paso del mudo al sonoro en el cine español: Breve antología de textos y debates, 1928-1934*. Madrid: Complutense/AEHC, 1994, Vol. II.
MONTERO, J.; PAZ, Mª A. "Kinematographen in Madrid (1896-1900)", *KINTOP. Jahrbuch zur Erforschung des frühen Films*, núm. 13 (2004): 134-145.
MORRIS, C. B. *La acogedora oscuridad: el cine y los escritores españoles, 1920-1936*. Córdoba: Filmoteca de Andalucía, 1993.
— "Du cinéma à la litterature: l'avant-garde espagnole", *Les années folles. Les mouvements avant-gardistes européens*. Ontario: University of Ottawa Press, 1981.
MONTERO, J.; PAZ, M. A.; SÁNCHEZ ARANDA, J. J. *La imagen pública de la monarquía. Alfonso XIII en la prensa escrita y cinematográfica*. Barcelona: Ariel, 2001.
NAVARRO, T. *El idioma español en el cine parlante: ¿español o hispanoamericano?* Madrid: Centro de Estudios Históricos, 1930.
PÉREZ MERINERO, C. y D. (eds.) *En pos del cinema*. Barcelona: Anagrama, 1974.
PÉREZ PERUCHA, J. *Cine español. Algunos jalones significativos 1896-1936*. Madrid: Films 210/Federación de Cine-Clubs, 1992.
— *Cine español 1896-1929*, cap. en TORRES, A. M. (ed.) *Cine español 1896-1988*. Madrid: Ministerio de Cultura, 1989 (2ª ed.).
— "Narración de un aciago destino (1896-1930)", cap. en GUBERN, R. et al. *Historia del cine español*. Madrid: Cátedra, 1995, pp. 19-121.
— "Los inicios del cine español (1895-1923)", cap. en VV. AA. *Historia general del cine*. Madrid: Cátedra, 1996, Vol. III.
PONCE, V. (ed.) "Informe general (y provisional) sobre el cine mudo en España", en *Archivos de la Filmoteca*, Núm. 6 (1990): 5-52.
PORTER-MOIX, M. *Adrià Gual i el Cinema primitiu a Catalunya (1897-1916)*. Barcelona: Universitat de Bar-

celona, 1985.
PORTER-MOIX, M.; HUERRE, G. *La cinematografía catalana 1896-1925*. Palma de Mallorca: Moll, 1958.
PUJAL, A. *Cinema y arte nuevo. La recepción fílmica en la vanguardia española (1917.1937)*. Madrid: Biblioteca Nueva, 2003.
ROMAGUERA, J. *Magí Murià, periodista i cineasta. "Memòries d'un exiliat, 1939-1948"*. Lleida: Pagès, 2002.
ROMERO, V.; MARTÍNEZ, J.; AMOR, M. *Cine mudo español, un primer acercamiento de investigación*. Madrid: Complutense, 1991.
SAIZ VIADERO, J. R. (coord.) *La llegada del cinematógrafo a España*. Santander: Consejería de Cultura y Deporte del Gobierno de Cantabria, 1998.
SÁNCHEZ, A. (coord.) *Una mirada al cine español. Época muda*. Zaragoza: Ibercaja, 1996.
SÁNCHEZ SALAS, D. *Historias de la luz y el papel. El cine español de los años veinte, a través de su adaptación de narrativa literaria española*. Murcia: Filmoteca regional Francisco Rabal, 2007.
SÁNCHEZ VIDAL, A. *El cine de Chomón*. Zaragoza: Caja de Ahorros La Inmaculada, 1992.
— *Los Jimeno y los orígenes del cine en España*. Zaragoza: Filmoteca de Zaragoza, 1994.
SERRANO, A. *Las películas españolas. Estudio crítico-analítico del desarrollo de la producción cinematográfica en España (Su pasado, su presente y su porvenir)*. Barcelona: Ed. del Autor, 1925.
THARRATS, J. G. *Los 500 films de Segundo de Chomón*. Zaragoza: Prensas Universitarias, 1988.
— *Inolvidable Chomón*. Murcia: Filmoteca Regional, 1990.
URSAIN, J. M. *Nemesio Sobrevila, peliculero bilbaino*. San Sebastián: Filmoteca Vasca, 1988.
UTRERA, R. *Modernismo y 98 frente a Cinematógrafo*. Sevilla: Universidad de Sevilla, 1981.
— *Federico García Lorca/Cine. El cine en su obra, su obra en el cine*. Sevilla: Asecan, 1986.
— *Azorín. Periodismo cinematográfico*. Barcelona: Film Ideal, 2000.
— *Luis Cernuda. Recuerdo cinematográfico*. Sevilla: Fundación El Monte, 2002.
— *Poética cinematográfica de Rafael Alberti*. Sevilla: Fundación El Monte, 2006.
— "Cuatro secuencias sobre el cineasta Ernesto Giménez Caballero", en *Anthropos*, núm. 84 (1988).
— (ed.) *8 calas cinematográficas en la literatura de la Generación del 98*. Sevilla: Padilla Libros, 1999.
VIOLA, F. *La implantación del cine sonoro y hablado en España*. Madrid: Instituto Cinematográfico Ibero-Americano, 1956.

SEGUNDA PARTE (1931-1960)

ALEGRE, S. *El Cine cambia la Historia: Las imágenes de División Azul*. Barcelona: PPU, 1994.
— "The Blue Division in Russia, 1941-1944: the filmic recycling of Fascism as anticommunism in Franco's Spain", en *Historical Journal of Film, Radio and Television*, vol. 16, núm. 3 (1996): 349-364.
ÁLVAREZ, R.; SALA, R. *El cine en la España Nacional (1936-1939)*. Bilbao: Mensajero, año 2000.
ÁLVAREZ, R. et al. *Revisión histórica del cine documental español. El cine de las organizaciones populares republicanas entre 1936 y 1939, I: La CNT. II: Las organizaciones marxistas* Bilbao: Certamen Internacional de Cine Documental y Cortometraje, 1980-1981, 2 vols.
AMO, A. del (ed.) *Catálogo general del cine de la Guerra Civil*. Madrid: Cátedra/Filmoteca Española, 1996.
ARANDA, J. F. *Luis Buñuel. Biografía crítica*. Barcelona: Lumen, 1969.
ARMERO, A. *Una aventura americana: Españoles en Hollywood*. Madrid: Compañía Literaria, 1995.
AZORÍN, *El cine y el momento*. Madrid: Biblioteca Nueva, 1953.
BARDÈCHE, M.; BRASILLACH, R. "Le cinéma espagnol", en *Histoire du cinéma, II: Le parlant*. París: Le Livre de Poche, 1964.
BARREIRO, D. F. *Florián Rey: biografía*. Madrid: ASDREC, 1968.
BERTHIER, N. *La franquisme et son image. Cinéma et propagande*. Toulouse: Presses Universitaires du Mirail/Université de Toulouse, 1998.
BIADIU, M.; CAPARRÓS, J. M. *Ramon Biadiu (1906-1984), cineasta d'avantguarda*. Súria-Barcelona: Ayuntament de Súria/Filmoteca de Catalunya, 2007.
BOLLAR, S. A. "Política cinematográfica en España", en *Índice cinematográfico de España*. Madrid: Marisal, 1941.
CÁNOVAS, J. T.; PÉREZ PERUCHA, J. (eds.) *Florentino Hernández Girbal y la defensa del Cinema Español*. Murcia: Universidad/AEHC, 1991.
CAPARRÓS LERA, J. M. *Arte y Política en el Cine de la República (1931-1939)*. Barcelona: Siete y Media/Universidad de Barcelona, 1981.
— *El cine republicano español (1931-1939)*. Barcelona: Dopesa, 1977.

— "Feature Films in the Second Spanish Republic, 1931-1936", en *Historical Journal of Film, Radio and Television*, vol. 5, núm. 1 (1985).
— "The Cinema Industry in the Spanish Civil War, 1936-1939", en *Film and History*, vol. 16, núm. 2 (1986).
— "Spanish Cinema in the thirties", en *New Orleans Review*, vol. l4, núm. 1 (1987).
— "Cine y propaganda en la guerra de España", en *Historia y Vida*, Extra núm. 72 (1994).
— "Los films 'hispanos' rodados en Joiville-le-Pont (París, 1930-1933)", en *España Contemporánea*, vol. XV, núm. 1 (2002).
— *Estudios sobre el cine español del franquismo (1941-1964)*. Valladolid: Fancy, 2000.
CASTRO DE PAZ, J. L. *Un cinema herido. Los turbios años cuarenta en el cine español (1939-1950)*. Barcelona: Paidós, 2002.
CRUSELLS, M. *Cine y Guerra Civil española: Imágenes para la memoria*. Madrid: JC, 2006.
— *La Guerra Civil española: Cine y propaganda*. Barcelona: Ariel, 2003 (2ª ed.).
— *Las Brigadas Internacionales en la pantalla*. Ciudad Real: Universidad Castilla-La Mancha, 2001.
— "El cinema durant la Guerra Civil", en SOLÉ SABATÉ, J. M.; VILLARROYA, J. (dirs.) *Breu Història de la Guerrra Civil a Catalunya*. Barcelona: Eds. 62, 2005.
— "Cinema as a political propaganda during the Spanish Civil War: España 1936", en *Ebre 38. Revista Intyernacional de la Guerra Civil (1936-1939)*, núm. 2 (2004).
— "El cine durante la Guerra Civil española", en *Comunicación y Sociedad*, vol. XI, núm. 2 (1998): 123-152.
— "El cine español de los años treinta", en *Historia y Vida*, Extra. núm. 83 (1996).
— "Las Brigadas internacionales a través de las películas de ficción", en *Historia y Vida*, Núm. 321 (1994).
— "El cinema documental sobre les Brigades Internacionals durant la Guerra Civil espanyola", en *Film-Historia*, vol. III, núm. 1-2 (1993).
CRUSELLS, M.; CAPARRÓS LERA, J. M. "Las Brigadas Internacionales y la Guerra Civil española en la pantalla (1936-1939)", en REQUENA, M. (coord.) *La Guerra Civil española y las Brigadas Internacionales*. Cuenca: Universidad Castilla-La Mancha, 1998.
CUEVAS, A. (ed.) *Anuario Cinematográfico Hispanoamericano*. Madrid: Sindicato Nacional del Espect., 1950.
DIEZ PUERTAS, E. *El montaje del franquismo. La política cinematográfica de las fuerzas sublevadas*. Barcelona: Laertes, 2002.
— "El franquismo ante las películas ofensivas", en *Cuadernos Hispanoamericanos*, núm. 572 (1998): 99-110.
EGIDO, L. G. *Bardem*. Madrid: Visor, 1958. (2ª ed. *Juan Antonio Bardem*. Huelva: Festival de Cine Iberoamericano, 1963).
ESPAÑA, R. de. *Breve historia del western mediterráneo*. Barcelona: Glénat, 2002.
— "Antisemitismo en el cine español", en *Film-Historia*, vol. I, núm. 2 (1991).
— "Spain-USA: A Cinematic Relationship, 1939-1953", en *Film-Historia*, vol. VI, núm. 3 (1996).
— "Adaptaciones Literarias en el Cine Español de Posguerra (1939-1953)", en CABELLO-CASTELLET, G.; MARTÍ-OLIVELLA, J.; WOOD, G. H. (eds.) *Cine-Lit II: Essays on Hispanic Film and Fiction*. Portland: Oregon State University/Portland State University/Reed College, 1995.
— "El cine es sueño. El difícil paso de la pantalla de los autores del Siglo de Oro", en *Studi Ispanici*, monográfico sobre "Versiones cinematográficas en la literatura hispánica", 1 (2003).
— JUAN i BABOT, S. *Balcázar Producciones Cinematográficas: Más allá de Esplugas City*. Barcelona: Universitat de Barcelona, 2005.
ESPELT, R. *Ficció Criminal a Barcelona 1950-1963*. Barcelona: Laertes, 1998.
ESTIVILL, J. "Comercio cinematográfico y propaganda política en la España franquista y el Tercer Reich", en *Film-Historia*, vol. VII, núm. 2 (1997).
— "El cine y el control de la juventud en España, 1939-1945", en *Archivos de la Filmoteca*, núm. 125-126 (1997).
— "El espíritu del caos. Irregularidades de la censura cinematográfica durante la inmediata posguerra", en *Secuencias*, núm. 6 (1997).
FANÉS, F. *Cifesa, la antorcha de los éxitos*. Valencia: Institución Alfonso El Magnánimo, 1982.
FERNÁNDEZ COLORADO, L.; COUTO CANTERO, P. (coords.) *La herida de las sombras. EL cine español en los años 40*. Madrid: Cuadernos de la Academia, 2001, núm. 9
FERNÁNDEZ CUENCA, C. *La guerra de España y el cine*. Madrid: Editora Nacional, 1972, 2 vols.
— *Recuerdo y presencia de Florián Rey*. San Sebastián: Festival Internacional del Cine, 1962.
— et al. *Redescubrimiento de Florián Rey*. Madrid: Filmoteca Nacional, 1963.
FRANCIA, I. "Primeras Conversaciones Cinematográficas Nacionales. Primera protesta colectiva en la España de postguerra", en *Cinestudio*, núm. 78/79 (1969), dossier.

FRANCO, J. *Cifesa, mite i modernitat. Els anys de la República*. Valencia: L'Eixam, 2000.
GARCÍA DE DUEÑAS, J. *¡Nos vamos a Hollywood!* Madrid: Nickel Odeon, 1992.
— *El Imperio Bronston*. Madrid-Valencia: Imán/Filmoteca de la Generalitat Valenciana, 2000.
GARCÍA ESCUDERO, J.M. *Cine social*. Madrid: Taurus, 1958.
GIL, R. *Luz del cinema*. Madrid: Grupo de Escritores Cinematográficos Independientes, 1936.
— *Justificación del cinema español*. Zarazoga: Departamento de Cultura de Educación Nacional, 1945.
GIMÉNEZ CABALLERO, E. *Cine y política*. Madrid: Instituto de Estudios Políticos, 1945.
GÓMEZ MESA, L. "El cine en España (1939-1945)", en *El rostro de España*. Madrid: Editora Nacional, 1945, vol. II.
GUBERN, R. *Cine español en el exilio (1936-1939)*. Barcelona: Lumen, 1976.
— *El cine sonoro en la II República (1929-1936)*. Barcelona: Lumen, 1977.
— *1936-1939: La guerra de España en la pantalla*. Madrid: Filmoteca Española, 1986.
GUERRA, A. *A través de la metralla*. Valencia: CNT, 1938. (2ª ed., con el subtítulo *Escenas vividas en los frentes y en la retaguardia*. Montpellier: Fers, 1997).
HEININK, J. B.; DICKSON, R. G. *Cita en Hollywood. Antología de las películas norteamericanas habladas en español*. Bilbao: Mensajero, 1990.
HEREDERO, C. F. *Las huellas del tiempo. Cine español 1951-1960*. Madrid: ICAA/Filmoteca de la Generalitat Valenciana, 1994.
HERNÁNDEZ GIRBAL, F. (ed. de J. B. Heinink). *Los que pasaron por Hollywood*. Madrid: Verdoux, 1992.
HERNÁNDEZ MARCOS, J. L.; RUIZ BUTRÓN, E. A. *Historia de los cine-clubs de España*. Madrid: Ministerio de Cultura, 1978.
HUELIN, E. "La imagen de la mujer en la película *Raza*", en *Film-Historia*, vol. VII, núm. 1 (1997): 51-57.
HUESO, A. L. *Catálogo del cine español. Películas de ficción 1941-1950*. Madrid: Cátedra/ Filmoteca Esp., 1998.
JARNÉS, V. *Cita de ensueños*. Madrid: Eds. del Centro, 1974.
LASA, J. F. de. *Francisco Elías, pionero del cine sonoro en España*. Madrid: Filmoteca Nacional, 1976.
LLINÁS, F. *José Antonio Nieves Conde, el oficio de cineasta*. Valladolid: Seminci, 1995.
LÓPEZ RUBIO, J. "Panorama del cine español", en *Cuadernos Hispanoamericanos*, núm. 3, Madrid: Instituto de Cultura Hispánica, 1948.
MARÍAS, M. *Manuel Mur Oti. Las raíces del melodrama*. Lisboa-Madrid: Cinemateca Portuguesa/Filmoteca Española, 1992.
MARQUET, F. *Por un cinema de guerra*. Barcelona: Unió Gràfica Cooperativa Obrera, 1938.
MARTÍNEZ-BRETÓN, J. A. *Libertad de expresión cinematográfica durante la II República Española (1931-1936)*. Madrid: Fragua, 2000.
MEDINA, E. *Cine negro y policíaco español de los años cincuenta*. Barcelona: Laertes, 1999.
MÉNDEZ-LEITE, F. *Nuestro cine, antes y después de la tutela del nuevo Estado*. Madrid: Ed. Madrid, 1952.
MEZ, L. *Der Spanische Bürgerkrieg im Film*. Berlín: Freunde der Deutschen Kinematek, 1974.
MONTEATH, P. *La Guerra Civil española en la literatura, el cine y el arte*. Westport, Greenwood, 1994.
MORTIMORE, R. "Buñuel, Saénz de Heredia, and Filmófono", en *Sight and Sound*, vol. 44, núm. 2 (1975).
— "El cine de la República en la guerra civil", en *Historia Internacional*, núm. 12 (1976).
NAU, P. "Spanischer Bürgerkrieg und Film", en *Filmkritk*, vol. 18, núm. 214 (1974).
NAVARRETE-GALIANO, R. *Francisco Elías. Escritor de cine*. Sevilla: Fundación El Monte, 2002.
NICOLÁS MESEGUER, M. *La intervención velada. El apoyo cinematográfico alemán al bando franquista (1936-1939)*. Lorca-Murcia-Lorca: Primavera Cinematográfica de Lorca/ Universidad de Murcia, 2005.
NIETO FERRANDO, J.; COMPANY RAMÓN, J. M. (coords.) *Por un cine de lo real. Cincuenta años después de las Conversaciones de Salamanca*. Valencia: Filmoteca de la Generalitat Valenciana, 2006.
OMS, M. *La guerre d'Espagne au cinéma. Mythes et réalités*. París: Cerf, 1986.
PABLO, S. de. *Tierra sin paz. Guerra Civil, cine y propaganda en el País Vasco*. Madrid: Biblioteca Nueva, 2006.
— (ed.) "El franquismo", en *La historia a través del cine I*. Bilbao: Universidad del País Vasco, 2000, pp. 55-127.
PEIRATS, J. *Para una nueva concepción del arte: lo que podría ser un cinema social*. Barcelona: La Revista Blanca, 1935.
PÉREZ LOZANO, J. M. *Berlanga*. Madrid: Visor, 1958.
PÉREZ MERINERO, C. y D. *Del cinema como arma de clase. Antología de "Nuestro Cinema" (1932-1935)*. Valencia: Fernando Torres, 1975.
PÉREZ PERUCHA, J. *El cinema de Edgar Neville*. Valladolid: Seminci, 1982.
— *El cinema de Luis Marquina*. Valladolid: Seminci, 1983.

RIGOL, A. "Cine anarcosindicalista en la Guerra Civil española", en *Historia y Vida*, Extra núm. 72 (1994).
RÍOS CARRATALÁ, J. A. *Una arrolladora simpatía. Edgar Neville: de Hollywood al Madrid de la posguerra.* Barcelona: Ariel, 2007.
RIPOLL FREIXES, E. *100 películas sobre la Guerra Civil española.* Barcelona: CILEH, 1992.
ROMA, F. *Azorín y el cine.* Alicante: Diputación Provincial, 1977.
ROTELLAR, M. *Cine español de la República.* San Sebastián: XXV Festival Internacional del Cine, 1977.
SALA NOGUER, R. *El cine en la España Republicana durante la Guerra Civil (1936-1939).* Bilbao: Mensajero, 1993.
SALA, R.; ÁLVAREZ, R. "Cine, bombas y fantasía. Tres años de producción cinematográfica", en THOMAS, H. *La guerra civil española.* Barcelona: Urbión, 1979, vol. VII.
SALVADOR MARAÑÓN, A. *De '¡Bienvenido, Míster Marshall!' a 'Viridiana'. Historia de UNINCI: una productora cinematográfica bajo el franquismo.* Madrid: EGEDA/Ocho y medio, 2006.
SÁNCHEZ ALARCÓN, I. *La guerra civil española y el cine francés.* Barcelona: los libros de la frontera, 2005
SÁNCHEZ BARBA, F. *Brumas del franquismo. El auge del cine negro español (1950-1965).* Barcelona: Universitat de Barcelona, 2007.
SÁNCHEZ-BIOSCA, V. *Cine y Guerra Civil española: del mito a la leyenda.* Madrid: Alianza, 2006.
SÁNCHEZ-BIOSCA, V.; TRANCHE, R. R. *NO-DO: El tiempo y la memoria.* Madrid: Filmoteca Española, 1993.
SÁNCHEZ OLIVEIRA, E. *Francisco Elías Riquelme (1890-1977). Aproximación histórica.* Sevilla: Universidad de Sevilla, 2003.
SÁNCHEZ VIDAL, A. *El cine de Florián Rey.* Zaragoza: Caja de Ahorros La Inmaculada, 1991.
SANGRO Y ROS DE OLANO, P. *Bases para el fomento del buen cinematógrafo español.* Pamplona: Confederación Nacional de Padres de Familia, 1937.
SANTOS, M. *El cine bajo la svástica.* Barcelona: Tierra y Libertad, 1937.
SANTOS, S. de los. *La verdad sobre la cinematografía española.* Madrid: Graphia, 1934.
SEVILLA LLISTERRI, G. *El modelo cruzada. Música y narratividad en el cine español de los cuarenta.* Madrid: Biblioteca Nueva, 2007
SEVILLANO CALERO, F. *Propaganda y medios de comunicación en el franquismo (1936-1951).* Alicante: Publicaciones de la Universidad de Alicante, 1998.
SOLER CARRERAS, J. A. "Así se desarrollaron día a día las Primeras Conversaciones Cinematográficas nacionales", en *Arcinema*, núms. 41 y 42 (1955).
VALERO DE BERNABÉ, A. *España cinematográfica: recopilación de cuanto concierne al arte, industria y comercio del cine.* Madrid: Cinégrafos, 1943.
VALLEAU, M. A. *The Spanish Civil War in American and European Fiction Films.* Ann Arbor Michigan: UMI Research Press, 1977.
VERNON, K. M. (ed.) *The Spanish Civil War and the Visual Arts.* Ithaca, N.Y.: Cornell University, 1990.
VILLEGAS LÓPEZ, M. *Arte de masas.* Madrid: Grupo de Escritores Cinematográficos Independientes, 1936.
— *Espectador en sombras (Crítica de films).* Madrid: Plutarco, 1935.
— *Hoy, en el cinema español. Posibilidades, problemas, soluciones.* Madrid: Ateneo, 1938.
VIOLA, F. *La cinematografía y las relaciones hispanoamericanas.* Madrid: Instituto de Cinematográfico Iberoamericano, 1932.
VIZCAÍNO CASAS, F.; JORDÁN, A. *De la checa a la Meca. Una vida de cine (José Luis Sáenz de Heredia).* Barcelona: Planeta, 1988.
VV. AA. *Congreso Hispanoamericano de Cinematografía.* Madrid: Ministerio de Trabajo y Previsión, 1931.
— "La guerre d'Espagne vue par le cinéma", en *Les Cahiers de la Cinémathèque*, Núm. 21 (1977), monográfico.
— *El cinema del gobierno republicano entre 1936 y 1939.* Bilbao: Certamen Internacional de Cine Documental y Cortometraje, 1979.
— *Guerra Civil y cine.* Valencia: Fernando Torres/Els Quaderns de la Mostra, 1985-86.
— *Aportación de Cifesa y Cifesa-Producción a la reconstrucción de España.* Valencia: CIFESA, 1944.
— *El cine español.* Madrid: Oficina Informativa Española, 1949.
— *Cesáreo González en sus bodas de plata con la cinematografía española (1940-1965).* Madrid: Suevia Films, 1965.
— *Rafael Gil i CIFESA (1940-1947). El cinema que va marcar una època.* Valencia: Filmoteca de la Generalitat Valenciana, 2006.
— "La Guerra Fría en el cine español", en *Film-Historia*, vol. I, núm. 3 (1991): 164-243 (monográfico).

TERCERA PARTE (1961-1975)

ABAJO DE PABLOS, J. J. de. *Mis charlas con Juan Antonio Bardem*. Valladolid: Quirón, 1996.
AMO, A. del. *Comedia cinematográfica española*. Madrid: Edicusa, 1975.
ANGULO, J.; HEREDERO, C. F.; REBORDINOS, J. L. *Elías Querejeta. La producción como discurso*. San Sebastián: Filmoteca Vasca, 1996.
ANTOLÍN, M. *Cine marginal en España*. Valladolid: Semana Internacional de Cine, 1979.
BARBÁCHANO, C. *Francisco Regueiro*. Madrid: Filmoteca Española, 1989.
BELLIDO, A. *Basilio Martín Patino. Un soplo de libertad*. Valencia: Filmoteca de la Generalitat Valenciana, 1996.
BENPAR, C. *Rovira-Beleta. El cine y el cineasta*. Barcelona: Laertes, 2000.
BRASÓ, E. *Carlos Saura*. Madrid: Taller J. Betancor, 1974.
CAÑEQUE, C.; GRAU, M. *¡Bienvenido Mr. Berlanga!* Barcelona: Destino, 1993.
CAPARRÓS LERA, J. M. *Cinema y vanguardismo. "Documentos Cinematográficos" y Cine-Club Monterols (1951-1966)*. Barcelona: Flor del Viento, 2000.
— "Notas para el Nuevo Cine Español", en *Pantallas y Escenarios*, núm. 83 (junio 1968).
— "Introducción a la Escuela de Barcelona", en *Pantallas y Escenarios*, núm. 79 (febrero 1968).
CERÓN, J. F. *Juan Antonio Bardem*. Murcia: Universidad/Primavera Cinematográfica de Lorca, 2001.
FAULKNER, S. *A Cinema of Contradiction. Spanish Film in the 1960s*. Edimburgo: Edinburgh University Press, 2006.
FRAGA IRIBARNE, M. *Cine, cultura y política*. Madrid: EOC, 1965.
FRANCO, J. *Berlanga: ¡Bienvenido, Mr. Cagada!* Madrid: Espasa, 2005.
GALÁN, D. *Carta abierta a Berlanga*. Huelva: Festival de Cine Iberoamericano, 1978.
GALÁN, D.; LLORENS, A.; TORRES, F. *Fernando Fernán Gómez*. Valencia: Ayuntamiento, 1988.
GARCÍA ESCUDERO, J. M. *Una política para el cine español*. Madrid: Ed. Nacional, 1967.
— *La primera apertura. Diario de un director general*. Barcelona: Planeta, 1978.
GARCIA FERRER, J. M.; ROM, M. *Joaquín Jordá*. Barcelona: Associació d'Enginyers Industrials de Catalunya, 2001.
GÓMEZ RUFO, A. *Berlanga, contra el poder y la gloria. Escenas de una vida*. Madrid: Temas de hoy, 1990.
HEREDERO, C. F.; MONTERDE, J. E, (eds.) *Los "nuevos cines" en España. Aspiraciones y desencantos*. Valencia-Gijón: Filmoteca de la Generalitat Valenciana/Festival de Cine de Gijón, 2003.
HERNÁNDEZ, M. *El aparato cinematográfico español*. Madrid: Akal, 1976.
HERNÁNDEZ LES, J. *El cine de Elías Querejeta, un productor singular*. Bilbao: Mensajero, 1986.
HERNÁNDEZ LES, J.; GATO, M. *El cine de autor en España*. Madrid: Castellote, 1978.
HERNÁNDEZ LES, J.; HIDALGO, M. *El último austro-húngaro: Conversaciones con Berlanga*. Barcelona: Anagrama, 1981.
HIDALGO, M. *Carlos Saura*. Madrid: JC, 1981.
JULIÁN, O. de. *De Salamanca a ninguna parte. Diálogos con el Nuevo Cine Español*. Salamanca: Junta de Castilla y León, 2002.
LARRAZ, E. *El cine español*. París: Maison et Cie., 1973.
MAQUA, J.; PÉREZ MERINERO, C. *Cine español ida y vuelta*. Valencia: Fernando Torres, 1976.
MÉNDEZ LEITE, F. *La noche de Juan Antonio Bardem*. Madrid: ICAA, 1987.
MICCICHÉ, L. *Il nuovo cinema degli anni '60*. Turín: RAI, 1972.
MOLINA-FOIX, V. *New Spanish Cinema*. Londres: British Films Institute, 1977.
MONTERDE, J. E.; RIAMBAU, E.; TORREIRO, C. *Los "Nuevos Cines" europeos 1955/1970*. Barcelona: Lerna, 1987.
MORTIMORE, R. "Spain: Out of the Past", en *Sight and Sound*, vol. 43, núm. 4 (1974): 199-202.
MUNSÓ CABUS, J. *El cine de Arte y Ensayo en España*. Barcelona: Picazo, 1972.
PERALES, F. *Luis García Berlanga*. Madrid: Cátedra, 1997.
PÉREZ MERINERO, C. y D. *Cine español. Algunos materiales de derribo*. Madrid: Edicusa, 1973.
PÉREZ PERUCHA, J. *En torno a Luis García Berlanga*. Valencia: Ajuntament de Valencia, 1985.
RIAMBAU, E.; TORREIRO, C. *La Escuela de Barcelona y el cine de la "gauche divine"*. Barcelona: Anagrama, 1999.
RODERO, J. A. *Aquel "Nuevo Cine Español" de los 60*. Valladolid: Festival Internacional de Cine, 1981.
ROMAGUERA RAMIÓ, J.; SOLER DE LOS MÁRTIRES, L. *Historia crítica y documentada del cine independiente en España, 1955-1975*. Barcelona: Laertes, 2006.

SAINZ, S. *El cine de Rovira Beleta*. Ibiza: Semana Internacional del Film, 1990.
SÁNCHEZ, A. "El nuevo cine español", cap. en *Iniciación al cine moderno II*. Madrid: Magisterio Español, 1972.
SÁNCHEZ MILLÁN, A. *Carlos Saura*. Huesca: Festival de Cine, 1991.
SÁNCHEZ VIDAL, A. *El cine de Carlos Saura*. Zaragoza: Caja de Ahorros La Inmaculada, 1988.
— *Luis Buñuel*. Madrid: Cátedra, 1991.
SANTOS FONTENLA, C. *Cine español en la encrucijada*. Madrid: Ciencia Nueva, 1966.
SCHICKEL, R. "Spanish Film: Paradoxes and Hopes", en *Harper's Magazine* (1967).
SORIA, F. *José María Forqué*. Murcia: Filmoteca Regional, 1990.
TORRES, A. M. *Cine español, años sesenta*. Barcelona: Anagrama, 1973.
TORRES, A. M.; GALÁN, D.; LLORENS, A. *Cine maldito español de los años sesenta*. Valencia: Quaderns de la Mostra/Fernando Torres, 1984.
TORRES, A. M.; PÉREZ ESTREMERA, M. "Revisión crítica del llamado 'Nuevo Cine español'", en *Cuadernos Hispanoamericanos*, núm. 234 (1969).
TUBAU, I. *Crítica cinematográfica española. Bazin contra Aristarco: la gran controversia de los años 60*. Barcelona: Universidad de Barcelona, 1983.
— *Hollywood en Argüelles: cine americano y crítica española*. Barcelona: Universidad de Barcelona, 1984.
UTRERA, R. *Claudio Guerin Hill. Obra audiovisual*. Sevilla: Publicaciones de la Universidad, 1991.
UTRERA, R.; PALACIO, M. *Gabriel Blanco*. Córdoba: Filmoteca de Andalucía, 1999.
UZALDE, E. *Juan Antonio Bardem*. México: UNAM, 1962.
VIOTA, P. *El cine militante en España durante el franquismo*. México: Filmoteca UNAM, 1982.
VILLEGAS LOPEZ, M. *El Nuevo Cine Español. Problemática 1951-1967*. San Sebastián: Festival Internacional del Cine, 1967. (2ª ed.: *Aquel llamado Nuevo Cine Español*. Madrid: JC, 1976).
VV. AA. *Cine español, cine de subgéneros*. Valencia: Fernando Torres, 1975.
— *7 trabajos de base sobre el cine español*. Valencia: Fernando Torres, 1975.
— *Nuevo Cine Español*. Madrid: Cuadernos de Formación Cinematográfica, 1965.
ZUNZUNEGUI, S. *Los felices sesenta. Aventuras y desventuras del cine español (1959-1971)*, Barcelona: Paidós, 2005.

CUARTA PARTE (1976-2006)

AGUILAR, P. *Mujer, amor y sexo en el cine español de los 90*. Madrid: Fundamentos, 1998.
ALBERICH, F. *4 años de Cine Español (1987-1990)*. Madrid: Imagfic, 1991.
ALONSO GARCÍA, L. (coord.) *Once miradas sobre la crisis y el cine español*. Madrid: Ocho y medio, 2003.
AMELL, S.; GARCÍA CASTAÑEDA, S. *La cultura española en el postfranquismo. Diez años de cine, cultura y literatura (1975-1985)*. Madrid: Playor, 1992.
ANGULO, J.; HEREDERO, C. F.; REBORDINOS, J. L. *Entre el documental y la ficción. El cine de Imanol Uribe*. San Sebastián-Vitoria: Filmoteca Vasca/Fundación Vital Kutxa, 1994.
— *Un cineasta llamado Pedro Olea*. San Sebastián: Filmoteca Vasca/Fundación Caja Vital, 1993.
ANGULO, J. et al. *Secretos de la elocuencia. El cine de Montxo Armendáriz*. San Sebastián-Vitoria-Málaga: Filmoteca Vasca/Fundación Vital Kutxa/Festival de Cine Español, 1998.
ARDANAZ, N. "La Transición política española en el cine (1973-1982)", en *Comunicación y Sociedad*, vol. XI, núm. 2 (1998).
AROCENA, C. *Victor Erice*. Madrid: Cátedra, 1996.
BAYÓN, M. *La Cosecha de los 80 (El"boom" de los nuevos realizadores españoles)*. Murcia: Filmoteca Regional, 1990.
BALLESTEROS, I. *Cine (ins)urgente. Textos fílmicos y contextos culturales de la España postfranquista*. Madrid: Fudamentos, 2001.
BENAVENT, F. M. *Cine español de los noventa*. Bilbao: Mensajero, 2000.
CAMÍ-VELA, M. *Mujeres detrás de la cámara. Entrevistas con cineastas de la década de los 90*. Madrid: Ocho y Medio/Semana de Cine Experimental de Madrid, 2001 (2ª ed. actualizada, 2005).
CÁNOVAS, J. (ed.) *Miradas sobre el cine de Vicente Aranda*. Lorca: Primavera Cinematográfica de Lorca/Universidad de Murcia, 2000.
CAPARRÓS LERA, J. M. *El cine español de la democracia. De la muerte de Franco al "cambio" socialista (1975-1989)*. Barcelona: Anthropos, 1992.
— *La Pantalla Popular. El cine español durante el Gobierno de la derecha (1996-2003)*. Madrid: Akal, 2005.

— *El cine político visto después del franquismo.* Barcelona: Dopesa, 1978.
— "El cine de la democracia", cap. en *Travelling por el cine contemporáneo.* Madrid: Rialp, 1983.
— "Filmes españoles", caps. en *Persona y sociedad en el cine de los noventa, 1990-1993.* Pamplona: EUNSA, 1994; y en *El cine de nuestros días (1994-1998).* Madrid: Rialp, 1999.
— *El cine de fin de milenio (1999-2000).* Madrid: Rialp, 2001.
— *El cine del nuevo siglo (2001-2003).* Madrid: Rialp, 2004.
— "Diamond Plaza, Holly Innocents, Half of Heaven", en *American Historical Review*, vol. 98, núm. 4 (1993).
— "El cine español: transición y democracia (1976-1996)", en *Historia y Vida*, Extra núm. 83 (1996).
— "La madurez del cine español", en *El Noticiero de las Ideas*, núm. 8 (2001).
— "Televisión y cine", en *Cuadernos Hispanoamericanos*, núm. 677 (2006).
CARMONA, L. M. *El terrorismo y ETA en el cine.* Madrid: Cacitel, 2004.
CRESPO, P. *Jaime de Armiñán. Los amores marginales.* Huelva: Festival de Cine Iberoamericano, 1987.
DEVENY, Th. G. *Cain on Screen: Contemporary Spanish Cinema.* Londres: Scarecrow Press, 1993.
ELDUQUE, A.; EXPÓSITO, A. et al. *La comedia en el cine español (1994-2004).* Barcelona: Centre d'Investigacions Film-Història/Filmax Entertainment, 2005, 3 vols. CD-ROM.
EQUIPO RESEÑA. "Cine", en *Doce años de Cultura Española (1976-1987).* Madrid: Encuentro, 1988.
EVANS, P. W. (ed.) *Spanish Cinema. The Auterist Tradition.* Oxford: Oxford Univ. Press, 1999.
FABBRI, M. *La Nuova Spagna. Cinema e Televisione.* Conegliano: Antennacinema, 1990.
FIDDIAN, R. W.; EVANS, P. W. *Challenges to Authority: Fiction and Film in Contemporary Spain.* Londres: Tamesis Books, 1988.
FIJO, A. (ed.) *Breve encuentro. Estudios sobre 20 directores de cine contemporáneo.* Madrid: CieDossat, 2004.
FORNER, J.; FIGUEROA, D.; PEDRAZA, E. de. *Cine español 1980.* Valladolid: Semana Internacional de Cine, 1985.
FRUGONE, J. C.; *Oficio de gente humilde... Mario Camus.* Valladolid: Seminci, 1984.
GARCÍA FERNÁNDEZ, E. C. *El cine español contemporáneo.* Barcelona: CILEH, 1992.
GARCIA FERRER, J. M.; ROM, M. *Llorenç Soler.* Barcelona: Associació d'Enginyers Industrials de Catalunya, 1998.
GÓMEZ BENÍTEZ DE CASTRO, R. *La producción cinematográfica española. De la Transición a la Democracia (1975-1986).* Madrid: Reseña, 1989.
GUTIÉRREZ, B.; PORQUET, J. M. *Imanol Uribe.* Huesca: Festival de Cine, 1994.
HEREDERO, C. F. *20 nuevos directores de cine español.* Madrid: Alianza, 1999.
— *Cuentos de magia y conocimiento. El cine de Manuel Gutiérrez Aragón.* Madrid: Alta Films, 1997.
— *José Luis Borau. Teoría y práctica de un cineasta.* Madrid: Filmoteca Española, 1990.
— *Iván Zulueta. La vanguardia frente al espejo.* Alcalá de Henares: Festival Internacional de cine, 1989.
— *Espejo de miradas. Entrevistas con nuevos directores del cine español de los años noventa.* Madrid: Festival de Cine de Alcalá de Henares, 1997.
— (ed.) *La mitad del cielo. Directoras españolas de los años 90.* Málaga: Festival de Cine Español, 1998.
HEREDERO, C. F.; SANTAMARINA, A. *Semillas de futuro. Cine español 1990-2001.* Madrid: Sociedad Estatal España Nuevo Milenio, 2002.
HERNÁNDEZ RUIZ, J. *Gonzalo Suárez: un combate ganado con la ficción.* Alcalá de Henares: Festival de Cine, 1991.
HERNÁNDEZ RUIZ, J.; PÉREZ RUBIO, P. *Voces en la niebla. El cine durante la Transición española (1973-1982).* Barcelona: Paidós, 2004.
HOLGUÍN, A. *Pedro Almodóvar.* Madrid: Cátedra, 1994.
HOPEWELL, J. *El cine español después de Franco 1973-1988.* Madrid: El Arquero, 1989.
HUERTA FLORIANO, M. A. *Los géneros cinematográficos. Usos en el cine español (1994-1999).* Salamanca: Universidad Pontificia, 2005.
— *Análisis fílmico del cine español. Sesenta películas para un fin de siglo.* Salamanca: Caja Duero, 2006.
ICAA, *Cine Español* (Catálogos). Madrid: Ministerio de Educación y Cultura, 1992-2006, 15 vols.
INSDORF, A. "Spain also Rises", en *Film Comment*, Vol. 16. Núm. 4 (1980).
JAIME, A. *Literatura y cine en España (1975-1995).* Madrid: Cátedra, 2000.
JORDAN, D.; MORGAN-TAMOSUNAS, R. (eds.) *Contemporary Spanish Cinema.* Manchester: Manchester University Press, 1998.
KINDER, M. "Carlos Saura: The Political Development of Individual Conciousnes", en *Film Quarterly*, vol. 32, núm. 3 (1979): 14-26.

— (ed.) *Refiguring Spain. Cinema/Media/Representation*. Durham-Londres: Duke University Press, 1997.
KOVÁCS, K. (ed.) "The New Spanish Cinema", en *Quarterly Review of Film Studies*, vol. 8, núm. 2 (1983), special issue.
LARA, A. "Diez años de cine español", en *Revista de Occidente*, núm. 122-123 (1991), pp. 211-229.
LLINÁS, F. (ed.) *4 años de Cine Español (1983-86)*. Madrid: Imagfic, 1987.
MARÍ, J. *Lecturas espectaculares. El cine en la novela española desde 1970*. Madrid: Libertarias, 2003.
MARKUS, S. *La poética de Pedro Almodóvar*. Barcelona: Littera, 2001.
MONTERDE, J. E. *Veinte años de cine español 1973-1992. Un cine bajo la paradoja*. Barcelona: Paidós, 1993.
MOREIRAS MENOR, C. *Cultura herida. Literatura y cine en la España democrática*. Madrid: Libertarias, 2002.
MORTIMORE, R. "Reporting from Madrid", en *Sight and Sound*, vol. 49, núm. 3 (1980): 156-158 y 188.
— "Spain", en COWIE, P. (ed.) *International Film Year*. Londres: British Film Institute, 1976.
MOYANO, E. *La memoria escondida. Emigración y cine*. Madrid: Tabla Rasa, 2005.
OMS, M. "Cinéma espagnol d'aujourd'hui", en *Cinéma 77*, Núm. 223 (1977): 8-16.
OMS, M.; PASSEK, J.-L. *30 ans de cinéma espagnol 1958-1988*, París: Centre Georges Pompidou, 1988.
OMS, M.; PÉRIER, L. "Le cinéma espagnol par ceux qui le font. Entretiens avec Bardem, Giménez-Rico, Roberto Bodegas, Pedro Olea, Jaime Camino, B. M. Patino", en *Cinéma 77*, Núm. 226 (1977): 35-49.
OTERO, J. M. *¿Por qué se va al cine?* Huesca: Instituto de Estudios Altoaragoneses/Festival de Cine de Huesca, 2005.
PAYÁN, M. J. *El cine español actual*. Madrid: JC, 2001.
— *El cine español de los 90*. Madrid: JC, 1993.
PÉREZ MILLÁN, J. A. *Pilar Miró. Directora de cine*. Valladolid: Seminci, 1992.
— *La memoria de los sentimientos. Basilio Martín Patino y su obra audiovisual*. Valladolid: 47 Semana Internacional de Cine, 2002.
POHL, B.; TÜRSCHMAN, J. (eds.) *Miradas glocales. Cine español en el cambio de milenio*. Madrid-Frankfurt: Iberoamericana/Vervuert, 2007.
PONCE, J. M. *El destape nacional. Crónica del desnudo en la transición*. Barcelona: Glénat, 2004.
POYATO, P. (comp.) *Historia(s), motivos y formas del cine español*. Córdoba: Plurabelle, 2005.
RODRÍGUEZ, H. J. (coord.) *Miradas para un nuevo milenio. Fragmentos para una historia futura del cine español*. Alcalá de Henares-Madrid: Festival de Cine de Alcalá/Comunidad de Madrid/, 2006.
ROM, M.; LAJEUNESSE, J. "Le cinéma espagnol après Franco: De la politisation au désenchantement", en *La Revue du Cinéma*, núm. 330 (1981): 79-97.
RUBIO, R. (ed.) *La comedia en el cine español*. Madrid: Imagfic, 1986.
SÁNCHEZ NORIEGA, J. L. *Mario Camus*. Madrid: Cátedra, 1998.
TENA, J. "Una génération à la recherche du temps escamoté", en *Les Cahiers de la Cinémathèque*, N° 21 (1977).
TORRES, A. M. *Conversaciones con Manuel Gutiérrez Aragón*. Madrid: Fundamentos, 1985.
TRENZADO ROMERO, M. *Cultura de masas y cambio político: el cine español de la Transición*. Madrid: CIS, 1999.
VECCHI, P. (ed.) *Maravillas. Il cinema spagnolo degli anni ottanta*. Florencia: La Casa Usher, 1991.
VERA, P. *Vicente Aranda*. Madrid: JC, 1989.
VIDAL, N. *El cine de Pedro Almodóvar*. Madrid: Ministerio de Cultura/ICAA, 1988 (2ª ed. Barcelona: Destino, 1989).
— *Cinema Espanhol. As novas tendências*. Oporto: Cinema Novo, 1998.
VV. AA. *Cine español 1975-1984*. Murcia: Universidad, 1985.
— *El cine y la transición política española*. Valencia: Generalitat Valenciana, l986.
— *Escritos sobre el cine español 1973-1987*. Valencia: Filmoteca de la Generalitat, 1989.
— *Conocer a Eloy de la Iglesia*. San Sebastián: Festival Internacional del Cine, 1996.
— *Trece años de cine español 1983-1995*. Madrid: EDICE, 1997.
— "Cine español de los noventa", en *Archivos de la Filmoteca*, núm. 30 (2001): 5-100 (dossier).